会计教材译丛

(原书第11版)

会计学

企业决策的基础

管理会计分册

(美) 罗伯特 F. 迈格斯
简 R. 威廉姆斯
苏珊 F. 哈卡
马克 S. 贝特纳 著
冯正权 等译

Accounting: The Basis for Business Decisions

(11th Edition)

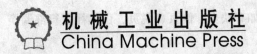

机械工业出版社
China Machine Press

每一个在商界立足的人，必须具备一定的会计知识，已是不争的事实。利用会计信息帮助企业作好决策，是本书最大的宗旨。其特色在于：通过分布章中各环节紧密结合商务实际、结合国际化、结合网络化、结合亲自的特色栏目，参与使读者更好地理解会计在商界活动中的重要作用，章后的网络联接提供大量相关网站，增加读者的信息量。

本书适合会计专业的本科生、其他经管专业的本科生和研究生、从事会计工作的人员以及其他期望全面了解会计学的内涵和应用的读者。

本书版权登记号：图字：01-1999-2747

图书在版编目 (CIP) 数据

会计学：企业决策的基础 / (美) 迈格斯 (Meigs, R. F.) 著；冯正权等译. –北京：机械工业出版社，2000.8

(会计教材译丛)

书名原文：Accounting: The Basis for Business Decisions

IBSN 7-111-07555-2

Ⅰ. 会… Ⅱ. ①迈… ②冯… Ⅲ. 会计学 Ⅳ. F230

中国版本图书馆CIP数据核字(2000)第28602号

机械工业出版社(北京市西城区百万庄大街22号 邮政编码 100037)

责任编辑：张渝涓 版式设计：曲春燕

北京牛山世兴印刷厂印刷 · 新华书店北京发行所发行

2000年8月第1版第1次印刷

787mm × 1092mm 1/16 · 22.75印张

印数：0 001-5 000册

定价：32.00元 (管理会计分册)

凡购本书，如有缺页、倒页、脱页，由本社发行部调换

目 录

第15章

全球化经营和会计

学习目标(Learning Objectives)

学习本章后，你应当能够：

1. 定义使公司经营活动全球化的四种机制。
2. 明确全球环境力量：① 政治和法律制度；② 经济制度；③ 文化和④ 技术及基础设施是如何影响公司的全球竞争力的。
3. 说明如何将一笔货币转化成外币。
4. 计算当汇率波动时以外币计价的应收和应付款项的收益和损失。
5. 描述几种规避由于汇率波动而产生的损失的方法。
6. 理解资源获取全球化是怎样增加了产品成本的复杂性的。
7. 说明《反国外贿赂行为法》(Foreign Corrupt Practices Act)的重要性。

首席执行官的另一重要资产：一本用旧了的护照

1979年，在中国繁荣兴旺前很久，吉列公司的迈克尔C. 豪莱（Michael C. Hawley）飞到了上海。豪莱当时是设于悉尼的亚太经营区的负责人，他此行的目的是使吉列公司成为敲开中国市场大门的第一批西方公司之一。

但他的打算建立一家生产剃须刀片的合资企业的努力看起来越来越像“不可能的任务”(Mission: Impossible)（这是一部美国电影名——译者注）。“我们去得太盲目了。”豪莱回忆说。中国当时甚至还没有一部《合资企业法》。当时作为中国最大的剃须刀片厂所在地的上海是理想的厂址。糟糕的是，它仍然处于“四人帮”的阴影之下……

经过二十多次旅行和将近四年的时间，名为“山阳（音译——译者注）日用金属产品公司”的吉列公司的合资企业，才开始投入生产。

资料来源：William C. Symonds,“The Next CEO's Key Asset: A Worn Passport,” *Business Week,* January 19, 1998, p.76. Reprinted by special permission, copyright © 1998 by The McGraw-Hill Companies.

吉列公司如何在中国创造一个商业机会的故事表明了，在外国做生意会产生在国内未曾遇到过的问题。在美国国内设立新厂和合资经营可以在很短的时间内（通常只有几个月）完成，然而在其他国家，这可能要耗费数年时间。因为美国的经理不熟悉许多国家的习俗、法律、基础设施以及经济和政治制度，他们常常发现在这些国家创造商业机会相当艰难。

本章的目的是向您介绍在世界范围内做生意所产生的额外的复杂性，并探讨一些同全球化经营所联系的会计问题。在此我们只能提供一个简要的介绍。当您作为一个顾客、或生产商、或两者兼而有之进行商业活动时，我们相信您会发现在此介绍的一些想法是有用的。

15.1 全球化

全球化是一个过程，在此经理人员开始意识到国际性业务活动对他们公司的未来的影响。全球化是一个持续不断的过程。在最基本的层次上，一家纯粹国内公司的经理人员开始意识到汇率变动、国际技术进步、文化差异和国际政治及经济问题将对他们未来的竞争产生影响。全球化的一个较高层次的例子是一家多国公司，从原材料开采到最终产品的装配和销售，这家公司的生产和销售跨越多个外国地区。吉列公司列为全球财富500强公司之一，这是一个具有明显的全球化任务的多国公司的很好的例子。它在26个不同的国家生产产品，销售遍及全世界大约200个国家。

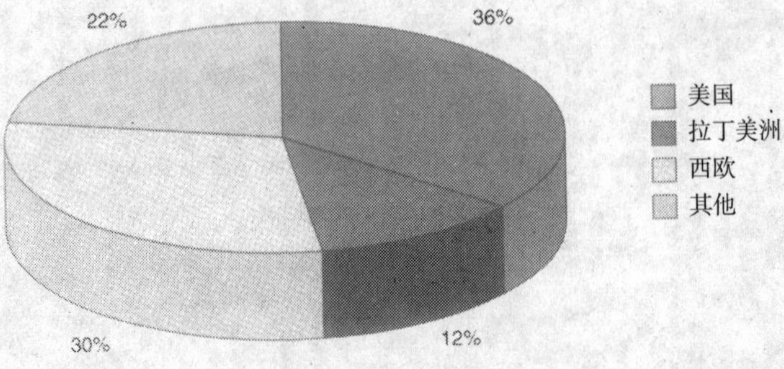

图15-1 吉列公司的全球净销售

全球化通常是通过由包括出口、许可、合资企业、全资子公司和资源获取全球化这一系列不同阶段发展而来。在最简单的层次上，出口就是向外国顾客销售产品或服务。**出口**维持对产品生产的控制权，而许可则放弃了一些货币回报的控制权。**国际许可**是一家公司同一外方签署的允许使用商标、专利、技术、设计、生产工艺、知识产权或其他独占优势的合同性契约。大多数多国食品制造公司都涉及了某种形式的国际产品许可。**国际合资企业**是由不同国家的两家或两家以上的公司拥有的公司。**全资国际子公司**是由一家公司运用自有资本建立或购买一家外国子公司100%权益控制权而设立的。最后，**资源获取全球化**是跨国界的研究与开发、生产和市场营销的紧密协调，它通常包括全球化经营的四种机制的全部。

如图15-2所示，公司常常通过向外扩展的途径进行全球化。这些公司通常通过以下几个阶段实现全球化：（1）出口国内生产的产品；（2）进行许可和合资经营；（3）创立全资子公司；（4）全方位的资源获取全球化。实际上，还有此表中未列示出来的许多子类，各公司可能同时采取多种全球化的方法。

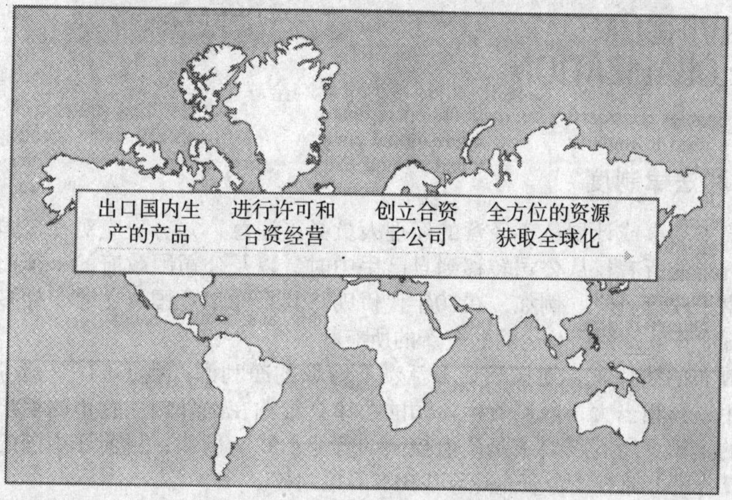

图15-2 促进全球化的方法

计划的全球化战略会影响会计信息的收集、生产及报告。例如，一家合资企业的会计信息的收集和报告的类型要比监督许可协议更详细，同时更为控制导向。在一全资子公司，信息用来保持对资源的控制，这一信息对许可安排来说可能并无必要。如果全资子公司是外向扩展途径的一部分，因位于一外国地区，公司也会监控有关该外国地区的信息。当公司变得更为全球化时，许多其他的环境变量必须作为正常经营过程的一部分加以追踪。

此要点的案例

通用面粉公司(General Mills)提供了全球化进程的一个很好的例子。该公司1928年创立后不久就开始出口面粉。如今，通用面粉公司向100个不同的市场出口650种不同的产品。它们第一个国际性企业，通用面粉公司加拿大公司设立于1954年，同欧洲雀巢(Nestlé)公司的合资经营和许可协议（1989），在拉丁美洲的Maizena公司（1994）和最近在中国设立的Want Want控股有限公司（1998）使通用面粉公司变成了一家多国公司。

15.2 构成全球化的环境力量

一家公司将国际经营视为实现战略目标的工具，则需要了解国际环境力量是如何影响会计信息的计量、报告和产生的。我们认为这些环境力量有四种：（1）政治和法律制度；（2）经济制度；（3）文化；（4）技术和基础设施。

不应该把这几类因素看做是相互独立的，如图15-3所示，一国的经济和文化会影响其政治和法律结构。而文化和经济又互相影响，一国的技术水平取决于其政治、人口和文化因素。

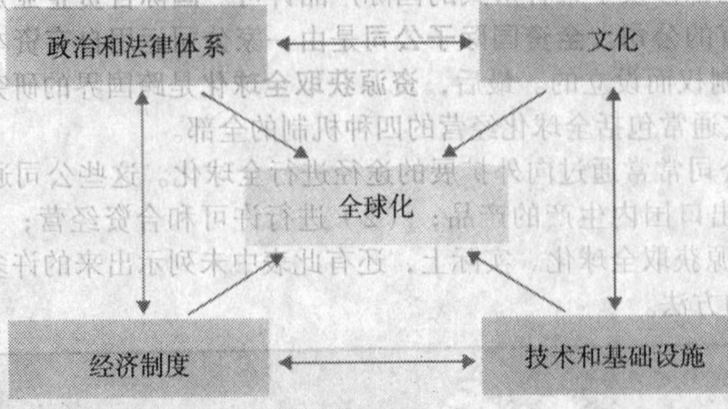

图15-3　环境力量影响全球化

15.2.1　政治和法律制度

在国外环境下从事或计划从事经营的经理人员必须注意，并努力应对在该国经营的政治风险。当政府将资产的所有权从公司转移到自己手中时，以及公司因政府的干预而放弃对经营的控制时，就产生了政治风险。例如，在70年代伊朗将其石油工业国有化时，许多公司失去了它们投资来用于石油开采、钻探及运输的资产的所有权。

外国政府颁布的法律常常对国际业务活动所赚取的净利润产生影响。一般各国之间税收、关税和许可费用差异相当大，限制货币流动的法律会影响在国外赚取货币的汇出，并影响在别国使用的利润的金额。所有权要求是政府控制的普遍形式。例如，目前在中国的合资企业通常是中国公司（或公民）拥有该合资企业至少51%的控制权。

政治干预的其他形式有含量或增值要求，以及关于采购的要求。贸易协定常常规定原材料的来源及劳动含量以给予该协定所包含的、在该地区生产的产品或劳务以关税优惠待遇。例如，NAFTA（北美自由贸易协定）规定了符合优惠关税待遇的地区价值含量条件，当产品一部分在自由贸易协定成员国生产，而其他部分在非自由贸易协定成员国生产时，地区价值含量要求就开始生效了。这些规定可能十分复杂，它规定那些签署了该自由贸易协定的国家必须增加总成本的金额或销售价格的百分比数。

政府创设关税、其他税收以及贸易特区，这些都影响在世界市场上生产和销售产品和服务的成本。由于国家希望鼓励或限制某些进出口业务活动，它们使用其政治力量来管理跨境贸易。例如，美国政府在美国境内设立了一些对外贸易区。进口到这些区域的产品在运出以前是免税的。进口原材料的公司常常把其工厂设在这些贸易区内，在将完工产品运出该贸易区以前，这些公司不用为其进口的原材料纳税。如我们曾在第14章讨论过的，这一纳税的迟延增加了公司的营运资金。

此要点的案例

墨西哥曾为“曼奎兰多拉”（Maquiladora）订立了特殊的法律。这是一种通常位于墨西哥北部的合资制造厂。这些公司享受墨西哥监管外国公司的法律的豁免。此外，美国也给予重新出口的产品以关税免除或减让（即从美国运到墨西哥进行装配，然后再出口到美国用于安装到完工产品中去）。设立曼奎兰多拉的公司因雇用高素质、低工资的工人而受益。

一家正在从事或计划从事经营的公司在进行资源配置决策时，必须考虑其所在国政府导致的成本增加。在全球范围内寻求资源的经理人员将需要一般税收、关税、关于地区含量的法律和其他方面的信息，以便做出有效和具有竞争力的资源决策。

有关法律报告的要求在各国之间具有很大的差异。会计实务的差异反映了在各国进行商业活动的影响因素、在该国进行经营的法律环境，以及企业的主要资金来源。例如，在英国和美国，报告的要求主要是基于向投资者和债权人提供有用信息的需要。这一需要的基础是，这些国家有许多公司在高度发达的资本市场上通过出售它们的证券来筹集资金。然而，在欧洲其他国家和日本，企业的资金大部分是由银行来提供的。在这些国家，会计要求更为墨守成规，并倾向于满足政府的包括所得税在内的报告要求。在南非，财务报告以满足政府的计划为目标，并且遵从由政府决定的惯例。

会计实务的这些差异给分析和比较会计信息带来了一些麻烦。例如，美国的财务报告主要基于未调整一般物价水平变动的历史成本原则。而南美国家曾经历了如此严重的通货膨胀，以至于大多数国家要求提供调整了通货膨胀因素的信息。与此相似，美国和墨西哥在诸如每股收益、财务报告的合并以及退休人员医疗保险利益报告方面的财务报告要求也存在一些差异，这些差异导致美国公司的财务报告与墨西哥公司财务报告非常不同且难以比较。

如果要一家企业仅在其国内进行经营活动，那么同它将业务活动扩展到国外相比，各国之间在财务报告实践上的差异便不是一个太大的问题。当一公司在别国购买或销售产品时，缺乏会计信息可比性便变成了一个相对重大的问题。相似的，公司在别国资本市场上出售本公司证券的**跨境融资**已变得日益普遍。跨国商业活动产生了对设在不同国家的公司间信息的可比性需求。反过来，这又导致了对**会计准则的协调**的关注。这是一个用来描述全世界不同国家所使用的会计方法和原则的标准化的短语。**国际会计准则委员会**（IASC）对此尤感兴趣。它承担着建立国际会计准则并使之获得接受的责任。国际会计准则委员会代表了全世界110个职业组织和100多万从业会计人员，然而国际会计准则委员会在任何国家都没有管理的权威，它只是利用其影响来使所有国家的报告准则更加接近以使这些准则更加协调。对于那些资本市场并不很发达的国家，IASC 的准则提供了一个模式，这一模式对于它们早期发展标准化会计实务的努力具有重大的影响。

随着国家的变化和成长，政府努力通过政治和法律手段来控制这种发展。例如，除了为希望在股票市场筹集资金的公司制订法律报告的要求，政府也使用对于个人的税收办法来鼓励或限制持有股份。就业状况和政府政策也会影响个人的储蓄水平，这对于特定国家的资本的可获得性具有一定影响，教育政策会影响非文盲率、教育和培训的程度、以及经理人员培养水平。各国的政治、法律结构为其经济结构提供了框架。尽管政治、法律和经济结构在这里被分别讨论，你应当想到这些结构是高度相关的。这些结构随着时间的推移而演进、变化，影响着跨国的资本和货物的流动。

15.2.2 经济制度

企业是在经济制度之下进行经营，它对会计信息的形成和可获得性具有重大的影响。在**计划经济**国家里，政府用中央计划来在经济各部门间配置资源并确定产出。土地和生产设备为政府所有和控制。前苏联及其东欧卫星国使用中央计划，实行计划经济。中国以前也一直在广泛使用中央计划。在**市场经济**条件下，土地和生产资料的所有权是私有的，市场决定各经济部门间的资源的配置和产出。

当以前在计划经济条件下经营的公司企图在市场经济条件下进行经营时，它们会碰到严重的困难。反之亦然。当许多市场经济国家的公司尝试在以前曾是计划经济的外国地区做生意时，它们总是不成功。

为获得资本并创设国际合作伙伴企业，要了解如何获取资本和组织企业的国际差异。尽管美国有一个很强大的资本市场，在那里企业可以通过发行本公司的股票来获得资本。可是其他许多国家或者没有资本市场，或者只有一个受到非常严格限制、交易量又很小的市场。在那些国家，银行或政府是资金的主要供应者。伊斯兰教国家政府（伊朗和苏丹）不允许银行向存款人支付利息。替代的是个人存款者分享银行的利润。商业借款者向银行及其储户支付它们利润的一部分以代替利息，政府对于资金的可获得性的限制严重影响了会计信息如何产生和报告。

企业组织起来形成**行业组织**的方式是世界范围内筹措资金的方法十分不同的一个原因。在一些亚洲国家，比如韩国和日本，公司将它们结成代表不同行业的跨行业集团。韩国的跨行业集团称为chaebol，日本的跨国行业集团称为keiretsu，它由作为顾客和供应商的公司组织而成，通常也包括一家银行。在这些公司的卡特尔中，供应商从处于金字塔更高层的客户那里获得贷款、投入资本、技术和长期供应协议。供应商将它们的经营同其他供应商及它们的客户结合起来，供应商同客户之间的交易和在大多数美国式的交易不同，它是不公平的。在美国，反托拉斯法和垄断价格法限制了日本和韩国那样的有组织的企业集团形式。

15.2.3 文化

不妨把文化当作影响个人在社会中进行行动及理解彼此行为的方式的定式。[1]美国的文化习惯对在美国进行经营的外国公司具有重大的影响，同样，那些在美国成为普遍习惯的某些广告形式、获得业务的方法以及高级组织结构，在某些国际环境下可能难以被接受。在不同的文化背景中做生意的公司要求因文化差异而对现有员工培训，雇佣具有文化方面的专家，或更经常地、同时在两个方面进行投资。忽视文化变量会产生严重的经营问题。

文化专家已经确定了在世界各地区间各不相同的若干重要变量。那些对会计的产生和使用具有重要意义的有以下几方面：

- 个人主义和集体主义：社会成员间互相依赖的程度，较多的互相依赖意味着集体主义，亚洲国家通常被认为与美国相比更重视集体主义。
- 避免不确定性：社会成员因未知或不确定的情况感到不舒服或受到威胁的程度。
- 短期与长期导向：在长期导向下，持之以恒、节俭、遵守秩序和持久的关系受到高度评价。短期导向着眼于过去和现在，忽视了未来，并且重视自身的安定。
- 大权力距离与小权力距离：大的权力距离文化承认在结构和组织内部及其相互之间分布不平等的权力。人人生而平等或各人应有平等发言权的观念在小权力距离社会是较易得到更高的评价。

表15-1提供了在经选择的国家之间相对差异的一个粗略计量。

表15-1 各国文化价值观信息

国家	个人主义	避免不确定性	长期导向	高权力距离
日本	低	高	高	中
韩国	低	高	高	高
巴西	低	高	中	高
意大利	中	高	*	中
德国	中	中	低	低
美国	高	中	低	中
英国	高	低	低	低
瑞典	中	低	低	低

注：＊资料无法获取。

[1] 对本部分更详细的讨论请参看G. Hofstede. 的《文化与企业：思维定式的软件》(Berkshire, England: McGraw-Hill, 1991)

我们可以使用上表来理解文化变量如何既影响派生出来的会计信息的类型，又影响这些信息的使用方式。例如，将亚洲和南美国家（日本、韩国和巴西）同欧洲和北美国家（德国、英国和美国）的排列顺序进行比较，我们会发现，亚洲和南美国家普遍对长期导向、避免不确定性和权力距离评级较高，而对个人主义评级较低。

如前所论，像韩国和日本这样的亚洲国家存在集体主义类型被称为chaebol和keiretsu的行业组织。研究表明这些集体主义的企业组织形式导致控制的重要性不太受重视。从而，比方说，在集体主义的国家里预算过程主要强调计划，而对预算控制极少注意。对实现预算和以预算为基础的激励的强调并不被认为是必要的，因为集体主义的方法可以促使员工实现预算。

轮到你了！ 作为一名生产线管理人员

假定你是位于田纳西州的一家工厂的生产线经理。你们公司要求你星期六培训设在巴西圣保罗的一家新制造厂的生产线管理人员。在表15-1中所列有关文化价值观的信息的条件下，你认为巴西和田纳西州的工人会有什么不同?

我们的评论见本章末。

文化差异提出了关于会计制度设计和管理的一些重大问题。对英国子公司有效的预算制度对于亚洲子公司可能会不适合，并且缺乏促进作用。甚至在各国国内，也存在着在宗教、民族、语言、收入水平等方面显著不同的群体。这些差异对于有效的企业管理也有其内在的含义。在中国“Coca-Cola”这一名字被译为“可口可乐”。在印出了数千张招贴画以后，可口可乐公司发现这个短语在某种地方方言里的意思是“咬蜡蝌蚪”或“装满了蜡的母马”！

15.2.4 技术和基础设施

由于基础设施、教育水平以及在不同的地区和民族之间传递信息和知识的能力不同因之而来的培训和教训的差异使得全球经营更为复杂。这些差异会严重阻碍国际化经营的成功。由此，在某些外国地区设立合资企业或进行全资经营的公司很难找到几个受过一定教育和技术培训的员工，而这在美国很容易找到的。

此要点的案例

西方式的经理人员培训最近在许多国家获得了巨大发展。布达佩斯有一个东欧最早的研究生经理人员培训项目，它开始于1988年。

更为特别的是，由于前计划经济国家的公司使用中央制定的账户和程序，在1988年以前，会计作为一个职业在东欧尚不存在。所以在东欧地区进行业务经营的公司很难找到训练有素的管理会计人员，从而，以前的经营记录都是不可靠的。在90年代初以前大多数东欧国家都没有独立审计师、注册会计师或者是管理会计师。

内部会计制度的差异也会给国际业务经营带来问题，特别是在一公司买卖或同其他公司创立合资企业的时候，会计信息对于了解一家企业如何运作、对于计划和协调都十分重要，这也是会计人员的主要职责之一。文化、教育、语言和软件的差异阻碍了信息的自由流动。国际经营会有潜在的利益，但有时会因为不能在国际性公司内部和公司之间传递有价值的信息而损失。

此要点的案例

法玛西亚(Pharmecia)公司（设在瑞士的一家欧洲药品公司）和厄普琼(Upjohn)公司（一家美国中西部的药品公司）在1995年进行了合并。合并双方都相信合并的潜在协同

及收益将会非常高。然而，该新公司遭受到了企业文化问题的阻碍。其董事长关于该合并做出了以下评论：[1]

它带来了规模、机会和国际存在，并加强了产品组合，但是大家也都认识到如果你将它们这样世界上不同地方的公司合在一起，那么将它们融合起来成为一个经营良好的单位将很困难。因为在合并之前，每个公司都有它们自己的预算、成本会计和日常管理方法，内部信息流的合并产生了大量的技术和文化问题。

基础设施的限制也给全球化带来了问题，通讯设备（如电话、传真及计算机）的不易获得，必要的研究开发设备（如专用实验设备、计算机辅助设计与制造）以及电力资源的波动和不可靠都对于在某些地区建立国际性企业产生了巨大的阻碍。例如在许多发展中国家工厂不能取暖或降温，这就给需要使用润滑油和冷却剂的设备带来了不利的操作环境。运输系统的不足会使进出国际性地区的货物运输速度降低，那些估计资产负债表中的存货成本或已售产品成本的会计人员需要将这些意外的成本并入它们的计算以正确计算出口产品的成本。

此要点的案例

自动送料公司是一家制造和安装精密线圈加工设备的俄亥俄州的公司，当它将产品出口中国重庆的一家五十铃合资企业时，遇到了重大的技术问题。当将产品运到目的地时，26个集装箱中的20个被暂时弄丢并放错了位置；而在安装过程中，意外的电力高峰毁坏了三台计算机。

15.3 外汇和汇率

除了刚才讨论过的环境特点之外，有国际业务往来的公司会遇到多种货币的问题。例如我们考虑一家将产品销售到美国的日本公司。日本公司会希望对方以日本货币（日元）来支付，但是美国公司的银行账户上只有美元。这样一种货币必须转换为另一种货币。

大多数银行参与国际性的货币兑换，这使它们能够以当前的汇率来买入外币。这样美国公司可以通过国际银行系统来偿还日本公司的债务。银行将会在国际性货币交易所用这些美元购买所需数量的日元，然后安排将这些日元汇往日本公司的银行。[2]

15.3.1 汇率

一种货币的**汇率**是用其他货币购买一单位该种货币所要耗费的金额。这样汇率可被视为以本国货币表示的一单位外币的“价格”，在我们看来这是美元）。汇率通常都在波动，这取决于特定货币的全球供给和需求。美元和大多数主要货币的当前汇率每天都公布在金融出版物上。例如，最近列示在华尔街日报上的一些汇率如下。

汇率可以用来确定一种货币的多少金额等价于给定数量的另一种货币。假定一家美国公司欠一家日本公司100万日元（表示为1 000 000日元）。需要多少美元来清偿这笔债务呢？（假定当前汇率是每0.0106美元/日元）。为了以等价的美元金额来重新表示一笔外币，我们用汇率乘以外币金额，如下式所示。[3]

[1] A. Friedman，“世界舞台上企业文件震动的一个例子，”《国际先驱论坛报》，1997年4月23日，p.1

[2] 同样，美国公司也可以将一张以美元标价的支票(或银行汇票)传送给日本公司。然后日本公事可安排其在日本的银行将美元兑换为日元。

[3] 要将一定金额的本币兑换为等值的外币，我们可用本币金额除以汇率。例如，10 600美元 ÷ 0.0106美元/日元 = 1 000 000日元。

表15-2 美元与五种外国货币的兑换

国家	货币	汇率（以美元计）
英国	英镑(￡)	$1.6295
法国	法郎(FF)	0.1991
日本	日元(￥)	0.0106
墨西哥	比索($)	0.1586
德国	德国马克(DM)	0.7022

以外币表示的金额 × 汇率（以美元计）= 等价的美元数量

1 000 000日元 × 0.0106 日元/美元=10 600美元

以美元的等价数量形式表示一笔外币的过程被称为外币**换算**。

汇率“专用术语” 在金融出版物中，货币常常被描述为“强”或“弱”，或对另一种货币上升或下降了。例如晚间新闻播音员会说：“坚挺的美元对疲软的英镑急剧上升，而对日元和瑞士法郎则轻微下滑。”这告诉了我们汇率的一些什么东西呢？为理解这一术语，我们必须记住汇率不过是“以另一种货币表示的”某种货币的价格。本章从始至终，我们都是指以美元形式表示的各种外币的价格。然而，在其他国家，美元是一种外币，这样它的价格就以当地（国内）货币的形式表示。

为便于说明，设想我们选自《华尔街日报》的表格，它表明日元汇率为0.010 6美元。在本汇率中，1美元等价于94日元（94日元×0.010 6=1美元）。这样，当我们说日元汇率为0.010 6美元时，日本人会说美元汇率是94日元。现在让我们假定日元汇率上涨到了0.010 9美元，在这一汇率下，1美元仅等价于92日元（92×0.010 9=1）。在美国，我们可以说日元汇率从0.0106上升到了0.010 9美元。然而在日本，人们会说美元汇率从94日元跌到了92日元。在金融刊物中可能会说“日元对美元涨了”或者是“美元对日元下跌了”。两种表述意指着同一件事——即对于美元日元变得更值钱了。现在让我们回到开始的表述，“坚挺的美元对疲软的英镑急剧上涨，而对日元和瑞士法郎则轻微下挫。”当汇率以美元表示时，这一表述意味着英镑的价格（汇率）急剧下跌，而日元和瑞士法郎的价格则轻微上扬。当一种货币的汇率相对于大多数其他货币来说上涨时，被描述为“坚挺”，而当其汇率下降时则称为“疲软”，汇率会因为本章前面所讨论的环境力量的变化而波动。

15.3.2 对国外公司进行交易的会计核算

当一家美国公司同一外国公司进行购买或销售商品的交易时，交易价格可能以美元或者用外币来表示。如果价格以美元表示，美国公司不会遇到特别的会计问题。该交易可以同国内供应商或顾客进行类似交易时那样进行记录。

如果交易价格以外币表示，那么该公司就面临着两个会计问题：第一，当美国公司的会计记录以美元表示时，交易必须在记录该交易前将交易价格换成美元。当（1）购买或销售以赊账方式进行和（2）在交易日和付款日之间汇率发生变动时就产生了第二个问题。这一汇率将使美国公司在清偿账款时或者获得收益，或者遭受损失。

以外币计价进行赊购 假定在8月1日一家美国公司按10 000英镑（￡10 000）的价格从一家英国公司购买商品，60天后付款。8月1日的汇率是每英镑1.63美元。8月10日记录本次购买（假定采用存货永续盘存制)的分录应是：

存货	16 300	
应付账款		16 300

记录当汇率为每英镑1.63美元时以10 000英镑从一家英国公司购买商品(￡10 000×

\$1.63=\$16 300)

让我们假定到9月30日，当10 000英镑的应收账款到期时，汇率已降至每英镑1.61美元。如果美元公司在8月1日时支付了货款，成本将是16 300美元。要是到了9月30日，只需要16 100美元来偿付该笔10 000英镑的债务(10 000 × 1.61=16 100)。这样汇率的降低为该公司节省了200美元，这一节约以“汇兑损益”进行会计记录。9月30日记录债务的清偿和收益的确认的分录应为：

应付账款	16 300	
现金		16 100
汇兑损益		200

记录清偿英国公司10 000英镑债务及确认汇率降低的收益：

初始时债务(10 000 × 1.63)	\$ 16 300
偿付金额(10 000 × 1.61)	16 100
汇率降低产生的收益	\$ 200

现在让我们假定汇率不是降低了，而是从8月1日的1.63美元上升到9月30日的1.66美元，在这一假定下，9月30日时，美国公司将必须支付16 600美元以清偿10 000英镑的债务，这样，同如果该债务在8月1日时清偿相比，公司将多支付300美元。这一额外的300美元的成本是由于汇率上升所造成的，应该记为损失。9月30日的分录应为：

应付账款	16 300	
汇兑损益	300	
现金		16 600

记录清偿美国公司的10 000英镑债务并确认汇率上升损失：

原始付债	\$ 16 300
支付金额	16 600
汇率上升损失	\$ 300

总之，在交易日至清偿日间汇率降低了，存在以外币表示的固定负债会导致债务人的收益。该收益产生是因为将需要较少的美元来偿付当初所欠的债务。另一方面，汇率上升会导致债务人遭受损失。在本例中，债务人将得付出比当初所欠金额更多的美元来购买外币以清偿债务。

用外币计价进行赊销　一家用外币计价赊销的公司也将会因汇率波动而获得收益或遭受损失。为便于说明，让我们改变前例，假定美国公司在8月1日以10 000英镑的价格向英国公司出售商品。我们再次假定8月1日的汇率每英镑1.63美元，60天后到期。8月1日记录这笔销售分录应为：

应付账款	16 300	
销售		16 300

记录以10 000英镑=16 300美元的价格向美国公司的销售，60天后到期。

60天后 (9月30日)，美国公司将从英国公司收回等价于10 000英镑的美元。如果9月30日的汇率降到了每英镑1.61美元，在全部结清了自己应收账款的情况下，美国公司将只能收回16 100美元(10 000 × 1.61=16 100)，由于应收账款最初时等价于16 300美元，汇率的降低使美国公司蒙受了200美元的损失。9月30日的分录应为：

现金	16 100	
汇兑损益	200	
应收账款		16 300

记录从英国公司收回10,000英镑的应收账款，并确认销售日以来汇率降低的损失：

初始销售价格(10 000 × 1.63)	\$ 16 300
收到金额(10 000 × 1.61)	16 100

汇率降低的损失……………………………………………$ 200

现在考虑一下另一个例子，在这个例子中汇率从8月1日的1.63美元上升到9月30日的1.66美元，在本例中，英国公司偿付的10 000英镑将转换为16 600美元，为美国公司创造了一笔收益。9月30日的分录将会是：

现金	16 600	
应收账款		16 300
汇兑损益		300

记录从英国公司收回10 000英镑应收账款并确认汇率上升所产生的收益：

初始销售价格	$ 16 300
收回金额	16 600
汇率上升的收益	$ 300

资产负债表日外国应收账款和应付账款的调整：

我们已经看到汇率的波动会给有外币应收或应付账款的公司带来收益或损失。汇率每天都在波动，可是为了方便起见，公司通常等到付出账款或收到账款时才记录相应的收益或损失。这一简便的惯例的例外发生在会计期末，这时需要编制一个调整分录，以确认至资产负债表日为止任何外国应付或应收账款所累积的任何收益或损失。

为了便于说明,假定11月10日一家美国公司以1000万日元的价格从日本公司购买设备，次年1月10日到期。如果11月10日汇率为一日元0.010 0美元，记录采购的分录应为：

设备	100 000	
应付账款		100 000

记录以10 000 000日元的价格从日本公司购买设备，1月10日到期(10 000 000日元×0.010 0美元/日元=100 000美元)。

现在假定在12月31日，汇率降到了0.009 7美元/日元。在这一汇率下，美国公司的应付账款仅等价于97 000美元(10 000 000日元×0.009 7美元/日元)。汇率波动的损益应在变动发生期间加以确认。因此美国公司应该编制一个调整分录，以当前的美元等价来重新表示其负债,并确认相应的收益或损失。假定编制于12月31日的分录为：

应付账款	3 000	
汇兑损益		3 000

将10 000 000日元的应付账款余额调整至以年末汇率表示的金额：

初始账面余额	$ 100 000
调整后余额(10 000 000比0.0097)	97 000
所需的调整	$ 3 000

对于任何在年末以固定的外币表示的其他应付或应收账款，都应进行类似的调整。

如果在这调整分录日和美国公司清偿债务日之间，汇率再次变动，额外的收益或损失必须加以确认。例如假定到1月10日时汇率上升到了-日元0.009 9美元，该美国公司现在必须在付99 000美元来购买清偿其对日本公司的负债所需的10 000 000日元。这样，自年末以来汇率的上升造成了美国公司2 000美元的损失。记录1月10日清偿账款的分录应为：

应付账款	97 000	
汇兑损益	2 000	
现金		99 000

记录向日本公司支付10 000 000日元的应付账款，并确认自年末以来汇率上升的损失：

应付账款　12月31日	$ 97 000
偿付金额　1月10日	99 000
汇率上升损失	$ 2 000

请注意这笔以日元表示的信用交易的总体影响是11月10日至付款日(1月10日)间日元汇率波动所产生的1000美元的收益。该美国公司确认了11月10日至资产负债表日(12月31日)间汇率波动所带来的3 000美元的收益。这一收益因12月31日至1月10日的汇率波动所产生的下一会计年度的2 000美元的损失而部分抵消。总影响可以通过将外币金额乘以交易日至清偿日的汇率变动(10 000 000日元×(0.010 0美元−0.009 7美元)=1 000美元收益)而直接计算求得。

现金影响

请注意相关交易的外汇汇率波动的现金影响直到交易完成、款项支付后才发生。也就是说，所记录的应收或应付款项的外汇汇率收益或损失并不涉及现金流量(不考虑所得税影响)。如我们前面所揭示的，同购买设备的信用交易相联系的汇率波动的现金流量影响发生于偿付日1月10日(预期现金流出=100 000美元,实际现金流出=99 000美元)，资产负债表日所记录的3 000美元收益和偿付日所记录的2 000损失并没有相应的现金流量影响。

以外币进行的交易的汇率波动所产生的收益或损失应当被包括在损益表中。它们通常列于营业利润之后,并以非常类似于利息费用和工厂设备资产出售损益的形式加以揭示。

15.3.3 货币波动——谁赚了而又谁赔了

汇率波动的损益由拥有固定外币形式的应付或应收款项的公司(或个人)承担。进口外国产品的美国公司通常有大量的外国债务。将美国商品出口到其他国家的公司很可能有以外币表示的大量应收款项。

当外汇汇率(以美元表示)下降时，美国的进口商将获利，而出口商将受损。当外汇汇率下降时，外币变得“不太贵了”。因此进口商将支出更少的美元来偿付其外国债务。另一方面,出口商将不得不眼睁睁地看着他们的外国应收款项所值的美元数越来越少了。

当外汇汇率上升时，这一情形正好反过来。进口商将受损，因为他们将需要更多美元来偿付外国债务。出口商将获益，因为他们的外国应收账款所值的美元数增加了。

避免汇率波动损失的策略　避免汇率波动损失的方法主要有两种。一种方法是坚持应收和应付款项以确定金额的国内货币偿付。另一种方法称为“套期保值”,它可以通过多种方法实现。

为说明第一种方法，假定一家美国公司对墨西哥公司进行大笔赊销，但短期内墨西哥比索的汇率将逐渐降低。美国公司可以通过将售价设定为美元来避免损失。这样，如果汇率确实下降了，墨西哥将必须为其购买支付更多的比索，而美国公司则不会少收美元。另一方面，美国公司将会从以比索标价的同墨西哥公司进行的赊购中受益。因为汇率的降低将减少支付货款所需的美元数量。

不过，墨西哥公司的利益正好与美国公司的相反。如果墨西哥公司预期美元汇率会上升,它们将希望以比索标价购买，而以美元标价销售，最终，贸易的计价方式将取决于哪方公司在谈判中处于更有利的地位。

套期保值　套期保值指“坐在篱笆的两边”的策略——也就是说，通过抵消头寸以便你的收益和损失趋向互相冲抵。为说明这个概念，假定喝了几杯啤酒后，你就足球比赛的结果打了一个大赌。过后你认真想了一下，打算消除你遭受损失的风险。通过就另一队打一个相似的赌，你可以“对冲”你最初的赌。这样你将输去一个赌局，但你将赢得另一赌局——你的损失将被相应的收益抵消。

拥有相近金额的同种外币应收账款和应付账款的公司会自动处于对冲的状态。外汇汇率的下降将会带来外国应收款项的损失而外国应付款项的收益。如果汇率上升，外国应收款项的收益将全被外国应付款项的损失所抵消。

当然，大多数公司并没有相似金额的同种外币应收款项和应付款项。然而，可以通过买入或买出外币远期合同来创造这种状态。这些合同通常称为期货，是在未来时期收到确定数量外币的权利。简单地说，它们是外币应收账款。这样只有外币应付款项的公司可以买入相近美元近额的外币远期合同来对冲其头寸。如果以后汇率上升，外国应付款项的任何损失将会被远期合同的收益所抵消。

一家只有外国应收款项的公司可以通过出售远期合同来对冲其头寸，从而当天收到美元并产生一笔外币负债。

汇率和具有竞争力价格 到现在为止，我们仅仅讨论了拥有用外币表示的应收或应付账款的公司所发生的收益或损失。然而，汇率的波动改变了不同国家生产产品的相对价格。汇率波动使一国的产品价格无论在国内还是在国外都更具竞争力或缺乏竞争力。甚至没有外国应收或应付账款的小商店也会发现外汇汇率的波动严重影响其业务经营。

例如，我们可以设想一家堪萨斯州的小商店销售美国制造的某一品牌的电视机。如果外汇汇率下降（这种情况发生在美元坚挺的时候），外国制造的电视机的价格会下降。这样,销售美国生产的电视机的商店将不得不同以较低价格销售进口电视机的商店进行竞争。同样，美元坚挺使美国产品对外国消费者来说变得更贵了。这样一家美国电视机制造商会发现向国外销售其产品变得更加困难了。

当美元疲软时——即当外汇汇率相对较高时，情况刚好相反。美元疲软使从外国进口的商品对美国消费者来说更贵了。同样，美元疲软使美国产品对外国消费者而言便宜了一些。

轮到你了！ 作为一名消费者

假定你想购买一辆新赛车，你在考虑是买意大利、英国还是美国的赛车，你刚刚听到有消息说美元相对于意大利里拉较强而相对于英镑则下跌了。预期这一趋势还会持续一个月。这一消息如何影响你对于购买赛车选择的评价?

我们的评论在本章末。

总之，我们可以说美元坚挺有助于在美国市场销售外国生产的产品。而另一方面，美元疲软则给在国内和国外销售美国产品的公司都带来了竞争优势。

15.3.4 包含外国子公司的合并财务报表

在第14章，我们讨论了合并财务报表的概念，这些报表把联合公司视为一个单独的经营单位来看待母公司及其子公司的经营。当子公司在国外经营时，在编制合并财务报表的时候就会出现一些特殊的会计问题。首先，外国子公司的会计记录必须换算成美元。其次，外国所使用的会计原则可能同美国公认会计原则有重大的差异。

这些问题给职业会计人员带来了有趣的挑战。这将在以后的会计课程中讲述。然而，美国公司财务报表的阅读者应当知道这些公司的合并财务报表是以美元表述的，并且符合美国公认会计原则。

15.4 全球化寻源

汇率的不同会给在全球范围内采购资源的公司带来更大的困难。最近《洛杉矶时报》上的一篇文章描述了使用从不同国家进口的材料制造玩具时与计算成本相联系的附加问题。

下图描述了芭比（Barbie ™）娃娃的原材料来自沙特阿拉伯的油田，最后到美国的玩具商店，其间所经历的各个国家和地区。在石油被精炼制成乙烯后，台湾地区使用乙烯制成乙烯基小球，这些小球被运往中国的广东省东莞市。在那家中国合资工厂里，有5 500名工人，他们每月工资在30美元到50美元之间。该工厂生产塑料玩具娃娃和她的衣服。不过大多数机器和工具，包括注塑机，都是从美国、欧洲和日本进口的，模具直接从美国进口。日本提供芭比娃娃的尼龙头发，香港管理整个过程、安排结算和保险、管理出口和进口，并监督将产品运回美国。最后，在美国国内雇佣数千个美国工人进行包装、运输、广告和其他工作，最终价值10美元的芭比娃娃就出现在你所在地的玩具店里。马泰尔(Mattel)公司表明通常一个芭比娃娃的利润是大约1美元。

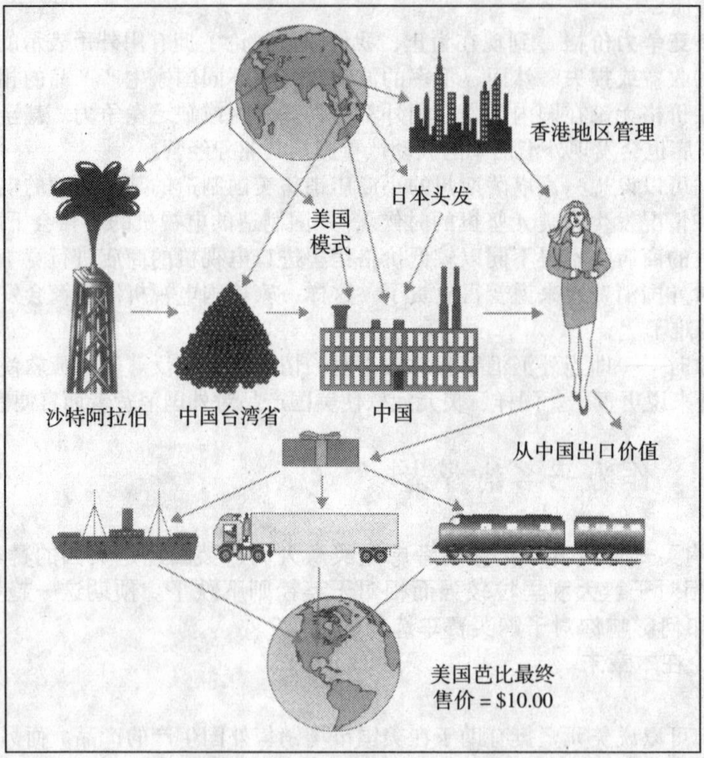

图15-4　芭比娃娃国际生产图

表15-3描述了有关芭比娃娃生产的成本和汇率问题。表15-3(1)部分提供了与价值链相关国家货币的汇率。表15-3(2)部分包括了马泰尔公司在中国东莞市美泰（音译——译者注）工厂生产的芭比娃娃的估计的产品出口成本。表中的估计成本以某一单个日期的报告汇率为基础（1997年5月30日）。公司必须选择一个代表性的汇率来计算以其本国货币表示的成本形成。

表15-3　芭比娃娃生产的成本和汇率

芭比 [1] 娃娃的估计生产成本

表(1)：汇率 [2]

国家(地区)	货币	等值美元
沙特阿拉伯	里亚尔	0.266 60
台湾地区	台币	0.035 87
香港地区	港币	0.129 20
日本	日元	0.008 63
中国	人民币	0.120 20

表(2)：估计累计产品成本

投入	外币价值	等值美元
原材料		
沙特阿拉伯	0.6373里亚尔	0.17
台湾地区	4.461台币	0.16
日本	24.32日元	0.21
中国	0.915人民币	0.11
直接人工		
中国	2.913人民币	0.35
制造费用		
香港地区	7.742 8港币	1.00
总出口成本		2.00美元

资料来源：[1] Estimates based on information provided in R. Tempest, "Barbie and the World Economy," *Los Angeles Times*, September 22, 1996, p.1.

[2] Based on exchange rates in *The Wall Street Journal*, May 30, 1997, p.C14.

图表中和相应表格中的信息没有提供关税、进出口费用、多个国家税法和税收协定等方面的细节。这些也是在全球环境中做生意的成本，由于不熟悉本章开始时所讨论的环境特点，许多公司低估了将其业务经营全球化的成本。在全球性的价值链中进行准确的成本估计对希望变得更加全球化的公司而言是一个巨大的挑战。

《反国外贿赂行为法》

在许多国家，产品成本也包括办理官方文书的费用。肯尼亚的企业经理人员称之为Kitu Kidogo（“小意思”），中国人支付“贿赂”，俄国人付出vzyakta，而中东人支付baksheesh。在全世界许多国家，行贿是做生意的一部分。在很多国家，这一被正式许可的贿赂行为并不被认为是不对或不道德的。可是，美国的企业被禁止进行影响兜售。**《反国外贿赂行为法》**（Foreign Corrupt Practices Act, FCPA）由美国议会于1977年通过并于1986年修订，它规定了违反其规定的美国经理人员的罚款和监禁时间，在过去的许多年里，一些美国公司一直埋怨说那些不受FCPA约束的外国竞争者获得了优势。

过去五到十年里所发生的事情已经改变了国际间关于某些腐败行为对于经济生存能力影响的态度。尤其是1997年~1998年的亚洲金融危机被部分归罪于贪污和影响兜售。根据某些估计，在中国同做生意相关的贿赂可增加5%的营业成本。腐败行为如此猖獗，以致一些公司拒绝在某些外国地区进行经营活动，这使得这些国家失去了宝贵的外国直接投资。

国际货币基金组织和世界银行在90年代开始实行中止对无视腐败行为的国家提供资金的政策。1997年，向肯尼亚提供的2.92亿美元贷款被暂时中止了，直到该国设立了一些政策和程序来防止腐败。被推荐的许多政策和程序都是在效仿FCPA。FCPA的范围十分广泛。按FCPA的规定，对所有的美国公司，它们的附属公司以及它们的代理商向政府官员行贿都是非法的，刑事和民事处罚可能导致对公司处以200万美元的罚款、有关经理人员最多10万美元的罚款，并处以不超过5年的监禁。

FCPA在两个特殊的领域对会计有一定的意义：账户登记和内部控制程序。该法案要求包括不当支付在内所有支付都必须进行登记和披露。更进一步，该法案要求公司应有维护公司资产完整的适当的内部控制制度，只允许被授权的人员接近这些资产。FCPA1996年的修订在“影响兜售”（influence peddling）和“便利支付”(facilitating payment)间进行了区分。“影响兜售”指促使官员比平常情况下更加迅速地采取行动的行为。一笔便利支付可能给海关关员以加速进口商的通关。在该法下后一种类型的支付并不违法。从事全球化经营的公司必须确保它们的跨国员工遵守FCPA。

网络联接

使用互连网在以下地址获取当前汇率信息：

http://quote.yahoo.forex?update

http://www.xe.net/currency/

使用当前汇率计算表15-3所示的芭比娃娃的成本形成。

章末回顾

学习目标小结

学习目标1 定义公司使其经营活动全球化的四种机制。

公司通过出口、许可证、合资经营和全资子公司的形式使其经营活动全球化。多国公司使用全球化获取资源的方式来贯穿其价值链。

学习目标2 确定全球环境力量：① 政治和法律制度；②经济制度；③ 文化和④技术与基础设施是如何影响公司的全球竞争力的。

国家使用其政治和法律制度转移和控制企业资产，市场经济制度和中央计划经济制度产生对企业的不同需求。文化通过信仰、顾客的期望以及经营伙伴影响商业关系。全球各地区的技术和基础设施会影响商业活动的形式和成本。

学习目标3 说明如何将一笔货币转化成外币。

要将某种外币转换为等值本国货币，可用外币来乘以汇率。要将一定金额的本国货币转换为等值外币，可用这些本币金额除以汇率。

学习目标4 计算当汇率波动时以外币计价的应收账款或应付账款的损益。

应收账款和应付账款在使用当前汇率进行交易之日进行记录。当兑换现金进行交易时，使用交易完成之日的汇率登记现金流；所兑换的现金和应收或应付账款之间的差额作为汇兑损益进行记录。

学习目标5 描述几种“对冲”汇率波动产生的损失的方法。

套期保值就是抵消汇率波动产生的损失的可能性。它可以通过拥有相互抵消的外汇应收账款和应付账款来实现，也可以通过买入或沽出外汇远期合同实现。

学习目标6 理解全球化获取资源如何增加了产品成本的复杂性。

当一些产品或服务的设计、开发、生产、营销和服务活动发生于一个以上国家时，那么全球性的因素会影响产品成本。这些因素有汇兑损益、税收、进出口税、贸易协定、对外贸易区以及对货币流通的限制。

学习目标7 说明《反国外贿赂行为法》的重要性。

反国外贿赂行为法禁止通过贿赂在国外地区进行影响兜售。该法要求从事全球经营活动的公司保持良好的会计记录和适当的内部控制以保护公司财产。

本章我们介绍了重要的国际商业术语和思想。我们探讨了公司在创造国际商业机会时所面临的全球经营活动的复杂性。环境的复杂性产生了外部报告会计信息和内部报告会计信息的使用和需要的差异。在以后各章，我们将更详细地探讨内部会计信息的使用。请记住这里所讨论的国际视角并思考它们对本书其余部分所提出的思想的影响。

关键术语

cross-border financing 跨境融资

于一家公司在其他国家资本市场上出售其证券时发生。

exchange rate 汇率

用其他货币购买一单位某货币所花费的金额。

exporting 出口

向外国顾客销售商品或服务。

Foreign corrupt Practices Act 反国外贿赂行为法

美国议会1977年通过并于1986年修订，规定了美国经理人员违反其规定的罚款和监禁时间。它在非法的“影响兜售”和合法的“便利支付”之间进行了区分。“影响兜售”是为了促使被授于业务经营的行为，如不这样做，便无法获得该业务经营。“便利支付”是为了促使官员更加迅速地采取行动。

foreign trade zones 对外贸易区

进口到这些指定的美国地区的货物在运出这些地区以前免于征税。

future contracts 远期合同

一种给予在某一未来日期收到特定数量外币的权利的合同。

globalization 全球化

经理人员开始意识到国际业务活动对他们公司未来的影响的过程。

globai sourcing 资源获取全球化

跨国境的研究与开发、生产及市场营销的紧密协调。

harmonization of accounting standards 会计标准的协调

全世界不同国家所采用的会计方法和原则的标准化。

hedging 套期保值

同外币波动相联系的，使损失风险最小或消除风险的做法。

industrial organizations 行业组织

存在于多家公司结成代表不同行业的跨行业集团时。韩国的跨行业集团称为chaebol，日本的跨行业集团由作为顾客和供应商的公司组织行成，通常包括一家银行，称为keiretsu。

infrastructure 基础设施

为每一全球化地区的企业提供的交通、运输和公用事业。

International Accounting Standards Committee 国际会计准则委员会

创立于1973年，承担着创建和发布国际准则的责任。

international joint venture 国际合资企业

由两家或两家以上不同国家的公司所拥有的公司。

international licensing 国际许可

一家公司和一外方签署的允许使用商标、专利、技术、设计、生产工艺、知识产权或其他专有优势的契约性协议。

maquiladora 曼奎兰多拉

设在墨西哥的不受墨西哥监管，而由外国公司的法律管辖的合资制造厂。美国允许来自于这类企业的产品重新出口时免征或减征关税 。

market economics 市场经济

存在于土地等生产资料的所有权私有，并且市场决定资源和产出在经济各部门间配置的情形下。

planned economy 计划经济

存在于政府使用中央计划来在不同经济部门间配置资源、决定产出的情况下。土地和生产资料的政府所有是计划经济的特点。

regional value content 地区价值含量

那些签订了自由贸易协定的国家的产品要在满足一些规定后，才可享受关税优惠，即规定这产品的成本是加总的成本金额。

wholly owned international subsidiary 全资国际子公司

通过一外国公司的直接投资创立。在其他国家使用国内形成的资金来购买一外国子公司100%的权益控制权。

示范题

铁人(IronMan)公司是一家生产健身器材并经销几种进口自行车的美国公司。经选择的公司交易如下：

10月4日　从德国的雷恩公司购买制造设备。购买价为400 000德国马克，60天后付款。当前汇率为每德国马克0.702 0美元（借记设备账户）。

10月18日　从日本的宁嘉(Ninja)自行车公司购入2 500辆赛车，价格为60 000 000日元。90天后付款。当前汇率为每日元0.011 0美元（铁人公司实行永续盘存制）。

11月15日　从英国的皇家狮子RayalLion公司购入1 000辆旅游车。购买价格为192 500英镑，30天后付款。当前汇率为每英镑1.65美元。

12月3日　向第一银行签发与400 000德国马克等值的美元支票以偿付所欠雷恩公司的应付账款。当前汇率为每德国马克0.711 0美元。

12月15日　向第一银行签发与192 500英镑等值的美元支票以偿付所欠皇家狮子公司的应付账款。当前汇率为每英镑1.60美元。

要求:

a. 编制总账分录登记上述业务。

b. 编制关于所欠宁嘉自行车公司的应付账款12月31日的调整分录。年末汇率为每日元0.011 3美元。

c. 确定一些铁人公司可以用来降低其外汇汇率波动风险的方法。

d. 讨论日本、德国以及英国影响其汇率波动的环境特点。

示范题答案

a. 登记交易活动的总账分录如下：

总　账

日期		账户名称及说明	借	贷
2001				
10月	4日	设备	280 800	
		应付账款（雷恩制造公司）		280 800
		记录以400 000德国马克从雷恩制造公司购买设备, 汇率为每德国马克0.7020美元（400 000德国马克×0.0720美元=280 800美元）		
10月	18日	存货	660 000	
		应付账款（宁嘉自行车公司）		660 000
		以60 000 000日元从宁嘉自行车公司购入500辆自行车,汇率为0.0110美元（60 000 000日元×0.0110美元=660 000美元）		
11月	15日	存货	317 625	
		应付账款（皇家狮子公司）		317 625
		以192 500英镑从皇家狮子公司购入1 000辆自行车，汇率为每英镑1.65美元。		
12月	3日	应付账款（雷恩制造公司）	280 800	
		汇兑损益	3 600	
		现金		284 400

（续）

日期		账户名称及说明	借	贷
		偿付所欠雷恩制造公司的400 000德国马克债务（初始金额减去实际支付金额等于损失：280 800美元-(400 000德国马克×0.711 0美元)=-3 600美元）。		
12月	18日	应付账款（皇家狮子公司）	317 625	
		汇兑损益		9 625
		现金		308 000
		偿付所欠皇家狮子公司的192 500英镑债务（初始金额减去实际支付金额等于收益：317 625美元-(192 500英镑×1.60美元)=9 625美元）。		

b. 12月31日宁嘉自行车公司应付账款的调整分录：

总　账

日期		账户名称及说明	借	贷
2001				
12月	31日	汇兑损失	18 000	
		应付账款(宁嘉公司)		18 000
		按年末汇率调整年末60 000 000日元的负债余额：(年末调整前余额减去调整后的余额等于损失:660 000美元-(60 000 000日元×0.0113美元)=-18 000美元)。		

c. 铁人公司可以利用应收、应付账款对抵来控制潜在的汇兑损益。例如，铁人公司可向日本出口健身器材以获得与其应付账款相对抵的应收账款。铁人公司也可购入与负债到期日相同的远期合同，这样，远期合同所获得的损益与外汇汇率波动所产生的损益就相抵消了。

d. 在德国，股票市场规模较小。银行提供了德国公司所需资本的大部分。而日本的多数工业集团采取Keiretsu组织方式。这些组织方式包括制造商、经销商、批发商、零售商和供应商，这些商人共同工作，共享资源。日本和德国的会计行业比美国的会计行业要薄弱的多。英国像美国一样有发达的资本市场、强大的会计行业和相似的会计准则。

自测题

这些问题的答案在本章末。

1. 下列答案中关于全球化方式阐述正确的有：（请选出所有正确的答案）

a. 国际许可涉及产生一家新的，被两个或两个以上不同的国家公司拥有的公司；

b. 出口涉及允许外国公司使用国内公司商标、专利、生产工艺或技术的合同；

c. 全球化获取资源涉及跨国界的研究开发、采购、营销及生产制造的紧密合作；

d. 当一外国政府拥有了一美国公司100%的股东权益时就创立了一家全资子公司。

2. 下列哪些环境因素会影响在外国做生意的成本？

a. 劳动力的受教育水平；

b. 监管利润汇出的法律；

c. 税收和关税法规；

d. 利用通讯交通网络的限制。

3. 其居民高度集体导向且接受组织间和组织内部的不平等权力距离的国家被认为是：

a. 个人主义和低权力距离；

b. 集体主义和高权力距离；

c. 个人主义和高权力距离；

d. 集体主义和低权力距离。

4. 3月1日，拉顿产品（一个美国公司）从一墨西哥供应商处购入价值20 000比索的货物，6月1日付款。3月1日比索兑美元的比价为1比索=0.17美元。如果6月1日汇价增至0.19美元，拉顿公司应列示的汇兑损益为：

a. 400美元收益；

b. 200美元损失；

c. 400美元损失；

d. 200美元收益。

5. 1月1日，一德国公司从一美国公司购买价值50 000美元的货物，3月1日付款。1月1日德国马克兑美元汇率为1马克=0.70美元。如果3月1日汇率涨为0.72美元，美国公司所应列示的汇兑损益为：

a. 1 000美元收益；

b. 1 000美元损失；

c. 500 美元收益；

d. 没有需要列示的损益。

作业

讨论题

1. 指出几个促使不同国家发展不同会计理论的因素。

2. 什么是国际会计准则委员会（IASC）？为什么该委员会的准则不能在全世界应用？

3. 用表15-2列示的汇率将下列金额的外汇换算成同等数额的美元。

a. 800 000英镑；

b. 350 000日元；

c. 50 000德国马克。

4. 假设一个美国公司从一德国公司采购货物并同意支付2 000 000德国马克。

a. 该美国公司在进行会计记录时如何确定采购成本？

b. 简要介绍一美国公司如何安排对德国公司的德国马克的支付？

5. 一近期出版的报纸显示英磅兑美元的汇率为￡1=$1.63，而兑日元的汇率为￡1=$0.0106。这是否意味着英磅是比日元坚挺的硬通货？请解释。

6. 解释外汇汇率增加将如何影响一美国公司的下列交易：

a. 以外币计价对外国公司的赊销；

b. 以外币计价对外国公司的赊购；

c. 对外国公司的以美元结算的赊销。

7. 假设你是代理美国公司从墨西哥购货的代理商，墨西哥比索对美元的汇率正在下降，并 且这种趋势将有可能持续至少几个月。你是选择墨西哥比索还是美元作为从墨西哥公司购货的结算货币？请解释。

8. 计算技术(CompuJech)公司是一家设于美国的多国公司。 对外国的销售是以美元计价的，但是从外国的采购一般用外国货币计价。如果当年大多数外币兑美元的汇价上升，那么，计算技术公司是否会确认汇率波动所产生的收益或损失？请解释。

9. 请说明两种从外国赊购的公司可以用来防止自己免遭汇率突然上升所带来的损失的方法。

10. 企业经营的全球化意味着什么？考虑你熟悉的两家公司。你如何描述它们的全球化水平。

11. 为什么对于公司及其管理会计人员来说了解其全球化水平很重要？

12. 你从《华尔街日报》上了解到美元相对于意大利里拉贬值了。在其他情况相同的情况下，你认为意大利皮茄克在美国的销售量会有什么变化？为什么？

13. 一家美国公司以3 500 000第纳尔的价格从巴林购买了一批纺织品。在当前汇率下，此合同价值多少美元？

14. 国际许可协议与国际合资经营有何不同？

15. 如果一家公司希望通过向外扩展的途径来提高其全球化水平，它可能从事哪种经营活动？

16. 一家公司为了保持对生产经营及最终产品质量保持较高水平的控制，它该从事哪种全球化经营活动？

17. 在个人主义和集体主义的国家生产过程的组织可能会有何不同？

18. 高权力距离 和低权力距离各是什么意思？在高权力距离和低权力距离国家经营的公司的组织结构会有何不同？

19. 一法国公司同意从美国油漆制造商那里购买木材油漆。如果所有交易都以美元进行，哪家公司将承担汇率风险？

20. 在美国，什么是对外贸易区？在对外贸易区内进行经营有何好处？

21. 自然对冲汇率风险是什么意思？

练习

练习15.1 全球化经营术语 *LO1~7*

以下是本章所使用的9个全球化经营的术语：

套期保值	外汇风险	国际会计准则委员会	《反外国贿赂行为法》	
计划经济	国际许可	协调	全球化	出口

以下每句话可能（或可能没有）描述其中一个术语。请指出每句所描述的会计术语，如果某句话没有正确描述上述任何一个术语，请回答“没有”。

a. 用另一种货币购买一单位某种货币所耗费的金额。

b. 向外国顾客出售商品或服务。

c. 允许一家公司使用另一家公司的商标、专利或技术的契约性协议。

d. 区分非法的“影响兜售”和合法的“便利支付”。

e. 减少或消除与外币波动相联系的损失的风险的行为。

f. 市场决定经济各部门间的资源配置及产出。

g. 承担着创立国际会计准则并鼓励其应用的责任的团体。

练习15.2 外部财务报告与全球化 *LO1, 2*

选择一家全球性公司，你想在将来某一时间购买其上市交易的股票。使用因特网或年度报告的数据回答以下问题：

a. 该公司在哪个国家或地区进行经营？

b. 对外销售额占总销售额的比重是多少？在过去的5至10年里该比重有何变化？

c. 最近该公司进行了何种努力以提高/降低其全球化水平（例如，合资经营、许可协议等）？

d. 该公司套期保值的惯例/政策是什么？

e. 公司有没有成功的、非持续的或导致资产损失的国外经营业务？如果有，它们是如何发生的？

f. 整体上来说，你认为该公司追求全球化的进取程度如何？

练习15.3 NAFTA（北美自由贸易协定）与地区价值含量 *LO2, 6*

为符合NAFTA关于优惠关税待遇的条件，一产品或服务必须满足原产地价值含量的要求。原产地价值含量被定义为产品或服务的最终售价减去发生在美国、加拿大和墨西哥之外的国家的成本。原产地价值含量必须：（1）大于或等于产品售价的60%或（2）大于或等于产品成本的50%。

拉伦产品公司生产一种它在美国推广销售的电子传感器。德国和日本生产的零部件被运到墨西哥，在那里这些零部件被装配成最终产品后运往美国。当前单位产品售价为1 600美元，本年可望销售10 000个。生产该种传感器的单位成本如下：

德国零部件	100美元
日本零部件	500美元
墨西哥人工和材料	400美元

计算确定该传感器是否符合NAFTA含量要求的优惠条件之一（销售价格的60%或成本的50%）。

练习15.4 寻找国际经营信息 *LO2, 6, 7*

美国政府的中央情报局（CIA）有一个包含各国信息的因特网址。该网址是一个被称为“世界账簿（World Fact Book）”的数据库。进入该因特网址。使用中央情报局的数据或其他可公开获得的数据（例如，美国国务院的网址：〈www.state.gov/www/issues/economic/trade-reports〉）

回答以下关于印度尼西亚的问题。

a. 该国主要进出口什么？

b. 劳动力大军的教育及工作类别的构成如何？

c. 你认为该国的基础设施和技术基础如何？

d. 在该国做生意的政治及法律风险如何？

e. 如果你是一家想在印度尼西亚设立全资子公司的公司的顾问，当管理当局决定是否在该国投资以及如何组织子公司的生产过程时，你会要求他们对哪些方面加以考虑？

练习15.5 货币波动：谁赚了而又谁赔了？ *LO2, 4*

说明在以下各例中，是否每个公司或个人都会因美元坚挺（外汇汇率相对较低）或疲软（外汇汇率相对较低）而获益？简要说明你的理由。

a. 波音公司（一家向外国顾客销售了大量飞机的飞机制造公司）；

b. 在加利福尼亚贝弗里山庄边一家尼康照相机商店（尼康照相机是日本生产的）；

c. 丰田汽车（由日本汽车制造厂在日本生产）；

d. 墨西哥履带拖拉机（美国制造）贸易商；

e. 一位游览英国的美国游客；

f. 俄亥俄州多莱杜一家出售美国产的录像机的小商店（该商店没有外国应收和应付账款）。

练习15.6 外币交易 *LO3, 4*

下表汇总了当汇率波动时与外国公司进行信用交易的美国公司的五个不同的例子：

	信用交易类型	合同中所用货币	汇率方向	对利润的影响
例子	1	2	3	4
a	销售	外币	上升	—
b	购买	美元	下降	—
c	—	外币	上升	损失
d	销售	—	下降	无影响
e	购买	外币	—	收益

请分析各例在其他三栏所提供的信息后填空。各栏的内容及应该填入各空白处的字词的说明如下：

第一列表示美国公司同外国公司所进行的信用交易的类型。填入本列的答案应为“销售”或“购买”。

第二列表示计价货币。答案应为“美元”或“外币”。

第三列表示从信用交易日至结算日外币汇率的变动方向。填入本栏的答案应为“上升”或“下降”。

第四列表示汇率波动对美国公司利润的影响。填入本栏的答案应从以下几项选择：“收益”、“损失”或“无影响”。

练习15.7 《反国外贿赂行为法》 *LO7*

A公司是一家美国公司，它在Z国拥有一家子公司。在该国各种形式的贿赂司空见惯。为了管理该子公司的经营，A公司将其一位美国高级经理派往Z国。在他来到Z国的最近几个月里，M经理进行了以下一些业务活动：

a. 从4月15日到2月15日，向政府检查人员支付了价值200美元的财物以重新安排对一家新工厂的检查时间。

b. 对负责在新工厂附近地区巡逻的四名当地警官平均每人支付了50美元。这些警官已同意增加在这些地区的巡查次数。

c. N公司是一家Z国公司，它正在同A公司竞争一项政府合同。A公司获悉Z公司已向最终拍板的官员支付了大约5 000美元，为了防止被排挤，M 经理授权A公司向该官员支付相等的金额。

d. 电力设施由政府拥有和经营。由于风暴频频，经常发生由于掉线而产生的电力短缺。M经理已向负责协调修理的人员支付了200美元以确保本厂的电力在第一批得到恢复。

根据《反国外贿赂行为法》，你认为上述活动哪些是合法的？从经营的观点看，上述活动哪些在管理上是不适当的？除了行贿还有其他办法吗？

问题

问题15.1 汇率和出口决策 *LO3, 4*

克雷玛 甜点公司是一家新近成立的设在丹麦的公司。到目前为止，它还仅在国内销售其产品。1997年2月，克雷玛公司确定它还有剩余生产能力来生产其特色的圣诞节甜饼。它正在试图决定是否利用该剩余能力生产一批用于出口的甜饼。营销部门认为美国和英国是最有前途的市场。克雷玛公司只有生产一批产品的剩余生产能力，该批产品可被出口到上述两国之一。生产该批产品的原材料和人工成本为8 500克朗。营销部门选择了一家可将产品运往任一国家的运输公司，它同时也提供了以下信息：

	美国	英国
运费	3 000美元	2 000美元
关税及销售杂费	400美元	480英镑
销售总额	5 200美元	2 800英镑
汇率数据	1克朗=0.147美元	
	1克朗=0.088英镑	

要求：

a. 如果克雷玛公司将该批产品出口到美国,估计它的盈亏是多少丹麦克朗?

b. 如果克雷玛公司将该批产品出口到英国,估计它的盈亏是多少丹麦克朗?

c. 如果最近英镑对美元发生了相当大的波动,这将会如何影响克雷玛公司关于选择出口对象国的决策?

问题15.2 汇兑损益 *LO1, 3~5*

欧洲之西是一家从欧洲进口汽车在美国经销的美国公司，最近的采购业务有以下几项：

11月12日　以2 000 000德国马克从西柏林汽车厂购买汽车，60天后付款。现行汇率为每德国马克0.7025美元（欧洲之西公司实行永续盘存制）。

12月31日　年末西柏林汽车厂2 000 000德国马克的应付账款的调整分录。现行汇率为每德国马克0.7147美元。

1月1日　向世界银行签发1 421 400美元结清所欠西柏林汽车厂的应付账款。

要求：

a. 编制登记上述交易的必要总账分录。

b. 计算1月11日以美元表示的德国马克的汇率（价格）。

c. 说明欧洲之西公司可以用来防止由于德国马克汇率重大波动所带来的可能损失的套期保值方法。

问题15.3 汇率和套期保值 *LO3~5*

2000年5月1日，库斯塔公司（一家美国公司）收到了一批巴西咖啡。合同要求2000年7月1日支付1 395 000巴西雷亚尔。

2000年5月1日，汇率为1美元=1.14雷亚尔。

要求：

a. 如果2000年7月1日汇率为1美元=1.10雷亚尔,应该确认多少汇兑损失?

b. 5月1日，库斯塔公司的分析师预测认为7月1日的汇率将是1美元=1.12雷亚尔。库斯塔可以在7月1日进行套期保值，此时银行愿意在7月1日以1 227 600美元兑换1 395 000雷亚尔。银行将收取3 500美元的签约费。库斯塔公司是否应该签订套期保值协议。

c. 如果库斯塔公司签订了套期保值合同，本次购买的总体损益将会如何?

d. 预测汇率是多少时套期保值将是有利的?

问题15.4 汇率与生产决策 *LO3, 4*

厄尔沙公司在马来西亚和马耳他设有子公司。它正在考虑将Y产品的零部件运往两国之一进行最终装配。最终产品将在装配地销售。其他信息如下：

	马来西亚	马耳他
平均汇率	1美元=4.30林吉特	1美元=0.40里拉
出口关税	5%	15%
所得税	20%	10%

(续)

	马来西亚	马耳他
Y产品单位售价	645林吉特	70里拉
零部件价格	215林吉特	20里拉
总装费	200林吉特	25里拉
将出售数量	12 000单位	8 000单位

两国的进口关税都以进口产品的接受国货币价值为基础。

要求:

a. 为每国编制一张以单位产品为基础、以该国货币表示的损益表。
b. 哪国单位产品的利润(以美元表示)最高?
c. 哪国总利润(以美元表示)最高?

问题15.5 全球贸易协定 *LO2, 6*

组织一批学生研究涉及若干国家的自由贸易协定(除了NAFTA)(例子有世界贸易协定和Mercosur's Common External Tarrif——拉丁美洲。)所研究的贸易协定的要求和NAFTA的要求有何异同?

问题15.6 一个关于汇率波动的综合问题 *LO1, 3~5*

沃尔非 (Wolfe) 计算机公司是一家生产便携式电脑的公司。许多零部件从国外进口,产成品在国内外销售。以下是沃尔非公司的部分交易:

10月28日 从日本的米祖通卡(Mistutonka)公司购入20 000个磁盘驱动器。价格为180 000 000日元,30天后付款。当前汇率为每日元0.010 5美元(沃尔非公司实行永续盘存制;借记"原材料存货"账户)。

11月9日 向英格兰银行销售700台个人电脑,售价604 500英镑,30天后付款。计算机成本是518 000美元,借记"产品销售成本"账户。当前汇率为每英镑1.65美元(使用一个综合分录来登记销售收入和产品销售成本。借记"产品销售成本"账户的同时,贷记"完工产品存货" 账户)。

11月27日 向内之地银行(Inland Bank)签发一张面额为1 836 000美元的支票,以结清所欠米祖通卡公司的应付账款。

12月2日 从通用光学(German Optical)公司购入10 000台灰度显示器,价格为1 200 000德国马克,60天后付款。当前汇率为每德国马克0.703 0(借记"原材料存货"账户。)

12月9日 从英格兰银行收到价值604 500英镑的美元。当前汇率为每英镑1.63美元。

12月11日 向法国零售连锁店计算之技 (Computique) 公司出售10 000台个人计算机,售价为75 000 000法国法郎,30天后付款。当前汇率为每法郎0.190 0美元。计算机成本为7 400 000美元,借记"产品销售成本"账户、贷记"产成品存货"账户。

要求:

a. 编制记录上述交易的必要的总账分录。
b. 编制12月31日所需的调整分录,以调整通用光学公司1 200 000德国马克的应付账款和计算之技公司75 000 000法郎的应收账款。年末汇率为每德国马克0.700 0美元、每法郎0.189 4美元(使用不同的总账分录来调整各账户余额)。
c. 计算(精确到美元)在11月9日和12月11日的销售业务中以美元表示的计算机的单位售价(各项交易中售价均相同)。
d. 计算11月27日以美元表示的日元汇率。

e. 说明沃尔非公司怎样去做本来是可以减低它由于汇率波动所产生的来自于：（1）外国应付账款和（2）外国应收账款的损失的风险。

案例

案例15.1 全球化的决策相当复杂 *LO1, 2*

布里斯滔(Bristow)公司对在Y国进行经营较感兴趣。该公司预期其几种产品的需求会由于它的一个重要客户开尔(Kale)企业正在Y国建设一个大型制造厂而增加。布里斯滔公司一直主要通过出口向开尔公司的其他国外生产单位供应产品。然而,运输费和较长的运输时间过去一直对两家公司都带来了困扰。布里斯滔公司也将其他几家Y国的国内公司确定为潜在的客户。

布里斯滔公司与此同时只在美国从事经营。开尔企业是一家在20多个国家从事经营活动的全球公司。布里斯滔公司的经理人员确定出了以下可能的选择。

a. 仅仅向Y国出口。

b. 一家Y国公司表达了获得布里斯滔公司技术许可的兴趣。且该公司也具备了生产开尔公司使用的产品的能力。

c. 同开尔公司建立一家合资公司是可能的,但只有当布里斯滔公司经营的实际控制权转移开尔公司的经理人员手中时他们才愿意签署协议。

要求:

讨论在上面几项中进行选择时应考虑哪些因素。请列出你认为会对决策有用的其他信息。

案例15.2 披露要求 *LO2, 4*

国际证券委员会协会(IOSCO)是50多个国家的最高证券监管机构的组织。美国证券交易委员会是IOSCO的成员。IOSCO是通过国际会计准则委员会实现来会计准则国际化这一观点的主要支持者。在最近的一次会议上关于使会计准则国际化的支持和反对意见分别如下：

支持意见:

所有证券市场具有相同的外部报告会计准则将会减少误解并产生可比的信息。例如，投资者将能够比较位于美国和中国相似公司的财务报告，并决定哪里最有利于投资。在只有一套会计准则的条件下,公司将不需要建多套账簿来记录其国际经营。因此，这也可以节省公司的金钱。

反对意见:

要求在全球所有证券交易所上市的公司使用相同的外部报告要求将会误导投资者。例如，在那些大多数投资资金以长期借款的形式从银行获得的国家，负债比率看起来与相近的美国公司十分不同。会计信息必须反映其环境。而且由于所有的经营都变得全球化了，报告要求将自然根据投资者的要求而变化。

要求:

用一页纸的篇幅简要叙述你关于协调全球股票市场会计准则的价值的看法。参考你在因特网上找到的相近的跨国公司支持你的观点。

因特网练习

因特网练习15.1 美国的对外贸易区 *LO2, 4, 5*

全国对外贸易区协会有一个包含美国对外贸易区信息的站点。通过搜索“对外贸易区”进入该站点，或进入：

www.imex.com/naftz.html

要求:

a. 美国有多少普通目的的对外贸易区?

b. 对外贸易区及其子区有何不同?

c. 在你们国家有多少个对外贸易区，它们都在什么地方? 什么类型的企业利用这些对外贸易区?

d. 在该站点有一些案例研究。选择一个你感兴趣的并回答以下问题:

1. 对外贸易区的实行
2. 哪些企业利用该对外贸易区
3. 企业去对外贸易区经营得到了哪些好处

"轮到你了!" 的评论

作为一名生产线管理人员 根据表15-1，巴西工人的文化价值同美国工人相比,个人主义程度较低、避免不确定性的程度较高，权利距离也较高。巴西工人可能希望对其工作环境拥有较少发言权、更容易接受垂直管理结构，并且更可能遵守集体规范。巴西工人同田纳西州的工人相比可能较少能够抓住机会，并且会避免有风险的情形。

作为一名顾客 如果下月美元强于意大利里拉，那么从意大利进口的商品将使美国顾客少花一点钱。当美元弱于英镑时，从英国进口的商品将会更贵。当美元强劲时，使用一美元可以买到更多的里拉。因此，你应该调查一下从意大利进口的赛车的价格。如果你认为本月美元将会继续强劲，你应当推迟购买以从至月末的汇率波动中获得最大的好处。

自测题答案

1. c 2. a,b,c,d 3. b 4. c (0.17 – 0.19) × 20 000 5. d(交易以美元计价)

第16章

管理会计：经营的伙伴

学习目标(Learning Objectives)

学习本章后，你应当能够：

1. 说明设计管理会计系统的三项指导原则；
2. 说明生产成本的三种基本类型；
3. 区分产品成本和期间费用；
4. 说明制造成本如何在存货账户间流转；
5. 区分直接和间接生产成本；
6. 说明制造费用分配率的目的和以主要成本动因为基础决定这些分配率的重要性；
7. 编制完工产品成本一览表。

不是仅记记账而已

当强生(Iohnson & Johnson)公司的首席财务官克拉克 H. 约翰逊读了一份杜邦(Du Pont)公司资助进行的关于1989财务部门费用的标杆研究报告后，他深感震惊。该研究表明在《美国公司》杂志所列的制造费用−销售收入比率这一指标，他的部门位居榜末。约翰逊说“当销售收入以两位数增长时，人们很难认真对待费用。”但这一令人忧虑的结果促使他进行了一次财务管理的改进，他认为这一改进为强生公司这一多国保健品生产商平均每年节约了大约两亿美元。

然而，真正的好处远远超过小小的成本节约。在节约成本的过程中，约翰逊(不是公司的发起人)在强生公司也发起了一场使用财务信息技术的革命。这场革命使他的角色从计数管账人员变为产生收入职能单位的经营伙伴。部分由于最近几年来计算机硬件和软件技术的飞速发展，约翰逊领导的财务部门不再仅专注于业务系统、报告和成本效率，而是致力于分析可以促进收入增长的信息。

……在强生公司及其他成功地使用了新信息技术的公司，通常是首席财务官，而不是首席信息官成为了重要人物，其部分原因是财务活动收集了一家公司诸如营业量、应付账款和总账等用于监督用途的非常重要的数据。在原来广泛使用的“遗产”性制度只会生产众多但没多少用处的信息，首席财务官起了带头作用，将它们转向已形成可能的数据库的全球集成系统。

资料来源：Phillip L.Zweig, John Verity, Stephanie Anderson Forrest, Greg Burns, Rob Hof, and Nicole Harris, “Beyond BeanCounting,” *Business Week*, October 28, 1996, pp.130-132. Reprinted by special permission, copyright © 1996 by The McGraw-Hill Companies, Inc.

一家公司的首席财务官必须承担许多职责。通常首席财务官不仅要负责编制外部财务报告（已在前几章讨论过），他们也要设计用于生产、收集、分析和报告整个公司会计信息的内部管理会计信息系统。在强生公司，首席财务官使用数据库软件以使得在51个国家工作的经理人员能从整个公司的计算机上获得大量的信息并进行分析。强生公司的首席财务官是一位企业管理会计师。

16.1 管理会计：基本框架

如我们在《商业周刊》摘录中所描述的CFO（首席财务官）的职责，**管理会计**是以实现公司的目标为目的设计和使用公司内部的会计信息系统。有三个原则决定管理会计系统应如何设计。首先，管理会计系统帮助决定谁拥有对公司资产的决策权。其次，管理会计系统所生产或创造的会计信息支持计划和决策。最后，管理会计报告提供了一种对业绩进行监督、评价和奖励的方法。

16.1.1 在分配决策权过程中管理会计的作用

为了实现企业的目标，经理人员被分配给了对于公司某些资产的决策权。例如，工厂经理通常负责工厂设备、生产工人、生产布局及原材料来源等决策。在工厂内部，原材料存货经理可能被授权记录原材料的变动，而生产管理人员则可能被授权负责生产线上工人的工作分配。要点就是企业的所有成员都有一定的决策权。

一公司内部的员工要了解决策责任，因为这些决策责任被以诸如工作说明书、上级的口头说明和管理会计制度文件和报告等各种形式进行了简要说明。就像你得到了一份说明当你想在本门课程得到“A”或“B”时必须遵守指导老师制定的标准的概述一样，经理人员获得勾画了预期成果的管理会计报告以帮助实现企业的目标。如同你对得到“A”或“B”所必须的“资产”（你用于学习的时间）负有决策责任一样，经理人员对他们的管理会计报告中所包括的资产负有决策责任。

16.1.2 管理会计在决策中的作用

经理人员需要可靠而及时的信息，从而能够据以做出决策。例如，工厂经理需要信息来评估设备效率是否低下，或某种工作安排或工厂布局更有效率，这样经理人员既需要历史信息（例如，当前设备的成本和生产效率），又需要预计的信息（例如其他可得设备的生产效率和成本）。他们既需要关于他们的特定经营的信息，又需要关于他们公司价值链其他部分的信息。**价值链**就是生产并将产品或服务提供给顾客所必需的作业和资源的相互联结的环节。他们既需要内部经营的信息，也需要外部有关的标杆来源的信息。

越来越多的企业正在共享信息。企业普遍参与和进行强生公司CFO所提到的那种标杆研究。独立的咨询公司经常通过收集本行业其他公司的信息来撰写**标杆研究**报告。这些研究指出了同本行业其他企业相比，一家企业的成本和生产过程究竟如何。企业也同其价值链中的客户和供应商分享信息。例如，为了使供应商发出的货物正好在生产需要时到达（适时存货制），买主和卖主分享其生产信息。客户常常要求生产者提供质量信息，而生产商也常常自愿提供这些信息。这样，管理会计系统就为公司内部和外部的用户提供了各种过去和未来的信息。

16.1.3 管理会计在业绩评价和酬报中的作用

经理人员虽对资产拥有决策权，但这些资产并不属于这些经理人员。公司拥有这些资产，并且这些资产的收益也属于公司。为了确保资产获取良好的收益，公司会要检测经理人员决策的成果。当公司为股东所拥有时，前面章节所讨论的外部财务报表起着监督整个公司的作用。公司也设计并行的检测系统以在公司内部发挥相似的作用。例如，许多公司编制工厂层次的损益表，公司总部的经理人员通过将这些工厂层次的财务报表同其预算进行比较以检测工厂经理人员所做的决策，管理人员的报酬和奖金经常同这些内部编制的财务报表的成果相联系。

请注意必须设计出会计系统，以同时实现以上所讲的所有三种功能。该系统必须清楚地分配决策权，提供用于决策的信息，以及提供用于评价业绩并对之进行酬报的信息。必须经常对会计系统进行检测和调整，以确保所有三个功能都能得以实现。

16.1.4 会计系统：一个经营伙伴

建立能同时满足外部用户（股东、债权人、IRS、SEC）和内部用户（工厂经理、营销经理、人事官员、CFO、CEO）需要的会计信息系统十分具有挑战性。图16-1所示简要说明了对于会计信息系统的要求。用户对于会计信息的需要源自不同（有时甚至是互相冲突）的原因。计划和决策所必须的信息很可能是历史性的，股东、债权人和税务局，对于信息的及时性和详细程度的要求，同工厂经理的要求相比并不相同。况且同一会计信息常常服务于众多用户。许多处于不同企业组织层次，承担不同职责的员工都使用会计信息系统，并且它的使用扩展到了具有不同文化、语言、货币和经济环境的广大地区。像强生这样的公司在设计成本——效率会计信息系统，以服务众多用户方面比10年前做得更出色了。会计信息系统能够得以改进的主要原因之一就是系统在计算效率的方面取得了进步。

由于对技术和信息的需求发展变化十分迅速，企业经理在其整个职业生涯都在研究管理会计。事实上，许多公司都要求其雇员完成各种会计技能的培训。那些打算以管理会计为业的个人可以获得职业资格证书。注册会计师协会负责两种资格证书考试，它们是注册管理会计师（CMA）考试和注册财务经理（CFM）考试。一个人要成为CMA或CFM，除了要通过严格的考试，还必须满足学历和经验方面的要求。

财务会计	管理会计
目的 向投资者、债权人和其他外部有关方面提供企业的财务状况、财务成果以及未来现金流量情况的有用信息。	**目的** 向经理人员提供有助于计划、评价和酬报业绩以及同外部有关方面共享的信息。分配对于公司资源的决策权。
报告类型 向投资者、债权人和其他用户提供支持外部决策需要的信息的主要财务报表（财务状况表或资产负债表、损益表和现金流量表）以及相关注释和补充披露。	**报告类型** 报告类型格式取决于业务经营性质和管理当局的特殊信息需要。例如预算、财务计划、标杆研究、作业成本报告以及质量成本评价等。
编报准则 公认会计准则，包括权威会计文献已正式发布的会计准则和标准行业惯例。	**编报准则** 各企业自行编制规则以提供同管理当局的需要最相关的信息，管理当局的需要既包括向外部单位进行报告，也包括向内部用户进行报告。
报告主体 通常公司被视为一个整体。	**报告主体** 公司价值链的某一部分，比如一个业务部门、供应商、客户、生产线、部门或产品。
报告的时间期限 通常是一年、一季度或者一个月，大多数报告着重反映已结束的时期，强调离当前最近的时期，常常也列示以前时期的信息以便于进行比较。	**报告的时间期限** 期限——年、季、月、周、日，甚至一个班组。一些报告是历史性的，其他的则着眼于未来时期结果的估计。
↓	↓
信息的使用者 本企业经理人员及企业外部的人员、单位。对于财务报告而言，这些外部人员与单位包括股东、债权人、潜在投资者、监管当局以及普通大众。	**信息的使用者** 管理当局（不同的经理人员使用不同的报告）、客户、审计人员、供应商以及企业价值链所涉及的其他方面。

图16-1 会计系统

此要点的案例

总部设在伊利诺伊州莫林 (Moline) 的约翰·弗累(John Deere)公司采用自主生产的方式。[1] 小组被授予了设备使用安排和作业的决策权。为了帮助这些小组做出有助于实现公司目标的决策，小组成员参加了一个称为作业基础成本计算的管理会计方法的培训。从而小组成员能够使用公司会计系统所提供的作业基础成本信息进行决策。一个工作小组通过把几个生产步骤集中到一个地点并加以整合，从而重新设计了其装配线的生产方法。该小组将装配成本减少了10%以上，并且获得了同该小组的改进成本相联系的报酬。

在你继续学习以后各章的过程中，请记住管理会计系统三原则：分配决策权、进行和支持决策，评价业绩并对其进行酬报。以后各章讨论的大多数程序和技术都是以这些原则之一为目标进行的。另外，由于管理会计和财务会计的重叠，你将会碰到许多相近的术语和概念。毕竟一个会计系统是为管理会计和财务会计两方面的用户服务的。经理人员常常在日常决策中使用有关收入、费用和资产的信息，经理人员也会根据决策的需要对会计信息进行改造（例如，根据产品或顾客）。

16.2 制造经营的会计

一家商业公司以一种准备供销售的状态购入其存货。因此，它的货品成本仅仅是其所销售

[1] Kevin Kelly, "The New Soul of John Deere," *Business Week*, January 31, 1994, pp.64-66.

产品的购买价格。然而，一家**制造企业生产**其销售的产品。从而其已售产品成本包括各种**制造成本**，包括原材料成本、生产工人工资以及同生产设备使用有关的其他费用。[1]

因为制造成本对管理会计和财务会计人员都极其重要，所以制造企业是管理会计和财务会计相互重叠的非常好的例子。财务会计人员使用制造成本决定财务报表中所报告的产品销售成本和存货价值。管理会计人员也依赖及时可靠的制造成本信息来帮助回答以下问题：

- 我们的产品应订价多少才能赚取合理的利润?
- 为了更具价格优势，降低某种产品的生产成本是否可能?
- 外购我们的产品所用的某些部件是否比自制来得便宜些?
- 我们应该使用机器人装配线使我们的生产过程自动化吗?

16.2.1 制造成本的分类

典型的制造企业购买原材料并通过生产将这些原材料转化成完工产品。这一从原材料到完工产品的转化产生于对工人和机器的使用。因而制造成本常被分为三大类：

1. **直接材料**——生产中使用的原材料和零部件，它们的成本被直接追溯到了所生产的产品上。

2. **直接人工**——徒手或使用机器进行生产，其努力被直接追溯到他们所生产的产品中的工人的工资和其他工资性费用。

3. **制造费用**——一个总括性类别。它包括除了直接材料和直接人工成本以外的所有制造成本。例如工厂设备、管理人员工资、设备修理和机器折旧等。

注意到制造成本并不立即记为当期费用这一点十分重要。相反，它们是**生产存货**的成本，并且在存货被售出以前都保留在资产负债表上。因此，制造成本经常被称为**产品成本**（或存货成本）。

16.2.2 产品成本和期间费用

“产品成本”和“期间费用”这两个术语对于说明制造成本和经营费用的区别是很有帮助的。在制造环境下，产品成本是那些为制造存货所发生的费用。这样，在相关产品被售出前，产品成本代表着存货。由此，它们被作为资产在资产负债表中加以报告。当产品最终售出时，产品成本从资产负债表中转移到损益表中。在损益表中，产品成本被作为产品销售成本从收入中扣除。

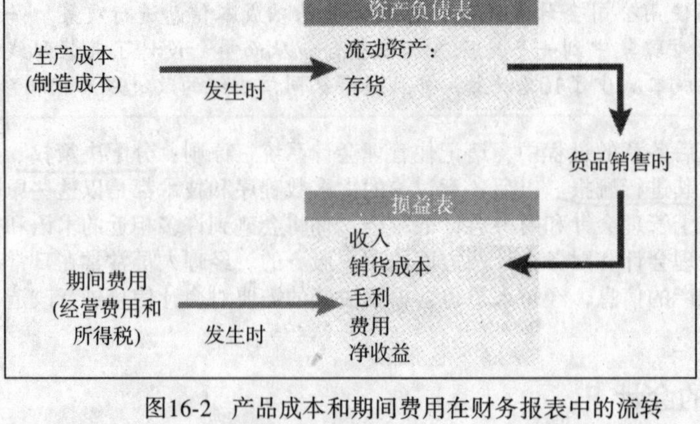

图16-2 产品成本和期间费用在财务报表中的流转

[1] 制造成本是生产存货的成本，它是一项资产。因此，这些支出被称为成本而不是费用。未耗用完的成本是资产；已耗用完的成本是费用。

同一段时间相联系，而不是和存货的生产相联系的经营费用被称为期间费用。期间费用被直接记入费用账户。这样处理是假定当费用发生时，其收益已在同期完全确认。期间费用包括所有的销售费用、总务及管理费用、利息费用和所得税费用等。总之，在期间费用被分类为公司毛利的减项，在损益表中同产品销售成本分别列示。

产品成本和期间费用在财务报表中的流转如图16-2所示。

为进一步说明产品成本和期间费用的区别，我们考虑两种表面上看起来相当近似的费用：原材料仓库的折旧和完工产品仓库的折旧。原材料仓库的折旧被看做产品成本（制造费用的组成部分），因为该建筑是生产过程的组成部分。一旦生产过程结束，完工产品可供销售，它们的所有储存费用都被视为销售费用。因而完工产品仓库的折旧是期间费用。

16.2.3 产品成本和配比原则

区分产品成本和期间费用的依据是一个我们所熟悉的会计概念——配比原则。简言之，产品成本只有当同产品收入相配比时才应该在损益表中加以报告。为便于说明，我们以一家房地产开发企业为例。该开发企业在当年5月份开始建造十栋房屋，发生了1 000 000美元的材料费、人工费和制造费用（假定每栋房屋100 000美元）。到12月末，所有房屋都尚未售出。这1 000 000美元的建造费用中的多少应在该开发企业当年的损益表中加以报告呢?

答案是零。这些费用同开发企业当年所赚取的任何收入都没有联系。相反，它们同当这些房屋最终出售时，该开发企业的未来收入相联系。因此，在当年年末，1000 000美元的产品成本应该作为存货在该开发企业的资产负债表中加以报告。每售出一栋房屋，就会有100 000美元作为产品销售成本从销售收入中扣除。这样，该开发企业未来期间的损益表将会适当配比每笔收入及其销售成本。

现金影响

当对费用的分类决定它于哪一个会计期间作为费用在损益表中加以报告时，将费用分类为期间费用或产品成本就会具有重大的现金影响。我们使用上面的房地产开发企业的例子，假定该1 000 000美元的建造费用被分类成了期间费用，而不是产品成本；则当期的净利润将会因这一增加的1 000 000美元费用而显著减少。

16.2.4 制造经营的存货

在上例中，所有十栋房屋都于年末完工了。这样开发商的存货只包括完工产品。然而大多数制造企业通常都有三种类型的存货：

1. **原材料存货**——现有的可用于生产过程的原材料。
2. **在产品存货**——已开始进行生产但尚未完成的部分完工的产品。
3. **完工产品存货**——可以销售给顾客的尚未售出的完工产品。

所有这三种存货在资产负债表中都被分类为流动资产。原材料存货的成本以其购买价为基础。在产品和完工产品存货的成本由直接材料费、直接人工费和所分配的制造费用决定。

制造企业可能采用永续盘存制和定期盘存制中的某一种。不过，永续盘存制具有一些优点。比如它可以向经理人员提供存货数量和单位产品生产成本的最新信息。由于这些原因，实际上，所有大型制造企业都采用永续盘存制。并且制造成本在存货账户间的流转及其转为产品销售成本等情况在永续盘存制下非常便于描述。因此，在关于制造活动的讨论中，我们将假定采用永续盘存制。

16.2.5 成本流转与实物流转同步

当采用永续盘存制时，制造成本在公司总分类账间的流转与产品在生产过程中的实物流转高度同步。这一关系描述如下，图16-3中下半部分的方格代表制造企业记录其生产活动的六个总分类账：（1）原材料存货；（2）直接人工；（3）制造费用；（4）在产品存货；（5）成品存货；（6）产品销售成本。

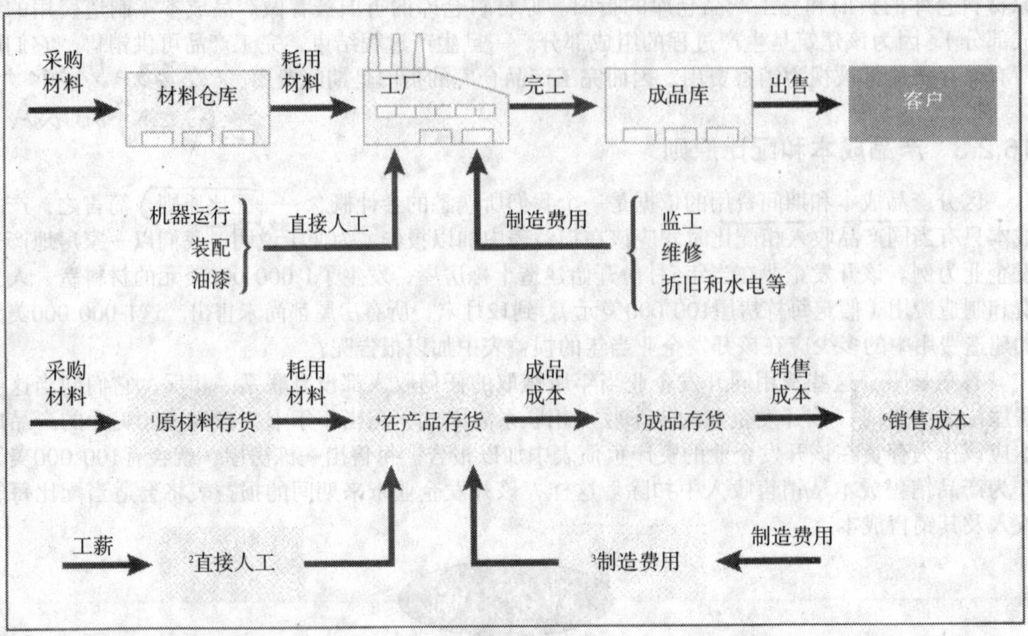

图16-3 制造成本在总分类账与产品生产过程中流转

16.2.6 制造成本用会计：举例

为说明制造成本的核算，我们将假定康关斯特(Conquest)公司在俄勒冈州的本德生产高质量的山地自行车。该公司依靠成本信息来检测其生产效率、制订价格和维持对其存货的控制。

康关斯特公司认真记录了制造成本在封面所描述的总分类账间的流转。所列示的数字代表康关斯特公司2001年的所有制造成本。借方和贷方分录汇总了公司所记录的整个年度的大量交易。现在让我们更详细地看看图16-4制造成本究竟是如何在这些总分类账户之间流转的(单位：美元)。

16.2.7 直接材料

直接材料是构成完工产品实体并可以直接而方便地追溯到所生产产品中去的原材料和零部件。公司的直接材料包括制造自行车框架的轻合金管、车闸、变速杆、脚踏、轮胎等，用这些零部件组装而成的山地自行车是公司的完工产品。

“直接材料”和“完工产品”这两个术语是从单个制造企业的立场进行定义的。例如，康关斯特公司将车闸视为直接材料，可是希玛诺(shimano)公司（一家车闸制造厂）却将其出售给康关斯特公司的车闸视为完工产品。

康关斯特公司实行永续盘存制。因而它购入的直接材料成本直接借记原材料存货。当这些材料被装配到产品中去时，它们的成本通过借记在产品存货、贷记原材料存货而从原材料存货账户转进了在产品存货账户。年末原材料存货账户所保留的余额代表现有和备供使用的直接材料的成本。

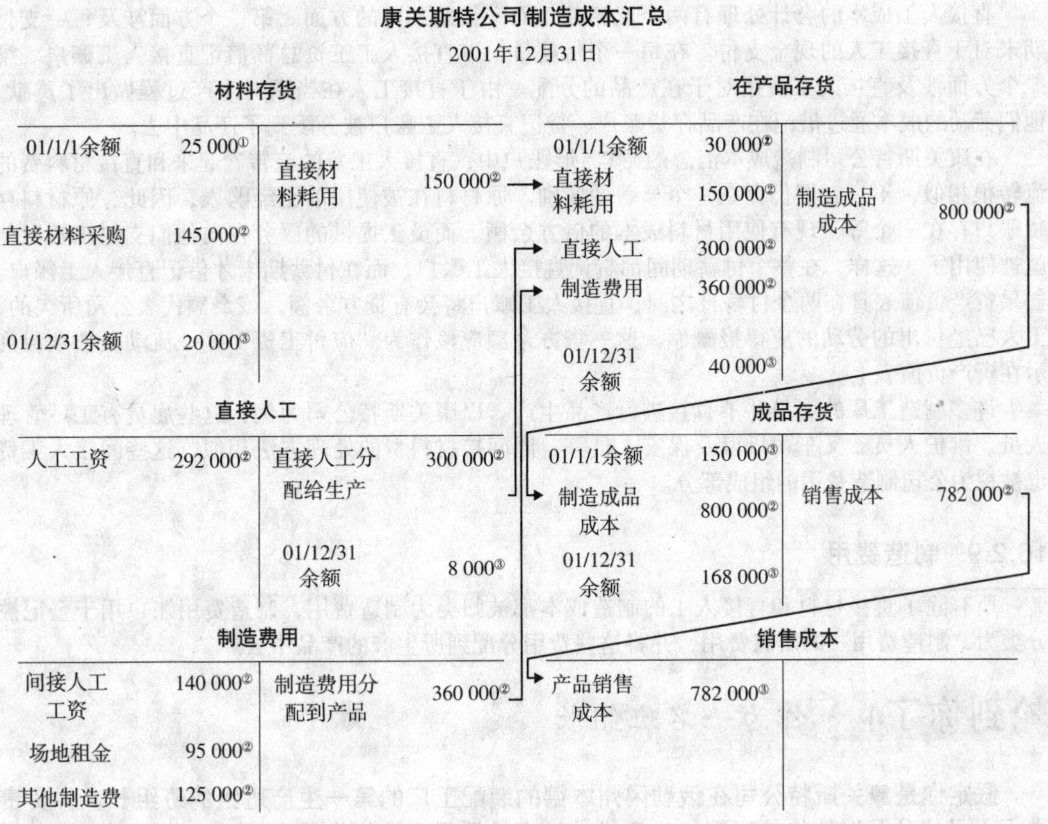

图 16-4

① 三个存货账户的期初余额。
② 制造成本和表示这些成本从一个账户流转到另一个账户情况。
③ 将在公司财务报表中列示的年末账户余额。

一些在生产过程中所使用的材料不能被方便或直接地追溯到所生产的完工产品中去。就康关斯特公司而言，例子有轴承、润滑油、焊接材料、用于工厂维护的清洁剂等材料，这些项目被称为间接材料，并被分类为制造费用 。

16.2.8 直接人工

直接人工账户用于登记直接工人的工资费用，并将此费用分配到他们所生产的产品中去。[1]直接工人指那些徒手或使用机器直接进行产品加工的雇员。

康关斯特公司雇佣了五类直接工人。各个类别及其相应的工作内容如下：

表16-1 康关斯特公司直接人工种类及工作内容

类别	工作内容
切割工	将金属管切割成适当的长度
焊工	将切割完成的金属管焊成自行车框架
油漆工	油漆自行车框架
装配工	部分安装各辆自行车以备包装
包装工	将部分安装的自行车装箱

[1] 第10章已经讲过，工资费用除了工人赚得的工资以外，还包括工资税和奖金。

直接人工成本的会计处理有两个互相独立而又彼此不同的方面。第一个方面涉及每一支付期末对于直接工人的现金支付。在每一个付薪日，以直接人工工资总额借记直接人工账户。第二个方面涉及直接人工费用对于在产品的分配。由于直接工人在当期对生产过程做出了贡献，他们劳动的成本通过借记在产品存货账户、贷记直接人工账户被分配到了产品中去。

在康关斯特公司制造成本汇总的“T”形账户中，直接人工费的流转看起来和直接材料费的流转很相似，不过它们仍存在一个显著的区别。原材料在被使用前已经购入；因此，原材料存货账户存在一个等于现有使用材料成本的借方余额。而员工提供的服务在向他们支付工资以前就被使用了。这样，在整个付薪期间都贷记直接人工账户，而在付薪期末才借记直接人工账户。如果资产负债表日在两个付薪日之间，直接人工账户将会有贷方余额，该余额代表公司所欠的、工人已经付出的劳动的应得报酬额。这一贷方余额应该作为“应付工资”这一流动负债项目列示在资产负债表上。

许多制造工厂的雇员并不直接进行产品生产。以康关斯特公司为例，这些雇员有工厂管理人员、维护人员、叉车司机以及保安人员等。同间接材料费的处理方法相似，这些间接人工费也被视为公司制造费用的组成部分。

16.2.9 制造费用

所有除了直接材料和直接人工的制造成本都被归类为制造费用，制造费用账户用于登记被分类为“制造费用”的所有费用，并将这些费用分配到所生产的产品中去。

轮到你了！ 作为一名班组长

假定你是康关斯特公司在俄勒冈州本德的装配工厂的第一生产班组的班组长。你负责进行人员的分配以使你的班组的生产维持较高的质量。这样你将直接工人分配到了设备操作（切割工、油漆工和焊工）、完全手工装配（装配工）以及包装等一系列工作上。当产生质量问题时，自行车必须进行返工以消除这些问题。什么类型的会计信息有助于你安排工人对低质量部件进行返工的决策?

制造费用有许多种类。因此“制造费用”账户被当做一个控制账户，通常也对它进行辅助登记以记录各种类别的制造费用。

由于制造企业性质多样，坦白地说，编制一张包括所有类别的制造费用的完整列表是不可能的，不过，康关斯特公司的特殊的例子有以下几种：

1. 间接材料费

a. 不构成完工产品实体的工厂物料，比如由于切割机的润滑油和清洗油漆机的溶剂。

b. 构成完工产品实体，但要将其成本分配到完工产品中去会很麻烦的材料。这些项目有每辆自行车安装轴承都要用的机油、安装变速杆的螺钉螺母以及其他零部件。

2. 间接人工费

a. 管理人员工资；

b. 工厂修理人员、叉车司机、材料仓库收料员和工厂保安人员的工资。

3. 工厂占用费

a. 厂房和材料仓库的折旧；

b. 土地和建筑物的保险费和财产税；

c. 建筑物维护修理费；

d. 水电费。

4. 机器设备费用

a. 机器折旧；

b. 机器维护费。

5. 满足有关监管要求的费用

a. 满足工厂安全要求的费用；

b. 空漆罐等废料处理费；

c. 工厂排放物控制费（满足净化空气标准）。

销售费用和总务及管理费用与生产过程无关，也不包括在制造费用之内。某些费用，比如保险费、财产税和水电费等，有时一部分分配到生产经营，一部分分配到管理及销售。在这类例子中，这些费用被分摊到了制造费用、总务及管理费用以及销售费用之中。

记录制造费用 制造费用账户的借方登记所有种类的制造费用。借记本账户的费用包括间接工人的工资、工厂水电费、工厂资产折旧以及间接原材料采购。[1]贷方账户依制造费用的性质而有所不同。例如，在记录间接材料的采购业务时，贷方账户通常是应付账款，而在登记机器折旧时，贷方账户是累计折旧账户。

当所有制造费用项目为生产活动所消耗时，其相关的成本从制造费用账户转入在产品存货账户（借记在产品存货，贷记制造费用）。在会计年度中，所发生的全部制造费用都应分配到所生产的产品中去。从而在年末时，制造费用账户的余额应该为零。

16.2.10 直接制造成本和间接制造成本

直接材料费和直接人工费可以简便而直接地追溯到特定产品中去。例如，在康关斯特公司，确定用于生产某种自行车所用的金属管费用和直接人工费相对较为容易。由于这一原因，会计人员称这些项目为**直接制造成本**。

与之相反，制造费用是一种**间接制造成本**。例如，我们考虑公司分类为制造费用的那几类费用。这些费用包括工厂财产税、工具设备折旧、管理人员工资以及设备修理费等。每辆自行车应该分配多少这些间接费用呢?

对此问题没有简单的答案。根据定义，间接费用不能被简便而直接地追溯到特定产品中去。尽管这些费用常常被看成一个整体，而不是以单位产品为基础，但我们仍将看到财务会计人员和管理会计人员都需要单位成本信息。因此，制造企业必须寻求将总制造费用的适当部分分配到各单位产品中去的方法。制造费用向产品的分配是通过使用**制造费用分配率**来完成的。

Overhead application rate.

16.2.11 制造费用分配率

不简单地用公司年度制造费用除以该年产量来将制造费用分配到产品中去的原因有两点。首先，在年底以前无法知道总制造费用和总产量。其次，不是所有的产品都消耗相同数量的制造费用。

因此，人们使用制造费用分配率来将制造费用分配到整个会计年度所生产的特定产品中去。该比率表示制造费用和某些同生产过程相关的作业基础（直接人工小时、机器小时等）之间的预计的关系。然后制造费用被按照这一作业基础的比例分配到产品中去。例如，一家公司使用直接人工小时作为作业基础会将其制造费用的大部分分配到需要直接人工小时数最多的产品中去。

制造费用分配率以估计数额为基础在期初就已经确定了。通常该比率的计算如下：

[1] 有些公司在原材料存货账户或其他独立的账户记录间接材料采购。当各期间接材料的采购量和耗用量相差不大时，通常采用我们使用的方法。

$$\text{制造费用分配率}=\frac{\text{制造费用估计数}}{\text{作业基础估计数}}$$

计算和使用制造费用分配率的原理相当简单。对会计人员来说比较麻烦的问题是（1）选择一个适当的作业基础；（2）在会计期间开始时，对将要发生的制造费用总数和将需要的作业基础总量做出可靠的估计。[1] 首先我们将检验比较容易的问题——计算和使用制造费用分配率所依据的原理。

制造费用分配率的计算和使用 假定在2001年，康关斯特公司的管理当局对该年自行车制造活动做出了如下估计：

估计该年总制造费用	360 000美元
估计该年总直接人工	30 000小时
估计该年总机器小时	10 000小时

我们将使用上面的估计说明在两个独立的假设下制造费用分配率的使用。

假设1：康关斯特公司使用直接人工小时数作为其作业基础 如果康关斯特公司使用直接人工小时数来分配制造费用，则分配率将是每直接人工小时12美元(360 000美元的估计制造费用除以总计30 000小时的估计直接人工小时数)。在整个会计年度，制造费用将直接根据生产自行车实际需要的直接人工小时数的比例加以分配。例如，如果某一型号的自行车的生产使用了200直接人工小时，这些产品将会分配到2 400美元的制造费用(所用的200直接人工小时乘以12美元的分配率)。该分配将通过借记在产品存货账户和贷记制造费用账户2 400美元而完成。

假设2：康关斯特公司使用机器小时数作为其作业基础 如果康关斯特公司选择使用机器小时数来分配制造费用，则分配率将是每小时36美元(360 000美元的估计制造费用除以所估计的10 000机器小时)。在这一方法下，制造费用将会以生产自行车所需的机器小时数为基础加以分配。如果生产一批某种产品需要10机器小时，则该批自行车将会分配到360美元的制造费用(100小时乘以每小时36美元)。同样，该分配将会通过借记在产品存货账户和贷记制造费用账户各360美元得以完成。

轮到你了！ 作为一名设备操作员

假定你是康关斯特公司的机器操作工。康关斯特公司决定使用机器小时作为分配制造费用的作业基础。一位同事曾建议说如果你更有效地运行设备、使用更少的机器小时，则公司每少使用1机器小时就可以节约36美元的制造费用。这样，如果你能提高效率10%，你每年就可以节约36 000的制造费用(10%×360 000)并且同时也可能得到提升。对于同事的建议你将会做何反应?

我们的评述在本章末。

16.2.12 是什么“驱动”了制造费用

为了使制造费用分配率能够提供可靠的结果，作业基础必须是制造费用明显的“驱动者”。要成为成本动因，作业基础必须是制造费用发生的原因。也就是说，作业基础的数量增加（如

[1] 在估计本期总制造费用金额和作业基础数量时发生的误差，由此又会引起实际发生的制造费用同分配到所生产的产品中去的制造费用之间的差额。这一差额通常很小，可以通过期末的调整分录加以消除。我们将在第17章讨论这一问题。

完成的直接人工小时）必然引起实际发生的制造费用成比例的增加。

过去直接人工小时（或直接人工费用）被认为是制造费用的主要动因——并且理由也很充分。需要较多直接人工的产品常常也需要较多间接人工（管理），也会导致发生更多的机器维护和损耗（维护费用），消耗更多的工厂物料。因此，许多制造企业习惯上根据直接人工小时或直接人工费用的比例分配所有的制造费用。

由于工厂生产的自动化程度越来越高，直接人工不再是驱动许多制造费用的主要原因。如今，许多制造企业发现诸如机器小时、计算机时间或生产准备时间等作业基础与制造费用和作业配比得更好。

此要点的案例

过去汽车行业基本上是劳动密集型的。但是现在由于机器人的使用不断增加，装配一辆汽车只需要15~20小时的直接人工。例如，丰田(Toyota)汽车公司的人工费用大约占总收入的20%；克莱斯勒(Chrysler)公司的占19%；沃尔沃(Volvo)公司的只占18%。

使用多种制造费用分配率　为了更好地了解生产不同种类产品所需要的耗费，许多公司开始使用多种分配基础的方法。其中的一种方法——**作业基础成本计算法**，将在第17和18章中进行讲述。

实际上，作业基础成本计算法使用代表不同种类制造费用的分配基础。例如，机器维护费可能使用机器小时作为作业基础进行分配，而管理费用则可能使用直接人工小时作为作业基础进行分配。在各个车间内部以及将制造费用分配到不同产品中去时，都可使用不同的分配率。

要点就是所生产的每单位产品都要承担生产该产品所发生的制造费用。如果用于分配制造费用的作业基础不是主要的成本动因，那么不同产品的相对生产成本可能会变得严重歪曲了。

例如，我们以一家生产两种产品的工厂为例：一种产品是高度的劳动密集型，而另一种则在高度自动化的装配线上进行生产。由于自动化生产的维护费用和电费都非常高，该工厂总制造费用的80%是由自动化装配线所发生的。如果根据直接人工小时分配制造费用，那么劳动密集型的产品将会分配到过多的总制造费用。应该承担这些制造费用的大部分的自动化生产的产品将会承担总分配中相对较少的份额。反过来，这可能会引起管理当局做出许多错误的决定。

此要点的案例

一家大型奶制品公司根据单位产品所用黄油的数量比例分配其制造费用。在该公司开始生产脱水牛奶之前，产品生产所用黄油的数量是制造费用的主要动因。

生产脱水牛奶需要使用昂贵的机器，并且显著增加了制造费用，然而，脱水牛奶几乎不含黄油。以“黄油法”为基础来分配制造费用，使得由于生产脱水牛奶而增加的制造费用基本上被分配到了冰淇淋和其他富含黄油的产品中去了。生产脱水牛奶的成本看起来似乎非常低，这是因为几乎没有制造费用分配到了该产品中。

由于扭曲的成本数字，管理当局削减了冰淇淋的生产而增加了脱水牛奶的生产。然而这一策略引起了公司盈利能力的严重下降。直到一位企业顾问指出制造费用分配不当以后，管理当局才认识到冰淇淋才是公司盈利能力最高的产品，而脱水牛奶是以低于其实际生产成本的价格销售给顾客的。

正确分配制造费用越来越重要　在当今的全球经济中，制造企业的竞争比以前更为激烈。如果一家公司想要确定它是否可以在市场中进行有效的竞争，它就首先必须比较确切地知道其产品的单位生产成本。在高度自动化生产的工厂里，制造费用通常是三大类制造成本中比重最高的。因此，制造费用的分配是管理会计人员所面临的重大挑战之一。

16.2.13 在产品存货、完工产品存货和产品销售成本

本章我们已花了大部分篇幅讨论制造成本的三种类型——直接材料、直接人工和制造费用。现在我们将把注意力转移到反映这些成本的流动情况的三个账户：在产品存货账户、完工产品存货账户和产品销售成本账户。

在产品存货账户用于：（1）记录当期所生产的产品的累计制造成本；（2）将这些成本在完工产品和在产品之间进行分配。

当直接材料、直接人工和制造费用被分配到产品中去时，与之相关的费用被登记到在产品存货账户的借方。这些费用流入此存货账户（而不是流入相应的费用账户）是与制造成本是产品成本，而不是期间费用的观念相一致的。

当一定数量的产品生产完成以后，它们的制造成本从在产品存货账户转到了完工产品存货账户。这些在产品存货账户的余额仅仅代表仍然“在生产”的产品的制造成本。

认识到一旦产品被分类为完工产品，就不应再给它们分配费用这一点很重要。因此，储存费用、营销费用和完工产品的运输费就应被视为销售费用，而不是制造成本。当完工产品被售出以后，其相关成本必须根据配比原则从资产负债表“流”入损益表。相应的，当产品被售出时，其成本被从完工产品存货账户转入产品销售成本账户。

16.2.14 对于单位成本的需要

要将特定产品的成本从一个账户转入另一个账户，就需要知道每种产品的单位成本——即分配到特定产品单位中的总制造成本。确定单位成本是每种成本会计制度的首要目标，这将在第17章中进行全面的解释和说明。

单位成本对财务会计人员和管理会计人员都十分重要。财务会计人员使用单位成本记录已加工完成的产品从“在产品”账户到“完工产品”账户及从“完工产品”账户到“产品销售成本”账户的转移。管理会计人员使用相同的信息来进行订价决策、评估当前的经营效率以及对未来经营进行计划。

16.2.15 确定完工产品成本

大多数制造企业都编制一张**“完工产品成本一览表”**来向经理人员提供当期经营活动的纵览。使用我们在康关斯特公司制造成本汇总中所提供的信息，康关斯特公司完工产品成本的一览表如表16-2所示：

表16-2 康关斯特公司完工产品成本一览表

2001年度

年初在产品存货		$300 000
分配到产品中的成本		
直接材料费	$150 000	
直接人工	300 000	
制造费用	360 000	
总制造费用		810 000
当年在产品总成本		$840 000
减：年末在产品存货		(40 000)
完工产品成本		$800 000

请注意本一览表的所有数字都是从康关斯特公司在产品存货账户获得的。简言之，本一览表汇总了制造成本在在产品存货账户的流进流出情况。

该一览表的目的 完工产品成本一览表不是正式的财务报表，通常不出现在公司年报中。其主要目的是帮助经理人员了解和评价生产产品的整体成本。例如，通过比较连续几期的一览表，经理人员可以确定直接人工或制造成本是否正以总制造成本的一定百分比上升或下降。另外，该一览表对于形成单位成本信息也是很有帮助的。

如果一家公司只生产一种产品，其单位产品成本就等于其完工产品成本除以产量。例如，如果康关斯特公司只生产一种山地自行车，要是它在2001年生产了10 000辆山地自行车，则其平均单位成本将是80美元(800 000美元除以10 000辆)。如果康关斯特公司生产多种山地自行车，它将会为每种产品编制一份单独的完工产品成本一览表。

16.2.16 制造企业的财务报表

现在让我们说明一下我们的例子中所用的信息如何在康关斯特公司2001年的损益表和资产负债表中进行报告。

该公司2001年的损益表如表16-3所示：

表16-3 康关斯特公司损益表

2001年度

销售收入		$1 300 000
产品销售成本		782 000
销售毛利		$ 518 000
经营费用		
销售费用	$135 000	
总务及管理费用	265 000	
总经营费用		400 000
营业利润		$118 000
减：利息费用		18 000
税前利润		$100 000
所得税费用		30 000
净利润		$70 000

请注意该公司的经营费用中没有出现制造成本。实际上，在一制造企业的财务报表中，制造成本仅出现在两个地方。本期已销售产品成本在损益表中列示为“产品销售成本”。康关斯特公司损益表中所列报的782 000的产品销售成本数字直接从该公司的永续盘存记录中取得。不过，这一数字可以验证如下：

期初完工产品存货(2001年1月1日)	$150 000
加：本期完工产品成本	800 000
可供销售的完工产品成本	$950 000
减：期末完工产品存货(2001年12月31日)	168 000
产品销售成本	$782 000

所有尚未售出产品的制造成本被分类为存货并在资产负债表中加以列示。康关斯特公司三种存货在资产负债表中列示如下：

表16-4 康关斯特公司部分资产负债表

2001年12月31日

（单位：美元）

现金及现金等价物		60 000
应收账款（扣除坏账准备后的净额）		190 000
存货		
原材料	20 000	
在产品	40 000	
完工产品	168 000	
存货总额		228 000
流动资产总额		478 000

前面已经提到，康关斯特公司的资产负债表中包含有一项应付流动工资负债，它等于直接人工费用账户8 000美元的贷方余额。

网络联接

使用国际互联网在如下地址获得强生公司的年度报告（该公司在本章开始曾进行了简要说明）：

www.johnsonandjohnson.com

寻找合并财务报表的附注和有关存货的附注。请注意存货的构成。寻找以下三类存货各占总存货成本的百分比：原材料与物料、在产品和完工产品。

使用国际互联网在如下地址寻找克莱斯勒公司的年度报告：

www.chrysler.com

寻找合并财务报表的注释并获取关于存货构成的注释。比较克莱斯勒公司和强生公司的在产品/总存货成本比率。克莱斯勒公司的比率高出很多。为什么？

章末回顾

学习目标小结

学习目标1 说明指导管理会计系统设计的三项原则。

首先，管理会计系统帮助决定谁对公司资产具有决策权。其次，管理会计系统所生成或创造的会计信息支持进行计划和做出决策。最后，管理会计报告提供了检测、评价业绩并对其进行酬报的方法。

学习目标2 描述制造成本的三个基本类别。

直接材料耗用包括构成完工产品实体的零部件和原材料。直接人工包括支付给直接从事产品生产的生产工人的工资。制造费用包括除了直接材料费和直接人工费外的所有制造成本。制造费用的例子有机器折旧和工厂保安服务费用。

学习目标3 区分产品成本和期间费用。

产品成本是生产存货的成本。在相关产品被出售以前，它们被视为资产。在产品被出售时其成本作为产品销售成本从收入中扣减。本年生产，来年才售出的产品从来年的收入中扣减。

期间费用在其发生的会计期间被记为费用。期间费用同产品的生产无关，因而，在支出所带来的收益于费用发生期收到的假定下，从收入中扣减期间费用。期间费用包括总务及管理费用、销售费用和所得税费用。

学习目标4 说明制造成本是如何在永续盘存账户间流转的。

制造成本最初被记在三个控制账户中：原材料账户、直接人工账户和制造费用账户。当这些费用能够分配到投产的产品中去时，它们将从以上这些制造成本账户转入在产品存货账户。当产品完工之后，它们的成本从在产品存货账户转入完工产品存货账户。然后，当出售这些产品时，它们的成本从完工产品存货账户转入销售成本账户。

学习目标5 区分直接制造成本和间接制造成本。

直接制造成本（直接材料和直接人工）可以被确认到特定的产品。间接制造成本是许多作为一个整体分配到生产经营中且不能被追溯到特定产品的制造费用项目。

学习目标6 说明制造费用分配率的目的以及以主要成本动因为基础确定这些分配率的重要性。

制造费用分配率是一种工具，用来将制造费用的适当金额分配到特定产出单位（已生产产品）中。制造费用是间接成本，它不能被直接与特定产品直接联系起来。然而，制造费用分配率表达了制造费用同某些能够直接追溯到特定产品的作业基础之间的关系。作业基础应该是制造费用的主要动因（原因）；如果作业基础不是成本动因，那么不同产品的相关生产成本将会被严重扭曲。

学习目标7 编制完工产品成本一览表。

本表汇总了制造成本在在产品存货账户的流进流出。其目的是帮助管理者了解和评价当期发生的制造成本。

首先，我们编制出年初在产品存货金额。我们将本期原材料耗用、直接人工费和制造费用加到这一金额中。这四个项目的合计数表示本期所有在产品存货的总成本。最后一步是减除年末在产品成本。这为我们给出了本期完工产品的成本。

本章所介绍的术语和概念将在本教材以后的章节中广泛使用。

关键术语

activity-based costing 作业基础成本计算

一种使用多种分配率和成本动因将制造费用分配到产品中去的方法。

benchmark study 标杆研究

一种设计出来用以表明一家企业的成本和工序如何同本行业其他企业进行比较的研究。

cost driver 成本动因

能够被直接追溯到所生产的产品，并作为制造费用发生的原因的作业基础。作为制造费用分配率的作业基础被使用。

direct labor 直接人工

工人徒手或使用工具直接工作于产品加工，相应的工资费用。

direct manufacturing cost 直接制造成本

能被简便且直接地追溯到制造的完工产品的数量上的制造成本。例如，直接材料和直接人工。

direct materials 直接材料

那些成为所制造产品整体的一部分，并且可被直接追溯到完工产品的材料和零部件

finished goods inventory 产成品存货

现有的产生于制造过程，已加工完毕，且可供销售的产品。

indirect labor 间接人工

不直接从事产品制造的生产工人的工资费用。例如保安人员和维修人员的工资，间接人工费用被归类为制造费用。

indirect manufacturing cost 间接制造成本

不能被简便地追溯到特定在产品的制造成本。例如财产税、机器折旧、以及其他种类的制造费用。

indirect materials **间接材料**

生产过程中使用的不能被简便地追溯到特定产品上的材料。例如润滑油、维修用品和胶水。间接材料被视为制造费用的一部分。

management accounting **管理会计**

用于实现企业目标的企业内部会计信息系统的设计和使用。

manufacturing costs **制造成本**

将被销售给顾客的产品的生产成本。制造成本的主要种类有直接材料，直接人工和制造费用。

manufacturing overhead **制造费用**

包括除了直接材料和直接人工费用的所有制造成本的总括。

materials inventory **材料存货**

现有的和可用于生产过程的直接材料的成本。

overhead application rate **制造费用分配率**

一种用以将制造费用分配到在制产品中去的手段。表明估计的制造费用和某些能被直接追溯到制成品的作业基础的关系。

period costs **期间费用**

在发生期间被记入费用账户的费用。包括所有被分类为“费用”的项目。

product costs **产品成本**

购买或生产存货的成本。在相关产品被出售以前这些产品成本代表一种资产——存货。一旦产品被出售，这些成本作为“已销售产品成本”从“产品销售收入”中扣除。

schedule of the cost of finished goods manufactured **完工产品成本一览表**

一种汇总在产品存货账户中进出，制造成本流的一览表。目的是帮助经理人员评价制造成本。

value chain **价值链**

生产并将产品或服务提供给顾客所必须的作业或资源，它们彼此连接的集合。

work in process inventory **在产品存货**

处于生产过程任何阶段中的“产品”。当这些“产品”加工完成时，就变成了产成品。

示范题

下面的“T”形账户汇总了玛斯通制造企业本年度制造成本在其分类账间的流转(以美元为单位)：

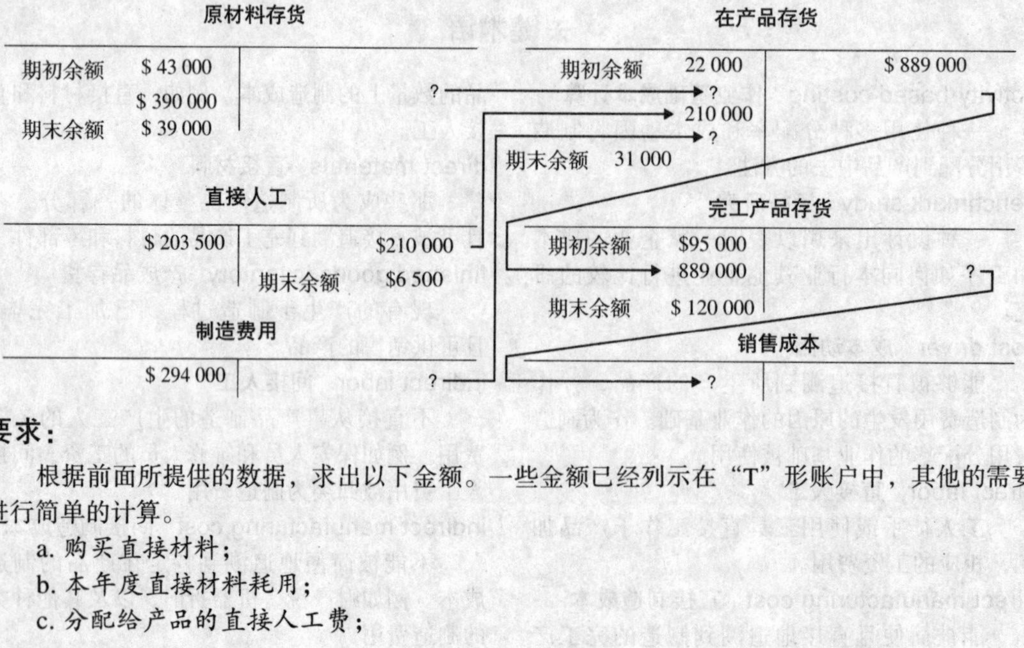

要求：

根据前面所提供的数据，求出以下金额。一些金额已经列示在“T”形账户中，其他的需要进行简单的计算。

a. 购买直接材料；

b. 本年度直接材料耗用；

c. 分配给产品的直接人工费；

d. 年末应付直接人工工资负债；
e. 本年度分配给产品的制造费用，假定制造费用分配率等于直接人工费的140%；
f. 当年分配到产品中的总制造成本；
g. 完工产品成本；
h. 产品销售成本；
i. 年末资产负债表上所列示的存货总成本。

示范题答案

a. 购买直接材料		\$ 390 000
b. 计算所耗用直接材料：		
年初原材料存货	\$ 43 000	
购买直接材料	390 000	
可用直接材料	\$ 433 000	
减：年末原材料存货	39 000	
直接材料耗用		\$ 394 000
c. 分配到产品中的直接人工费		\$ 210 000
d. 年末应付直接工资负债		\$ 6 500
e. 本年分配到的制造费用 (210 000美元直接人工费 × 140%)		\$ 294 000
f. 分配到产品中去的总制造成本：		
直接材料	\$ 394 000	
分配到产品中去的直接人工费	210 000	
所分配的制造费用	294 000	
分配到产品中去的总制造成本		\$ 898 000
g. 完工产品成本		\$ 889 000
h. 计算产品销售成本：		
期初完工产品存货	\$ 95 000	
生产完工产品成本	889 000	
可供销售的完工产品成本	\$ 984 000	
减：期末完工产品存货	120 000	
产品销售成本		\$ 864 000
i. 年末总存货		
原材料	\$ 39 000	
在产品	31 000	
完工产品	120 000	
总存货		\$ 190 000

自测题

这些问题的答案在本章末。

1. 说明下面的表述中哪些是描述管理会计而不是财务会计（适当的答案不仅一个）。
a. 使用公认的准则进行揭示；
b. 将信息详细地提供给单个决策者以满足其决策需要；
c. 信息分布更为广泛；
d. 强调预期的未来成果。

2. 在一家制造企业，在产品存货账户借方所记费用代表：

a. 直接材料耗用、直接人工和制造费用；

b. 完工产品成本；

c. 期间费用和产品成本；

d. 以上都不是；借记本账户的费用类型取决于所生产的产品的类型。

3. 2月1日在产品存货账户有期初余额4 200美元。2月份直接材料费为29 000美元，分配到产品中的直接人工费为3 000美元。制造费用按每直接人工小时20美元的分配率进行分配。2月份生产过程耗用3 180直接人工小时。如果完工产品成本为34 100美元，计算2月底在产品存货账户的余额。

a. 9 900美元；

b. 1 500美元；

c. 2 100美元；

d. 5 700美元

4. 制造费用分配率的目的是：

a. 将间接制造成本的一部分分配到每单位产品中去。

b. 确定将要借记到制造费用账户的费用的类型和金额。

c. 以适当的直接制造成本金额记入在产品存货账户。

d. 根据本期生产的产品数量比例将制造费用分配到费用中去。

5. 以下是Newport制造企业近几年的会计记录：（单位：美元）

	12月31日	1月1日
在产品存货	20 000	10 000
完工产品存货	80 000	60 000
直接材料耗用	200 000	
直接人工	120 000	
制造费用（直接人工的150%）	180 000	
销售费用	150 000	

说明下面的表述哪些是正确的（正确答案可能不仅一个）。

a. 本年度借记在产品存货账户的金额为500 000美元；

b. 完工产品成本为490 000美元；

c. 产品销售成本为470 000美元；

d. 本年度总制造成本为650 000美元。

作业

讨论题

1. 简要说明管理会计信息和财务会计信息在以下方面的区别：
(a) 预期的信息用户和 (b) 信息的目的。

2. 简要说明“管理会计”这一名词的含义。

3. 说明指导管理会计系统设计的三项原则。

4. 管理会计信息的发展是同公认会计准则相一致还是和其他规定的标准相一致？请解释。

5. 制造成本的三个基本种类是什么？

6. 制造企业有三个存货控制账户。请说出每个账户的名称并简要说明这三个账户在各个会计期末的余额各代表什么？

7. 说明产品成本和期间费用的区别。为什么说这一区别很重要？

8. 工厂经营中所产生的有害废料的处置费用是产品成本还是期间费用？请解释。

9. 科罗拉多造船厂本年度在建造三艘大型帆船的过程中发生了420 000美元的制造成本。每艘船在年末时都完成了大约70%。这些制造成本中的多少应该在科罗拉多造船厂的损益表中确认为费用？请解释。

10. 原材料存货账户的借方登记什么数额？该账户贷方登记什么数额？年末时该账户很可能有哪种类型的余额（借方或贷方）？请解释。

11. 本年度一家制造企业购买的直接材料的净成本是340 000美元，且直接材料存货增加了20 000美元。本年度所耗用的直接材料的成本是多少？

12. 本年度直接人工账户的借方登记什么数额？该账户的贷方登记什么数额？年度该账户很可能有什么类型的余额（借方或贷方）？请解释。

13. 康关斯特公司制造成本汇总的图示包括了六个总账。这六个账户中有哪些在年末时具有在公司正式报表中加以列示的余额？简要说明这些余额在财务报表中是如何分类的？

14. 说明直接制造成本和间接制造成本的区别。请各举两个例子。

15. 阿哥 (Argo) 制造企业每月大约使用1 200美元的库存物料清洗工作场地和生产设备。这1 200美元应该包括在直接材料耗用成本中吗？请解释。

16. “制造费用分配率”这一名词是什么意思？

17. “制造费用动因”这一名词是什么意思？如何使用成本动因进行制造费用分配率的计算？

18. 找出下列公司的两种可能的制造成本动因：

a. 使用技术熟练的工匠和小工具制造手工制作的家具的公司。

b. 使用计算机控制的机器人的装配线制造计算机微晶片的公司。

19. 本年度在产品存货账户的借方登记什么数字？本账户的贷方登记什么数字？本账户的年末余额表示什么？

20. 本年度完工产品存货账户的借方登记什么数字？本账户的贷方登记什么数字？年末本账户可能有哪种类型的余额？

21. 简要说明列示在完工产品成本一览表中的完工产品成本如何计算。

22. 在计算确定产品单位成本时完工产品成本一览表是个很有用的工具。说明几种管理会计人员和财务会计人员使用单位制造成本信息的方法。

23. 简要讨论在高度自动化的公司使用直接人工小时或直接人工费作为主要成本动因的可能缺点。

练习

练习16.1 会计术语 *LO1~6*

以下列示的是本章所介绍或强调的几个技术性会计名词。

在产品存货	完工产品成本	制造费用分配率	产品销售成本
期间成本	管理会计	产品成本	制造费用

下面每一名词都可能（或可能不）说明其中一个技术性名词。请说明每句话所描述的会计名词，或者在该句子没有正确描述其中任何一个名词时回答“没有”。

a. 设计来用以帮助经理人员进行业务经营计划和控制的会计制度的编制和使用

b. 除了直接材料耗用和直接人工外的所有制造成本

c. 在本期将间接制造成本分配到在产品中去的一种工具

d. 不能方便而直接地追溯到所生产产品中去的制造成本

e. 在贷记制造费用账户时借记的账户
f. 从在产品存货账户转入完工产品存货账户的数额
g. 当费用发生时直接借记入“费用”账户的费用

练习16.2 制造成本的重要种类 *LO2*

下面几项各是制造费用三大种类中的哪一种?
a. 生产自行车时所用的金属管；
b. 汽车制造商支付给测试完工汽车的专业驾驶员工工资；
c. 机器的财产税；
d. 珠宝制造商使用的金条；
e. 包装冷冻食品的装配线上的工人的工资；
f. 工厂管理人员工资；
g. 工厂生产所耗用的电力；
h. 工厂急救站的护士的工资。

练习16.3 产品成本和期间费用 *LO3, 5*

说明以下各项是否应该被看做产品成本或期间费用。如果你确定某项为产品成本，请进一步说明它是直接成本还是间接成本。例如，项目0的答案是“间接成本”。请从a项开始回答：
0. 工厂建筑初的财产税；
a. 化工厂有害废料的处理费用；
b. 汽车旅馆制造商支付给在各汽车旅馆安装水管的分包商的款项；
c. 销售展览室设备的折旧；
d. 办公楼保安人员的工资；
e. 工厂保安人员的工资；
f. 信用部门办公室人员的工资；
g. 原材料仓库的折旧；
h. 盈利的制造企业的所得税。

练习16.4 成本在生产账户间的流转 *LO4*

以下信息是从耐久工具公司的会计记录中取得的。

年初在产品存货	$ 35 000
直接材料耗用成本	245 000
分配给产品的直接人工费	120 000
完工产品成本	675 000

制造费用以每机器小时30美元的分配率向产品进行分配。本年度生产过程共耗用10 000机器小时。

计算年末现有在产品存货金额。

练习16.5 制造费用分配率的计算和使用 *LO6*

德尔·马(Del Mar)制造企业的生产经理对本年生产情况做了如下估计。

估计制造费用	$1 200 000
估计直接人工费	$500 000
估计机器小时/小时	80 000

a. 分别以下列各项为基础计算制造费用分配率
1. 直接人工费； 2. 机器小时。

b. 假定生产某一产品需要直接材料2 000美元，直接人工400美元和62机器小时。假定制造费用分配率分别以下列各项为基础，请确定本产品的总制造成本。

1. 直接人工费；　　2. 机器小时。

练习16.6　编制完工产品成本一览表　*LO7*

NuTronics公司的会计记录包括以下2001年度的信息。

	12月31日	1月1日
原材料存货	$ 24 000	$ 20 000
在产品存货	8 000	12 000
完工产品存货	90 000	80 000
直接材料耗用	210 000	
直接人工	120 000	
销售费用	170 000	
总务及管理费用	140 000	

制造费用以每直接人工小时24美元的分配率对产品进行分配，本期发生了8 000直接人工小时。

a. 编制完工产品成本一览表（只使用上面给出数据的一部分）；

b. 假定该公司只生产一种产品且本年度生产完成了20 000单位，该产品的平均单位制造成本是多少？

练习16.7　成本在生产账户间的流转　*LO3, 4, 5*

斯通 (Stone) 工具公司对于本年的可以获得的估计如下。

估计制造费用	$ 378 000
估计直接人工小时	21 000

1月1日斯通公司的账户余额如下。

直接材料存货	$ 8 700
在产品存货	76 500
完工产品存货	53 000
制造费用	–0–

1月份发生了以下业务：

1. 直接人工费42 000美元，发生了1800直接人工小时；
2. 购买了25 750美元的直接材料和3 500美元的间接材料；
3. 销售人员赚得16 500美元销售佣金；
4. 生产耗用价值26 000美元的直接材料；
5. 发生6 300美元的广告费；
6. 工厂管理人员得到12 000美元的工资；
7. 本月直接人工费为3 000美元；
8. 工厂设备的月折旧为4 500美元；
9. 工厂发生的水电费为7 800美元；
10. 制造成本为69 000美元的工具被转为完工产品；
11. 工厂月保险费为4 200美元；
12. 发生并支付3 000美元的工厂财产税；
13. 制造成本为89 000美元的工具卖了165 000美元；

a. 如果斯通公司使用直接人工小时分配制造费用，那么1月份直接材料、在产品和完工产品账户的余额将各是多少？

b. 1月31日制造费用账户的余额将是多少？

c. 斯通公司1月份的营业利润是多少？

练习16.8　制造费用动因：单位成本的计算和使用　*LO6*

6月份河景(Rivierviesw)电子公司第四装配间生产了12 000件201型计算机键盘。装配这些产品需要1 476直接人工小时（其费用为26 400美元），318 960美元的直接材料和2 880机器小时。以年初对制造费用的分析为基础，制造费用被使用以下公式分配到键盘中去：

制造费用=直接人工费的75% + 每机器小时32美元

a. 计算分配到12 000个键盘中去的总制造费用金额。

b. 计算制造这些键盘的单位成本。

c. 简要说明为什么该车间可以使用两个不同的作业基础对同一种产品分配制造费用。

d. 为本期中两个成本动因中的每一个找出其驱动的两种制造费用。

e. 生产键盘的首要制造费用动因是什么？

f. 计算以每单位75美元的价格销售这些键盘中的2 000件所获得的毛利。

练习16.9　操纵会计数字　*LO1*

乔·费兰(Joe Felan)是Utes公司的生产经理。最近他曾说：“既然管理报告书不依据公认会计准则，而这些做法又为外部投资者和债权人直接使用，那么经理人员操控这些报告，把它做得好看一些真的没有什么不好。”你同意费兰的说法吗？说明你的理由。

问题

问题16.1　产品成本介绍　*LO3, 4*

宝瓶海洋(Aqua-Marine)公司制造玻璃纤维渔船。其在经营中第一年度发生了如下制造费用(以美元为单位)：

直接材料采购	225 000
直接材料耗用	216 000
分配给产品的直接人工	200 000
制造费用	350 000
完工产品成本（112条船）	728 000

本年度有112条船制造完成，其中100条已经售出（假定期末完工产品存货和产品销售成本的余额用制造完成一条船的平均单位成本确定）。

要求：

a. 计算下列各项目并写出全部计算过程：

1. 本年度制造完成一条船的平均单位成本；
2. 原材料存货、在产品存货和完工产品的年末余额；
3. 本年度产品销售成本。

b. 本年度直接材料采购费、分配给产品的直接人工费和实际制造费用总计775 000美元。该制造成本金额要从本年收入中扣除吗？请详细解释。

问题16.2　产品成本介绍　*LO2~4*

道路骑兵(Road Ranger)公司本年初开始经营建造豪华的住房汽车。本年度该公司开始生产并建造完成了50个住房汽车，每单位成本为60 000美元。其中48单位以95 000美元的价格售出，两单位仍为完工产品存货。另外，公司年末在其工厂尚有六单位未最后完工。本年度总成本（按字母顺序汇总）如下(以美元为单位)：

直接材料耗用	750 000
分配给产品的直接人工	900 000
所得税费用	100 000
总务及管理费用	500 000
制造费用	1 800 000
销售费用	300 000

要求：

计算本年度的以下项目：

a. 本期记入在产品账户的制造成本；
b. 完工产品成本；
c. 产品销售成本；
d. 销售毛利；
e. 在产品和完工产品的年末存货。

问题16.3 制造成本在明细账间的流转 *LO4*

下页的汇总表描述了优越紧锁(Superior Locks)公司当年制造成本在总账间的流转(以美元为单位)。

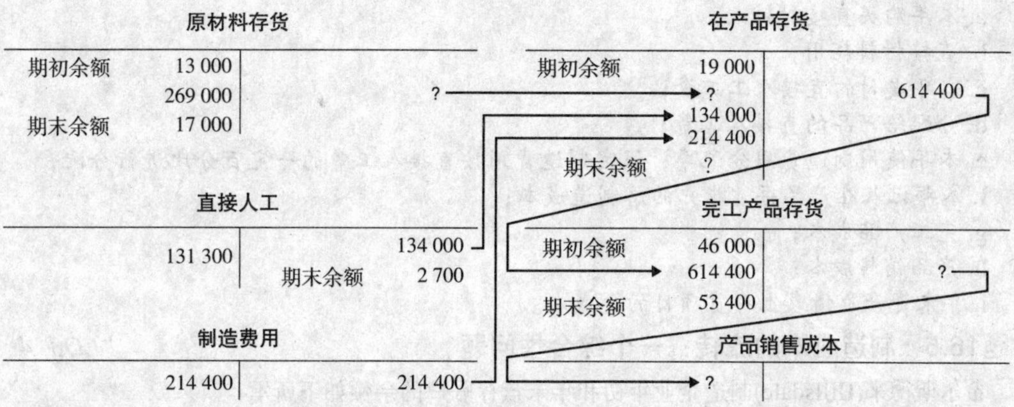

要求：

算出下面所要求的金额。一些金额已在“T”形账户列出，其他的数字需要进行简短的计算（写出全部计算过程）。

a. 直接材料采购；
b. 直接材料耗用成本；
c. 分配给产品的直接人工成本；
d. 年末应付直接工资负债；
e. 本年使用的制造费用分配率，假定制造费用按直接人工费的百分比进行分配；
f. 本年度记入在产品存货账户的总制造成本；
g. 完工产品成本；
h. 在产品存货账户的年末余额；

i. 产品销售成本；

j. 年末在资产负债表上列示的总存货金额。

问题16.4　永续盘存制下制造成本的流转　*LO4*

下面的“T”形账户汇总了格罗贝克(Gronback)公司本年度制造成本在各总账间的流转：

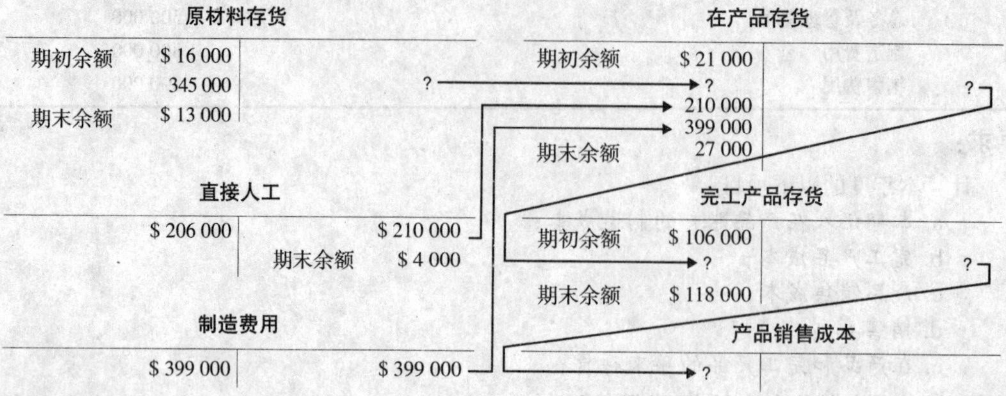

要求：

根据所提供的数据，求出以下的金额。一些金额已列示在“T”形账户中，其他的需要进行简短的计算（写出全部计算过程）。

a. 本年购买直接材料；

b. 直接材料耗用；

c. 本年支付的直接人工工资；

d. 分配给产品的直接人工费；

e. 本年使用制造费用分配率；假定制造费用按直接人工费的一定百分比进行分配；

f. 本年记入在产品存货账户的总制造成本；

g. 完工产品成本；

h. 产品销售成本；

i. 年末资产负债表上存货项目的总成本。

问题16.5　制造成本的流转：一个综合性问题　*LO3, 4, 7*

希尔斯德来(Hillsdale)制造企业年初和年末盘存账户的余额如下所示：

	年末	年初
存货账户		
原材料	$ 26 000	$ 22 000
在产品	25 000	5 000
完工产品	25 000	38 000

本年度借记或贷记到用于登记制造活动的账户总金额如下所示：

	借方	贷方
账户		
原材料存货	$ 410 000	$?
直接人工	189 000	192 000
制造费用	393 000	393 600
在产品存货	?	?
完工产品存货	?	?

要求：

a. 使用以上资料，说明或计算当年以下金额：

1. 购买的直接材料；
2. 直接材料耗用；
3. 支付的直接人工工资；
4. 分配给产品的直接人工费；
5. 本年使用的制造费用分配率（假定制造成费用按直接人工费的一定百分比进行分配）。
6. 本年记入在产品存货账户的制造费用；
7. 完工产品成本；
8. 产品销售成本；
9. 年末资产负债表中存货项目的总金额。

b. 请编制一张完工产品成本一览表。

问题16.6 产品成本信息的确定和报告 *LO4, 7*

巴弟(Buddy)宝宝是多来杜(Toledo)玩具公司所生产的主要产品之一，其2001年的有关资料如下：

购买直接材料	$332 000
直接材料耗用	333 600
直接人工工资（本年支付）	176 700
分配给产品的直接人工费	180 000
制造费用（发生并已分配）	288 000

本年生产了60 000单位产品并已售出62 100单位。有关本年存货的经选择的信息如下。

	12月31日	1月1日
原材料	$?	$12 800
在产品	4 700	4 100
完工产品，1月1日（3 000单位，价格$13）	?	39 000

要求：

a. 编制一张2001年巴弟宝宝产品的完工产品成本一览表。

b. 计算2001年生产完成的巴弟宝宝的平均成本。

c. 计算2001年巴弟宝宝产品销售成本。假定完工产品存货采用先进先出法进行核算，并且2001年完成的产品的成本都按b部分确定的单位成本进行分配。

d. 计算将在2001年12月31日列示在资产负债表上巴弟宝宝产品的存货金额。

e. 说明2001年180 000美元分配给产品的直接人工费影响了公司2001年的损益表和资产负债表的哪些地方。

问题16.7 产品成本信息的确定和报告 *LO4, 7*

以下是奈维斯(Nevis)工具公司2001年存货账户的期初和期末余额(以美元为单位)：

	年末	年初
存货账户		
原材料	62 400	56 400
在产品	28 800	31 200
完工产品存货	?	117 600

本年借记和贷记到用于登记制造费用的账户的金额如下所示：

	借方	贷方
账户		
原材料存货	828 000	?
直接人工	474 000	480 000
制造费用	1 056 000	1 056 000
产品销售成本	2 370 000	-0-
在产品存货	?	?
完工产品存货	?	?

要求：

使用所给的信息，写出（或计算）2001年以下金额：

1. 购买的直接材料；
2. 直接材料耗用；
3. 本年支付的直接人工工资；
4. 分配给正在生产产品的直接人工费；
5. 年末应付直接工资负债；
6. 制造费用分配率（假定以24 000直接人工小时作为估计作业基础，将制造费用分配到产品中去）；
7. 在产品存货账户借方登记的总制造成本；
8. 完工产品成本；
9. 期末完工产品存货。

问题16.8　根据完工产品成本计算单位成本　*LO4, 7*

以下是爱杜哈(Idaho)纸品公司会计记录当年的部分信息(以美元为单位)：

	12月31日	1月1日
原材料存货	20 000	25 000
在产品存货	37 500	40 000
完工产品存货，1月1日（10 000单位，单价21美元）	?	210 000
本年购买直接材料	330 000	
分配给产品的直接人工费	375 000	
分配给产品的制造费用	637 500	

该公司只生产一种产品；本年度生产了45 000单位，销售了40 000单位。

要求：

a. 编制一张本年度的完工产品成本一览表（写出本年原材料耗用成本的有关计算）。

b. 计算本年产品平均单位成本。

c. 计算本年度产品销售成本，假定公司使用先进先出法进行成本计算。

d. 计算本年12月31日完工产品存货的成本，假定使用先进先出法进行成本计算。

问题16.9　根据完工产品成本编制损益表　*LO4, 7*

梅维尔(Mayville)公司是一家独资企业，其有关2001年经营活动的信息报告如下(以美元为单位)：

	2001年12月31日余额	2001年1月1日余额
原材料存货	20 000	40 000
在产品存货	29 000	60 000
完工产品存货	52 000	42 000

本年度公司购买了30 000美元的直接材料并发生了21 000美元的直接人工费，本年制造费用为18 000美元，销售费用及管理费用为60 000美元，公司当年销售收入为200 000美元。

要求：

a. 编制梅维尔公司2001年的完工产品成本一览表。

b. 编制梅维尔公司2001年度的损益表。

问题16.10　根据完工产品成本编制损益表　*LO4, 7*

Ridyeway公司2001年经营活动的信息报告如下。

	2001年12月31日余额	2001年1月1日余额
原材料存货	$ 70 000	$ 60 000
在产品存货	41 000	29 000
完工产品存货	16 000	21 000

本年度公司购买了35 000美元的直接材料且发生了22 000美元的直接人工费。本年总制造费用为19 000美元。销售费用及管理费用为30 000美元，公司本年销售收入为80 000美元。

要求：

a. 编制Ridgeway公司2001年的完工产品成本一览表。

b. 编制Ridgeway公司2001年的损益表（不考虑所得税）。

问题16.11　计量单位成本　*LO3, 4, 7*

年初约翰·雷蒙特(John Raymond)创立了雷蒙特工程公司，该公司生产他发明的一种特殊的流量控制阀。年底后不久，公司的会计在一次滑雪事故中受了伤，所以没有编制年末财务报表。不过，该会计正确地计算了以下账户的年末存货。

原材料	$ 46 000
在产品	31 500
完工产品（3 000单位）	88 500

由于这是第一年进行经营，所以没有期初存货。

在该会计住院期间，雷蒙特不恰当地根据公司会计记录编制了如下损益表。

净销售收入		$ 610 600
产品销售成本：		
原材料采购	$ 181 000	
分配给产品的直接人工费	110 000	
分配给产品的制造费用	170 000	
销售费用	70 600	
管理费用	132 000	
总成本		663 600
年度净损失		(53 000)

雷蒙特对此经营成果非常失望。他说："今年我们不仅亏损了50 000多美元，且再看看我们的单位生产成本。今年我们10 000单位产品的销售成本为663 600美元；也就是每单位产品成本为66.36美元。我知道我们的某些竞争对手能够以大约每单位产品35美元的成本，生产相似的阀门。我不需要一位会计就可以知道我们的经营不成功。"

要求：

a. 编制本年完工产品成本一览表（由于没有期初存货，你的一览表将以"分配给产品的制造费用”开始）。写出本年直接材料耗用成本的有关计算。

b. 计算平均单位生产成本。

c. 编制一张本年度的正确的多步式损益表。如果公司有盈利，假定所得税率为30%（省略每股收益数字）。

d. 说明你是否同意雷蒙特的关于经营亏损及公司单位生产成本（66.36美元，依据雷蒙特计算）远远高于其竞争对手的（大约35美元）这一说法。如果你不同意雷蒙特的说法，说明其分析的错误或缺陷。

问题16.12　在确定制造成本方面的错误对损益表的影响　*LO3, 4, 7*

威廉姆·尼尔生是西得州吉他公司的总设计师。他于公司第一年度经营结束前不久在一次交通事故在受了伤。年底时，一位对会计了解非常有限的职员编制了如下的损益表，该损益表在几处方面难以令人满意：

西得州吉他公司损益表

20××年度

净销售		$ 1 300 000
产品销售成本		
直接材料采购	$ 460 000	
直接人工	225 000	
间接人工	90 000	
机器折旧——工厂	50 000	
租金	144 000	
保险费	16 000	
水电费	28 000	
某项制造费用	34 600	
其他经营费用	273 800	
已宣告的股利	46 000	
产品销售成本		$（1 367 400）
本年度亏损		（67 400）

你被要求去编制一张首年度生产经营的正确的损益表。经理人员告诉你租金、保险费和水电费的60%分配到工厂经营中，其余40%应列为期间费用。正确的年末存货如下所示：

原材料	$ 38 000
在产品	10 000
完工产品	110 400

由于公司是第一年经营，因此没有期初存货。

要求：

a. 指出上面损益表的缺点和错误。根据你指出的缺点，说明你认为公司经营第一年的实际净利润比实际所列数字要高一些或者低一些。

b. 编表以计算：

1. 直接材料耗用成本；

2. 总制造费用。

c. 编制一张本年完工产品成本一览表（使用b部分算出的数字作为直接材料耗用成本和制造费用）。

d. 编制一张本年度的正确的多步式损益表。假定所得税费为税前利润的30%。

案例

案例16.1 差劲的动因也是成本动因 *LO6*

Ye Olde Bump & Grind公司是一家汽车车身和保险装置修理厂。修理工作有徒手进行的，也有使用一些小工具进行的。公司根据修理时间和每次修理所用材料向顾客收取费用。

该工厂的制造费用主要包括间接材料（焊材、金属油灰和砂纸）、租金、间接人工和水电费。租金等于工厂每月总收入的一定百分比。间接人工主要与订购零部件和处理保险索赔有关。因而间接人工费的金额总是因各项工作的大小而变动。该工厂的经理亨利李目(Henry Lee)前正在考虑是使用直接人工小时还是使用修理次数作为分配制造费用的基础。他已估计出了本年度的如下数字。

估计总制造费用	\$123 000
估计直接人工小时	10 000
估计修理次数	300

要求：

a. 分别以直接人工小时和修理次数为基础计算制造费用分配率。

b. 以下所列是两次修理的信息：

工作1：修理凹陷的保险杠。直接材料耗用为25美元；直接人工小时为5小时；直接人工费为75美元。

工作2：修理一辆严重碰撞的汽车，直接材料耗用为3 900美元；直接人工小时200小时；直接人工费为3 000美元。

请确定每次修理的总成本。假定制造费用的分配基础分别是：

1. 直接人工小时；2. 修理次数。

c. 讨论b部分所得出的结果。哪一种制造费用分配方法得出的结果更接近实际一些？说明你的回答的理由，就什么“驱动”了本企业的制造费用这一问题发表评述。

案例16.2 Meadowbrooke工厂的奇迹 *LO2, 3, 4, 7*

Drescott制造企业经营几家工厂，各家工厂生产不同的产品。约翰·沃尔克(John Walker)在本年初被聘为Meadowbrooke工厂的新经理。年底，在一次公司的董事会上，所有工厂的经理都被要求简要说明一下它们工厂的经营情况。约翰 沃尔克在他演示时在一张图表上列出了如下信息：

完工产品存货	当年	上年
年初（当年30 000单位，上年10 000单位）	\$255 000	\$85 000
年末（当年20 000单位，上年30 000单位）	202 000	255 000
完工产品成本	909 000	1 020 000

约翰·沃尔克向董事会做了如下陈述：“大家都知道，Meadowbrooke工厂的销售量一直比较稳定。我们今年和去年的销售量都是100 000单位。不过，我们在控制制造费用方面获得了真正的好处。通过有效的生产经营，我们已减少的完工产品制造成本超过100 000美元。这些节约在单位售出产品的制造成本从去年的10.20美元（1 020 000 ÷ 100 000单位）降低到了本年的9.09美元（909 000美元 ÷ 100 000单位）这一结果中可以得到反映。”

阿兰·卡特(Alan Carter)神父是圣玛利亚(St.Mary)大学的校长，也是Prescott制造企业的董事会成员。然而，卡特神父对制造企业的会计实务的背景所知甚少。因而他请求你帮助他评价沃尔克所言。

要求：

a. 计算Meadow brooke工厂这两年中每年的以下项目作为你的分析的开端：

1. 产品销售成本；
2. 完工产品数量；
3. 完工产品平均单位成本；
4. 已销售产品平均单位成本。

b. 评价沃尔克的陈述。特别就沃尔克关于已售产品制造成本的计算和完工产品成本的降低是不是通过更有效的经营来获得的这两点进行评论。

案例16.3 制造费用的分配对业绩评价的影响 *LO1, 5, 6*

经典橱柜公司拥有一家生产两种产品的工厂。沃尔克管理木材部，该部门生产木橱柜，玛丽管理金属部，该部生产金属橱柜。两种橱柜的估计单位生产成本如下所示：

	木橱柜	金属橱柜
直接材料	50.00	$ 35.00
直接人工费	20.00	30.00
制造费用	16.30	24.45
单位产品总成本	$ 86.30	$ 89.45
单位售价	$ 180	$ 160
单位产品所需人工小时 (人工小时数)	2	3
每小时直接人工费	$ 10	$ 10

年底，以所耗用的直接人工小时数为基础将总制造费用分配到各部门。估计年制造费用如下所示。

工资	
沃尔克	$ 50 000
玛丽	50 000
维修费	20 000
水电费	16 000
财产税	10 000
年直线折旧	
设备-木材部	80 000
设备-金属部	120 000
总制造费用	$ 346 000

过去几年橱柜的需求一直比较稳定且短期内这一趋势不会改变。营销部估计在可以预见的将来，每年可以销售大约10 000件木橱柜和7 500件金属橱柜。对于两位经理的业绩评价根据其所在部门的产品单位总生产成本决定。把单位成本以前所估计的数字降低得最多的经理将会获得一笔奖金。

玛丽正在考虑以500 000美元购买一台新机器，这台机器大约可以使用10年并且没有残值。如果公司购买了该机器，生产一个金属橱柜所需的直接人工小时将减少到2.5小时。

要求：

a. 如果购买了该机器，假定所有其他费用和生产的估计都正确时，每种橱柜的单位总生产成本将会是多少？

b. 站在玛丽的立场上，应该购买该台机器吗？讨论是否应该授予沃尔克和玛丽为其部门购买所需设备的专门权力。

c. 你认为在决定是否购买该设备时哪些资料是必需的？

d. 如果购买了该机器，你认为对于沃尔克和玛丽的业绩评价在当前制度下会是准确和公正的吗？

因特网练习

因特网练习16.1 计算完工产品成本

LO4, 7

辉瑞(pfizer)公司开发和生产各种医药产品。在以下地址访问其主页：

www.pfizer.com

从其主页获取最新的年度报告。

要求：

a. 辉瑞公司的资产负债表上列有哪种存货？

b. 使用损益表和资产负债表中的存货信息，计算最近年份的完工产品成本。

c. 通过使用年度报告，你可以确认出哪些制造费用项目？

“轮到你了！” 的评论

作为一名班组长 在选择何人承担返工任务时，有必要对某些方面加以考虑。如果你必须在现有直接人工中进行选择，你将要考虑设备闲置的成本。如果安排一位切割工、焊工或油漆工去承担返工任务就会导致设备闲置，从而我们不仅要损失直接人工时间的生产效率，也要损失设备的生产效率。除了设备闲置的成本，各类工人的人工费也会是有用的信息。最后，在考虑谁应当承担返工任务的时候，对于那些产生质量问题的原因加以考虑也是很重要的。多数情况下，可以通过重新设计生产流程或购买更好的原材料来消除质量问题及相关的返工。通常情况员工不会有意去生产低质量的产品，当问题的根源在于员工时，一般通过培训就可以消除这一问题。

作为一名设备操作工 你应当向你的工友指出康关斯特公司制造成本的构成包括许多同机器小时无关的费用。例如，如果减少70%的机器小时，汽车司机、工厂管理人员和工厂保安的间接人工费将会降低。降低的机器小时数不影响发生间接人工费金额，而且只有与机器相关的制造费用才可能会减少（例如，折旧、设备维修、某些间接物料——油脂或清洗剂等）。事实上，如果预计机器小时数量是9 000而不是本章中所讨论的10 000，那么制造费用分配率可能会是每小时40美元（360 000美元 ÷ 9 000小时）而不是本章所讨论的每小时36美元。

自测题答案

1. b, d　2. a　3. d　4. a　5. a, b, c

第17章

计量成本的会计系统

学习目标 (Learning Objectives)

学习本章后，你应当能够：

1. 说明成本会计系统的目的。
2. 区别适于使用分批成本计算法、分步成本计算法和作业基础成本计算法的生产产品和提供服务的生产过程。
3. 说明分批成本单的目的和内容。
4. 使用分析成本计算法时记录成本流转的账户。
5. 使用分步成本计算法时记录成本流转的账户。
6. 说明约当产量的计算。
7. 阐述使用分步成本计算法时成本是如何分配到约当产量中去的。
8. 定义作业成本库并举出几个例子。
9. 阐述如何使用作业基础将成本库分配到产品中。

布朗斯维克公司开始了新的航程

在数月之内，他们俩分别为目前所在公司所聘用。他们都具有很强的市场营销背景。从那时开始，他们也都承担起了改进他们的造船厂的经营管理并开拓新机会的任务。

对比到此结束。当布朗斯维克(Brunswick)公司的董事长兼首席执行官彼德 N. 拉生(Peter N. Larson)驾驶着本公司的航船加速驶上新的征程的时候，他的同行，邻近的甲板外海洋公司的哈里 W. 鲍曼却发现本公司的主营业务已经危机重重了……

鲍曼未能在汪克格恩 (Waukegan Ⅲ.) 公司取得成功当然并不是因为他缺少努力。鲍曼以前曾作为惠而浦（Whirlpool）公司的高级经理主管过该公司在欧洲的部门。他也曾采取过一些竞争对手和商业伙伴认为很重要的措施。尽管甲板外海洋(Qutboard Marine)公司以同约翰逊(Johnson)和爱维因罗特(Evinrude)发动机这样的著名品牌齐名而倍感自豪，它仍然因生产及会计体系过失而遭受了损失。

资料来源：Richard A. Melcher, “Brunswick Wades into New Waters,” *Business Week*, June 2, 1997, pp.67-70. Reprinted by special permission, copyright © 1997 by The McGraw-Hill Companies, Inc.

企业的会计系统是其业务经营的重要组成部分。会计系统必须能够提供有助于做出使企业保持竞争力的决策的必要信息。新的计算机信息系统和制造技术使企业变得更有效率了，同时它也产生了对于更新的会计系统的需求。甲板外海洋公司未能使其会计系统跟上潮流，这使得像布朗斯维克这样的公司赢得了竞争优势。

17.1 成本会计系统

企业的会计系统必须提供一幅好“地图”，将成本和用于生产产品与服务的工序连接起来。员工需要此信息来评价他们利用公司资源的效率究竟如何。确定生产产品和服务所需的最便宜的直接人工、直接材料和制造费用的组合对保持公司的竞争力十分关键。好的成本会计系统会提供一幅将耗费资源的生产过程同相关费用相配合的图画，以使经理人员决定如何为顾客提供最好的产品与服务。

产品和服务的生产工艺普遍地都有不同。以造船厂为例，生产大量相同的小船只的工艺同建造特别定制的游艇的工艺明显不同。分配和计量不同类型生产工艺所耗用的资源是本章的重点。本章我们将考虑三种广泛应用的成本会计程序：分批成本计算法、分步成本计算法和作业基础成本计算法。这些方法因作为分配和计量的对象的基本生产工艺不同而有所不同。

此要点的案例

印地安纳州的印地安纳波利斯市政府实行作业基础成本计算法，以帮助其雇员了解和管理城市活动所耗用的资源。本新系统帮助该城选择适合于让私有部门进行的政府活动，并帮助提高不适宜由私有部门进行的那些城市活动的效率。经过三年的时间，城市规划人员确认了8 000万元的成本节约。伴随着成本的节约，服务的改进同样令人印象深刻。

成本会计系统是企业所使用的、用来分配在生产并向顾客提供产品和服务的过程中耗用的资源的各种方法和技术。员工使用成本会计系统所提供的信息，以帮助他们管理耗费资源的活动。经理人员使用成本会计系统所生产的信息，以对员工的表现进行评价和酬报。另外，成本会计系统所生产的信息也用于满足外部报告要求。存货、产品销售成本和期间费用由成本会计制度进行记录，并在公司年度报告的资产负债表和损益表上进行报告。

在一家制造公司，成本会计系统有助于达到两个重要的管理目标：（1）确定单位制造成本；（2）向经理人员提供有助于进行计划和成本控制的信息。如我们在第16章所看到的，“单位成本”是通过将直接材料、直接人工和制造费用追溯到特定产品中加以确定的。

在不同的行业，单位产品的定义也各不相同。人们很容易将单位产品想成像汽车或电视机等这样单个产品。然而在某些行业，单位产品可能以吨、加仑、千瓦时、甲板英尺（Board-feet）或其他任何适当的产出单位表示[1]。不论它们是如何表示的，单位成本为存货计价和产品销售成本的确定提供了一个基础。它们也为经理人员提供了用于制订价格、决定生产何种产品、评价经营效率以及控制成本所需要的信息。

成本控制是指使成本保持在适当的水平上。当成本会计系统及时提供了单位成本信息时，一旦成本开始上升到不可接受的水平时，经理人员就可以迅速做出反应。通过将当前的单位成本同预算成本和其他目标成本进行比较，经理人员就可以确定出哪些方面更需要采取纠正行动。

基本的成本会计方法

通常成本会计制度被设计来满足个别公司的特定需要。在本章，我们举例说明用于计量和记录资源耗用的三种会计制度：分批成本计算法、分步成本计算法和作业基础成本计算法。分批法和分步法是直接将资源耗用记录到个别产品和服务中去的方法。作业基础成本计算法根据为生产产品和服务所发生的作业记录资源耗用。制造项目通常是作业基础成本计算的着眼点。

分批成本计算法通常为特定生产的产品或服务，以满足个别顾客专门需要的公司所采用。在分批成本计算法下，个别批次的直接材料费、直接人工费和制造费用被分别加以累积。一“批”代表满足一个特别订单所生产的产品或提供的服务，或者是一批特定产品的生产。如果一个批别中包含多个单位的产品，其单位成本可以这样确定，即将记入该批次的总费用除以所生产的产品数量。

建筑公司使用分批成本制度是因为每个建设项目都有影响其成本的独特性质。分批成本制度也为造船厂、动画电影厂、防务工程承包商、印刷厂和传统家具制造厂等所使用。另外，这些制度也广泛用于像汽车修理厂、会计师事务所、律师事务所、诊所和医院等服务企业。

分步成本计算法为产量比较稳定、产品大致相同的工厂所广泛使用。在分步成本计算法下，直接材料费、直接人工费和制造费用被追溯到了负责产品生产的生产部门（或工序）。这些费用接着被在给定期间加以汇总，然后除以所生产产品的数量来确定出单位成本数字。使用分步成本制的公司有炼油厂、酿酒厂、软饮料灌装厂、面粉厂和大多数使用装配线进行生产或大量生产的企业。

作业基础成本计算法将费用记入消耗资源的作业中去。很难直接追溯到个别产品和服务的制造费用是ABC法（作业基础成本计算法）的主要着眼点。例如，甲板外海洋公司有为生产过程采购原材料的员工，他们的工资是一项很难直接追溯到产品的制造费用。然而，处理订单的作业可以被区分开，并用做计量所消耗资源的工具。

总之，分批成本计算法适用的企业和公司是，生产需要不同数量和种类的直接人工、直接材料和制造费用的顾客订单。分步成本计算法用于大量生产相同产品的生产工艺，使用相同数量和种类的直接人工、直接材料和制造费用。作业基础成本计算法用于追综资源，而它们不能直接追溯到生产出的产品或服务中去。通常制造费用项目是ABC法的着眼点。

某一特定公司最适合的成本会计制度类型取决于该公司的生产经营性质。实际上，进行多元化生产的公司可能同时使用多种成本会计方法。在本章的以后各部分，我们将举例说明这些成本会计制度的每一种。

[1] 某些服务行业也以单位为基础表示其营业成本。例如，航空业所用的产品单位是乘客英里航程数。

17.2 分批成本法

分批成本计算法的显著特点是制造成本被按批别累积。如我们在第16章中所说明的，制造成本在发生时就被记入（借记）“在产品存货”账户。在分批成本计算法下，“在产品存货”账户是一个由每个批别的**分批成本单**支持的控制（汇总）账户。大体上说，分批成本单起着一个表明记入每个批别成本的明细分类账的作用。

如果公司使用会计软件包，分批成本信息就记录在计算机文件中。不过，不论它们是手工维护还是计算机维护，大多数分批成本记录的格式和内容基本上都是相同的。

17.2.1 分批成本单

分批成本单是分批成本计算的核心。每个批别都要单独准备一张分批成本单，用来累计记入该批别的所有制造成本。一旦该批别完工，分批成本单就可以表明完工产品的成本，并提供计算单位成本所需要的信息。

当直接制造成本（直接材料耗费和直接人工）可以被追溯到各批别时，它们应尽快在分批成本单中加以记录。一旦该批别完成，制造费用被使用一种制造费用分配率来进行分配。下面所示是橡木和玻璃家具公司的一张完成的分批成本单。本批别涉及100张特别款式的餐桌的生产。

表17-1 橡木和玻璃家具公司分批成本单

831

产品：法国庭院餐桌　　开工日期：2000年4月3日

生产数量：100　　完工日期：2000年4月21日

记入本批次的成本					
生产车间	直接材料	直接人工		制造费用	
		小时	成本	分配率	分配的成本
磨制与雕刻	$10 000	70	$14 000	150%	$21 000
完工	15 000	300	6 000	150%	9 000

成本汇总与单位成本

	总成本	单位成本
直接材料耗用	$25 000	$250
直接人工	20 000	200
分配到的制造费用	30 000	300
完工产品成本(100张桌子)	$75 000	$750

在整个生产过程，可以追溯到各批别的制造成本被累积在分批成本单中的“记入本批的成本”部分。“成本汇总”部分在该批别完成时填列。

完工的第831批的总成本为75 000元。到本批完成时，这一数字应该从在产品存货账户转入完工产品账户。分批成本单中的单位成本数字由总制造成本除以产量100来确定。

17.2.2 分批成本计算法下的成本流转：举例

表17-1描述了橡木和玻璃家具公司的成本流转。这一流程图汇总了该公司1月份的生产经营情况。请注意每个存货控制账户（原材料、在产品和完工产品）都由一个明细分类账支持。

在我们的流程图中，所有明细分类账都以“T”形账户列示以节省空间。实际上，分批成本单起着在产品存货控制账户的明细分类账的作用。而且，直接材料和完工产品明细分类账会有附加栏提供有关现存数量及单位成本的信息。

现在我们使用橡木和玻璃家具公司为例说明使用分批成本计算法时制造成本的流转。

17.2.3 直接材料的会计处理

在永续盘存制下，直接材料采购被从采购日记账过至材料明细分类账中。明细账中的分录表明了材料采购的种类、数量及成本。每月末，编制一个汇总分录将当期购入的直接材料总成本记入原材料存货控制账户的借方（对应的贷方通常是应付账款。）

为了取得生产过程需要使用的原材料，生产部门必须向材料仓库签发一张材料请领单。该请领单列出了所需材料的数量以及使用材料的批别。

这些请领单的副联被送往会计部门，在那里投入生产的材料成本根据材料明细账确定。领出材料的成本被列入请领单和明细分类账。在明细分类账中，直接材料的使用进行如下记录：（1）将耗用材料成本记入适当的分批成本单；（2）贷记材料明细分类账。

月末，经对本月签发的所有材料请领单进行加总，在控制账户中登记如下的汇总分录：

在产品存货	50 000	
原材料存货		50 000

登记一月份投入生产的所有直接材料成本。

17.2.4 直接人工费的会计处理

借记直接人工账户产生于向直接工厂工人支付工资，其对应贷方是现金账户。[1]支付给工厂工人（如管理人员和保安人员）的工资借记到制造费用账户，而不是直接人工账户。

当使用直接人工时，也就是当工作于特定批别时，贷记直接人工账户。一些机械的和计算机化的方法已开发出，用来确定各批所耗用的直接人工费。一种常见方法是为每位雇员准备一张工时卡，该卡列示工作于各批别的工时数、员工的工资率以及各批所分配的直接人工费。这些工时卡变成了编制工厂工资单的基础，并被用来将直接人工费过到在产品明细分类账（分批成本单）。

在每月末，编制了一张汇总分录，将当月所分配给各批制的直接人工费借记入在产品存货账户、贷记直接人工账户。就橡木和玻璃家具公司来说，该分录如下：

在产品存货	60 000	
直接人工		60 000

将月份所有分配给各批别的直接人工费记入总账。

请注意当向员工支付工资时，借记直接人工账户，但是该账户贷方登记的是各批别实际发生的直接人工费。工作每天都在进行，但员工只是定期领取工资，比如每两星期领一次，这样分配给各批别的直接人工费并不必就等于该月支付给员工的工资数。在我们的例子中，60 000美元的直接人工费被分配给三个尚在生产的批别，而支付给员工的工资总共才有52 000美元。从而月底时直接人工账户8 000美元的贷方余额代表一项应计的应付工资负债。

17.2.5 制造费用的会计处理

制造费用包括直接材料费和直接人工费以外的所有制造成本。制造费用是一个控制账户；各种类型的制造费用的详细情况都记录在明细分类账中。

制造费用账户的借方登记当期实际发生的制造费用金额。在我们的举例中，1月份实际制造费用总计为93 000美元，这些费用是从多个来源过入制造费用账户的。例如，间接人工费来自工资单，间接材料采购和水电费由发票登记簿或特别日记账过入；工厂资产折旧来自期末总账调整分录。

[1] 就从员工的工资中提出的用于所得税和社会保障税目的金额而言，对应的贷方是各种流动负债账户。工资的会计处理已在第10章讨论过了。

制造费用对定单的分配 如我们在第16章所说明的，制造费用属于间接费用，不能被简便地追溯到特定的批别或产品。因此，常常使用预先确定的制造费用分配率来将适当数量的制造费用分配到在产品中。橡木和玻璃家具公司以直接人工费的150%作为制造费用分配率。从而，每张分批成本单都被分配进等于本批发生的直接人工费150%的制造费用。

将制造费用分配到分批成本单的分录通常在各批别完工时编制。不过，制造费用也应该被分配到所有月末仍未完工的批次中去。每月末，都要在总账中编制汇总分录以登记该期所有分配到各批次的制造费用。该分录如下所示：

在产品存货……………………………………………………………90 000
　制造费用……………………………………………………………………………90 000
在产品存货控制账户登记当月分配到各批次的制造费用（该月直接人工费的150%；60 000美元×150%=90 000美元）。

制造费用分配过度或分配不足 在我们的例子中，2月份实际发生的制造费用为93 000美元，而待用制造费用分配率分配到各批次的制造费用总计只有90 000美元。由于预先确定的制造费用分配率是基于估计的，因此我们不应期望分配的制造费用会正好等于实际制造费用。

月末制造费用账户的借方余额表明本月分配到各批次的制造费用比实际发生的要少。因此，保留在制造费用账户的借方余额被称为分配不足的制造费用。保留在该账户的贷方余额表明分配到各批次的制造费超过了实际发生的制造费用；因此贷方余额被称为过度分配的制造费用。

保留在制造费用账户的月末余额一般只允许在年度内进行累积。假以时日，这些金额会趋于平衡。年末分配过度或分配不足的制造费用一般都不大。在本例中，制造费用账户的年末余额被直接转入产品销售成本（假定该年大多数误差都可归入已售出的产品。）如果制造费用账户的年末余额较大，那么此数额就应该在产品存货、完工产品存货和产品销售成本账户间进行分配。

17.2.6 完工批次的会计处理

至此，我们已说明了制造成本如何分配到（借记）在产品存货账户，也说明了特定批次的成本是如何分别在分批成本单中进行累积的。

当各批次完工以后，这些分批成本单将从在产品明细分类账中取出，将分批成本单中的制造成本进行加总，就可以得出完工产品成本。然后这一成本被从在产品存货账户转入完工产品存货账户。

1月份，橡木和玻璃家具公司的第830批和第831批均已完工。记录这些批次已经完工这一情况的分录如下所示：

完工产品存货……………………………………………………………90 000
　在产品存货……………………………………………………………………………90 000
登记第830批600张法国庭院餐桌的完工(单位成本：150美元)。
完工产品存货……………………………………………………………75 000
　在产品存货……………………………………………………………………………75 000
登记831批100张法国庭院餐桌的完工(单位成本：750美元)。

当发生完工产品的销售时，单位成本数字将被用来确定产品销售成本。例如，以总价48 000美元销售40张法国庭院餐桌记录如下：

应收账款(安东尼精细家具公司)……………………………………48 000
　销售收入……………………………………………………………………………48 000
销售40张法国庭院餐桌，条件：10天内付清折扣为2%，30天以内付清款。
产品销售成本……………………………………………………………30 000

完工产品存货……………………………………………………………………………………………30 000

登记售给安东尼精细家具公司的40张法国庭院餐桌的成本（40×单位成本750美元=30 000美元）。

17.2.7 服务行业的分批成本计算法

在前面的讨论中，我们强调了分批成本算法在制造公司的应用。然而，许多服务行业也使用本方法累积其为某一特定客户服务的成本。

例如，在一家医院，每位病人代表一个独立的“批”，病人的治疗成本在分批成本单上进行累积，药品、输血和X光等项目的成本代表直接材料耗用；医生提供的服务是直接人工，护理费、伙食费、包扎费以及医院建筑及设备的折旧都是医院的制造费用的一部分。在医院里，制造费用通常按预先确定的日分配费率分配到各个病人账户中。

此要点的案例

国会通过了一项法令,要求欲获得医疗保险和医疗援助补助的医院计量并报告其“产品”的平均单位成本。产品被定义为特殊类型的医疗程序，比如心脏移植、扁桃腺切除以及接生（生产）等。这样医院就必须开发能够确定其提供的各种类型服务平均成本的成本会计系统。

17.3 分步成本法

如我们在前节所强调的，分批成本计算法运用于当每一单位产品或每批产品都根据不同的要求进行生产的情形。然而，许多公司连续生产相同的产品，比方说啤酒瓶、汽油和电力等。当以稳定的产量持续生产相同产品时，就没有明显的“批”。因此，进行大批量生产的公司经常使用分步成本计算法而不是分批成本计算法。

大批量生产通常涉及一系列特定的步骤或生产过程。分步成本计算法分别计量每步骤生产的成本然后将这些成本分配到当月生产的产品中去。

分步成本计算法为两个相关的目的服务。首先，它计量完工产品的总成本和单位成本。这一信息用于对存货进行计价及登记产品销售成本。但分步成本计算法也为经理人员提供生产过程中每一步骤的单位成本信息。这一信息有助于评价生产部门的效率，同时也会引起对可能的成本节约的关注。

此要点的案例

亨士 (Heinz) 番茄酱公司的大瓶子过去通常常有两个标签，一个在前面，一个在后面。经过对制造成本进行仔细分析，生产经理发现亨士番茄酱公司只贴一个标签的话，就可能每年节约好几十万块钱。

17.3.1 在产品账户——分步成本计算法的关键

分步成本计算法使用一个独立的在产品存货账户计量发生于每一个生产步骤的费用。如同装配线上产品从一个生产步骤移往下一个生产步骤一样，成本在这些账户间也按顺序流转。只有当最后一个步骤的生产完成时，它们的成本才转移到完工产品存货账户。一个有三个生产步骤的公司的例子列示于图17-1。

材料、人工和分配的制造费用的会计处理 每个在产品存货账户都登记（借记）该特定步骤所耗用的材料、人工及制造费用。例如，只有那些需要切割的材料被记入“切割车间”账户。直接送往装配车间的零部件被记入“装配车间”的在产品存货账户，直接人工和制造费用也被分别分配到各个在产品存货账户。

成本从一个步骤流转到下一个步骤 生产中的产品从一个步骤转往下一个步骤。通过将产品的成本从一个在产品存货账户转入下一个在产品存货账户中，分步成本计算法使得其成本流转与产品实物流转同步进行。

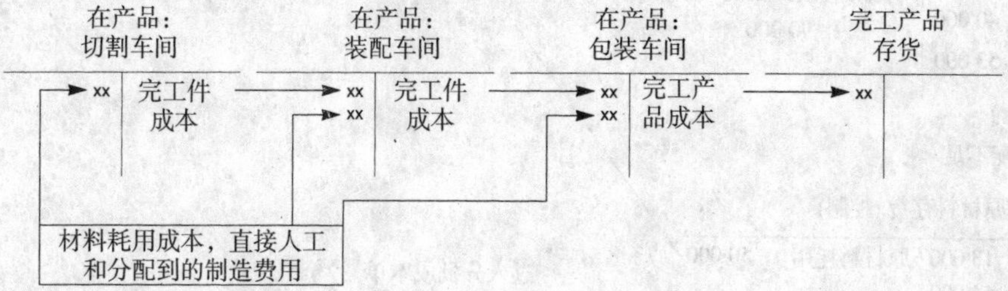

假定本月200 000美元的制造成本被记入切割车间账户，再假定本部门切割足够的材料以生产10 000单位产品，并且切割后的材料被转入装配车间。月末将编制如下总账分录以汇总本月转移的切割材料。

在产品：装配车间	200 000	
在产品：切割车间		200 000

将切割车间切割完成的产品成本转入装配车间账户，单位切割成本为20美元(200 000美元÷10 000单位)。

实际上，切割车间的产品是记入装配车间账户的一种“直接材料”。

17.3.2 分步成本计算法和约当产量

公司的各车间有重要期末在产品存货，必须将产品成本分配到未完工产品。我们以前面的装配车间为例。假定除了从切割车间转入的切割材料，装配车间还发生了直接人工、其他直接材料及制造费用。假定从切割车间转入的切割材料在装配生产步骤的前1/3进行加工和打磨，在装配步骤的中间1/3，其他修饰材料被加入打磨了的切割材料。最后，经切割、打磨和修饰的被装配产品被浸入到一种化学药水中加工完工。我们将提供了一个例子说明装配车间的生产步骤。

如果在报告期末，装配车间有完成了2/3的产品（即它们还没有进行化泳），那么一些费用就应该分配到这些产品中去。为了于配比原则相一致，在生产在产品时所发生的任何重要费用都应分配到在产品存货中去。

为了使部分完工的在产品得以确认，公司使用一种被称为**约当产量**的方法。约当产量是一种代表一单位部分完工产品的成本占一单位完工产品成本百分比的计量工具。因此，装配车间完成2/3的在产品就切割材料、修饰材料及直接人工方面考虑，被认为是100%完成了。然而，在产品的制造费用只完成了2/3（66.666 7%）。

公司计算完工产品和在产品的约当产量，这是一种将费用分配到存货中去的方法。请记住，约当产量是按生产步骤加入的各重要投入品分别计算的，这一点十分重要。在装配车间，这些资源有从切割车间转入的切割材料、修饰材料、直接人工以及制造费用。

为了详细地说明这个过程，我们以装配车间的正常月份为例。3月份，从切割车间转入10 000单位的切割材料。月初，装配车间1 000件期初在产工完成了1/3。3月末，期末在产品有3 000件，且完成了2/3。3月份要登记以下成本。

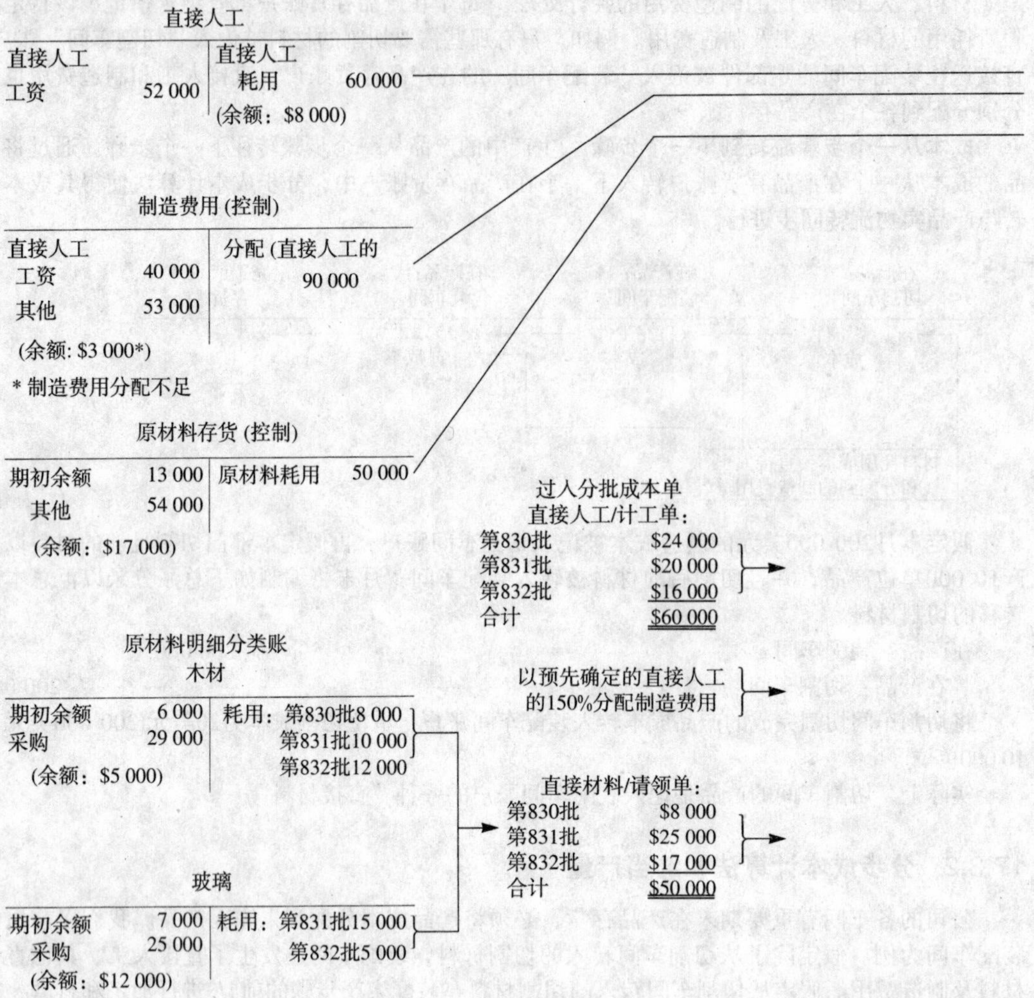

图17-1　完工批次

期初在产品	$25 000
3月份直接人工	105 000
切割材料	200 000
修饰材料	44 000
制造费用	174 000
总计	548 000

以下是3月份装配车间约当产量的计算：

3月份投入资源约当产量

3月份完成的工作	切割材料	修饰材料	直接人工	制造费用
期初在产品	-0-	1 000	500	$666\ ^2/_3$
投产并已完工的产品	7 000	7 000	7 000	7 000
期末在产品	3 000	3 000	3 000	2 000
总约当产量	10 000	11 000	10 500	$9\ 666\ ^2/_3$

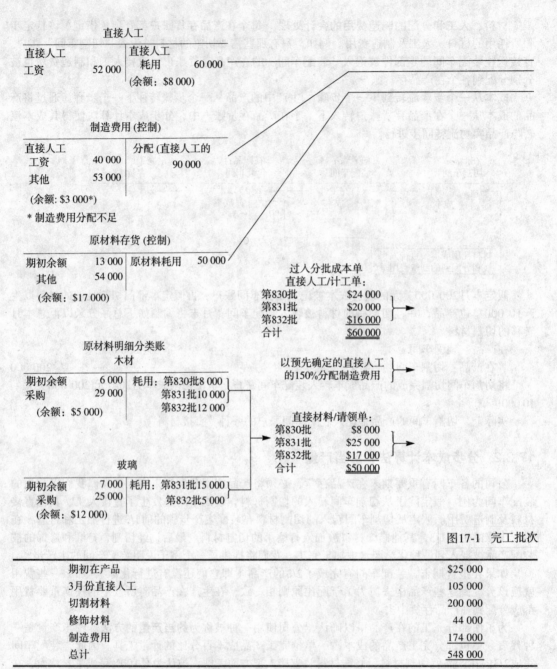

在产品存货（控制）

期初余额	22 000	完工	165 000
直接人工	60 000	(第830批和第831批)	
制造费用	90 000		
原材料	50 000		
(余额：$57 000)			

(详细情况见下面的明细分类账)

完工产品存货(控制账户)

期初余额	170 000	销售	200 000
完工	165 000		
(余额：$135 000)			

(详细情况见下面的明细分类账)

在产品存货明细账
(分批成本单)

第830批

期初余额	22 000	完工	90 000
直接人工	24 000		
制造费用	36 000		
原材料	8 000		

第831批

直接人工	20 000	完工	75 000
制造费用	30 000		
原材料	25 000		

直接人工	16 000		
制造费用	24 000		
原材料	17 000		
(余额：$57 000)			

完工产品明细账

法国庭院餐椅

期初余额	110 000	销售	120 000
完工	90 000		
(余额：$80 000)			

法国庭院餐桌

期初余额	75 000	销售	30 000
(余额：$45 000)			

法国庭院瓷器柜

期初余额	60 000	销售	50 000
(余额：$10 000)			

产品销售成本

200 000	

的会计处理

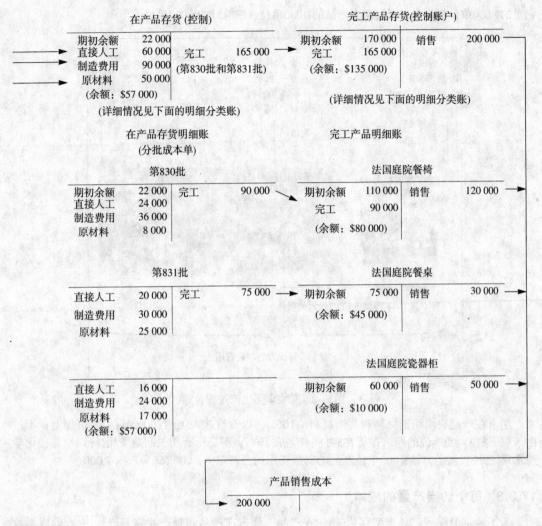

约当产量的计算表明：就1 000单位的期初在产品来说，没有切割材料是在3月份投入的。本期初在产品中的切割材料成本被加到了2月份。然而，由于这些期初在产品在3月份只完成了$^1/_3$，修饰材料尚没有投入。因而对这1 000件产品来说，100%的修饰材料是在3月份投入的。对在本步骤的前$^2/_3$投入的直接人工来说，它的50%是2月份投入的，其余50%是3月份投入的。这样500单位直接人工的约当产量（50% × 1000单位）被加到了3月份的期初在产品中。最后，制造费用的66 $^2/_3$%是3月份增加的，产生了666 $^2/_3$单位的制造费用约当产量（1 000 × 66 $^2/_3$%）。

投产并完工的产品是：那些3月份投产的10 000单位产品，其中也包括于3月份转入包装车间的产品。不过，转入包装车间的完工产品既包括期初在产品，也包括3月份投产并完工的那些产品。在计算投产并完工的产品时，常以存货流动的先进先出（FIFO）为假定，其计算如下：

投产并完工产品数量 = 投产数量 − 期末在产品数量

或：投产并完工产品数量 = 转出数 − 期初在产品数量

对装配车间来说，投产并完工产品数量是7 000单位（10 000-3 000或8 000-1 000）。就这7 000单位而言，所有各种资源100%都是3月份投入的。转入包装车间的总完工产品等于 3 月份投产并完工的7 000单位加上来自于期初在产品的1 000单位，或总计为8 000单位。

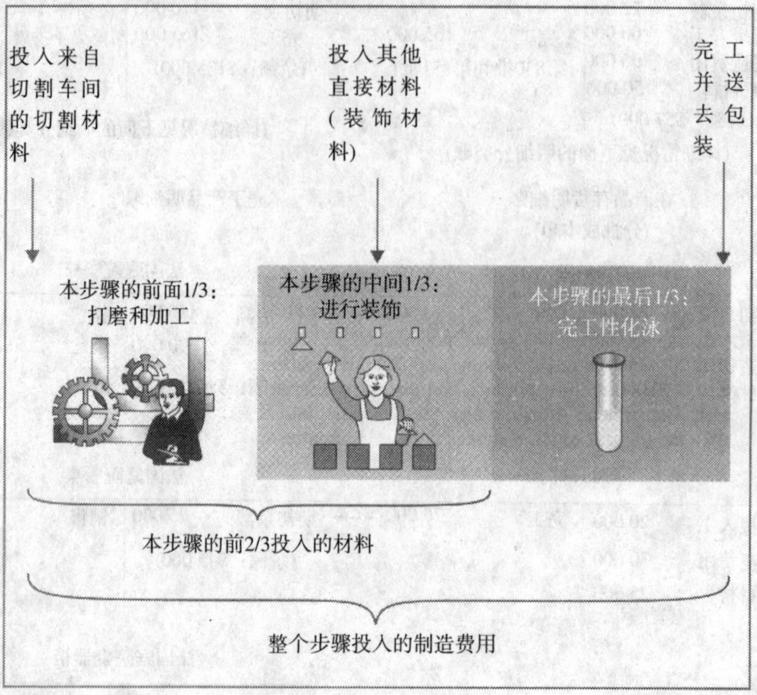

图17-2　安装车间生产过程

期末在产品要求切割材料和装饰材料的100%，以及直接人工的100%都在3月份加上，不过由于剩下的3 000单位的期末存货在3月底只完成了$^2/_3$，不是所有相关制造费用(特别是那种化学药水)都已经投入了。该3 000单位产品的制造费用约当产量为2 000 (66 $^2/_3$% × 3 000)。

17.3.3　每个约当产量的成本

为了确定分配到三种类型存货(期初在产品、期末在产品和投产并完工产品)中去的成本数量，经理人员要计算单位约当产量成本。这种简单的平均技术是用一定时期内资产的累计费用除以相关的每种资源的约当产量。例如，用3月份的总直接人工费105 000美元除以总直接人工约当产量，就得出单位约当产量直接人工费为10美元。

	切割材料	装饰材料	直接人工	制造费用
总约当产量	10 000	11 000	10 500	9 666 $^2/_3$
3月份的总费用	$200 000	$44 000	$105 000	$174 000
单位约当产量成本	$20	$4	$10	$18

3月份投产并完工产品的总单位成本为52美元（20美元+4美元+10美元+18美元）。装配车间3月份的资源投入及相关转移产品的成本如以下在产品T形账户所示。

3月份装配车间在产品存货明细资料

期初余额（1 000单位）	$25 000	转入包装车间成本（8 000单位）	
直接人工	105 000	(1) 关于期初在产品：	
直接材料：		期初余额	$25 000
切割	200 000	3月份的工作	

(续)

装饰	44 000	装饰（1 000 × $4）	4 000
制造费用	174 000	直接人工（500 × $10）	5 000
		制造费用（666 2/3 × $18）	12 000
		2）投产并完成（7 000 × $52）	364 000
总应计数	$548 000	总转出(8 000单位)	$410 000
期末余额：			
直接材料：			
切割（3 000当量 × $20）	$60 000		
装饰（3 000当量 × $4）	12 000		
直接人工（3 000当量 × $10)	30 000		
制造费用（2 000当量 × $18）	36 000		
总期末在产品（3 000单位）	$138 000		

3 000单位的期末在产品被分配了138 000美元，这将是4月份的期初在产品余额。在3月份，410 000美元的成本被从装配车间转入了包装车间。将编制下面的总账分录汇总成本从装配车间到包装车间的转移。

在产品：包装车间……410 000

在产品：装配车间……410 000

将完工产品成本从装配车间转移包装车间。

请注意从切割车间转入装配车间的200 000美元随着产品在生产过程的流转也被转移到包装车间。

在一些自动化的生产环境里，产品在生产步骤间的转移非常迅速——通常不到几分钟或者更短的时间内就可以完成。这样任何时间"在产品"数量相对于本月总产量而言就微不足道了。由于这一原因，一些公司就忽略了期初和期末在产品，而把所有生产成本分配到本月完工并转出的产品中去了。

此要点的案例

强生公司生产从邦迪牌创可贴到泰诺胶囊的许多种保健产品。该公司的许多产品使用分步成本计算法。公司的政策是对那些期末仍未完成的产品不分配费用。这样所有的制造成本都被分配到了该期完工产品中。

将所有成本分配到完工并转出的产品大大简化了分步成本计算。在本案例中，会计人员只需编制一系列的月末分录来将每个在产品账户的总成本转入下一个账户（或从最后的在产品账户转入完工产品账户）。[1]

轮到你了！ 作为一名生产经理

你是本章所举例子中装配车间的生产经理。你的职责之一就是确定各月间成本是否相对稳定。假定3月份1 000单位期初在产品成本25 000美元由5 050美元的直接人工、15 450美元的直接材料和4 500美元的制造费用组成。计算期初产品在2月份所完成工作的单位约当产量成本。直接人工、直接材料和制造费用在2月份或3月份是高还是低？推测一下

[1] 这些结转成本的分录必须按顺序编制，首先以在产品账户开始，因为每一个分录都会增加记入下一个车间的成本。

为什么这些成本在各自之间会有不同。

我们的评论见本章末。

17.3.4 分步成本计算法下的成本流转：举例

假定雨林(RainTree)可乐公司生产一种瓶装软饮料。该公司有两个生产车间：混合可乐糖浆的糖浆车间和将这一可乐糖浆和碳酸水混合物装瓶的灌装车间。

本月份糖浆车间生产了75 000加仑(1加仑=4.5461升)的糖浆，这些糖浆被灌装车间用来生产1000万瓶的雨林可乐。制造成本在雨林公司在产品账户的流转图17-3所示：

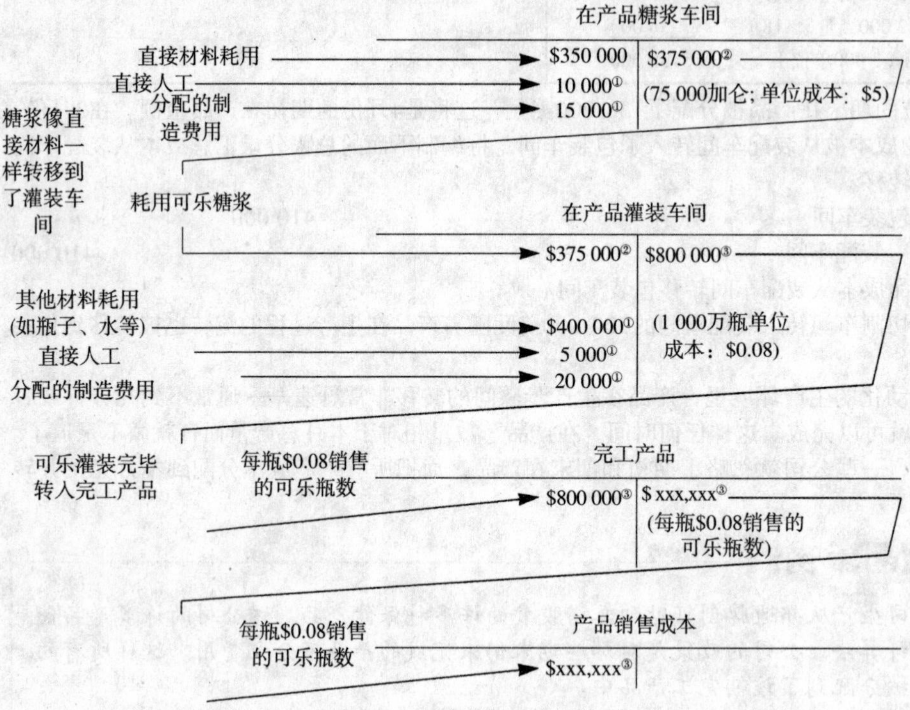

图17-3 分步成本计算法下的成本流转(分配到完工产品的所有费用)

① 分录代表本月记入产品的材料费、直接人工和制造费用。这些记录材料耗用和直接人工的分录在整个会计期间从材料请领单和员工考勤卡为基础进行编制。制造费用在月末时使用车间互不相同的制造费用分配率进行分配。以②和③表示的分录是在月末编制的，它们被用来将本期完工产品成本从一个车间转入另一个车间。

17.3.5 计算和使用单位成本

使用分步成本计算法很容易就能计算出单位生产成本——不仅是最终的产成品单位生产成本，还有车间完工产品单位生产成品。例如，本月装瓶车间生产的完工产品成本是每瓶0.08美元（800 000美元÷生产的1 000万瓶）；糖浆车间生产的糖浆成本是每加仑5美元（375 000美元÷75 000加仑）。[1]

[1] 请注意在这两个车间，产出的“单位”都是不同的。在糖浆车间，产品单位以糖浆的加仑数表示，而在罐装车间，产品单位则以可乐瓶数表示。

雨林公司的经理人员会将分步成计算法提供的单位成本信息用于许多目的，其中包括以下各项：

- 制定销售价格
- 评价生产车间的效率
- 预测未来生产成本
- 在财务报表和所得税申报表中对存货进行计价并计算产品销售成本

轮到你了！ 作为一名产品线经理

假定你是雨林可乐公司的产品线经理。作为你的职责之一，你必须激励糖浆车间和装瓶车间的经理人员，并对其业绩进行评价和酬报。你怎样用分步成本计算产生的信息来帮助你履行这些管理职责?

我们的评论见本章末。

17.3.6 评价车间的效率

在评价车间效率时，经理人员应该只考虑因车间活动而发生的那些成本。从其他生产车间转入的成本应不允许它们来“云遮风景”。

为便于说明，我们以装瓶车间为例。如图17-3所示，当月共有800 000美元记入装瓶车间，但其中375 000美元是由糖浆车间转入的。这375 000美元代表了生产糖浆的成本，而不是灌装可乐的成本。

装瓶作业发生的制造成本仅包括记入装瓶车间的直接材料、直接人工和制造费用。对雨林公司的装瓶车间来说，这些成本总计为425 000美元，或每单位为0.042 5美元（425 000 ÷ 所生产的1 000万瓶)。

总之，当产品从一个生产车间转入另一个车间时，总单位成本会累积起来。这些总单位成本被用来对存货进行计价、计量产品销售成本以及评价生产经营的整体效率。但在评价特定生产车间的生产效率时，经理人员应主要去看那些发生在车间内部的成本。

当然，经理人员也可以计算在各车间内部发生的材料费、直接人工费和制造费用。这一详细的成本信息可以帮助他们迅速确定产品总单位成本任何变化的原因。

17.4 作业成本制

在第16章，我们说明了如何使用以单成本动因（如直接人工）为基础的制造费用分配率将制造费用分配到产品中去。这一方法在许多公司使用良好，特别是当所有产品都以相近的方式进行生产时尤其如此。

但是现在让我们考察一家使用非常不同的工艺生产不同产品的公司。制造费用动因在不同产品间会有显著的不同。这样的公司可以从作业基础成本计算（称为ABC）中获得好处。

在ABC法下，许多不同的作业基础（或成本动因）被用来将制造费用分配到产品中去。这样，ABC法就可确认出影响各种产品制造费用的特别因素。这样制造费用的分配会显得更加有用。另外，ABC法向经理人员提供了进行各种制造费用作业的成本信息。

此要点的案例

福特汽车公司使用ABC法削减了其应付账款部20%的费用。这一过程如此成功以至于它引起了福特公司采购制度大规模的重建。此前，当供应商发出订购的零件后，职员总是要核对三份凭证：采购单、收货单及供应商发票。当所有三者相符时，就支付货款。现在订单被存进了数据库。当零件到达时，验收部门在数据库中核查契约并批准付款。一旦得到批准，货款会自动支付给供应商。

ABC法是如何发挥作用的 ABC法的第一步是将制造费用细分成若干作业成本库。每个成本库代表一种制造费用作业，比如建筑物维护、材料采购、工厂取暖以及机器维修等。然后每个成本库的制造费用被分别分配到产品中。简而言之，ABC法分别确定并使用最合适的成本动因来分配每一种制造费用。

ABC法的好处 单位成本的计量可能会在几个方面给经理人员提供帮助。例如，它可帮助经理人员制订销售价格以及评价每种产品的盈利能力。ABC法也可帮助经理人员更好地了解是哪种作业在驱动制造费用。这一了解会激励他们开发新的可以减少制造费用的生产程序。

17.4.1 ABC法与单制造费用分配率：比较

假定文件大师(Master File)公司生产两种文件柜：（1）通过商用办公用品批发商店销售的金属文件柜；（2）通过家用精品家具店销售的木文件柜。

在一正常年度，该公司生产并销售大约42 000个金属文件柜，9 000个木文件柜。这一生产水平下总制造费平均每年249 600美元，同时这些制造费用被以每直接人工小时（DLH）60美元的分配率分配到产品中，其计算如下：

第一步，计算正常生产水平下总直接人工小时。

金属文件柜（42 000单位 × 2DLH/单位）	84 000DLH
木文件柜（9 000单位/年 × 8DLH/单位）	72 000DLH
正常生产水平下总直接人工小时	156 000DLH

第二步：计算每直接人工小时的制造费用分配率。

制造费用分配率（$249 600 ÷ 156 000直接人工小时）——————— **$1.60/DLH**

使用直接人工小时作为惟一的作业基础进行计算，可以得出公司金属文件柜总单位制造成本平均为38.20美元，木文件柜的总单位制造成本平均为117.80美元，列示如下：

直接材料	金属文件柜	木文件柜
直接材料	$15.00	$25.00
直接人工（每小时$10.00）	20.00	80.00
制造费用（每直接人工小时$1.60）	3.20	12.80
总单位制造成本	$38.20	$117.80

文件大师公司将其销售价格订为总制造成本的160%，这样该公司就以61.12美元（总单位成本38.20美元 × 160%）销售其金属文件柜；以188.48美元（总单位成本117.80美元 × 160%）销售其木文件柜。在此价格水平下，金属文件柜的售价比该公司竞争对手所销售的同类文件柜每单位低3美元。可是，木文件柜的价格平均比市场上销售的同类产品每单位高10美元。

格林·布朗是文件大师公司的营销主任，他认为木文件柜的销售受到了公司订价政策的影响，最近他聘请了丽莎·斯科特女士作为顾问来对订价政策进行评估。斯科特女士起草了如下备忘录概述了她的发现：

假定文件大师公司决定推行该顾问建议的ABC法，请记住该公司正常生产水平下年平均总制造费用是249 600美元。我们假定这些制造费用包括两大部分：（1）维修车间费用；（2）水电费。图17-4描述了如何使用ABC法将这些制造费用分配到文件大师公司的产品中去。

备忘录

日期：1月16日

致：文件大师公司营销主任格林·布朗

自：斯科特联合公司咨询师丽莎·斯科特

经仔细研究贵公司的定价政策，我发现它与整个办公家具行业的定价政策相一致。因此，我建议你们继续以总制造成本的160%制订价格。

但是，我坚决鼓励经理人员改变现行的制造费用分配方法。使用直接人工小时作为作业基础使得总制造费用向木文件柜分配有些过多。让我解释一下这种情况是如何发生的。

与金属文件柜相比，木文件柜属于高度劳动密集型（也就是说，制造木文件柜平均要耗用8个直接人工小时，而制造金属文件柜则平均只需要2个直接人工小时）。由于制造费用以直接人工小时为基础进行分配，每单位木文件柜分配到的制造费用远远高于金属文件柜分配到的制造费用。如果直接人工小时是主要的制造费用动因，这样做也是合适的。但实际情况是直接人工小时并不是贵公司制造费用的主要动因。

我对贵公司制造费用的分析揭示出了最重要的成本动因是同金属文件柜联系最紧密的那些作业。因而如果贵公司选择将更多的制造费用分配给金属文件柜的作业基础，那么，这将是有意义的。这意味着木文件柜的成本将变低，并对降低其售价提供了修正依据，从而使它们更能参与竞争。

我建议我们约个时间讨论一下在贵公司使用作业基础成本计算这件事情。

维修车间费用 文件大师公司的制造费用中有180 000美元是维修车间发生的。该车间有5名专职工人。3人负责修理工作，比如修理用于制造金属文件柜的大型切割冲压机，另外2个人负责生产准备作业，比如在每次生产前调整机器。

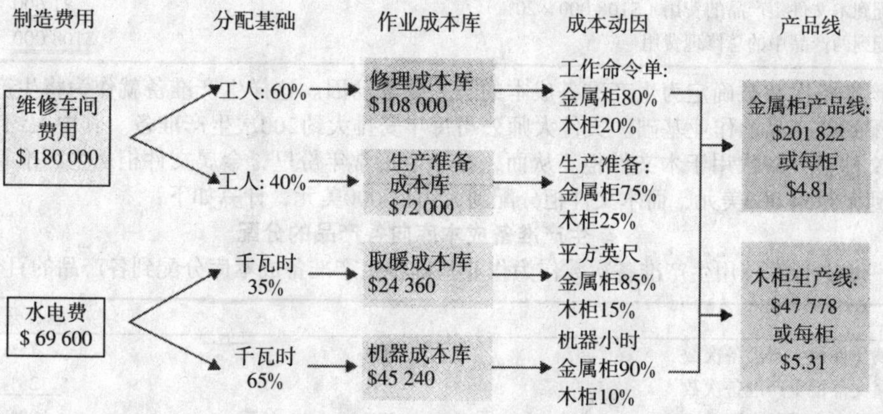

图17-4 ABC制度下的成本分配(文件大师公司)

通过使用ABC法，文件大师公司将修理作业和生产准备作业确认为不同的作业成本库。这样每个成本库都分配到了该车间总金额为180 000美元的制造费用的一部分。经理人员认为进行各项作业的工人人数是维修车间总制造费用最重要的成本动因。使用工人人数作为作业基础，有108 000美元被分配到了修理成本库，72 000美元被分配到了生产准备成本库，其计算如下：

将维修车间费用分配到作业库中

第一步：使用工人人数作为作业基础，计算要分配到各项作业成本库中的总维修车间费用的百分比。

		总百分比
进行修理作业的工人数	3	60%
进行生产准备作业的工人数	2	40%
维修车间的工人数	5	100%

第二步：以第一步计算出的百分比数超出将180 000美元的总维修车间用分配到各作业成本库中。

分配到修理成本库的费用（$180 000 × 60%）	$108 000
分配到生产准备成本库的费用（$180 000 × 40%）	72 000
已分配的总维修车间费用	$180 000

已分配到各成本库的费用现在必须分配到文件大师公司的两种产品中去。经理人员已确定工作命令单数是将修理成本库分配到各产品的最适当的作业基础，维修车间每年大约收到250个修理工作命令单。其中大约200个与金属文件柜有关，50个与木文件柜有关。在一个正常年份，金属文件柜从修理成本库中分配到大约86 400美元，而木文件柜分配到大约21 600美元，其计算如下：

修理成本库向各产品的分配

第一步：计算使用工作命令单作为作业基础将修理成本库分配到各产品中去的百分比。

		总百分比
同金属文件柜产品相关的工作命令单数	200	80%
同木文件柜产品相关的工作命令单数	50	20%
每年总工作命令单数	250	100%

第二步，以第一步计算出的百分数为基础，修理成本库的108 000美元分配到各产品中去。

分配到金属文件柜产品的费用（$108 000 × 80%）	$86 400
分配到木文件柜产品的费用（$108 000 × 20%）	21 600
分配到两产品中的总修理费用	$108 000

生产准备次数被确定为生产准备成本的最主要的动因。这样生产准备就作为将生产准备成本库分配到各产品的作业基础。文件大师公司每年安排大约200次生产准备。其中大约150次用于金属文件柜，50次用于木文件柜。从而，在一个正常年份里，金属文件柜从生产准备成本库中分配到大约54 000美元，而木文件柜分配到大约18 000美元，计算如下：

生产准备成本库向各产品的分配

第一步：计算使用生产准备次数作为作业基础将生产准备成本库分配到各产品的百分比。

		总百分比
金属文件柜生产准备次数	1500	75%
木属文件柜生产准备次数	50	25%
每年总生产准备次数	200	100%

第二步：以第一步计算的百分比作为基础将生产准备成本库的72 000美元分配到各产品中。

分配到金属文件柜产品的费用（$72 000 × 75%）	$54 000
分配到木文件柜产品的费用（$72 000 × 25%）	18 000
分配到两产品的总生产准备费	$72 000

总之，维修车间年平均修理费为108 000美元，生产准备费为72 000美元（或总费用为180 000美元）。这样，在正常生产水平下，ABC法将86 400美元的修理费分配给金属文件柜，将21 600美元的修理费分配给木文件柜。另外，ABC法将54 000美元的生产准备费分配给金属文件柜，将18 000美元的生产准备费分配给木文件柜。

水电费 文件大师公司总制造费用中的大约69 600美元是水电费，其中大部分发生于工厂取暖和向用于制造金属文件柜的大型机器供应电力。

这样，在使用ABC法的条件下，文件大师公司将取暖需求和机器电力需求是确定为作业成本库。在这种情况下，各个成本库分配到了69 600美元水电费的一部分，经理人员认为各项作业需要的千瓦时数是水电费的最主要动因。通过使用千瓦时作为作业基础，有24 360美元分配到了取暖成本库，而45 000美元分配到了机器成本库，其计算如下：

将水电费分配到作业库

第一步：计算作为作业基础将总水电费分配到各作业成本库的KWH（千瓦时）数量的百分比。

		总百分比
每年取暖需要的千瓦时	175 000	35%
每年机器需要的千瓦时	325 000	65%
每年总共需要的千瓦时	500 000	100%

第二步：以第一步计算出的百分比为基础，将水电费分配到各作业成本库中。

分配到取暖成本库的费用（$69 600 × 35%）	$24 360
分配到机器成本库的费用（$69 600 × 65%）	45 240
所分配的总水电费	$69 600

分配到各成本库的费用现在必须分配到金属文件柜和木文件柜产品中去。经理人员认为每种产品所占用的生产空间的平方英尺(1平方英尺=0.0929平方米)数是分配取暖成本库的最适当的作用基础。在该公司40 000平方英尺的生产空间中，大约34 000平方英尺用于金属文件柜生产，60 000平方英尺用于木文件柜生产。从而在一个正常年份里，金属文件柜分配到20 706美元的取暖费用，而木文件柜分配到3 654美元，计算如下页所示：

将取暖成本库分配到各产品

第一步：计算作业基础将取暖成本库分配到各产品的生产空间平方英尺数的百分比。

		总百分比
金属文件柜占用的平方英尺	34 000	85%
木文件柜占用的平方英尺	6 000	15%
总生产空间平方英尺	40 000	100%

第二步：以第一步计算出的百分比为基础将取暖成本库中的24 360美元分配到各产品中去。

分配到金属柜的费用($24 360 × 85%)	$20 706
分配到木柜的费用（$24 360 × 15%）	3 654
分配到两产品的总取暖费	$24 360

机器小时数被确定为机器电费的最主要动因。这样机器小时将作为将机器成本库分配到各产品的作业基础。该公司每年大约使用50 000机器小时。其中生产金属文件柜的机器使用了大约45 000小时，生产木文件柜的机器使用了5 000小时，这样在一个正常年份，金属文件柜分配到了大约40 716美元的机器成本库费用，而木文件柜分配到了大约4 524美元，计算过程如下所示。

机器成本库向各产品进行分配

第一步：计算作为作业基础将机器成本库分配到各产品的机器小时数的百分比。

		总百分比
每年金属文件柜采用的机器小时	45 000	90%
每年木文件柜采用的机器小时	5 000	10%
每年总机器小时	50 000	100%

第二步：从进一步计算出的百分比为基础将机器成本库中的45 240美元分配到各产品中去。

分配到金属文件柜的费用（$45 240 × 90%）	$40 716
分配到木文件柜的费用($45 240 × 10%)	4 524
分配到两产品的总机器费用	$45 240

总之，每年用于取暖的电费为24 560美元，用于机器运转的电费为45 240美元（总费用为69 620美元）。在正常的生产水平下，ABC法将大约20 706美元的取暖费分配到了金属文件柜，而将3 654美元的取暖费分配到了木文件柜。此外，它还将40 716美元的机器电费分配到了金属文件柜产品，将4 524美元的机器电费分配到了木文件柜产品。

轮到你了！ 作为一名工厂会计

假定你是文件大师公司的一位会计，在推行刚才说到的ABC法以前，你还会对哪些情况较为关心？

我们的评论见本章末。

17.4.2 利用ABC法确定单位成本

现在我们可以计算一下文件大师公司的单位产品制造费用。在正常的作业水平下，该公司每年生产销售42 000个金属文件柜、9 000个木文件柜，从而每个金属文件柜以单位制造费用是4.81美元，而每个木文件柜则为5.31美元。这些单位费用计算如下。

	金属文件柜	木文件柜
维修车间费用：		
从修理成本库分配的费用	$86 400	$21 600
从生产准备成本库的费用	54 000	18 000
电费：		
从取暖成本分配的费用	20 706	3 654
从机器小时成本库分配的费用	40 716	4 524
分配到产品的总制造成本	$201 822	$47 778
每年生产销售的总产量	42 000	9 000
单位产品制造费用	$4.81	$5.31

这些数字中有两点值得注意。首先，在正常作业水平下，文件大师公司的ABC法将每年的所有249 600美元的制造费用分配到了各产品中（金属文件柜产品201 822美元，木文件柜产品47 778美元）。其次，分配到各产品的制造费用金额同使用单作业基础的情况有很大的差异，具体情况如下所示。

	金属文件柜	木文件柜
使用ABC法分配到的制造费用	$4.81	$5.31
使用直接人工小时（DLH）分配到的制造费用：		
金属文件柜（2DLH × $1.60/直接人工小时）	3.20	
木文件柜（8直接人工小时 × $1.60/直接人工小时）		12.80
单位产品制造费用差异	$1.61	$ (7.49)

表明使用ABC法分配给金属文件柜的制造费用要比使用直接人工小时单独作为作业基础时多1.61美元。可是使用ABC法分配给木文件柜的金额要比使用前面的方法时少7.49美元。结果，文件大师公司可能提高其金属文件柜的销售价格而降低木文件柜的销售价格，计算如表17-2所示。

表17-2 使用ABC法在售价上的变化

	金属文件柜	木文件柜
直接材料	$15.00	$25.00
直接人工（每小时10.00元）	20.00	80.00
制造费用（使用ABC法）	4.81	5.31
单位产品总制造成本	$39.81	$110.31
销售价格与总制造成本的百分比	160%	160%
使用ABC法确定的售价	$63.70	$176.50
使用单作业基础法确定的售价	61.12	188.48
使用ABC法确定的价格增加（降低）	$2.58	$ (11.98)

如果文件大师公司维持其当前订价政策，它将会提高金属文件柜的单位价格2.58美元而降低其木文件柜的单位价格11.98美元。[1]

你会记得文件大师公司金属文件柜的当前售价比同类产品大约低3美元。因此，即使金属文件柜单位价格提高2.58美元，它仍会保持竞争优势。但是该公司的木文件柜价格高于同类产品10美元。这样，将单位价格降低11.98美元后，现在文件大师公司的木文件柜可以制订一个具有竞争力的价格而又不会降低产品质量。

现金影响

以ABC法为基础重新分配制造费用没有现金流量的影响，除非经理人员根据新成本数字改变他们的某些决策。在前面的例子中，经理人员正在考虑改变文件柜的售价。经理人员希望这些价格变动会增加收入从而增加现金流入。如果经理人员能够使用ABC法提供的信息更有成效地管理消耗资源的作业，那么同这些作业相关的现金流出将会减少。要点在于除非该方法影响经理人员的决策，否则采用ABC法将不会改变现金流量。

17.5 朝着更有信息含量的成本会计系统发展的趋势

当今的全球经济竞争异常激烈。在很大的程度上，竞争意味着成本效率。如果你不能有效率地生产合格产品，你可能输给日本人、德国人、韩国人，变成一家潦倒的公司。

到此为止，我们讨论了分批、分步和作业基础成本计算法。分批成本计算法有两个优点：（1）它按“批”计量所生产产品的成本；（2）各批一经完成，单位成本就可确定。而分步成本计算法则具有提供生产过程中各个步骤所发生的成本的详细信息的优点。在ABC法下，制造费用的分配是以驱动制造费用的特定作业为基础的。这样ABC法就可以提供各产品成本的更有用的计量。

如今，为了向它们的经理人员提供更多类型的有用信息，许多公司已拥有了设计来用于实现分批、分步和作业基础成本计算法的优点的“杂交”成本制度。

此要点的案例

大多数汽车生产厂都进行大批量的生产。每批生产完成后，这些工厂就调整装配线以生产另一种型号的汽车。这些公司将分批与分步成本计算法的原则结合了起来，每批生产都被看做是一个“批次”，但在该批次内，各生产步骤的成本被分别进行计量。这

[1] 为了使我们的例子简短一些，我们假定文件大师公司的制造费用只有维修和电费。因此，与直接材料和直接人工相比，制造费用相对较少一些。在许多公司，制造费用在总制造成本的各构成部分中的比重是最大的。从而对成本的扭曲要比这里所示的大出很多。

些成本制度及时地向经理人员提供了生产各种型号的汽车和卡车的过程中每一生产步骤的单位成本信息。

这些制度听起来相当复杂，事实确也如此。但是如果你想在全球数十亿美元的市场上进行竞争，你的经理人员就需要及时地获得单位成本信息。

例如，不久以前，主要的汽车生产厂还都为自己的汽车生产座椅，但现在每家汽车生产厂都从独立的供应商那里购买座椅。这些厂家都认识到外购价格要低于它们自己生产座椅的成本。

当公司都越来越具有成本意识时，我们将看到更成熟、更详细、也更精确的成本会计方法。但这些方法将沿用本章介绍的基本概念。

网络联接

许多公司对其他公司提供成本制度的咨询服务。在国际互联网上寻找一家提供作业基础成本计算咨询服务的咨询公司。例如，在国际互联网上寻找以下主页：

www.costechnology.com

或者从上面的主页中，或者从其他咨询公司的主页中确定可以得到的有关作业基础成本计算的咨询服务的类型，区别作业基础成本计算和作业基础管理。

章末回顾

学习目标小结

学习目标1 说明成本会计系统的目的。

成本会计制度为管理消耗资源的作业提供了有用的信息。经理人员使用这一信息对工人的业绩进行评价，并据以支付报酬。另外，成本信息以各种形式在外部财务报表中加以报告，例如存货、产品销售成本和期间费用等。

学习目标2 区分适用于使用分批成本计算法、分步成本计算法和作业基础成本计算法的生产产品和提供服务的生产过程。

分批成本计算法适用于需要不同数量和类型的直接人工、直接材料和制造费用，据顾客订单进行生产的企业和公司。分步成本计算法用于使用相同数量和类型的直接人工、直接材料和制造费用，大量生产相同产品的生产过程。作业基础成本计算法用来分配不能直接归溯到所生产的产品和服务的资源。制造费用项目通常是ABC法的核心。同一公司为不同目的和成本而同时使用所有这三种成本计算法的情况也不罕见。

学习目标3 说明分批成本单的目的和内容。

分批成本单的目的是记录某一特定批别的所有制造成本。每一分批成本单列示了分配到该批次的所有直接材料费、直接人工费和制造费用。所有尚处于生产中的批别的分批成本单起着支持在产品存货控制账户的金额的明细账的作用。

学习目标4 使用分析成本计算法时记录成本流转的账户。

成本从直接人工账户、直接材料存货账户和制造费用账户流入在产品存货账户。当该批次生产完成时，所累积的成本被转入完工产品存货账户。当产品销售以后，它们的成本从完工产品存货账户转入产品销售成本账户。

学习目标5 使用分步成本计算法时记录成本流转的账户。

在分步成本计算法下，成本流转与分批成本计算法下的成本流转基本相同，在会计期间内，直接人工费、直接材料费和制度费用被分配到适当的在产品账户。在每个会计期末，各个在产品存货账户中的成本被转入下一个在制品（或完工产品）账户，该成本代表已完成本步骤生产的产品的成本。

学习目标6 说明约当产量的计算。

约当产量是生产性作业的计量，它包括在部分完工产品上进行的作业。其基本的想法是：假设500单位产品加工了50%，则它们相当于250单位产品完成了全部加工。

学习目标7 阐述使用分步成本计算法将成本分配到约当产量中。

前期结转的期初在产品成本和本期增加的在产品成本按各种主要产品汇集起来。用总成本除以约当产量就得到每种产品的单位约当产量成本。转出产品的约当产量乘以单位约当产量的成本，就可得出转出成本的金额。

学习目标8 定义作业成本库并举出几个例子。

作业成本库是生产某产品或提供某服务所必需的作业所消耗的资源的成本。制造作业成本库的种类包括建筑物维护、水电费、采购作业和机器修理以及其他。

学习目标9 阐述如何使用作业基础将成本库分配到产品中。

作业基础是消耗相关资源成本库的作业的计量。这样对于采购作业成本库来说，作业基础就是所处理采购单的数量。将作业成本库除以作业基础就可得出单位作业成本。通过确定与产品相关的作用基础并将其与适当的单位作业成本相乘，就可将作业成本分配到产品中去。

本章我们强调了单位成本的计量。在以后各章，我们将会看到经理人员如何控制成本并利用成本信息进行计划和决策。

关键术语

activity-based costing 作业基础成本计算

将间接费用归属到消耗资源的活动中去的成本会计方法。

activity cost pools 作业成本库

代表与一种消耗间接资源的作业相联系的费用的间接费用的各种类别。

cost accounting systems 成本会计制度

企业在生产产品和服务，并将它们提供给顾客的过程中要耗费资源，将它们进行归属和计算的方法和技术。

equivalent units 约当产量

在一个会计期间所完成工作的一种度量。包括在起初和期末在产品存货上所完成的工作以及该会计期间全部加工完毕的产品上所完成的工作。

job cost sheet 分批成本单

在订单成本计算法下用以汇总适用于每批或每组产品的制造成本（材料、人工及制造费用）的记录。分批成本单可被看做支持在产品存货控制账户余额的明细分类账。

job order costing 分批成本计算

一种成本计算方法。在该方法下，成本计算的重点是所谓的各批或各组的一批产品。适用于各批次的直接材料，直接人工及制造费用的成本被汇总，从而计算平均单位成本。

overhead application rate 制造费用分配率

用于将标准金额的制造费用分配到在产品的手段。该分配率在年初被预先确定，表示该年估计的总制造费用和某些成本动因（如直接人工小时、直接人工成本或机器小时）的估计总数之间的百分比关系。制造费用分配率的使用使制造费用按可追溯到各种产品的成本动因的数量的比例分配到在产品中去。

over- or under applied overhead 制造费用分配过度或不足

当期发生的实际制造费用，同使用预先确定的制造费用分配率而分配到在产品中去的金额之间的差异。

process costing 分步成本计算 主要用于具有连续大量生产特点的行业的一种成本会计方法。此法中费用不是被分配到特定的产品而是被分配到生产步骤或部门。

示范题

1. 海洋景观公司是一家使用分批成本计算法的印刷厂。制造费用被按照预先确定的、以直接人工费为基础的分配率分配到各个批别中，第21批的分批成本单如下所示：

分批成本单

批号：21	开始日：2月1日	
日产品：所得税手册	完成日：2月6日	
完工产量：2500		
直接材料耗用		$3 200
直接人工		400
所分配制造费用		1 200
第321批总成本		$4 800
单位成本($4 800/2 000单位)		$1.92

要求：

编制总账分录以：

a. 汇总分配到第21批的制造成本（使用复合分录）；

b. 记录第21批的完成；

c. 记录以4美元的销售单价赊销第21批产品中的2 000单位产品，在另一分录中记录相应的产品销售成本。

示范题1答案

总　　账

a	在产品存货	4 800	
	原材料存货		3 200
	直接人工		400
	制造费用		1 200
	第21批发生的制造成本		
b	完工产品存货	4 800	
	在产品存货		4 800
	记录第21批的完成		
c	应收账款	8 000	
	销售收入		8 000
	记录以$4单价赊销第21批产品中的2 000单位产品		
	产品销售成本	3 840	
	完工产品存货		3 840
	记录第21批产品中2 000单位产品的销售（2 000 × 每单位$1.92）		

2. 玛格纳制罐公司制造由当地卫生部门购买的大金属垃圾罐。垃圾罐由两个生产车间制造。这两个车间分别是制造车间和油漆车间。在制造车间，所有直接材料在开始生产时就被投入，制造费用在整个工序中均匀分配，人工在该工序的后半段均匀投入。在油漆车间，材料和人工在该工序的上半段均匀投入，而制造费用在整个工序均匀分配。玛格纳制罐公司使用分步成本

计算法，且其1月份的成本信息如下：

	制造车间	油漆车间
直接材料费	$7 740	$13 752
直接人工费	18 060	8 022
分配到的制造费用	27 090	12 033
期初在产品数量	0	0
1月份开工数	750	600
完工并转出数	600	510

1月底，制造车间的在产品完工率为30%，而油漆车间期末在产品的完工率为70%。当月以180美元的单价销售了450个垃圾罐。

要求：

a. 计算1月份两个车间按各种费用项目计算的约当产量数。

b. 以约当产量为基础，1月份生产一单位垃圾罐的制造成本、油漆成本和总成本各是多少？

c. 编制总账分录汇总分配到制造车间和油漆车间的制造成本。

d. 编制月末从制造车间转入油漆车间及从油漆车间转入完工产品存货的垃圾罐成本。

e. 编制分录登记1月份发生的销售以及相应的完工产品存货的减少。

f. 使用"T"形账户计算在产品账户和完工产品存货账户的月末余额。

示范题2答案

a. 产品的约当产量——制造车间

	直接材料	人工	制造费用
期初在产品	0	0	0
投产并完工的产品	600	600	600
期末在产品	150	0	45（150 × 0.3）
总约当产量	750	600	645

注：由于期末在产品完工率为30%，从而可知所有直接材料都已投入，尚未发生直接人工，已分配了30%的制造费用。

产品的约当产量——油漆车间

	直接材料	人工	制造费用
期初在产品	0	0	0
投产并完工的产品	510	510	510
期末在产品	90	90	63 (90 × 0.7）
总约当产量	600	600	573

注：由于期末在产品完工率为70%，从而可知所有直接材料及人工均已投入，而制造费用只分配了70%。

b. 1月份生产单位垃圾罐的制造成本：

直接材料费($7 740/750约当产量)	$10.32
直接人工费($18 060/600约当产量)	30.10
制造费用($27 090/645约当产量)	42.00
每个垃圾罐的制造成本	$82.42

1月份生产单位垃圾罐的油漆成本：

直接材料费($13 752/600约当产量)	$22.92
直接人工费($8 022/600约当产量)	13.37
制造费用($12 033/573约当产量）	21.00
每个垃圾罐的油漆成本	$57.29
每个垃圾罐的总成本（$82.42+$57.29）	$139.71

c. 在产品—制造车间		52 890.00
直接材料存货		7 740.00
直接人工		18 060.00
分配的制造成本		27 090.00
汇总1月份制造车间发生的成本		
在产品—油漆车间	33 807.00	
直接材料存货		13 752.00
直接人工		8 022.00
分配的制造成本		12 033.00
汇总1月份油漆车间发生的成本		
d. 在产品—油漆车间(转入的600单位 × @$82.42)	49 452.00	
在产品—制造车间		49 452.00
从制造车间将完工在产品的成本转到油漆车间		
完工产品存货(入库的510单位 × @$139.71)	71 252.10	
在产品—油漆车间		71 252.10
将油漆车间完工产品的成本转入完工产品存货		
e. 销售(售出的450单位 × @$180)	81 000.00	
现金 /应收账款		81 000.00
登记1月份的销售		
产品销售成本（售出的450单位 × @$139.71）	62 869.59	
完工产品存货		62 869.59
登记1月份的产品销售成本		

f.

在产品——制造车间

直接材料	7 740.00		
直接人工	18 060.00		
分配到的制造费用	27 090.00	49 452.00	转入油漆车间
期末余额	3 438.00		

在产品——油漆车间

制造车间转入	49 452.00		
直接材料	13 752.00		
直接人工	8 022.00		
分配到的制造费用	12 033.00	71 252.10	转入完工产品存货
期末余额	12 006.90		

完工产品存货

油漆车间转入	71 252.10		
		62 869.50	产品销售成本
期末余额	8 382.60		

自测题

这些问题的答案见本章末。

1. 如果顾客艺术品公司使用分批成本计算法，以下哪一项不正确：

a. 单个的分批成本单汇集了可分配到各批的所有制造成本，并且一起构成了在产品存货的一个明细分类账。

b. 可分配到单个批次的直接人工费在支付时借记在产品存货账户、贷记现金，同时也将其记入分批成本单。

c. 单个批次使用的直接材料金额借记在产品存货账户、贷记原材料存货账户，同时也将其记入分批成本单。

d. 分配到各批的制造费用从制造费用账户转入在产品存货账户，同时也记入单个分批成本单。

2. 当使用分批成本计算法时，制造费用分配不足：

a. 指归入未完成批次的制造费用。

b. 由年末制造费用账户的贷方余额表示。

c. 如果数额不重要则在年末全部转入产品销售成本账户。

d. 某年实际制造费用发生数少于分配到各个批次中的数额时的结果。

3. 下面企业中哪一个最可能使用分批成本计算法？

a. 专门印刷婚礼请柬的印刷厂

b. 生产冷冻匹萨的公司

c. 酿酒厂

d. 炼油厂

4. 下面企业中哪一个最可能使用分步成本计算法？

a. 律师事务所

b. 冷冻桔汁生产厂

c. 医院

d. 汽车修理厂

5. 果仁屋公司生产并销售花生油。公司所有产品都经过五个生产工序，这些生产按顺序进行。假定公司使用分步成本计算法，请找出所有正确答案。

a. 生产车间可以对产品进行不同的定义。

b. 从一个生产厂间转入的成本被记入下一个生产厂间（或完工产品）。

c. 成本会计系统分别计量各生产工序的单位产品成本。

d. 总制造费用的一部分应分配到各生产厂间。

6. 指出下面哪些短语正确完成了这句话："产品约当产量……"（指出所有正确答案）

a. 是一种生产性作业的计量。

b. 代表仍在加工的产品上所完成的工作，以及那些当期完工的产品。

c. 在大多数分步成本计算制度下被用做计算单位产品成本的基础。

d. 按生产工序中各主要步骤计算。

7. 下面关于作业基础成本计算的表述中哪些是正确的？

a. ABC法的主要目的是更有利于将制造费用分配到产品中去。

b. ABC法下，从不用直接人工小时将制造费用分配到作业库或产品中去 。

c. 在公司各种消耗基本相同数量制造费用资源的产品分配费用数额差异很大时，人们由此怀疑现行分配方法就用ABC法。

d. ABC法可以同分步成本计算法一起使用。

8. **在工厂设备盗窃或损毁险的保险费分配时，下面哪一些是最合适的基础？**

a. 直接人工小时。

b. 设备价值。

c. 机器小时。

d. 生产空间平方英尺。

9. **ABC法分配制造费用可以帮助经理人员：**

a. 确定是何种作业驱动制造费用 。

b. 制订产品价格。

c. 找出无效率的生产工序 。

d. 以上全部。

作业

讨论题

1. 什么是成本会计制度？

2. 制造公司成本会计制度的主要目的是什么？

3. 在任一给定的生产环境下，决定使用分批成本计算法或使用分步成本计算法时应考虑哪些因素？

4. 西北电力公司生产电力。你认为该公司会使用分批成本计算法还是分步成本计算法？请解释。

5. Rodeo Drive珠宝公司为名人制作传统珠宝。你认为该公司会使用分批成本计算法还是分步成本计算法？请解释。

6. 说明分批成本单中的三种费用。分批成本单为哪些总账控制账户提供详细支持资料？

7. 什么凭证起着将生产中使用的直接材料费分配到在产品账户的分配基础的作用？

8. 什么凭证起着将直接人工费分配到特定批别或生产车间的分配基础的作用？

9. 制造费用分配不足和制造费用分配过度各是什么意思？

10. Gerox公司使用预先确定的制造费用分配率、以机器小时为基础分配其制造费用。本年末制造费用账户有贷方余额。对此可做何种解释？对这一金额应做何种处理？

11. Taylor & Malone公司是一家律师事务所。对这种类型的服务企业分批成本计算法和分步成本计算法哪个更合适些？请解释。

12. 简要说明分步成本计算法的应用过程（其中应包括确定单位完工产品成本的方法）。

13. 即使月末仍有一些在产品，一些使用分步成本计算法的公司仅将所有生产费用分配到当月完工并转出的产品。这一做法合理吗？

14. 梅罗斯公司在三个在产品车间使用分步成本计算法。它最近将100 000美元从第二个在产品账户转入第三个在产品账户。请简要描述一下所转移的100 000美元中包括哪些费用。

15. 请讨论经理人员如何使用他们从分步成本计算法中得到的信息。

16. 请解释“约当产量”这一名词。在快速移动的装配过程中，约当产量与当月完工产品的数量有很大差异吗?请解释。

17. 给“作业基础”这一名词下个定义。

18. 给“成本动因”这一名词下个定义。

19. 为什么有些公司不适于使用单一作业基础?

20. 在生产多种产品的公司，作业基础成本计算是如何改进制造费用的分配的。

21. 什么是作业成本库？

22. 为什么在高度机械化生产的单位使用直接人工小时作为作业基础可能是不合适的?
23. 说明使用作业基础成本计算法的步骤。
24. 讨论使用作业基础成本计算的可能好处。

练习

练习17.1 会计术语 *LO1, 2, 3, 6, 8*

以下所列的是7个本章介绍或强调的技术性会计名词:

分批成本计算　约当产量　分步成本计算　完工产品成本
制造费用分配过度　分批成本单　作业基础成本计算

下面每句话可能(或可能不)描述上述技术性名词。请指出各句话所描述的名词，或者如果某句子没有正确描述任何上述名词时回答“没有”。

a. 可口可乐公司罐装厂可能采用的成本会计方法。
b. 从在产品转入完工产品的所有直接人工、直接材料和制造费用的合计。
c. 在一会计期间完成的工作数量的一种计量，包括部分完工产品中所完成的作业。
d. 制造费用账户的期末借方余额 。
e. 一家建筑公司可能采用的成本会计方法。
f. 可能用于制造费用的成本会计方法。

练习17.2 成本会计系统中的成本流转 *LO4, 5*

为下面列示的四个账户各编制一个总账分录，该分录应能使得下面账户被(1)借记，(2)贷记。假定保存有永续盘存记录。在你的分录里做书面说明，并在填写金额处使用“XXX”代替。

a. 原材料存货
b. 制造费用
c. 直接人工
d. 完工产品存货

练习17.3 分配成本计算法下的成本流转 *LO1~4*

以下是贝兹(Bates)公司分批成本单中节选的信息:

批号	至6月30日止的制造成本	7月份发生的制造成本
101	$4 200	
102	3 240	
103	900	$2 000
104	2 250	4 000
105		6 000
106		3 700

7月份第103批和104批加工完成，第101批、102批和104批已被运给顾客。7月31日，第105批和106批仍未完工。根据这些信息进行以下计算:

a. 6月30日的在产品存货;
b. 6月30日的完工产品存货;
c. 7月份产品销售成本;
d. 7月31日在产品存货;
e. 7月31日完工产品存货。

练习17.4 分批成本计算法下的日记账分录 *LO1~4*

河边工程公司是一家使用分批成本计算法的机器制造厂，其制造费用按预先确定的分配率、以直接人工费为基础向各个批别进行分配。

分批成本单

批号：321	开工日期：5月10日	
产品：2"黄铜控制阀	完工日期：5月21日	
完工产品数量：4 000		
直接材料耗用		$7 720
直接人工		1 400
分配到的制造费用		3 080
第321批的总成本		$12 200
单位成本($12 200 ÷ 4 000单位)		$3.05

请根据第321批分批成本单编制总账分录以：

a. 汇总分配到第321批的制造成本(使用一个复合分录)。

b. 记录第321批的完工情况。

c. 记录以5美元的单位售价所进行的第321批产品中2 100单位产品的赊销。用另一分录记录相关的产品销售成本。

练习17.5 成本会计制度的适当种类 LO2

指出分批、分步或作业基础成本计算法中哪个更适合以下各个企业，请说明你的理由。

a. Old Home 面包公司（一家生产大众化产品的商业性面包店）

b. Baxter、Claxter和Stone会计师事务所

c. 汤普森建筑公司

d. Stain Wall油漆公司

e. Apache石油天然气精炼厂

f. Dr. Carr汽车车身厂

g. 健康饮食维生素厂

h. 洗发香波产品国际公司

练习17.6 计算约当产量 LO6

Starr Scopes公司生产高中生使用的望远镜。用于生产望远镜的所有直接材料在生产过程开始时就已投入，人工和制造费用在此后随产品的装配、调试和检测而均匀发生。Starr Scopes公司使用分步成本计算法，1月份和2月份的可得产品生产信息如下：

	1月份	2月份
期初在产品存货数	0	50
本月开工数	200	300
完工产品数	150	250

1月底在产品的完工率为40%，2月份所有期初在产品均已完工，月末在产品完工率为75%。

a. 分别计算1月份直接材料和人工费与制造费用这两类成本的约当产量。

b. 分别计算2月份直接材料和人工费与制造费用这两类成本的约当产量。

练习17.7 计算约当产量 LO6

优越照明公司大量生产阅读灯。生产灯体的原材料在生产开始时投入，而灯丝材料在生产中点投入。所有人工及制造费用在整个生产过程中均匀投入。优越照明公司使用分步成本计算法。6月份和7月份可得的产品生产信息如下：

	6月份	7月份
阅读灯的期初在产品数	850	1 200
转入完工产品的阅读灯数	3 500	3 300
阅读灯的期末在产品数	1 200	900

6月份，期初在产品完工率约为80%，而期末在产品完工率仅为30%，7月份期末在产品完工率为60%。所有期末在产品在下个月全部完工。

a. 分别计算6月份灯体材料、灯丝材料和人工与制造费用三大成本的约当产量。

b. 分别计算7月份灯体材料、灯丝材料和人工与制造费用三大成本的约当产量。

练习17.8 分步成本计算 *LO5*

Shamrock工业公司使用分步成本计算法进行成本计算，公司所有生产活动在一个生产车间进行。以下是6月份编制的生产报告：

直接材料	$89 750
直接人工	28 975
分配到的制造费用	40 275
6月份的总成本	$159 000

该月初和月末的在产品数量不重要，没有向其分配成本。6月份完工了13 250单位产品,其中10 000单位以单价25美元赊销:

a. 编制日记账分录汇总6月份分配到产品中的制造费用。

b. 编制日记账分录将6月份完工的产品从在产品转入完工产品仓库。

c. 编制日记账分录记录6月份生产的10 000单位产品的销售以及相关的产品销售成本。

练习17.9 计算单位约当产量成本 *LO6, 7*

Old Victrola公司生产高质量的音响设备并采用分步成本计算法进行成本计算。音响设备的生产特点决定了直接材料、直接人工和制造费用都在整个生产过程均匀投入。由于生产稳定，只有一类费用——制造费用需要使用约当产量计算。Old Victrola公司3月份和4月份可得到的成本和生产信息如下：

	3月份	4月份
直接材料费	$978 460	$1 168 310
直接人工费	2 562 260	3 041 940
分配到的制造费用	3 438 640	3 571 030
总制造成本	$6 979 360	$7 781 280
期初在产品数	7 000	4 800
完工产品数	18 500	23 000
期末在产品数	4 800	6 400

期初在产品完工率3月份为30%、4月份为60%。期末在产品完工率3月份为60%、4月份为35%。

a. 分别计算两个月份的约当产量。

b. 根据约当产量信息，从3月份到4月份单位产品制造成本是上升了还是下降了？

c. 从3月份到4月份单位约当产量的直接材料费是上升了还是下降了？

练习17.10 计算和使用单位成本 *LO1, 5, 7*

洗碗机是太阳(Sun)电气公司的产品之一。有两个车间进行洗碗机的生产。一个车间装配外壳，而另一个车间则装配和安装发动机。两个车间都没有期初和期末存货。3月份该公司生产了

4 000台洗碗机，其成本如下：

	外壳车间	发动机车间
直接材料	$150 000	$96 000
直接人工	12 000	18 000
制造费用	18 000	6 000

a. 计算3月份的如下单位成本：
1. 转入发动机车间的外壳；
2. 装配发动机并进行安装；
3 . 完工的洗碗机；
4. 装配外壳所用材料；
5. 装配并安装发动机的直接人工费。

b. 在经理人员评价发动机车间的月度整体效率时，这些单位成本中哪一些非常有用？说明你的理由。

练习17.11　选择作业基础　*LO8*

以下所列是Charvez公司的8个作业成本库。

生产准备费　维护费　取暖费　设计工程费　机器电力费
材料仓库费用　采购部门费用　产品检查费

将上述作业成本库分配到产品的适当的作业基础（分别考虑每个成本库）。

练习17.12　分配作业成本库　*LO8, 9*

Costume Kings公司有两种产品:机器生产的服装和手工生产的服装。公司将80 000美元的制造费用分配到了两个成本库:电费和检查费。其中电费库分配到了32 000美元,检查费库分配到了48 000美元。有关各产品的附加信息如下。

	机器生产的服装	手工生产的服装
销售收入	$240 000	$160 000
直接人工和材料费	$120 000	$96 000
生产并出售的产品数	48 000	16 000
机器小时	96 000	4 000
生产空间的平方英尺数	1 200	800
收到的材料定单	150	100
质量控制检查小时数	2 000	500

a. 将作业成本库中的制造费用分配到各产品中去。使用所提供的信息中你认为最主要的成本动因。

b. 分别计算机器生产的服装和手工生产的服装的单位成本。

c. 根据单位成本，哪种产品看起来更有利可图？请说明。

问题

问题17.1　分批成本计算：计算及日记账分录　*LO1~4*

奇沙皮克航船制造公司使用分步成本计算法进行成本计算。制造费用通过使用预先确定的、以直接人工费为基础的制造费用分配率分配到各批次中。以下是6月份该公司在产品存货控制账户中的信息：

账户借方	
6月1日的余额	$7 200
直接材料	12 000
直接人工	9 000
制造费用（按直接人工费的150%分配）	13 500
借方合计数	$41 700
账户贷方	
转入完工产品存货账户的金额	$33 200
6月30日的余额	$8 500

要求：

a. 假定分配到6月30日未完工批次的直接人工费是2 100美元，计算6月30日分配到这些批次的制造费用和直接材料的余额。

b. 编制总账分录以汇总：

1. 6月份分配到产品中的制造成本(直接材料、直接人工和制造费用)

2. 6月份转入完工产品存货账户的产品。

3. 6月份46 500美元的总完工产品售价中90%的现销业务。在单独的明细账分录中列示出相关的产品销售成本。

问题17.2 分批成本计算：日记账分录与成本流转 *LO1~4*

以下是欧沙尼西制造公司3月份的生产经营信息：

a. 本月购入59 700美元 的直接材料(全部赊购)。

b. 本月生产车间签发了总计56 200美元的材料领用单。

c. 本月直接工人的考勤卡显示各批次生产耗用了2 000小时,直接人工费总计为30 000美元。

d. 3月份向直接工人支付26 000美元。

e. 本月实际制造费用为34 900美元(为简单起见,你可以贷记应付账款)。

f. 制造费用按每直接人工小时18美元的分配率分配到各批次。

g. 本月累积成本总计116 000美元的批次已完工。

h. 3月份成本为128 000美元的产品以210 000美元销售(全部为赊销)。

要求:

编制一般日记账分录，以在一般分类账汇总公司的各项交易。

问题17.3 分批成本计算：一个综合性问题 *LO1~4*

乔其亚木器公司生产顾客订制的家具，该公司使用分批成本计算法进行成本计算。预先确定的制造费用分配率被用来将制造费用分配到各个批次中去。在一车间，制造费用以机器小时为基础进行分配，在二车间则以直接人工小时为基础。年初经理人员进行了如下预算估计以帮助确定制造费用分配率。

	一车间	二车间
直接人工费	$300 000	$225 000
直接人工小时	20 000	15 000
制造费用	$420 000	$337 500
机器小时数	12 000	7 500

由城市家具公司订制的一批传统家具（第58批）于年初开始生产，三星期之后于1月29日完

成。这批产品的有关记录列出了以下成本信息。

	一车间	二车间
City 家具公司的订单（第58批）		
直接材料费	$10 100	$7 600
直接人工费	$16 500	$11 100
直接人工小时	1 100	740
机器小时	750	500

1月份节选的附加信息如下。

	一车间	二车间
直接人工小时——1月份	1 600	1 200
机器小时——1月份	1 100	600
1月份发生的制造费用	$39 010	$26 540

要求：

a. 计算各车间预先确定的制造费用分配率。

b. 为城市家具公司生产的家具的总成本是多少？

c. 编制用来记录向城市家具公司销售（赊销）家具这一业务的会计分录（该批产品售价为147 000美元）。

d. 确定10月底各车间制造费用分配过度数或分配不足数。

问题17.4 分批成本计算：一个综合性问题 *LO1~4*

精确仪表公司使用分批成本计算法进行成本计算，并以预先确定的制造费用分配率向各批次分配制造费用，A车间以机器小时为基础分配制造费用，B车间则以直接人工小时为基础。年初经理人员进行了以下预算估计以确定制造费用分配率：

	A车间	B车间
直接人工	$420 000	$300 000
制造费用	$540 000	$412 000
机器小时数	18 000	1 900
直接人工小时	28 000	25 000

4 000单位转速计(第399批)的生产于一月中旬开始，两星期后完工。这批产品的成本记录列出了以下信息：

	A车间	B车间
第399批(4 000单位产品)		
批耗用材料费	$6 800	$4 500
直接人工费	$8 100	$7 200
直接人工小时	540	600
机器小时	250	100

要求：

a. 计算各车间将制造费用分配到第399批产品的制造费用分配率。

b. 第399批的总成本是多少，本批产品的单位成本是多少？

c. 编制用于记录向滑水船公司赊销1 000件转速计这一业务的日记账分录。

d. 假定本年度实际制造费用A车间为517 000美元，B车间为424 400美元。本年度A车间实际机器小时为17 000小时，而B车间实际直接人工小时为26 000。以此信息为基础，确定本年度各车间制造费用分配过度或分配不足数。

问题17.5 分步成本计算

LO5, 6, 7

大橡树家具公司有安装和总成两个车间生产转椅。在安装车间，所有直接材料(木材)在生产开始时投入。各种机器将原材料切割成适当的条片，工人们将这些条片安装成椅子。这样，在安装车间所有直接材料和制造费用都在整个生产车间中均匀发生。此后,总成车间取来椅子装上有许多纹点颜色的装饰面料。最后处理光滑并将完工的椅子打包。这样,总成车间的直接材料在生产过程的前半段均匀投入，而直接人工则在生产过程的后半段均匀投入，制造费用在整个总成过程均匀发生。大橡树家具公司使用分步成本计算法进行成本计算。其1月份首次经营的可得的成本和生产信息如下。

	装配车间	总成车间
直接材料费	$29 025	$7 760
直接人工费	11 610	15 580
分配到的制造费用	14 190	6 228
总制造成本	$54 825	$29 568
期末在产品数量	0	0
投产数	750	575
完工并转出数	575	435
期末在产品数量	175	140
完工百分比—期末在产品	40%	60%

1月份，以每件220美元的零售价销售了400件转椅,这些转椅已运给了客户。

要求:

a. 计算1月份装配车间和总成车间按三类成本——直接材料、直接人工和制造费用计算的约当产量。

b. 计算1月份生产转椅的装配成本、总成成本和总成本。

c. 编制1月份的日记账分录以汇总分配到装配车间和总成车间的制造成本。

d. 编制1月底的日记账分录以结转从装配车间转入总成车间以及从总成车间转入完工产品存货的转椅的成本。

e. 编制记录1月份的销售及相应的完工产品存货减少的分录。

f. 使用"T"形账户计算在产品存货账户和完工产品存货账户的期末余额。

问题17.6 分步成本计算

LO5, 7

收费屋公司生产巧克力条小甜饼。这种小甜饼要经过和面、烤制和包装三个生产步骤。收费屋公司使用分步成本计算法。

以下是5月份各步骤发生的费用数据以及所生产的产品数量:

	和面车间	烤制车间	包装车间
直接材料费	$3 600	$0	$1 020
直接人工费	3 000	1 800	2 100
制造费用	6 000	12 000	1 200
产量	14 000磅	4 000罗①	48 000盒

注：① "罗"为12打

为保证新鲜，小甜饼在和面的当天烤制并包装。这样，公司在各营业日末没有在产品存货。

要求:

a. 单独编制一张记账分录，汇总5月份和面车间准备14 000磅小甜饼面团所发生的成本。在你所编制的分录的摘要里列出该车间的单位成本。

b. 编制月末分录记录5月份将小甜饼转入烤制车间这一业务。

c. 编制日记账分录汇总5月份烤制车间发生的成本（不包括从和面车间转入的成本）。在摘要中列出烤制步骤的每罗成本。

d. 编制月末分录登记5月份小甜饼从烤制车间转入包装车间这一业务。

e. 编制日记账分录汇总5月份包装车间发生的成本。在摘要中列出每盒的包装成本。

f. 编制月末分录登记5月份从包装车间将各盒小甜饼转入完工产品仓库的业务。在摘要中列出转出的每盒小甜饼的总成本。

g. 简要说明经理人员将会如何利用a、c、e和f分录所提供的单位成本信息。

问题17.7 使用ABC 法分配制造费用 *LO8, 9*

诺顿化工公司生产两种产品：阿米助尔和比洽爱特。该公司使用作业基础成本计算法（ABC法）向这些产品分配制造费用。诺顿公司采购部门每年平均发生的费用为80 000美元，它构成了该公司总制造费用的主要部分。

采购费用被分配到两个作业成本库：（1）订单成本库；（2）检查成本库。费用以从事各项作业的职工人数为基础分配到各成本库。

该车间五名全日制职工中，1人负责订购原材料，其余4人负责检查新运来的原材料。

订单成本库的费用以各产品的采购单数量为基础进行分配。

诺顿公司对本年度的作业水平估价如下：

	总计	阿米助尔	比洽爱特
签发订单数	10 000	2 000	8 000
进行检查次数	2 400	1 800	600

在正常年份，公司进行2 400次原材料质量的检查。对阿米助尔进行的检查次数较多是由于它过去发生了一些质量问题，比洽爱特材料的质量一直比较好。

要求：

a. 向各个成本库分配采购费用。

b. 将订单成本库分配到各种产品。

c. 将检查成本库分配到各种产品。

d. 说明诺顿公司怎样才能减少采购部门的费用。

问题17.8 ABC法与单作业基础的使用 *LO8, 9*

狄克生机器人公司生产三种型号的机器人：A3B4型、BC11型和C3PO型。狄克生机器人公司以机器小时为基础分配制造费用。该公司大部分制造费用发生于维修车间。本年该车间预计会发生总计100 000美元的费用。以下是对本年度的估计：

型号	估计机器小时	估计产量
A3B4	20 000	6 250
BC11	15 000	4 000
C3P0	5 000	2 500

爱德·斯密斯是狄克生机器人公司的成本会计师。他怀疑单位成本由于使用单一作业基础而被扭曲了。因此他正在考虑推行作业基础成本计算法（ABC法）。

在所建议使用的ABC法下，维修车间的费用将通过使用生产订单数作为作业基础分配到以下作业成本库：（1）修理成本库和（2）仓管成本库。在维修车间每年发生的2 000件生产订单中，大约400件与修理作业有关，1 600件与仓管作业有关。

机器修理同各种型号的机器人的生产次数相关联。这样修理成本库将以每种型号机器人的生产次数为基础进行分配。仓管服务同生产空间的平方英尺数相关联。这样仓管成本库将以各型号机器人生产所占用的生产空间的平方英尺数为基础进行分配。

下表是一个对年度生产流程作业和平方英尺需要数的汇总：

型号	估计的生产流程次数	估计使用的生产空间平方英尺数
A3B4	50	500
BC11	150	10 000
C3P0	200	25 000

要求：

a. 计算以机器小时为作业基础时将要分配到各型号的机器人（以单位为基础）的维修车间费用数。

b. 计算使用建议的ABC法时将分配到各型号机器人（以单位为基础）的维修车间费用数。

c. 使用机器小时数作为单独作业基础所分配的成本是否被扭曲了？说明你答案的理由。

案例

案例17.1 投标战

LO1, 2, 3

开达哈尔塑料公司与NASA就用于通信卫星的零部件的生产事宜进行了磋商。NASA（美国国航空及太空总署——译者注）按开达哈尔公司实际发生的制造费用为基础再加上固定百分比的加成数对其进行补偿。在获得合同之前，开达哈尔公司必须提交详细说明各项目概算成本的投标书。一项对开达哈尔公司的分批成本表的检查表明，实际成本一直超过了投标过程中的成本估计数。结果，一位开达哈尔公司的代表最近说，“我们确实并没有就我们所做的工作向NASA要价过高。这种事很常见，大家都这么干。实际情况是，实事求是地报价的公司难以获得合同。”

要求：

我们假定，为了获得NASA的合同而有意低估标的是通行的做法。只要开达哈尔公司没有高估其实际发生的成本，那么它进行这种活动是否不对？

案例17.2 成本制度的评价：它是否满足了公司的需要？

维金啤酒公司是一家生产一种啤酒的小酿酒厂。它的生产规模是每月18 000加仑(1加仑=4.5461升)，这么多啤酒可以灌装192 000瓶，每瓶容量为12盎司(1盎司=28.3495克)。每酿造一次可以生产3 600加仑的啤酒，这是发酵罐的最大容量。每批次的生产需要6天的时间，在此期间要经过六个不同的工序。

维金啤酒公司使用分步成本计算法。本月发生的所有制造成本被分配到所生产的192 000瓶啤酒中去，仍在发酵罐中的3 600加仑不分配成本。

维金啤酒公司聘用刚毕业的大学生马特·布朗作成本分析师。经了解公司的成本会计制度，布朗给维金啤酒公司的总会计师呈送了以下备忘录：

> 就如何可以改进我们的成本会计制度，我有两点建议。首先，我们的啤酒以相同的批量生产；所以我们应使用分批成本计算法，而不是分步成本计算法。这将使得我们可以分别确定各批的成本。

其次，我们在发酵罐里常有3 600加仑啤酒，但我们的成本会计制度将当期的所有制造成本分配到了完工产品中。这些成本的一部分应被分配到发酵罐里的啤酒中去，并将其作为“在产品存货”。这可以通过计算3 600加仑啤酒折合的约当产量来实现。

要求：

请你以维金啤酒公司总会计师的身份，就布朗的建议起草一份备忘录。

案例17.3　实行ABC制　*LO1, 2, 4, 5, 7*

德夫·米勒是米卡公司的总会计师。米卡 公司生产五种不同的工业清洁用品。米勒最近决定在米卡公司采用作业基础成本计算法。在设计该制度时，他决定将取暖费确定为一个单独的成本库。这些成本将被以生产空间平方英尺数作为成本动因进行分配。这样哪种产品需要的平方英尺数越多，它所分配的取暖费也就越多。

米勒要求各位生产经理向他提供对于其产品所占用生产空间的估计数字。他所收到的数字将被用于分配取暖费成本库。米卡公司都根据五位生产经理对可追溯到他们各自产品的生产成本的控制能力向他们发放年度奖金。

要求：

a. 关于米卡公司收集生产空间信息的方法，你有什么对于道德方面的担心？

b. 关于如何收集这一信息，你有什么建议？

因特网练习

因特网练习17.1　生产工艺　*LO2, 8*

美国箭牌 (Wrigley) 公司生产口香糖。在以下地址访问其主页：

www.wrigley.com

在其主页上点击“The Story Of Chewing Gum”和“How Wrigley’s Gum Is Made”两个选项。

要求：

a. 编制一张简单的描述生产口香糖主要生产步骤的流程图。

b. 如果箭牌公司使用分步成本计算法，它可能会使用多少个生产车间，你将如何对其命名？

c. 你认为箭牌公司制造费用主要有哪几类？如要将各种制造费用分配到你在b中所列示的生产车间，可以使用哪些作业基础？

“轮到你了！”的评论

作为一名生产经理

为确定2月份资源使用费是否比1月份高，下面我们计算一下2月份的单位产品约当产量成本：

直接人工($5 050/500约当产量)	$10.10
直接材料(仅指切割材料)($15 450/100约当产量)	15.45
制造费用($4 500/333 1/3约当产量)	15.00

作为装配车间的生产经理，你对从切割车间转入的切割材料的成本很难控制。由于你

力不能及的原因，2月份这些成本（15.45美元）要比1月份（20.00美元）低得多。不过，直接人工和制造费用则在你的控制之下。尽管与2月份（10.10美元）相比，1月份的直接人工费（10.00美元）降低了，但1月份的每约当产量18美元与2月份的每约当产量15美元相比高出不少。应该对 1月份制造费用为什么会显著增加进行调查。

作为一名生产线经理 为衡量灌装车间和糖浆车间经理的业绩，你可以考虑开发一个预算制度来将实际成本与预算成本进行比较。要求每个车间的经理编制一张列示各月（星期）资源耗用的年度预算。然后将各种主要资源投入的实际月度（或每星期）约当单位成本记入各车间并将其与预算数字进行比较。报酬或奖金应根据满足或超过预算目标的各种不同情况进行发放。

作为一名会计人员 当考虑采用ABC法这样的新成本计算方法时，你应当考虑与区分和计量多种作业基础相关的额外成本。在文件大师公司，使用建议的ABC法将会需要记录：生产订单、生产流程次数、取暖与制造耗用的千瓦时、占用的平方英尺以及使用的机器小时。与只需要一个动因——直接人工小时的单动因法相比，ABC法要求记录五个动因。除了实物数据收集成本以外，你应该考虑到ABC法下，信息用户也可能发生信息过量引致的成本。如果用户不能使用信息用于决策，那么ABC法就没有什么好处。提供过多过详细的信息可能会导致信息过量，使得信息变得没有用处，或者会产生最为糟糕的情况，即会造成不利的决策。

自测题答案

1. b　2. c　3. a　4. b　5, a,b,c,d　6. a,b,c　7. a,c,d　8. b　9. d

第18章

成本计算和价值链

学习目标 (Learning Objectives)

学习本章后，你应当能够：

1. 定义价值链并且描述它的基本组成部分。
2. 区分非增值作业与增值作业。
3. 解释作业基准管理与作业成本制（ABC）之间的联系。
4. 描述目标成本计算过程并列示它的组成部分。
5. 认识目标成本计算与价值链之间的联系。
6. 解释适时制造制度的本质和目标。
7. 辨别质量成本的组成部分。
8. 描述质量评价的特征。

令布洛克勃斯特突飞猛进的高手先生

当约翰 F. 安弟欧柯(John F.Antioco)在谈到他所从事的工作时，他显得有些入迷和激动。他在去年春天参加了布洛克勃斯特(Blockbuster)集团最高工作职务的面试。维安柯(Viacom)的主席塞莫 M. 雷德斯通(Sumner M.Redstone)……很快便意识到安弟欧柯正是“能够扭转布洛克勃斯特局面的人。”……

“当布洛克勃斯特停滞不前的时候，维安柯 将很快又会再次腾飞。”雷德斯通坚持说道。并且，安弟欧柯自从去年7月签约以来，在担任第三首席行政执行官不到两年的时间内，已经在一直不断地进行着一些至关重要的补救工作……这个重振计划的关键是将基础重心放在价值3.2亿美元的视盘出租经营的核心业务上，同时辅以更为严格的存货和成本控制。安弟欧柯同时也在监督着一个新的市场计划，其中包括一项承诺“顾客将高兴而归”的新的广告作业……

现在及以前的同事都认为安弟欧柯是一个具有超凡魅力而又讲求实际的管理者。“约翰所作的一切都是在为顾客服务，”在安弟欧柯之前担任园环 K 公司便利连锁店首席行政执行官的卡尔·爱勒(Karl Eller)曾这样说道，“发现顾客的需求并寻找一种方式去使他满足。”

安弟欧柯是否能在布洛克勃斯特玩转他的魔术呢？这位新的领导正在继续把关注的重心放在企业的经营和顾客的满意方面。

资料来源：Stephanie Anderson Forest,“Blockbuster's Fired-Up Mr. Fixit,” *Business Week*, February 16, 1998, pp.100-101. Reprinted by special permission, copyright © 1998 by The McGraw-Hill Companies, Inc.

最近几年，许多公司已经把关注的焦点放在通过分析企业自身的价值链，寻找促进经营实务发展的机会。以上这篇公开刊登的文章则展示了一些实现成功经营管理的重要标准。首先，作为布洛克勃斯特公司首席行政执行官的约翰·安弟欧柯，已经意识到，“将经营重心放在公司的核心业务上”是必须的。其次，其目标是要运用工程学和科学基础分析来降低这些业务的成本。最后，谨慎地关注顾客的需求以使顾客满意是关键性的问题。要想在市场上成功，管理层必须不断地监督和改革企业，并成功地在这三个关键因素（关注核心业务、降低成本和创造顾客的满意）之间取得平衡。

18.1 价值链

管理层关注企业的核心业务，往往从识别该组织价值链的组成部分开始入手。在第16章中，我们已经将**价值链**定义为，能够创造和交付给顾客有价值的产品或劳务的一整套不可缺少的作业与资源。一条基本价值链的典型组成将下面陈述。

很显然，每一个组织的价值链的具体细节看起来会有所不同。进一步说，一个组织内的每一种特定产品或服务的价值链也可能会大不相同。布洛克勃斯特公司的情形是如此，该公司的网址已在本章的开头有所显示，并在那篇公开刊登的文章中有所讨论。在它的主页上，布洛克勃斯特公司列示了它所提供的一些产品和服务：音乐、录像和游戏。主页上的这些目录就代表着不同的市场，具有不同类型供应商和消费的。比如，那些对一个典型的录像消费者有价值的产品目录与对一个游戏消费者有价值的产品目录将会有很大的不同。另外，视盘的供应商（电影公司）和游戏的供应商（软件开发商）也会有很大的不同。建立一条能满足不同消费者需求的价值链是大多数企业所面临的一项重要挑战。

对于每个公司的产品和服务而言，价值链的以下组成部分都是存在并起作用的：

- **研究与开发（R&D）和设计作业** 包括思维的创新与典型产品、业务流程以及服务的开发。

- **供应商以及与生产相关的作业** 包括原材料和供给品的采购以及将它们转换为完工产品和服务所必需的作业。
- **市场营销与销售作业** 是旨在将信息提供给潜在的消费者以及使消费者能够获取公司所提供的产品和服务。
- **顾客服务作业** 是指在产品和服务销售给消费者之后，由于给产品和服务提供辅助支持而消耗的那些资源。

18.1.1 增值作业与非增值作业

许多组织都努力识别和消除它们价值链中的**非增值作业**。因为，**增值作业**能够增加产品或服务在消费者心目中的吸引力，而非增值作业却不能够增加产品的这种吸引力。因此，当一个组织消耗非增值资源时，如果在不改变产品吸引力的情况下，那些消耗资源的作业能够被消除，就能降低产品的成本。非增值作业的常见例子就是有巨额的原材料、在产品和完工产品存货。布洛克勃斯特公司的首席行政执行官已经注意到了与存货相关的费用支出，因而在他重振计划的关键问题中有一部分就是将注意力集中在更为严密的存货控制上。稍后在本章中所讨论的适时存货管理法，就是被用来减少与巨额存货相关的非增值资源的耗费而建立的。

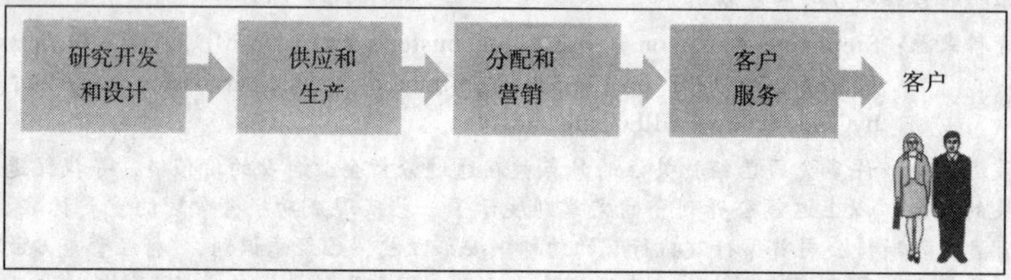

轮到你了！ 作为一名原材料存货的管理者

假设你是一个木材厂原材料的管理者。当大量的红木闲置，等待着被运往木材厂时，什么类型的资源正在被消耗呢？

我们的评论见本章末。

在前面的两章中，我们将成本分析的焦点仅仅是放在价值链中的生产阶段上。然而，资源在整个价值链中都会有所消耗。许多组织在以一个具有竞争性的价格提供给消费者所需求的产品和劳务的同时，都在努力地使价值链中所有环节上的资源耗费最小化。在本章中，我们将关注其他的成本会计程序和技术，这些程序和技术已经被用来评估价值链各个组成部分的资源使用和耗费状况。这些程序包括作业基准管理，它对整个价值链过程产生作用；目标成本计算，是针对于价值链中的研究与开发（R&D）和设计阶段而提出的；适时存货程序；最后是全面质量管理，它也是与整个价值链过程相关的。

18.2 作业基准管理

在第17章中，我们已经介绍了作业成本制（ABC）并列举了一个关于制造费用的ABC法的范例。与ABC法相关的基本程序包含以下内容：

1. 确定作业内容。
2. 创建一个相关的作业成本库。

3. 确定作业计量尺度。

4. 设立单位作业成本。

现在让我们再回到文件大师公司，这个例子我们曾在第17章中有所讨论，并且涉及与设备维修相关的作业。你可以回想起文件大师公司的维修部有五个全职的雇员，他们负责用于切割和折叠金属以制成文件柜的机器设备的维修与设置工作。该维修部的总成本库金额为180 000美元，可分为108 000美元和72 000美元两部分——分别与维修作业和设置作业相关。对于维修作业的成本库，我们使用所签发的修理工作单的数量（每年250份）作为作业的计量尺度。因此，每份工作单的成本则可用108 000美元除以每年所签发的工作单的总数来确定，或者是每份工作单432美元（108 000美元 ÷ 250）。在每年所处理的250份维修工作单中有200份是与42 000个金属文件柜的日常生产相关。结果，每个金属文件柜的维修费用支出是这样决定的：

200份工作单 × 每份工作单\$432 = \$86 400

\$86 400 ÷ 42 000个金属文件柜 = 每个金属文件柜\$2.057

诚如上例所示，第17章的重点是放在将成本分配到单位产品上。然而，作业基础成本的信息在进行管理决策时同样也是很重要的。记住，管理活动总是尽量将非增值作业从价值链中予以消除。如果设备维修作业能够从价值链中予以消除，并不会增加与整个价值链相关的成本，那么它就是一项非增值作业。运用作业成本制来帮助减少和消除非增值作业的过程就称为**作业基准管理**。文件大师公司也许可以重新设计它的设备布局、获取更高质量的金属材料用以投入生产、购买新的设备、以低于每份工作单432美元价格从外部获取资源来进行维修工作、或综合运用这些管理决策来减少或消除维修作业和与之相关的资源的耗费。

此要点的案例

美国邮政服务(USPS)使用由库柏斯和莱布莱特（C&L）为其设计的作业成本制信息来帮助管理成本。C&L的研究表明USPS每年与现金和支票处理业务相关的成本超过10亿美元。作业基准管理引导USPS使用借计和贷计卡的处理方式，从而减少了与来自于邮政消费者的收入业务相关的成本。借计和贷计卡的运用还使可用资金运转加快，减少了坏帐收回的成本，并且也降低了由于员工的欺诈行为而引起的现金损失的风险。C&L的研究表明，在1995年每元现金收入业务处理的相关成本为0.048美元，而在1997年单位借计卡美元业务处理的相关成本只有0.027美元！[1]

18.2.1 贯穿于整个价值链的作业基准管理

当作业成本信息在价值链中的生产部分变得非常重要的同时，它在评价与期间费用相关的作业方面也变得非常有用，这些期间费用包括如R&D、销售、行政管理、融资、市场营销与顾客服务等方面。在许多组织中，节约期间费用甚至超过了降低产品成本，而成为对盈利能力更为重要的贡献者。

管理作业：举例要求 ABC法的信息有助于管理者将它们组织每单位作业成本与外部的竞争成本进行比较。为了便于要求，现以博兹和莫厄公司为例，这是一家经营木材与包装产品的企业。企业的财务总监（CFO）已经决定进行一项与财务相关的作业的研究，这些被调查的作业由会计与财务部（A&F）提供。经过调查，由会计与财务部所执行的作业可以划分成四个主要的类别：（1）与交易相关的作业；（2）对外财务报告；（3）年度计划和预算；（4）提供特殊要求的分析。在以下的图表中将会描述那些作业的轮廓并给出每项作业相关资源耗费的百分比。

[1] Coopers & Lybrand. 现金/支票/贷计/借计卡生产率研究，1994

博兹和莫厄公司会计与财务部

职员种类	作业种类				劳动资源总计
	与交易相关	财务报告	计划与预算制定	特殊分析	
一般职员	2/3	1/6	1/6	0	22 080小时（12名员工，46周，每周40小时）× $20/小时）
	$294 400	$73 600	$73 600	$0	=$441 600
财务分析师	1/6	1/3	1/6	1/3	5名领薪分析师 × 每人$45 000
	$37 500	$75 000	$37 500	$75 000	=$225 000
预算分析师	1/6	1/6	1/3	1/3	6名领薪分析师 × 每人$39
	$39 000	$39 000	$78 000	$78 000	000=$234 000
内部审计人员	1/4	1/2	1/4	0	3名领薪审计员 × 每人$35
	$26 250	$52 500	$26 250	$0	000=$105 000
高级分析师与财务	0	1/4	1/4	1/2	3名高级分析师 × 每人$75 000 +
总监	$0	$102 500	$102 500	$205 000	1名财务总监 × $185 000=$410 000
作业资源总计	$397 150	$342 600	$317 850	$358 000	$1 415 600

图表中运用ABC法进行分析，所提供的信息将有助于财务总监对会计与财务部的作业进行管理。博兹和莫厄公司的会计与财务部拥有完整的资料库，涉及30名员工，显示每年的成本耗费为1 415 600美元。我们首先考察与交易相关的作业。这些作业的执行是为了确保基础的日常分录能够正确地记录，并得到全公司的监督。会计员要完成大量的具体工作。而且，内部审计人员正在考虑设置安全措施以消除交易记录中的错误和舞弊。预算和融资分析师也同样会涉及到交易业务与预算数字的比较，进行对外报告效果的分析和其他特殊业务的分析。该企业的财务总监估计与交易相关作业的成本总额为397 150美元。

一家软件厂商向该企业的财务总监提供的数据表明，如果采用他的通用软件包“事务减少”，员工用于交易作业的时间将能够被削减一半。这个软件厂商提供了一个450 000美元的报价，其中包括完全设置的软件包以及员工培训。如果财务总监购买该软件并且该厂商的分析是正确的，这个软件将能在2.27年以后弥补它的初始成本，相关的计算如下：

交易作业成本库 = $397 150 × 50%（每年节约数）
= 每年$198 575
“事务减少” 软件的成本 = $450 000 ÷ 每年$198 757
= 2.267年才收回成本

然而，如果这家软件厂商的数据分析仅仅适用于与一般职员相关的资源而不包括其他员工资源，那么收回软件成本的时间将延长至3.06年（$294 400 × 50% = $147 200；$450 000 ÷ 147 200 = 3.06年）。则财务总监担心弥补初始投资耗用较长的时间，在软件技术迅速变化的情况下将不能适应需要。为了确定可能会受新软件影响的准确资源（一般职员与分析师），必须进行一个较列表显示更为具体的分析。

此要点的案例

强生公司（已在第16章所引用的公开刊登的文章中有所讨论）已经废止了每月进行账簿结算的做法以及所有相关的业务。现在公司是按季度结算的。强生公司同样也加快了财务部门的业务处理进程。过去平均要花费26天的时间，而现在只要用7天。总之，强生公司削减了它在世界范围内8 400万美元的财务预算，并且许多成本的节约是来自于与交易相关的处理成本的削减。

18.2.2 ABC法：作业基准管理的一个子集

ABC法的信息必须在进行作业管理之前予以提供。为了要求这一点，我们将以来自博兹和莫厄公司的ABC数据为例。假设外部审计人员向博兹和莫厄公司的财务总监提议，由他们来执行内部审计的职能，价格为90 000美元。最简单地来看，这可能被认为是一项成本的削减，因为雇佣三名内部审计人员要花费105 000美元，而所建议的利用外部审计人员只需花费90 000美元即可。但如果更深入地检视外部审计人员的建议，则会发现他们所考虑的作业范围仅仅局限在财务报告领域中。然而，ABC法的数据告诉财务总监，这些作业仅仅涵盖了全部内部审计作业的一半。因此，外部审计者建议的方案所带来的真正的资源成本的节约是52 500美元，而不是105 000美元，因此财务总监应该放弃这项建议。

在博兹和莫厄公司内进行内部审计作业的管理要对消耗资源的作业以及与这些资源相关的成本有一个十分清楚的认识。另外，拥有关于竞争业务的基准信息能够帮助公司去识别非增值作业。这个基准的信息可能以行业研究、外部竞争标价或内部样板等多种形式呈现。因此，ABC法是作业基准管理中一个重要的组成部分，但是管理这些作业同样也要求有基准信息。下面的图例则反映了作业基准管理的一些具体细节。

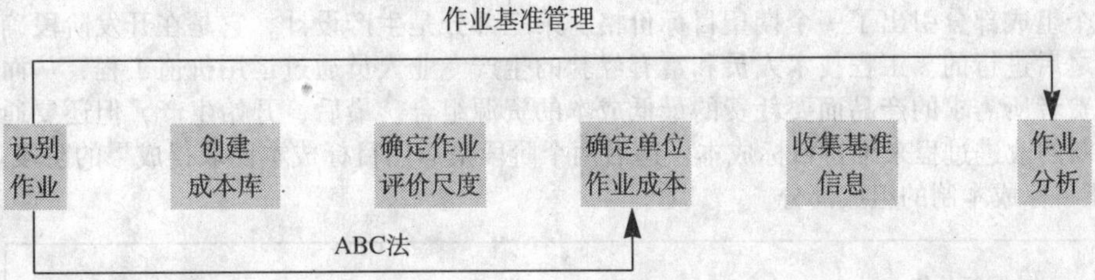

图18-1 ABC法：作业基准管理的一个子集

18.3 目标成本制

前面所举的博兹和莫厄公司的例子，是旨在考虑已经存在的作业和已经确立的处理方法。**目标成本计算**是指在生产方式的创新和设计之前，面向于新产品和服务开发的最早阶段的一种经营管理过程。这是一个由消费者来推动的过程，其重点放在设计方面，并包括了整个产品生命过程。它的目的是要设计一种能为企业带来丰厚利润的生产方式。通过同时关注整个价值链的的利润和成本计划，企业组织要能够在不同的价值链部分进行协调。在整个价值链中产品开发阶段的构思是至关重要的，因为经研究表明，有80%与生产相关的费用是在生产工艺一旦开始时就设定了。而这些设定的资源在以后是不能改变的，除非公司再投入大量的成本。

目标成本制是以顾客作为起点的。顾客关于产品性能、质量以及最为重要的价格的要求推动着分析的深入。正如在《商业周刊》中公开刊登的文章所提及的那样，对顾客的需求有一个清楚的认识是至关重要的。可能还会有一些功能性的要求必须要呈现出来才能满足顾客需要。具体地说，顾客可能不愿意为了较低的价格或较低的质量而放弃了性能方面的要求。要了解顾客的要求也就意味着要了解竞争者的供给。消费者不会在一个真空中进行购买活动。他们要求产品所应具有的特性必须是市场所能够提供的。如果竞争者以一个较低的价格提供了一项具有较高质量而且性能相似的产品，那么公司要努力重构它们的生产流程以适应那种竞争。

此要点的案例

通用电气公司（General Electric Co.）喷气引擎的业务在1990年初陷入了困境。新引擎的需求骤然跌落并且利润也急剧下降。在1993年，GE决定实施目标成本制。GE首先开始与它的航空公司客户进行接触以探寻怎样重新设计它的引擎和降低成本。GE发现波音747和波音767飞机引擎的制造可以不使用一个集合管，这个部分价值10 000美元，因为客户觉得集合管的成本超过了它所能带来的收益。

18.3.1 目标成本制的组成

从最基本的层面上来看，期望的目标成本是创造一项能够以目标价格销售的产品而应该花费的资源的成本。这个目标价格是通过消费者的相互作用来确定的。那么，管理层必须要确定一个可以被接受的产品利润毛数以计算期望的目标成本。利润毛数，我们在这里暂且不做具体的讨论，它是一个经营类型和市场需求的函数。基本的目标成本公式如下：

目标成本 = 目标价格-利润毛数

理解目标成本计算可以通过它的四个组成部分来进行。首先，在策划与市场分析方面消耗了最多的资源。在策划期间，要识别不同的顾客群体并进行完整地记载。第二个组成部分是开发，则关注产品的可行性研究。开发包括了一个测试循环和再次设计产品以适应顾客的要求。这前两个组成部分引出了一个期望目标价格。第三部分是生产设计，它是在开发阶段确立了产品观念之后进行的。工程技术人员和富有经验的生产专业人员通过运用价值工程，从而确定创造为消费者所需求的产品而要耗费的最低成本的资源组合。最后，开始生产，但还要通过一个连续不断的改进过程来维持目标成本。这后两个阶段是运用目标成本而取得成果的阶段。图18-2列示了目标成本制的组成部分。

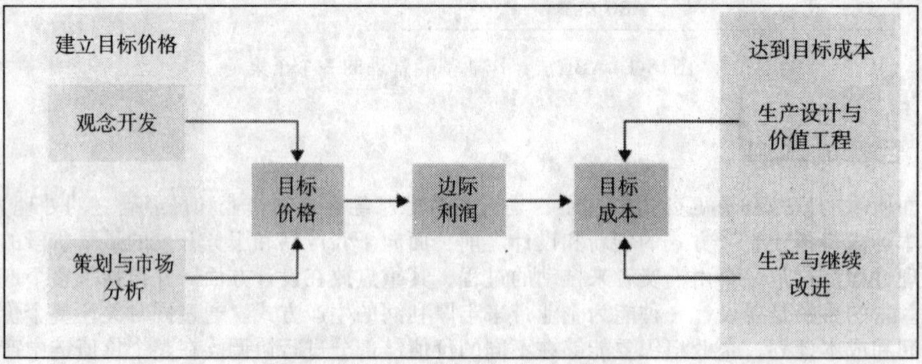

图18-2 目标成本制

18.3.2 目标成本计算：示例

为了要求目标成本制，我们将使用博兹和莫厄 (Boards and More) 公司作为例子，这个公司我们在以前曾经有所讨论。博兹和莫厄公司有一条生产纸质包装品的生产线。公司参加诸如洗衣皂、谷类食品盒以及薄煎饼组合等商品包装业务的竞价。纸板盒的典型价值链将列示如图18-3。在包装材料的价值链中包含有研究与开发的目标，其目标是要革新纸板使之在尽可能降低重量的情况下具有更优越的质量和强度。博兹和莫厄公司在纸板生产中还发挥了一个很重要的作用，就是在纸箱被运送到肥皂生产商之前将纸板交给供应商进行印刷和纸箱制作。

在最近一次博兹和莫厄 公司的市场营销与计划部进行的肥皂盒市场的调查中，发现顾客对现在提供的包装盒表示不满意。更深入的分析显示，肥皂制造商认为包装盒太重，增加了他们的运输成本。肥皂的消费者也对盒上的印刷表示不满，因为当盒子受潮时，盒子上的印刷会发生色料扩散或被擦掉。

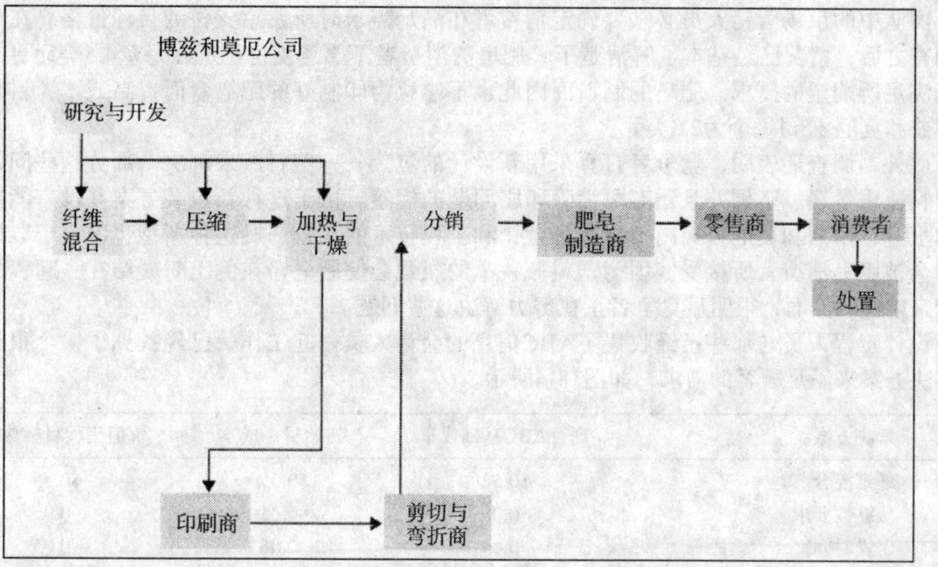

图18-3 包装纸板的价值链

于是，组建了一支跨部门、跨组织的团队以设计能满足顾客需要的产品。注意在价值链中有两类顾客是很重要的：肥皂的生产商和肥皂的消费者。产品创新团队包括来自博兹和莫厄公司的市场营销、设计工程、会计以及生产工程技术人员，以及来自印刷公司和肥皂公司的相关专业人员。这个团队的使命就是为纸质肥皂盒设计新的纸板以满足顾客的需要。

我们观察到，尽管由博兹和莫厄公司来领导新产品团队，但所有价值链中的成员都应该参与到新产品的设计中来。如果由博兹和莫厄公司所设计的新型纸板仍具有较大的重量而不能很好地吸收印刷色料，那么该方案就是不可行的。同样地，如果纸板的重量较轻，而它的强度经不起肥皂制造商机器的适当冲压，那么这个方案也是不可行的。最后，除了博兹和莫厄公司要考虑进行设计变更之外，来自于印刷或肥皂公司的其他团队成员也要调整或改变他们的生产流程，以使最终的消费者——肥皂消费者满意。

市场营销团队成员提供关于顾客要求的信息，并由设计工程人员将那些要求与纸板的性能衔接起来。要求与性能相关联的简单示例将列示在下面。“高”或“低”表示在满足要求方面性能的重要性，“+”或“-”则表示性能与要求之间正向或反向的结合。

要　求		纸板性能	
		弯折与剪切的承受力	吸收率
肥皂消费者要求	盒子容易倒出	高（+）	低
	受潮时印刷色料不会扩散	低	高（+）
肥皂制造商要求	盒子重量轻便于运输	高（+）	高（+）
	盒子坚固便于填充	高（-）	低

这张要求/性能表将有助于设计工程人员将重心放在生产部门，以更好地满足顾客的需求。在这个例子中，弯折与剪切纸板的加工能力对于纸盒倒出的难易程度以及它的重量、它的强度而言是非常重要的。但不幸的是，现在的纸板工艺表明，尽管重量轻的纸板较为容易弯折和剪切，对于消费者而言也较容易取出，但它的强度不足以满足肥皂制造商的要求。从上表中我们已经可以很清楚的看到，如果在保持重量轻和吸收率高的同时能将纸板做得更坚固，那么几个消费者的要求就都能被满足。当然，与重量较轻纸板的相关的额外成本问题也必须

予以考虑。

团队中的市场营销人员必须要确定消费者在满足需求时所愿意支付的目标价格。在进行市场调查之后，情况已经基本了解清楚了，肥皂的消费者不愿意支付比现在每盒4.5美元更高的价格来满足所期望的需求。肥皂的制造商因此也不愿意为印制好的肥皂盒而提高成本，目前它付给博兹和莫厄 公司每个为2.3美元。

此外，调查还表明，竞争者打算采用新设计的包装——塑料瓶来解决一部分这些问题。这种塑料瓶重量轻、坚硬并且还有可消除印刷问题的标签。由于这种新包装方案并没有能推动价格的上升，博兹和莫厄公司内负责市场营销和工程技术的主管怀疑这种新型包装由于取用问题是否会被肥皂消费者所接受。因为塑料瓶狭窄的瓶颈会使肥皂粉在倒出时凝结在一起，为消费者带来麻烦。然而，很明显竞争者正在努力解决这些问题。

设计工程人员与那些已经收集了ABC信息的会计人员一起工作，已经找到了一个很有潜力的解决方案来满足顾客的需求，如图18-4所示。

解决方案	现行ABC基础成本	初始目标成本	价值工程目标成本
纤维混合	$0.52	$0.55	$0.55
压缩性要求	0.08	0.05	0.05
干燥时间	0.04	0.06	0.05
弯折与剪切–利用外部资源	0.33	0.33	0.30
印刷–利用外部资源	0.75	0.78	0.77
合计	$1.72	$1.77	$1.72

图18-4 纸板–单位纸箱成本

设计工程人员提出的初始目标成本为1.77美元。这一目标成本的产生是源自于该方案能够降低纸板中的木质纤维成分，并且使用精微的塑料纤维能减少重量并增强硬度。但这种新型的混合物在被辗轧时只能承受较轻的压力，而且要求较长的干燥时间以及干燥时要用较高温度进行加热，然后纸板才能准备进行印刷。但是，印刷公司认为采用塑料纤维会带来的吸收问题，新型纸板将要求使用新的印刷技术。这种新型纸板将会使每盒印刷成本上升0.03美元，总成本增加0.05美元（由1.72美元升为1.77美元）。

由于1.77美元的初始目标成本太高而难以维持以前的收益，则使价值工程变得至关重要。价值链中的成本必须予以削减，否则建议的方案将不予采纳。价值链中尚有一个环节没有考虑，那就是用于制作盒子的弯折与剪切作业。博兹和莫厄公司在盒子被运送到肥皂制造商之前，与弯折和剪切盒子的加工商进行了接触。博兹和莫厄公司要求能够在现行价格的基础上削减0.03美元，因为弯折和剪切工艺应该是比较简单而且成本较低的，供应商接受了这个要求。而后博兹和莫厄公司建议与印刷商拆分增加的总成本中剩余的0.02美元以实现1.72美元的目标，而这个价格是肥皂生产商所愿意接受的。结果，印刷商同意降低0.01美元并且博兹和莫厄公司也找到了从加热和干燥成本中削减0.01美元的途径。通过在整个价值链中实施价值工程，供应商和生产商达到了预期的目标成本。

目标成本中仍有一个方面未被讨论，就是考虑整个产品产品生命期内的产品成本。**寿命周期成本计算**所考虑的是产品在其整个寿命期内所耗费的所有潜在资源。这些成本来自与产品开发和R&D的成本并与三包和处置成本相关。在博兹和莫厄公司的例子中，如果这种用于肥皂盒的新型纸板混合材料为消费者带来了额外的处置成本，那么这些成本也必须予以考虑。比如，博兹和莫厄公司需要了解这种含有塑料纤维的新型混合材料的影响，包括对消费者循环使用肥皂盒以及对产品本身潜在的环境成本的影响。这些额外的产品寿命周期的考虑是目标成本制的一个正式的组成部分。

现金影响

参与目标成本制的团队成员必须要考虑现在和未来与新产品开发相关的现金流量的影响。比如，如果博兹和莫厄公司所建议的方案要求采用新的设备来对新型纸板混合材料进行加热和干燥，那么设备的购买以及未来与之相关的折旧费用的变化对现金流量的影响都应该予以考虑。假设购买新的加热设备价格为500 000美元，预期每年的折旧费会从100 000美元增加到150 000美元。现金流量的影响将包括（1）现在购买设备的现金流出（与处理旧设备现金流入相抵后的净值）；（2）由于增加了50 000美元的折旧费用而使营业收益有所下降，每年所节省的税费现金流入。然而，较高收益所产生的现金流入并不明显。购买设备的决策是一个资本预算决策。我们将会在第24章中更多地对资本预算进行讨论。

18.3.3 目标成本制的特征

请注意在我们的目标成本制的举例中的几个特征。首先，整个价值链都会涉及到在满足顾客需要的同时尽量降低成本。第二，对这种制度的理解是目标成本计算的基础。清楚地理解这种方法中的关键组成部分与相关成本之间的联系，对于将关注集中于价值工程的效果而言是至关重要的。第三，目标成本计算要求把重点放在产品的性能特征及其对顾客的重要性方面。第四，目标成本制一个首要的目标就是减少开发时间，这种跨部门、跨组织的团队方案允许同时而不是按顺序来考虑可能的解决方案，这样可以加快新产品的开发时间。最后，ABC法的信息在决策方面是非常有用的，决策方法的改变将会使必要作业的成本下降从而实现目标成本。

18.4 适时制存货程序

适时制造制度是一种用于降低生产过程成本的方案。“适时送达”（just in time）是指仅仅在需要完成顾客的订单时才去采购原材料与制造产品。JIT制度有时被描述为需求推动的生产，因为生产完全是由顾客的要求来推动的。这与那些只是简单的生产尽可能多的产品的许多传统供给推动制度有很大的不同。

JIT制度的特征是原材料、在产品和产成品等存货非常少或不存在。原材料仅仅在需要时才安排送达，而且产品会很快地从一道工序流转到下一道工序，而不必经过临时的库存设施。不生产超过现存顾客订单量的产品。

储存大量的存货可能是成本高昂的，而且当现金在存货上被套牢时则会引发流动性问题。如果存货被损坏或变得陈旧过时，那么公司的投资将无法收回。JIT制度的一个目标就是减少或消除与储存存货相关的成本，这其中的大多数成本是不可能增加产品价值的。[1]

JIT绝不仅仅是一个存货管理方案。它是要在整个生产制造过程消除非增值作业，它也是提高产品质量的哲学思想。正如以前所讨论的，非增值作业这个术语是指那些不能直接为消费者增加产品价值的职能。非增值作业的例子包括储存直接材料、设置机器设备、机器设备或雇员闲置的时间。通过减少或消除非增值作业而取得的成本节约通常不会影响顾客的满意度。

与此相比，增值作业确实会增加产品对消费者的价值。具体情形包括产品设计、全部的生产制造过程、依据顾客特殊要求进行生产以及构建畅通的分销渠道。

18.4.1 JIT、供应商的关系和产品质量

一个成功的JIT制度最重要的目标也许就是控制产品成本的同时，并不损害产品的质量。这

[1] 决定最佳存货量所应考虑的因素已在第8章中有所讨论。

个目标在一定程度上是通过培养与有限数量、经过选择的供应商牢固而持久的联系来实现的。

与供应商保持可靠的关系，对于产品质量长期的稳定是非常必要的，尽管有时可能所付的价格并不是最低的。理解这一点非常重要，产品质量的好坏取决于产品最为薄弱的组件。因此，如果以质量为目标，则原材料的成本就不应该成为供应商选择的决定性因素。事实上，略高的价格可能实际上会带来长期的质量提升和成本节约。例如，一个可靠的供应商已经展现了他们稳定地提供符合质量要求的原材料的能力，实施JIT的制造商就可以对所收到原材料减少用于检查和测试的时间。

实行一个成功的JIT制度不仅仅会涉及到与可靠的供应商保持联系。要实现零缺陷的目标，质量必须体现在设计过程和生产工程中，而不仅仅依靠在生产工序的末尾检查出次品来取得。因此，在JIT制度下，产品的设计必须按照简化生产过程和减少过失风险的思路来进行。

此外，JIT制度下产品的设计还要求工人必须是一个完全的多面手。因为产品仅仅在需要时才生产，工人必须能够很快地从一种产品的生产转换到另一种产品的生产。要做到这一点，他们必须学会执行不同的任务，操作不同的机器。许多公司已经发现，这种弹性生产的概念可以提升雇员的道德、技能和生产率。

要在JIT制度下来满足弹性生产的要求，高效的工厂布局是至关重要的。使用的机器要按顺序紧凑地安置在一起，这才能实现在产品迅速而顺利的流转。既然机器的停工期会中断整个生产过程，因此设备的可靠性也非常重要。为了帮助确定设备的可靠性，在JIT制度下的工人要经常进行培训，以使他们能够对所使用的机器进行预防性的维护，并亲自进行许多常规的维修。

18.4.2 JIT制度的效率计量尺度

在JIT制度下，时间的安排是最为重要的。因此，时间的计量对于合理安排生产作业，以恰当的方式避免瓶颈并确保工作适时完成，是必不可少的。

一件产品完全通过整个生产过程所需花费的时间长度称为**循环时间**。循环时间通常被认为包含四个独立的因素：（1）生产时间；（2）储存和等待时间；（3）移送时间；（4）检验时间。然而，只有在生产阶段是增加产品价值的。从理想的角度来说，一项产品循环时间中的其他因素应该尽可能的减少。

在JIT制度下一项被广泛使用的效率计量尺度是生产效率比率（或产能量比率）。这个评价尺度表示增值作业（生产作业）所花费的时间与总循环时间的百分比。该比率的计算方式如下：

$$\text{生产效率比率} = \frac{\text{增值时间}}{\text{循环时间}}$$

事实上，生产效率比率的主要目的是要突出非增值作业所花费时间的百分比。最佳的效率比率是100%，这表示没有时间被花费在非增值作业上。然而，实际上这个比率通常总是少于100%。但是在许多情形下，这个比率应该提供给管理者一个警示信号。没有进行协调努力去提高效率的公司，其生产效率比率有时甚至会低于10%。对于一个公司而言，提高效率经常会直接转化为成本的节约。

质量计量　实行JIT制度的公司，其会计系统对产品质量进行计量，通常也是采用成本和循环时间作为标准。一个被广泛使用的生产质量计量尺度是每百万产品单位中的次品数。在一些公司中，次品率已经减少到低于每百万产品单位有一个次品。除此之外，其他的质量评价指标还有商品收益率、担保索赔的数量、顾客的申诉以及顾客满意度调查的结果。

JIT制度本身并不能保证产品质量，但它将为质量而奋斗作为组织的一个基本目标。

18.4.3 结论性评述

JIT生产的原则为制造企业带来了颇多好处。其中最为显著的有以下几点：

1. 通过提高效率来降低成本并减少或消除非增值作业。
2. 不断提升产品质量。
3. 对生产工人具有更大的挑战、变化和责任。
4. 降低部分产品不能被销售的风险。

JIT制度最常被提及的特征是存货水平接近于零，这并不是对所有的公司都是适用的。如果一个公司没有取得可靠程度较高的货源，那么它应该保持适当水平的原材料存货。如果公司的循环时间很长，或者它不能够实现接近于零次品的生产水平，那么它应该考虑保持充足的完工产品存货去确保及时交货于消费者。然而，从JIT方案所体现的是努力消除无效率活动和提高产品质量的基本哲学思想，所有的公司都能够中受益。

此要点的案例

戴尔(Dell)电脑公司，每天通过因特网实现100万美元的电脑销售，长期以来一直是适时制造制度的一个典范。戴尔公司通常是在收到订单后，才开始调配元部件并装配电脑。戴尔公司的大多数供应商储存元部件离戴尔公司的工厂仅有几分钟的时间。但值得一提的是，JIT所蕴含的哲学思想同样也适用于供应商、装配商和分销商。例如，一份星期一早上9点发出的客户订单，在星期二晚上9点就能够将货品装上送货卡车。然而，JIT原则不仅仅是运用在生产阶段。戴尔公司还能够在少于24小时的时间内将日常的销售转化为现金。这一迅速的转化给戴尔公司带来了其竞争对手所无法匹及的巨大利益，如康柏公司（要花费35天的时间）和盖特威公司（要花费16.4天的时间）。[1]

18.5 全面质量管理与价值链

JIT技术的实施表明，在全球化、竞争性的市场环境下，企业要在质量和成本方面进行竞争。质量的重要性已经日益突出，国际标准化组织已经制定了名为ISO 9000 的质量标准。这些质量标准为产品和劳务的设计开发、生产、检验、设置和服务提供质量导向。许多商品和服务的购买者都要求供应商具有“ISO 9000 认证”。这项认证为了保证产品质量的一致，要求有第三方进行详细审计，并由供应商提供生产工艺和过程的要求文档。美国的汽车生产商已经制定了一套类似的标准，QSO 9000，并要求他们的供应商要持有这项质量认证。

因此，忽视产品质量的代价是很高的，许多情况下主要会损失销售收入。能够在质量与成本方面参与全球化竞争的公司，无一例外地都拥有完备的**全面质量管理**（TQM）体系。全面质量管理包括质量管理的责任分工、为决策制定提供高质量的评估手段以及质量业绩的评价和奖励。会计人员设计能够反映质量水平和分配质量损失成本的制度，通过这参与全面质量管理的评估和报告过程。

18.5.1 质量成本的组成部分

设计一个评价体系来记录质量成本时，经常要考虑质量的四个组成部分：

- **预防成本**　是指在作业中为了预防次品的发生所耗费的资源的成本。具体包括员工培训、质量过程审计、内含在新产品目标成本制中的质量问题、以及供应商的评估（ISO 9000）。
- **鉴定成本**　是为了确认产品是否符合质量标准而发生的。具体包括原材料、在产品和完工产品的检验；检查和监督生产过程；以及为确保产品质量而进行的设备检查和维护项目。
- **内部损失成本**　是指为了矫正低质量的产品而发生的与生产相关的额外成本。具体包括重

[1] G. McWilliams，“在网络上”，《商业周刊》1997年4月7日，第132页到136页。

新加工、停工时间、工程技术变更的要求、废料、重新测试和重新检验。

- **外部损失成本**　是金额最大也最难衡量的。这些成本的发生是因质量损失被允许进入了市场。它们包括损失的销售收入、预期退回和折让的成本、担保成本、产品负债成本和损失的商誉。

这四种类型的质量成本并不是相互独立的。很显然，如果花费更多的时间和精力去确保次品不离开企业，那么降低外部损失成本是可能的。实际上，人们对于质量成本的权衡已经有所认识，如图18-5所示：

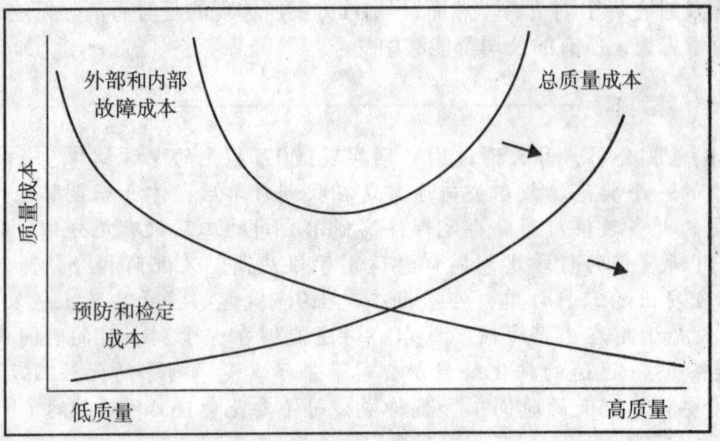

图18-5　质量成本曲线比较

如图18-5所示，随着在预防和鉴定方面耗费的资源越多，与外部和内部损失相关的成本则将会下降。所设计的操作流程如能通过预防损失来生产高质量产品则会带来较低的返修率、较高的顾客满意度、较多的重复业务和较低的担保成本，以及其他的优点。把关注的重点放在预防上，这在前面所讨论的目标成本制中已有所提及。而且，预防还包括识别高质量的供应商，这也已经在适时存货制度部分有所讨论。

在图18-5中所包含的箭头表示，在过去的20多年中所发生的一个现象。在电算化设备在生产车间和办公室普及之前，产品质量的检验还必须耗费人力资源。通过人工劳动去检查所有收到的原材料、以及在车间中放置的在产品和完工产品，其代价是非常昂贵的，而结果不能够像所期望的那么可靠。通过运用计算机技术来进行质量检查能够减少鉴定成本和提高鉴定的可靠性。鉴定和预防成本的减少已经使成本曲线发生了移动，使高质量、低成本成为可能。

此外，导致全面质量管理地位突出的一个重要发展是确认了其与价值链的相互联系。如果在价值链中的某个部分质量较低，那么那条价值链中所有组成部分的质量成本都会增加。提供低质量产品的供应商可能会造成买主发生重新加工和三包费用支出。将低质量产品提供给消费者的零售商将会损害产品的销售，并影响整个价值链。因此，一个全面质量管理方案必须包含整个价值链。

此要点的案例

德州仪器公司的原料与控制集团，在80年代末对它的质量成本进行分类和记录，有超过6年时间的资料。经研究发现，在开始采取全面质量管理后，预防和鉴定成本都有所上升并且在过去6年的时间内都一直保持着这样的趋势。然而，6年时间过去了，损失成本下降了，致使质量总成本下降了。许多与预防相关的成本都是通过管理与供应商的关系确保高质量的投入相联系的。

18.5.2 质量成本的计量

质量是一个多维的概念。多样化的评价尺度对于把握质量的不同方面是必要的。大多数的公司都从创建一个质量成本报告开始入手，这又是基于前面所讨论过的四个质量组成部分的。下面的图表就是博兹和莫厄公司一份季度报告的例子：

表18-1 博兹和莫厄公司
质量成本报告
2001年第三季度

	成本	TQM分类成本	销售百分比(%)
预防成本			
培训	$12 000		
维修	10 000		
质量计划	8 000	$30 000	3.2
鉴定成本			
检验-原材料	6 000		
检验-设备	2 000		
供应商联系	4 000		
测试	5 000	17 000	1.8
内部损失成本			
重新加工	5 000		
停工期	7 000		
废料	8 000	20 000	2.1
外部损失成本			
担保	4 500		
损失的销售收入	20 000		
修理	6 500	31 000	3.3
总计		$98 000	10.4

简单地报告质量成本并不能帮助公司管理相关的作业。2万美元销售收入的损失是一项很重要的非增值作业成本，博兹和莫厄公司很愿意消除这项成本。为了消除这些成本，管理层必须要了解和记录那些产生它们的作业。换言之，管理层必须确定诸如损失的销售收入、重新修理、三包的成本等成本动因。评估与管理产品质量要求对这些成本动因进行多维的评价。因此，顾客满意度的调查、供应商评级制度、生产次品率的计量、及时发货等等要由公司通过运用全面质量管理方案予以记录和评估。

轮到你了！ 作为一名设备维修的管理者

假设你负责维护博兹和莫厄公司的机器设备，你已经收到了如表18-1所列示的季度质量报告。生产线的管理者指出，废料和返修品多数是因为设备没有进行恰当的维护所造成的。那么在涉及到为进行日常设备维护安排时间时怎样进行权衡呢？还有什么别的成本动因能够解释高废料和返修品成本吗？

我们的评论见本章末。

次品率是一项经常使用的质量计量尺度。一些公司在将供应商列入优先考虑的清单之前，通常会要求他们提供质量检验和次品率的证明。次品率通常是以每百万产品单位来进行衡量的。

如果一个产品不符合事先制定的标准或容错度，就可能被作为次品。这些典型的比率在检验时会予以记录。

18.5.3 生产率与质量

不考虑生产率而进行的质量评价可能只是一种适用于破产接盘者的方法。质量和生产率是紧密联系的，并且管理者更乐于执行能减少与低质量相关的成本和提高生产率的作业。所幸的是，这通常是可能的。管理者经常发现那些减少废料和返修品的作业也会提高生产率。

生产率通常是经过比较投入和产出来进行衡量的。在一个事先给定的、固定的产出水平下，当投入量减少时，质量的提高将是明显的。在质量成本报告中，标有“销售百分比”的栏就是对生产率的评估。产出是指销售的金额，投入是与质量相关作业的资源耗费。博兹和莫厄公司产品质量的提高表现为总质量成本占销售收入百分比的下降。在本章的较早部分，我们曾经讨论过另一种生产率评估尺度——JIT制造效率比率。它是通过比较投入、增值时间与产出、循环时间来对生产率产量进行评估的。

18.6 跨越价值链的管理

我们已经了解了企业在价值链中通常用来管理成本的四种技术。这四种技术是他们的潜在目标，即作业基准管理、目标成本制、适时送达制和全面质量管理，这都是为了从价值链中消除非增值作业。这些目标的实现是要通过将管理这些非增值作业的责任分派给雇员、提供关于这些作业的成本信息并奖励消除这些作业的管理者。顾客是非增值作业的最终定义者。在确定价值链的形态和结构时，将顾客视为上帝，这是一条真理。

网络联接

Elwood包装公司的网址如下：

http://www.elwoodbox.com/

从Elwood公司的主页上，选择案例研究来看看专业包装是怎样进行的。你是否相信Elwood公司的工程师和会计专业人员能够紧密合作，以一种及时的方式来服务顾客？适时制存货管理程序的什么特征对于Elwood公司来说将是重要的？

章末回顾

学习目标小结

学习目标1 定义价值链并描述它的基本组成部分。

我们将价值链定义为创造和销售对顾客有价值的产品和服务所必需的一整套作业和资源。它的基本组成包括研究与开发、产品生产与供应商关系、市场营销与销售以及顾客服务作业。

学习目标2 区分非增值作业与增值作业。

增值作业可以增加产品或服务在消费者心目中的吸引力。而非增值作业则不能增加产品的吸引力。

学习目标3 解释作业基准管理与作业成本制(ABC)之间的联系。

作业基准管理要求了解消耗资源的作业以及与那些资源相关的成本之间的联系。ABC法的目标是为了建立所计量成本动因的单位成本。作业基准管理的目标是管理那些产生成本的作业。

学习目标4 描述成本目标制并列示它的组成部分。

目标成本计算是一种经营过程，主要针对新产品或服务开发的最早阶段。目标成本计算的组成部分包括：通过计划和市场分析的观念开发，运用价值工程进行的产品开发，以及不断改进目标进行的产品生产。

学习目标5 认识目标成本计算与价值链之间的联系。

目标成本制跨越整个价值链，是要识别能在满足顾客需求的同时降低成本的作业。目标成本制的首要目的是减少开发时间。跨部门、跨组织的价值链方案允许同时，而不是按顺序来考虑可能的方案，以加快新产品的开发时间。

学习目标6 解释适时制造制度的本质和目标。

在JIT制度中，原料的采购与产品的生产恰好及时地满足销售的需要。因此生产是由顾客需求来推动，而不是靠在存货生产方面的努力来推动。JIT制度的目标是为了消除（减少）非价值增值作业并更为关注整个生产过程产品的质量。

学习目标7 识别质量成本的组成部分。

质量成本被划分为四个部分：（1）与预防出现低质量产品相关的成本，（2）鉴定与检验产品质量的成本，（3）在顾客收到产品或服务前，矫正产品质量问题而发生的内部损失成本，（4）不能令人满意的产品或服务销售给顾客后所发生的外部损失成本。

学习目标8 评述质量评价的特征。

质量计量是消费者最为关心的，因为质量损失只有消费者才会有所体会。这些计量手段应该是多维的，包括财务和非财务的部分，以帮助管理层关注产生质量成本的作业。

那些有助于决策制定者管理价值链的会计方法与技术是本章关注的焦点。我们讨论了通过降低成本来管理价值链的核心运作的方法，并且通过使顾客满意来提升公司的价值。通过运用目标成本计算、作业基准管理、适时制存货程序与全面质量管理，管理者能够识别并减少或消除非增值作业。在后续的其他章节中，我们将讨论其他的管理会计方法来帮助识别决策制定权，提供有助于决策的信息并评估决策制定的业绩。

关键术语

activity-based management 作业基础管理

使用作业基础成本协助减少或消除非增值作业的过程。

cycle time 周期时间

一种产品完整地通过一个特殊制造过程，或一个被看做为完整的制造过程的时间长度。用做对JIT（适时制）效率的度量。

ISO 9000 国际标准组织9000号

由国际标准组织制订的标准，用来提供对设计开发、生产、检验、设置、对产品的服务和服务等的质量指导。

just-in-time (JIT) manufacturing system 适时制造系统

一种制造方法，用来减少或消除如保留存货等非增值作业。其重点在效率和产品质量。

life-cycle costing 寿命周期成本计算

对产品在其完整寿命期中所有潜在消耗资源的考虑。这是目标成本制的重要组成部分，而目标成本制是要消除客户在产品寿命期中所有潜在的成本。

manufacturing efficiency ratio 制造效率比率

制造加工时间表述为周期时间的百分比。它被用做对适时制（JIT）效率的计量。

non-value-added activity 非增值作业

在价值链中并不使产品或服务变得对客户更有价值的作业。

target costing 目标成本制

一种经营过程，在早于生产方法的形成和

设计时，瞄准新产品和服务开发的最早的阶段，这是由客户驱动的过程，重点在设计，且强调产品的全部寿命期。

total quality management　全面质量管理

在贯穿全价值链中通过指派质量管理责任，监控质量成本和奖励低成本高质量的业绩，以消除浪费作业和改善质量的一种途径。

value-added activity　增值作业

在价值链中使产品或服务变得对客户更有价值的作业。

value chain　价值链

为客户所要求产品或服务，生产和分配所必需的作业集合。

value engineering　价值工程

由工程师和生产员工使用的方法，以确定产生客户所要求的产品所需最低廉的资源组合。

示范题

在2001年初，苏斯基公司启动了一项质量改进项目。公司付出了相当大的努力来减少所生产产品的次品数量。在当年的年末，来自于生产管理者的报告显示，废料与返修品的数量都有所下降。财务总监非常高兴听到这项成果，但他还想要评估这项改进的财务影响。为了进行这项评估，收集了以下今年与前两年的财务数据：

	1999年	2000年	2001年
销售	$10 000 000	$10 000 000	$100 000 000
废料	450 000	400 000	300 000
返修品	625 000	600 000	400 000
产品检验	100 000	120 000	125 000
产品担保	875 000	800 000	600 000
质量培训	20 000	40 000	80 000
原材料检验	80 000	40 000	40 000

要求：

a. 将成本划分为预防成本、鉴定成本、内部损失成本和外部损失成本。

b. 计算全面质量成本占这两年中每年销售收入的百分比。由于质量改进，2001年比1999年和2000年增加了多少利润？

c. 将1999年、2000年和2001年的预防与鉴定成本的图表与内部和外部损失成本的图表相对比。推断曲线所显示的最佳质量点。

d. 考虑非增值作业的质量成本。描述这些作业可能会怎样予以消除。

示范题答案

a.

年度	预防	鉴定	内部损失	外部损失	
	质量培训	产品与原材料检验	废料与返修品	产品担保	合计
1999	$20 000	$180 000	$1 075 000	$875 000	$2 150 000
2000	40 000	160 000	1 000 000	800 000	2 000 000
2001	80 000	165 000	700 000	600 000	1 545 000
1999~2000的成本变化	+20 000	−20 000	−75 000	−75 000	−150 000
2000~2001的成本变化	+40 000	+5 000	−300 000	−200 000	−455 000

b.

年度	全面质量成本 ÷ 销售收入	利润增长=成本降低
1999	\$2 150 000 ÷ \$10 000 000=21.5%	
2000	\$2 000 000 ÷ \$10 000 000=20.00%	\$2 150 000-2 000 000=\$150 000
2001	\$1 545 000 ÷ \$10 000 000=15.45%	\$2 000 000-1 545 000=\$455 000

c.

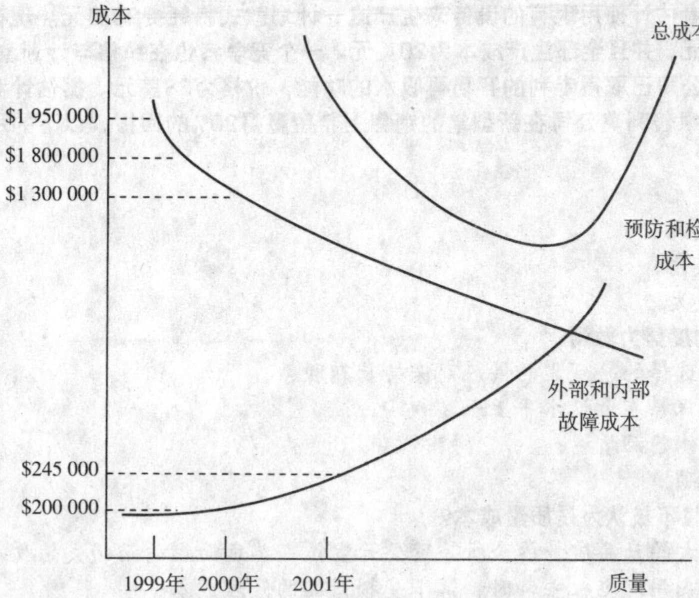

d. 非增值作业是指那些能够予以消除而不会减少产品对顾客的价值（“减少价值”是指增加成本或降低质量）的作业。以下所给的示例答案是假设因顾客而发生的成本将不会增加而且质量不会降低。许多其他作业也可能会引发这些成本，并且也还可能有一些其他的答案。

质量种类	作 业	示例答案
废料	设备问题	新设备/更好的维修
	劳动力问题	质量培训和/或激励
返修品	太多零件	价值工程
	员工的疏忽	质量培训和/或激励
产品检验	低质量原材料	供应商质量认证项目
	低水平设备维修	新设备维修项目
产品三包	检验失误	购买更为可靠的设备
	太多零件	价值工程
原材料检验	运输问题	面向运输商的质量认证
	供应商运送低质量产品	面向供应商的质量认证

自测题

这些问题的答案见章末。

1. 下面的哪一项会被一个面包店的面包消费者认为是非增值作业？

a. 将面粉、鸡蛋、牛奶和其他成分掺入面包面团中；
b. 烤面包；
c. 将烤好的面包送到仓库，以等待销售给当地的商店；
d. 将烤好的面包销售给当地的商店；
e. 更替商店内的面包存货以便于较早的面包能首先销售。

2. 普利莫制笔公司正在开发一种新的笔以取代以前的高级总裁款式。市场研究已经识别出笔所必须具有的关键功能，并据估计顾客将愿意支付30美元来购买一支具有这些功能的笔。普利莫的生产管理者估计使用现有的设备来生产这一计划款式将耗费26美元。现在所销售的总裁款式售价为24美元，并且全部生产成本为20美元。一个竞争者也在销售与计划款式相类似的笔，但不具备普利莫公司已取得专利的容易再吸水的功能，价格为28美元。据估计竞争者的生产成本为25美元。如果普利莫公司在新型笔的销售上希望赢得20%的回报，以下的那一项反映了新型笔的目标成本？

a. 26.00美元；
b. 22.40美元；
c. 24.00美元；
d. 19.80美元。

3. JIT存货制度努力做到：

a. 与经过选择的、可靠的供应商保持长期联系；
b. 将存货保持在最低水平上；
c. 提高整体产品质量；
d. 上述各项。

4. 以下哪项将不被认为是质量成本？

a. 由于重大的产品质量诉讼所导致公开宣传，其负面影响而损失的收入；
b. 在工厂内用起重机装卸时，落下受损商品的修理成本；
c. 颁发给生产最少次品的工作团队的奖金；
d. 支付给一个为客户回答关于公司产品问题的员工的工资。

5. 以下哪项不被划分为外部损失成本？

a. 为了赶制由于返修而被延迟交货的顾客订单，因此而发生的额外的运输费用；
b. 产品回收所发生的成本；
c. 产品责任保险成本；
d. 维护一条客户投诉热线所发生的成本。

作业

讨论题

1. 成功的经营过程管理的三个重要标准是什么？
2. 描述一条典型价值链的主要组成部分。
3. 假设你有兴趣在你所在的地区开设一家新的餐馆。在餐馆价值链中的研究与开发和设计阶段，你要进行哪些特定的作业？
4. 本地消防队价值链中的市场营销和销售部分由什么作业构成？
5. 区分增值作业与非增值作业，并各举一例。
6. 假设你是一家音响生产商的产成品仓库的管理者。当音响储存在仓库中等待运送到零售商店的时候，将会发生什么成本？
7. 目标成本制的目标是什么？

8. 为什么目标成本计算在价值链中的研究与开发和生产过程设计阶段运用最为有效？
9. 作业基准管理的目标是什么，它怎样与作业成本制相区别？
10. 简要地解释一下JIT制造制度的本质和目标。
11. 为什么JIT制度下的产品与传统制造制度下的产品相比，可能次品较少？
12. 为什么JIT经常被描述做一种“哲学”，而不是一项存货管理技术？
13. 请列举并描述质量成本的四个组成部分，并各举一例。
14. 什么是寿命周期成本计算法，为什么它会运用在目标成本制中？
15. 一家企业要取得“ISO 9000认证”要达到什么样的要求？

练习

练习18.1 会计术语 *LO2, 3, 6*

以下是在本章中曾介绍过或重点强调过的八个专业会计术语：

作业基准管理	全面质量管理
适时制造制度	目标成本计算
寿命周期成本计算法	增值作业
非增值作业	价值工程

以下的每一项陈述可能（或可能没有）描述这些术语中的某一条。对于每一项陈述，说出其所描述的会计术语，如果该陈述没有正确地描述以上的会计术语，则回答“没有”。

a. 没有改变产品在消费者心目中期望的情况下，能够予以消除；
b. 这种成本计算方法所关注的是将制造成本分配到最终产品上；
c. 确定创造一项为顾客需求的产品所需要耗费的最低成本，确定所耗费的资源组合的过程；
d. 这种方法考虑消费者从购买到处置一项产品所发生的全部成本；
e. 如果被消除，产品对顾客的吸引力会下降；
f. 运用作业基础成本法来帮助减少和消除非价值增值作业的过程；
g. 一种产品销售价格的确定方法，它是通过在现行产品生产成本的基础上加上一个固定的金额来确定产品的销售价格；
h. 明确地管理质量成本和奖励提高质量行为的方法；
i. 这种方法的一个重要方面是减少不必要的存货。

练习18.2 价值链作业 *LO1*

假设你刚刚被聘用为管理会计师，负责为公司的管理者提供产品成本信息。确定以下四个价值链组成部分中你所要进行的作业。

a. 研究与开发；
b. 生产；
c. 市场营销；
d. 顾客服务。

练习18.3 增值与非增值作业 *LO2, 3*

戴恩梯·弟纳公司生产不同类型的鸟笼。以下是关于木制的鸟类饲养器生产步骤的详细描述：

1. 购买原材料，如木头、钉子和透明的橡胶；
2. 原材料从运输卡车卸装到一个原材料储存地；
3. 由一个雇员点数货物，以检查购货单的准确性；

4. 检察原材料的瑕疵，如是否腐烂、有过多的节疤并有擦伤；
5. 切割部门发出领料单给原材料储存地，要求取得原材料；
6. 当领料单被收到，原材料就会从储存地移送到切割部门；
7. 木头和塑料被切割成恰当尺寸的条块；
8. 将切割好的条块堆放在一起并移送到在产品仓库；
9. 装配部门在需要时发出领料单给在产品仓库，以取得切割好的原材料条块；
10. 在收到领料单后，将切割好的条块就从在产品仓库移送到装配部门；
11. 将切割好的条块装配成一个鸟笼。

a. 对于以上的每一个步骤，请要求它是增值作业还是非增值作业；
b. 对于每一项非增值作业，确定它是否能够消除；如果它不能够被消除，请提出一些能够使成本最小化或提高生产效率的方案。

练习18.4 作业基准管理 *LO3*

布莱克家具公司现有一个有8名员工的应收账款部。布莱克公司有兴趣进行一项作业分析，因为一家外面的企业已经提出承接现由应收账款部掌管的部分作业。应收账款部进行的四个主要作业是:（1）开列并记录付款账单；（2）客户服务作业；（3）财务报告和分析；（4）汇总拖欠债务的账目。

付给该部门雇员的工资列示如下：

经理，1人，每人每年$60 000	$60 000
职员，5人，每人每年$30 000	150 000
会计专业人员，2人，每人每年$40 000	80 000
合计	$290 000

据估计，应收账款部的经理花费了同样数量的时间来监督这四项主要的作业。职员花费了他们几乎一半的时间来开列和记录付款账单。他们剩下的时间被等额的划分到报告作业和顾客服务上。两个会计专业人员将他们一半的时间花在拖欠债务账目的作业上，他们剩下的时间被等额的划分在财务分析作业和顾客服务作业上，因为一般职员没有资格进行这些作业。

佩普罗公司提出，他们能够执行与收回拖欠账目相关的所有作业，每年的收费为50 000美元。佩普罗的经理则认为，布莱克能够节省30 000美元，因为支付给现在进行处理所有拖欠债务账目的专家的工资80 000美元能够被消除。如果这项合同被接受，据估计，应收账款部的经理将只需要花费她1/4的时间来管理佩普罗公司员工的业务。

a. 运用所给的材料准备一份如同图18-1的作业表，以计算专业人员对应收账款部四个主要作业中的每一个作业的贡献。
b. 布莱克公司是否应该接受让佩普罗公司来代替它管理自己收回拖欠账目的作业？

练习18.5 目标成本计算 *LO4, 5*

On Point公司有意要生产和销售一种豪华的电子铅笔刀。市场研究显示，顾客愿意支付40美元来购买这样的一种铅笔刀，并且在这个价格上每年能够销售20 000件产品。这种铅笔刀的生产成本现在估计为34美元。

a. 如果在点子上公司要求销售有20%的回报才生产这种产品，这种新型铅笔刀的目标成本是多少？
b. 如果一个竞争者主要销售同样的铅笔刀，价格为36美元，On Point公司的目标成本应为多少才能保持20%的销售回报？
c. 在36美元的价位上，On Point公司估计它每年能够销售21 000套铅笔刀。假设目标成本能够达到，那么与初始估计的销售价格40美元相比，36美元的销售价格每年能够为On Point公司带来更多还是更少的利润？

练习18.6 适时制生产 *LO6*

奈纳公司正在尝试着确定一件产品经过整个生产过程需要花费多长的时间。以下所搜集的信息是反映产品在不同的生产作业中所需要花费的天数：

作业	天数
检验	5
储存	6
装配	3
搬运	2
印刷	3
包装	1

a. 上述作业中哪一项能增加价值？

b. 奈纳公司的总循环时间为多少？

c. 确定奈纳公司的生产效率比率。

d. 如果奈纳公司执行了全面质量管理项目和适时制存货制度，上述作业中哪一项能够被消除？在奈纳公司的生产效率比率中将会有什么样的变化？

练习18.7 质量成本 *LO7*

克利斯·希纳斯是拉姆鲍制造公司的经理，他有意要进行一项质量成本分析。以下所提供的成本和收入数据是上年末12月31日的：

销售收入	$250 000
销售商品的成本	140 000
担保费用	22 000
检验成本	12 000
废料及返修品	8 000
退回的次品	6 000
折旧费用	10 000
机器维修费用	2 000
工资费用	35 000
机器故障成本	4 000
估计的由于产品低质量而损失的销售收入	5 000

a. 将上述各项成本归类于四类质量成本，并制作一份拉姆鲍公司的质量成本报告。

b. 销售收入中有百分之几花费在预防和检验作业上？

c. 销售收入中有百分之几花费在内部和外部损失上？

问题

问题18.1 识别增值和非增值作业 *LO2, 6*

卡斯特纳公司正在考虑实行JIT存货制度。公司的工业工程师最近进行了一项研究，以确定生产过程中每个作业所花费的平均天数。以下的表格摘录了她的发现：

生产作业	天数
检验原材料	3
储存原材料	17
将原材料移送至生产线	3

(续)

生产作业	天数
设置生产设备	2
切割原材料	6
弯折原材料	5
装配完工产品	9
油漆完工产品	5

要求：

a. 识别卡斯特纳公司的增值生产作业。

b. 识别卡斯特纳公司的非增值生产作业。

c. 计算卡斯特纳公司的总循环时间。

d. 确定卡斯特纳公司的制造效率比率。

e. 如果卡斯特纳公司实行JIT制度，上述作业中哪项能够削减或消除？

f. 有什么道德问题可能会与消除某些非增值作业有关？

问题18.2　作业基准管理与目标成本计算　*LO2~4*

卡拉普公司生产两种产品：卡普1，售价为120美元；奎因，售价为220美元。今年预测的成本和生产数据列示如下：

	卡普1	奎因
直接原材料成本	$30	$45
直接人工成本/每小时每人$12	$24	$60
预计产量/件	25 000	15 000

另外，固定制造费用预计为2 000 000美元，变动制造费用预计为每直接人工小时3美元。卡拉普公司渴望它的产品能够得到15%的销售回报率。

要求：

a. 计算卡普1和奎因的目标成本。

b. 如果固定制造费用成本是根据预计的产量分配到产品上的，请估算每类产品的单位全部制造成本。哪项产品能够取得期望的回报？

c. 如果固定制造费用成本是根据直接人工小时分配到各产品的，请重新计算每类产品的单位全部制造成本。哪类产品能够取得期望的回报？

d. 根据b部分和c部分令人迷惑的结果，卡拉普公司的经理决定进行一项固定制造费用的作业分析。分析的结果如下：

作业	成本	动因	需求	
			卡普1	奎因
机器设置	$400 000	设置量	100	400
购货订单	600 000	订单量	200	100
加工	500 000	机器工时	2 000	6 000
检验	200 000	批别量	50	30
运送给客户	300 000	运输号	300	200
固定制造费用合计	$2 000 000			

如果作业成本制被用来分配固定制造费用成本，请估算一下每类产品的单位全部制造成本。在这种方式下，哪种产品会取得期望的回报？

e. 固定制造费用中有多少比例是能增值的？在努力实现奎因的目标成本时，你认为应首先改进哪项作业，为什么？

f. 卡拉普公司的生产管理者相信改变设计能够将奎因所要求的设置数量减少至25。而用于设置的固定制造费用成本将保持不变。两种产品生产成本设计上的变化会带来怎样的影响呢？哪一种产品将会取得期望的回报？

g. 可供选择改变设计的一个的方案是购买一台新的设备，它能够将卡普1的设置数量减少至20，将奎因的设置数量减少至80。机器的固定设置成本也将减至200 000美元。如果购买机器，请计算每件产品的制造成本。奎因是否应该重新设计或者是否应该购买机器？为什么？

问题18.3 目标成本计算 *LO4*

梅格矿产公司刚刚探测出两个新的铁矿开采地点。地质学家和工程师已经就开采该矿进行了成本和矿砂的出产量的估算，结果如下：

	地点A	地点B
每吨变动开采成本	$3.80	$4.00
整个开采期间的固定成本:		
爆破	$150 000	$185 000
建设	225 000	240 000
维护	25 000	20 000
修复成本	40 000	35 000
固定成本合计	$440 000	$480 000
在矿藏的整个生命期所能开采的矿砂的总吨数	200 000	160 000

梅格公司所有者要求取得现行铁矿市场价格20%的回报率。

要求：

a. 如果铁矿砂现在的市场价格是每吨8美元，梅格公司每吨的目标成本是多少？

b. 如果8美元的市场价格已经给定，那么应该开采哪一个地点的矿？

c. 在地点B工作的工程师认为，如果设置一套传统的传送机系统，则变动开采成本能够被削减至每吨3美元。这个系统的购买价格为25 000美元，但如果它被设置，重建这个地点的成本将会增加到45 000美元。在给定的现行市场价格8美元的条件下，梅格公司是否应该设置这个传送机并开采地点B呢？

问题18.4 质量成本 *LO7*

生产空调器的阿罗西塔公司，依靠提供五年三包的服务而使其品牌广为流行。在2000年，阿罗西塔公司开始实行一项全面质量管理项目，该项目在质量成本方面已经取得了明显的改观。以下所列示的的是阿罗西塔公司过去两年与销售和质量相关的财务信息。

	2000年	2001年
销售收入	$500 000	$500 000
担保费用	22 000	18 500
产品设计	5 000	15 000
废料	2 000	1 200
工艺流程改造	8 000	12 000
原材料检验	4 800	2 300
产品责任索赔	5 000	8 500
返修品	3 100	2 800
退回的次品	7 000	4 500
供应商认证成本	500	2 500

（续）

	2000年	2001年
设备的预防性维护	1 300	2 600
最终检验成本	10 000	7 000
员工质量培训	1 200	4 000
机器故障维修成本	8 500	3 000
预计由于质量问题而损失的销售收入	10 000	10 000

要求：

a. 为阿罗西塔编制一份反映2000年和2001年的质量成本报告。你的报告应该将上述成本分类汇总到质量成本的四个大类中，并包括有每个大类的总金额。

b. 预防和外部损失成本的总金额在过去两年中发生了怎样的变化？对于这些变化，有哪些可能的解释？

c. 在阿罗西塔公司中，预防性维护对与设备故障相关的修理成本有直接的影响。修理成本的下降是否正好证明了维护成本的增加？

d. 尽管采用了全面质量管理，为什么阿罗西塔公司还预计损失的销售收入将会保持不变？

案例

案例18.1　作业基准管理与目标成本计算　*LO2~4*

梅斯电子公司的主席戴纳·马丁很关心年末的市场营销报告。根据市场营销部经理玛丽·欧勃雷所提供的情况来看，即使明年的价格下跌，也仍要维持公司集成电路板的市场份额。现在每单位18美元的销售价格带来了每单位2美元的利润——只有通常单位利润4美元的一半。国外的竞争者仍然在不断降低他们的价格，并且公司为了对付竞争者最近的削价相竞争，价格必须从18美元下调到14美元。这一价格的下降将使梅斯公司在低于成本的价格上来进行生产和销售集成电路板。那么，其他公司怎样才能在如此低的价格上进行销售呢？

戴纳已经下定决心要去追查看看公司的经营是否存在问题，他决定聘用一名顾问去评估集成电路板的生产和销售方式。两个星期后，这名顾问确认了与生产120 000块集成电路板相关的作业和成本：

作业	成本
设置	\$125 000
原材料搬运	180 000
检验	122 000
客户支持	120 000
客户投诉	100 000
三包费用	170 000
储存	80 000
返修	75 000
直接原材料	500 000
公用事业费用	48 000
人工插入劳动①	250 000
其他直接劳动	150 000
成本合计	\$1 920 000

注：① 二极管、电阻器和集成电路是要手工插入集成电路板的。

这位顾问指出，一些初步的作业分析显示单位成本至少能够降低7美元。市场营销部经理也指出，如果价格能够被削减至12美元，那么集成电路板的市场份额能够增加50%。

要求：

a. 对于每一项作业，确定其是增值的还是非增值的？

b. 如果所得非增值作业能够被消除，那么单位集成电路板的成本能够下降多少？这位顾问初步的成本削减评估是否正确？

c. 请计算，在取得通常每单位4美元的利润并维持梅斯公司现有的市场份额时的目标成本为多少？再计算扩大50%的销售所要求的目标成本。单位成本需要降至多少才能实现各个目标？

d. 该顾问同时还揭示了以下的情况：转换为自动的插入操作将会节省90 000美元的直接人工，20 000美元的返修费用和40 000美元的三包费用。必要设备每年的成本将是50 000美元。依靠这条额外的信息，单位产品的潜在成本能够削减多少？梅斯公司是否能够实现目标成本来维持它现有的市场份额？

e. 在努力实现目标成本的过程中，梅斯公司征求了来自于客户、供应商、员工和其他顾问的建议。以下所列示的被认为是可行的：

- 梅斯公司的生产部经理认为，工厂要重新进行设计以使原材料的搬运成本能够削减100 000美元——这还能依次节约10 000美元的返修成本。重新设计工厂的成本为20 000美元。
- 一位供应商建议，租入一台机器将能够减少80 000美元的设置成本。每年租赁机器的成本为15 000美元。
- 一个客户，即KD公司建议，在梅斯公司、KD公司以及梅斯公司最大的原材料供应商之间建立适时制发货体制。这将减少梅斯公司的库存成本45 000美元，而此时仅会增加运输成本5 000美元。
- 一位员工建议，梅斯公司应按照质量控制手段来培训它所有的员工，然后对满足质量目标的给予奖励。一位外部顾问估计，培训成本和奖金将为35 000美元。相应地，检验作业将被消除，返修费用、顾客投诉成本和三包工作将能削减120 000美元。

如果实行包括零部件的自动插入程序在内的上述的所有建议，梅斯公司是否能达到所需要的目标成本来维持现有的市场份额？

案例18.2 适时制冷冻餐饮

LO1, 2, 6

健康时代公司产生了四种冷冻的电视餐饮，这主要销售给超市和独立的食品杂货店。公司的经营主要是依靠两个地方：一个生产工厂和一个几个街区外的冰冻仓库（行政管理办公室位于生产工厂内）。

每周要生产的餐饮的种类都是根据顾客的要求提前一星期安排好的。然而，所生产的餐饮的数量却总是相同的。为了使单位固定生产成本最小化，公司满负荷运转它的生产设备——每天生产20 000套。

每个星期五，当地的供应商就会将下个星期生产所需要的新鲜的蔬菜、鸡肉、鱼和其他配料运送到健康时代公司工厂（这些原材料在当地是充足的）。然后这些配料被切成适合食用大小的部分，“新鲜冰冻”要使用特殊的设备，并且要用卡车运送制冷藏仓库。公司所维持的冷藏配料的存货基本上能够保证两个星期的生产量。

每天，20 000份餐饮的配料由卡车从仓库运送至工厂。按照给定的生产方式所制作的所有餐饮都必须是相同的类型。然而，生产工人只要对机器设备的“设置”进行必要的改变，就能在10分钟内生产出一种不同类型的冰冻餐饮。

从星期一到星期四，健康时代公司每天生产一种类型的餐饮。星期五，它将生产所需要的所有类型的餐饮以平衡它的存货。每天制作完成的冰冻餐饮就被运回冰冻仓库。

每天冰冻餐饮会从仓库运送到客户手中。所有的运送都有独立的承运人来承担。健康时代公司通常在仓库中保持有大约10天左右的冰冻餐饮的存货。然而最近，每天的销售量一直平均少于产量水平大约2 000套左右，致使完工产品存货已经增至25天的供应量。

健康时代公司的控制者玛莎·欧萨卡最近读到了为丰田公司在其日本的生产部门中所采用的JIT存货制度。她想知道JIT制度是否能够使健康时代公司受益。

要求：

a. 按照通常的意思来描述一下JIT制造制度。请说出JIT制造制度的基本目标以及这一制度能有效运作所必须具备的一切基本条件。

b. 请列举出健康时代公司的经营在JIT制度下能够减少或削减的非增值作业。再确定能够予以减少或消除的特定类型的成本。

c. 假设健康时代公司确实采取了JIT制造制度。请描述一下在这种制度下公司的经营情形（你的描述应该与以上所提供的细节相一致）。

d. 解释一下你是否认为JIT制度将会对健康时代公司有效。请给出具体的理由以支持你的结论。

因特网练习

因特网练习18.1 *LO1, 4, 5*

3M公司已经实行了好几个项目以鼓励它的员工创新和启动新的思维。你可从以下地址来获取它的主页：

www.3m.com

在主页上选择可选标签"3M Innovation Quiz"

要求：

a. 什么是3p项目？它是怎样与寿命周期成本计算法的思想相联系的？

b. 什么是30%的挑战？具有挑战会使目标成本计算更为恰当还是更不恰当？

c. 什么是Pacing Plus计划？它会增强价值链的哪一个部分？

d. 总之，你认为3M公司会关注价值链的哪一个部分？

"轮到你了！"的评论

作为一名原材料存货的管理者　当红木材料闲置，等待运送到木材厂时，公司放弃了客户的销售。而且这种放弃是使用营运资本的机会，因为它被套牢在切割和将木材运送到它们的分段运输地的成本上。

作为一名设备维修的管理者　作为设备维修的管理者，你应该了解没有正确地维护设备将不仅会导致更多的废料和返修品，还会延长大修的停工期。设备停工期所造成的生产过程的瓶颈会波及到整条价值链。

设备故障之外的成本动因也能够解释废料和返修品的产生。比如，不能满足进货质量规格的低质量原材料会带来废料和返修品。并且，在车间之间的在产品运输也会造成质量问题。最后，工人可能是质量故障的根源。

自测题答案

1. c ,e　2. c \$30– (0.2 × \$30)　3. d　4. d　5.a

第19章

本-量-利分析

学习目标

学习本章后，你应当能够：

1. 解释固定成本、变动成本和半变动成本是怎样对经营作业量的变化作出反应的。
2. 解释规模经济是怎样使单位成本下降的。
3. 编制本-量-利图表。
4. 计算贡献毛益并解释它的用途。
5. 确定要取得期望水平的经营收益而要实现的销售量。
6. 运用贡献毛益率来估算由于销售数量的变化而引起的经营收益的变化量。
7. 运用CVP的关系来评价新的市场营销战略。

英特尔公司

不久以前，英特尔（Intel）的高层管理人员一直比较轻视价格在1 000美元以下的PC市场，以致他们称之为零段市场——一个削价销售过时、积压存货和低档次电脑的市场。而英特尔业务的重点则放在高档次电脑市场，着重推出一些能运行最新、最酷的软件而价格较为昂贵的芯片。可以肯定，生产那一类的芯片有着极高的毛利率，大约总体上可达到60%，这在高科技产品中可算是最高的之一。

理所当然，这一稳健的策略把英特尔变成了一台精美的印钞机，使其就像它所生产的半导体芯片上的晶体管一样，快速发展起来。在PC微处理器市场占有90%份额的英特尔，业绩如日中天，其销售额在过去四年的时间里以平均每年30%到50%的速度增长。1996年，英特尔以盈利520亿美元的业绩一举闯进世界前八强，并与老牌的埃克森 (Exxon) 和通用电气（GE）相差无几。而同年GE的销售额则比英特尔要少208亿美元。

……然而就在去年，PC平均的价格还在2 000美元的高位上时，2月份，康柏成为第一个开拓低价电脑市场的顶尖PC制造商，从而使市场格局发生了重大的变化。康柏通过使用英特尔的对手西律克斯 (Cyrix) 生产的可兼容奔腾的Media GX芯片，首次推出了价格为999美元的Presario系列（现仅售799美元）——从而开辟了千元以下的PC市场。到了今天，几乎所有大型的PC制造商都推出自己的低价位系列，而配件的销售更是从1996年仅为全美零售单位的7%，骤增至今年的约为25%……

英特尔总裁格鲁夫 (Grove) 并不打算放弃其高速增长的传统业务。他的策略是在保证高盈利的同时保持英特尔在行业中的领先地位。这个计划是：采取一种类似于好胜的康柏和惠普这样的PC制造商所采用的战术。他们都是在销售高价薄利的电脑的同时能够保持其总利润的高水平。具体的做法是通过扩大其销售量来弥补低档次电脑的薄利；同时，在获利丰厚的专业工作站和服务器市场上，相应提高高档产品的价格。

资料来源：Andy Reinhardt, lra Sager, and Peter Burrows, "Inter," *Business Week*, December 22, 1997, pp.70-77. Reprinted by special permission, copyright © 1997 by The McGraw-Hill Companies, Inc.

许多公司像英特尔一样使用了一个称之为本-量-利分析的方法，以此来帮助他们去理解为了盈取不同水平的利润所必需的成本、数量和价格。英特尔公司的首席行政执行官安迪·格鲁夫拟定了一个计划，将较便宜的芯片随着低档的个人电脑进行销售以求高销售量，将价格较高的芯片瞄准有利可图但规模较小的技术工作站和服务器市场。格鲁夫认为在利润和销售量之间存在着一个平衡点。为了获利，公司必须销售一种高销售量、低利润的产品，但他们不需要销售同样多的高利润的产品去取得同样水平的利润。

安迪·格鲁夫及许多管理者，所使用的最重要的分析工具之一就是本-量-利分析（或CVP分析）。CVP分析是一种了解成本和利润性态，以及它们是怎样对于经营作业水平变化做出反应的工具。理解这种联系对于未来的经营活动计划的制定是至关重要的。

本-量-利分析能够被管理者用于回答诸如以下的问题：

- 必须要达到怎样的销售水平才能相抵所有的费用支出，也就是说，怎样才能保本？
- 一种产品必须要销售多少数量才能取得特定的经营收入？
- 如果我们扩大经营能力，那么我们的盈利能力将会发生怎样的变化？
- 对销售人员的报酬从固定的月工资转变为按销售收入的10%提取佣金，将会带来怎样的影响？
- 如果我们将每月在广告上的花费增加至100 000美元，为了保持我们现有的经营收入水平，那么所要求增加的销售数量为多少？

本-量-利分析的概念可能会运用到作为一个整体的企业；运用到企业的独立的部门，如一个分公司、一个分部或一个部门；也可运用到一条特定的产品线。

此要点的案例

在1991年末和1992年初本田(Honda)汽车公司的经营主管者得出结论认为，日元对美元汇率的上升将会使其一条产品线都市(Civic)在未来的盈利能力下降，该产品是在美国市场最受欢迎的。本田公司的经营主管者因此而创建了一支由员工、工程师、会计人员、购货代理和生产工人所组成的团队，其目标是降低新车型都市的成本，并计划在1996年推出这款新车型。结果依据测算，1996年一辆都市的生产成本比该车型1992年的成本低800美元。CVP分析帮助本田公司实现了成本削减目标。

19.1 成本–数量关系

为了要求成本与作业量水平之间的关系，我将考察一下麦肯莱(McKinley)航空公司的经营情况，这家公司是一个总部设在阿拉斯加的费尔班克的小型包机服务商。假设每月航线经营的平均成本为66 000美元。很显然，在既定的每一个月，公司的实际总成本不可能很恰巧总是精确地等于66 000美元。事实上，许多因素可能会造成实际的费用支出高于或低于平均的支出水平。在本章中，我们将会了解到，确定成本动因的重要性，以及管理者是如何运用这个信息去改进他们的计划并控制作业的。

管理者运用CVP分析开始是识别那些会造成成本变化的作业。对于每一项作业，管理者要去寻找一些可供计量的尺度，这些尺度要能使那些作业量的增加或减少与成本的增加或减少相匹配。比如说，使用机器是一项会造成成本变化的活动。则机器工时是一个计量基础，它将机器的磨损与损耗、机器所消耗的电量同与机器相关的成本，如折旧和公用事业费用开支相匹配。

作业基础能够用不同的方式来表述，这要依据于公司经营的本质。比如，在零售业的环境中，作业基础可能被定义为销售量，如所销售产品的数量和销售收入的金额。在制造业中，有时选择生产的关键因素投入量作为作业基础可能更为恰当，如直接人工工时或机器工时。而航空公司则经常将乘客飞行的英里数作为他们最为重要的成本动因。相应地，我们使用这一尺度来研究麦肯莱航空公司的成本性态。

由于已经确认了乘客飞行英里数作为一个恰当的作业基础，我们接下来将把航空公司的每一项经营成本归类到三个主要的类别当中：固定成本、变动成本和半变动成本。

固定成本 (与固定费用)　**固定成本**是指不会随着作业基础的变化而发生明显地改变的那些成本和费用。麦肯莱公司的折旧费用就是一个固定成本的例子，因为每月的折旧费用并不会随着乘客飞行英里数的变化而变化。受到特殊行业属性的影响，固定成本可能还会包括管理人员和行政人员的薪金、财产税、租金和租赁费以及许多类型的保险维护。

变动成本 (与变动费用)　**变动成本**是指会随着作业基础的变化而以相似比例整体上升或下降的成本。麦肯莱公司的燃料费就是一个变动成本的例子，因为它会与乘客飞行英里数成相似比例的变化。例如，如果在一个月中总乘客英里数增加了10%，我们将会期望看到燃料费有相似的增长。

半变动成本 (与半变动费用)　**半变动成本**有时被称为混合成本，因为它们同时包含了固定和变动的成分。麦肯莱公司每月支付给费厄朋克机场的费用就是半变动成本的一个很好的例子，因为它包含了一个固定的基础比率和一个每单位乘客飞行英里数的附加费用。这个固定的部分适用于为麦肯莱公司的飞机租用飞机库的租金，在不考虑飞机飞行活动的情况下，它是保持稳定的。而变动的部分则适用于航空公司使用的乘客候机楼费。在一个月内，麦肯莱公司的乘客飞行英里数越多，机场所收取的候机楼使用费就越高。

在不同性质的成本被整合到一起时，会经常使用半变动成本的概念。比如在制造业中，制造费用就是由固定的和变动的成本组合而成的。固定成本可能包括财产税、监控者的薪金和折旧费用。变动成本可能会包括材料、电力和设备的维修。

19.1.1 成本–数量 关系：图表分析

为了要求成本-数量的性态，以下我们将考察一下经过简化的麦肯莱公司固定、变动和半变动成本的数据：

成本类型	金额
固定成本	
保险费	每月$11 000
折旧	每月$8 000
薪金	每月$20 000
变动成本	
燃料和维修费	每公里8美分
半变动成本	
机场使用费	每月$3 000+每乘客英里2美分

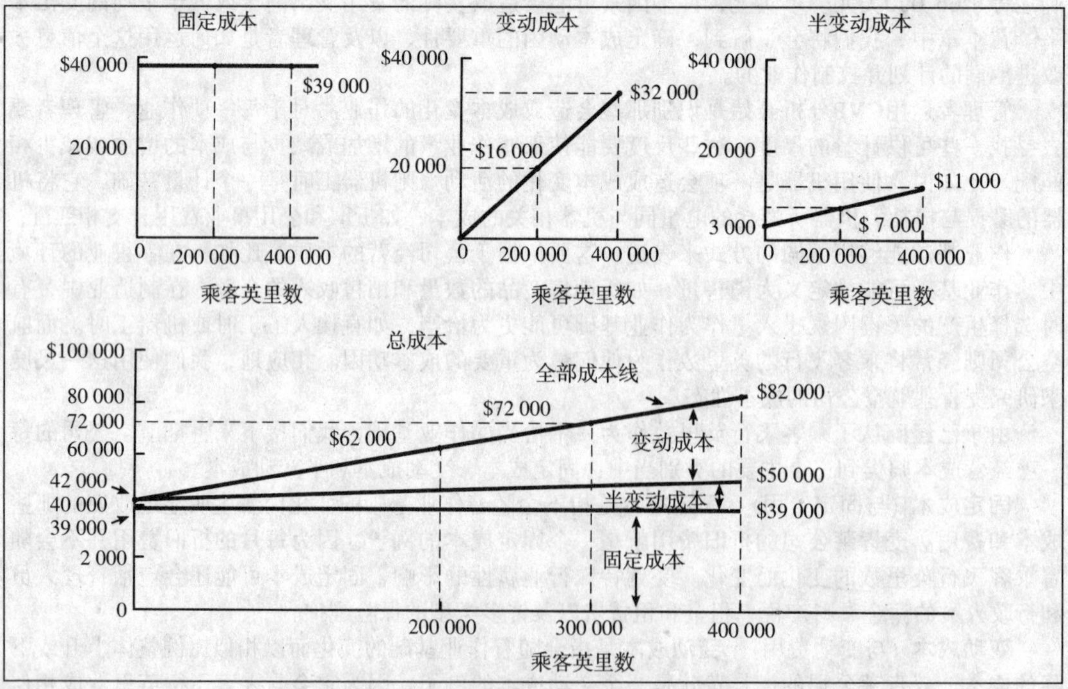

图19-1　麦肯莱航空公司月度经营成本图形分析

我们已经将成本–数量关系用图表进行表述（包括每种成本类型和总成本）。在每一个图解中我们对数量（每月乘客飞行英里数）和成本之间的关系进行了详细的注解。

我们能够从总成本图中读到与假设的每一点乘客英里数的数量相对应的预计每月成本。正如图19-1所显示的那样，如果麦肯莱公司，在一个既定的月中期望数量为300 000乘客英里，那么它预计总成本为72 000美元，或者是每乘客英里24美分。通过拆分所有的固定和变动成本因素，我们已经总结出麦肯莱公司的成本–数量之间的关系并简单地表述为，在给定乘客英里数数量的情况下，每月经营航线的成本近似等于42 000美元加上每乘客飞行公里10美分。

作业量对麦肯莱公司的总单位成本（即每乘客英里成本）的影响能够通过将总成本数字转换为平均成本数字而得以观察到，现列示如表19-1。注意随着乘客英里数的增加，每乘客英里平均总成本会下降。

表19-1　麦肯莱航空公司的单位乘客英里成本

总乘客英里数	200 000	300 000	400 000
成本			
变动（单位乘客英里8美分）	$16 000	$24 000	$32 000
固定（$11 000+$8 000+$20 000）	39 000	39 000	39 000
半变动			
变动部分（单位乘客英里2美分）	4 000	6 000	8 000
固定部分	3 000	3 000	3 000
总经营成本	$62 000	$72 000	$82 000
单位乘客英里成本	$0.31	$0.24	$0.205

麦肯莱公司的单位成本性态已用图19-2表示如下，包括总成本和固定成本。你能够看到两条成本曲线之间的距离（代表的变动成本为单位乘客英里10美分）在整个作业基础数量的范围内是保持不变的。

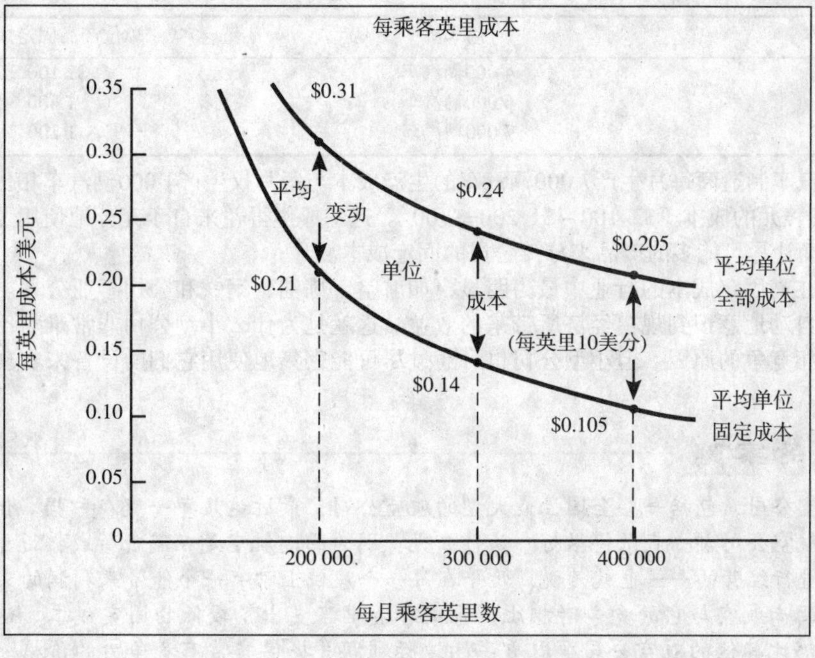

图19-2　麦肯莱航空公司每乘客英里数的平均成本

19.1.2　单位成本性态

在我们的举例中，非常重要的是认为单位乘客英里变动成本保持在10美分不变，而不管乘客飞行英里数的变动。然而，从单位乘客英里数的角度来看，固定成本部分会随着乘客英里数的增加而减小，随着乘客英里数的减小而增大。这是因为总固定成本并不会随着作业量的变化而变化。如图19-2所示，随着每月作业量从200 000乘客英里数增加至400 000乘客英里数，固定成本从单位乘客英里21美分降到了单位乘客英里10.5美分。

轮到你了！ 作为一名经理

假设你是西北航空公司在底特律城市机场负责场地调度的经理。你刚刚得到通知，在费城和底特律之间航线上飞行的飞机型号将从波音737变为波音727，并希望每个航班能增加50名乘客。你认为由于每个航班增加50名乘客会使哪些场地调度成本有所上升？而场地调度的哪些成本将会不受影响？

我们的评论见本章末。

19.1.3 规模经济

在作业量水平较高的情况下，麦肯莱公司单位固定成本降低了，这要求公司更有效的使用了生产资源——飞机。通常，大多数的企业是通过更密集地使用它们的设备来降低单位成本的。[1]这样的节约被称之为**规模经济**。

为了说明这个问题，假设一家汽车制造厂每月发生固定成本840万美元，拥有每月生产7 000辆汽车的生产能力。所制造产品的单位固定成本分三个不同的产量水平分别列示如下：

每月固定成本	生产水平	单位产品固定成本
$8 400 000	4 000辆汽车	$2 100
8 400 000	6 000辆汽车	1 400
8 400 000	7 000辆汽车	1 200

请注意，汽车制造商每月生产7 000辆汽车的生产成本与每月仅生产4 000辆汽车相比，每辆汽车能节约900美元的成本（$2 100－$1 200=$900）。这一成本得益来自于充分地使用了公司的生产设备，从而让尽可能多的产品来分摊公司的固定成本。

规模经济在高固定成本的行业中最为明显，如航空、炼油、钢铁和公用事业公司。大多数的大型企业会自动地意识到规模经济所带来的效益。这就是为什么小型公司非常难与比它大许多的大型公司相竞争的原因。但小型公司也可通过尽可能密集地使用它们的设备来实现它们自己的规模经济。

此要点的案例

许多航空公司，包括一些全国性最大型的航空公司，最近这几年一直在亏损。但相对较小的西南航空公司却一直做得很好。为什么呢？因为西南航空是在满负荷或接近于满负荷的状态下进行经营的——也就是说，几乎在每一个座位上都有一个能带来利润的乘客。

结果，西南航空与它的竞争者相比，每乘客英里只支出了较低的固定成本。这能使西南航空能够比其他的航空公司盈取更高的边际利润并提供非常有竞争力的价格——这能使所有的座位始终坐满。

19.1.4 其他的成本性态模式

现实生活中的成本关系很少像我们举的例子中所涉及的麦肯莱航空公司的经营情况那么简

[1] 增加作业量的水平会增加一定的单位成本，如直接劳动—特别是在支付超时工资率时。然而，这样成本的增加很少会完全抵消较高水平产出所取得的经济实惠。

单。然而，所有行业的经营成本都会呈现出变动、半变动和固定的特征。

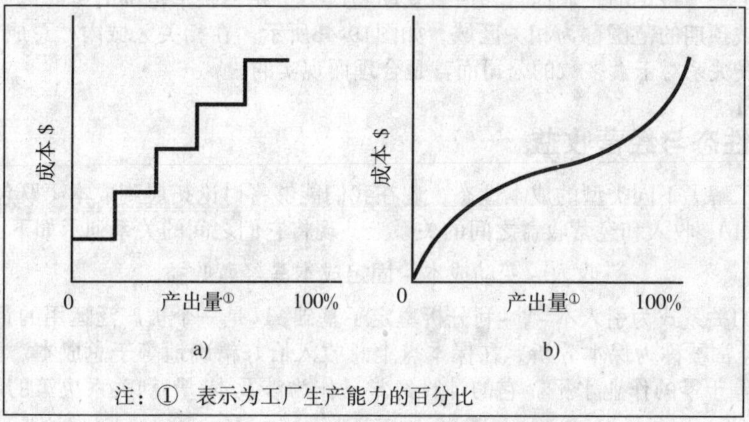

图19-3 “阶梯”和曲线成本

除了至今我们已经描述的成本性态之外，一些经营成本是按照阶梯形的方式增长的，如图19-3a所示。比如，当生产量达到必须要增加另一个监控者和员工的那个点时，就会增加一阶的人工成本。而其他成本可能是沿着一条曲线而不是一条直线变动的，如图19-3b所示。比如，当一个生产安排表要求员工加班工作时，由于要支付加班的酬金，而使单位产品的人工成本比产量增长得更快。

对所有可能的成本性态进行描述将会大大增加成本-数量分析的复杂性。我们在图19-1列示的假定的直线关系，距离现实究竟有多远呢？所幸的是，有两个因素能够使直线型关系接近于成本性态运用在分析方面的目的。

首先，成本性态的非常见模式有相互抵消的倾向。如果我们来划分在一定时期内一家企业所发生的实际总成本，并且在这期间产量发生了变化，那么结果就如成本-数量图19-4 a 所显示的那样。注意该成本模式接近于一条直线，尽管实际的点并没恰好落在直线上。

其次，非常见的成本性态最可能发生在极高或极低的数量水平上。比如，如果产出量增加至接近于100%的生产能力，那么由于支付加班工资会使变动成本曲线将急剧上翘。另一方面，产量的极端萎缩可能会要求关闭工厂和导致漫长的停工期，因此要减少一些通常认为是固定成

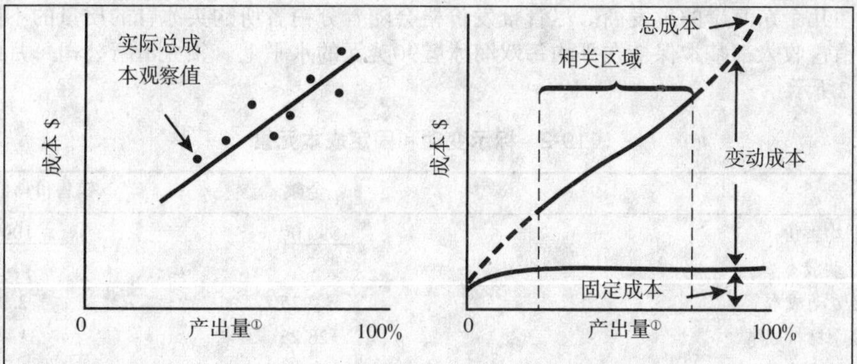

图19-4 成本数量图

本的开支。然而，大多数企业可能是在总生产能力的45%至80%之间进行运作，力图避免产量的巨大波动。对于一个特定的企业而言，产量变动超出一个相当狭窄范围的可能性通常是很小的。产量变动能够被预期的范围称为相关区域，如图19-4b所示。在相关区域内，总成本的变动与产量的变化呈直线关系对于大多数的公司而言是合理而现实的。

19.2 成本性态与经营收益

由于已经了解了不同类型的成本性态，现在我们能够将讨论拓展到成本（既包括生产成本，也包括经营费用）、收入和经营收益之间的关系上，现将它们之间的关系列示如下：

收入 - 变动成本 - 固定成本 = 经营收益

这一基本的关系式为引入本-量-利分析奠定了基础，这是一个被广泛运用的管理规划工具。本-量-利分析经常被称为保本分析，在保本点上总收入恰好精确地等于总成本。则保本点被定义为经营收益等于零的作业水平。它的计算经常是作为涉及本-量-利关系决策的起点来发挥作用。

在我们继续进行阐述之前，还有一点必须要加以强调。在本-量-利分析中的"利润"一词是指经营收益，而不是净收入。这是因为所得税、非营业所得与损失并不能影响变动成本或固定成本的特征。

现金影响

本-量-利分析很少会告诉管理者有关现金流量的影响。比如，收入既能带来现金收入也能带来应收账款收入。然而，在造成现金发生重大变动的作业是一项成本动因时，现金流动信息在CVP分析中就会显得很重要。假设一家公司销售两种产品。产品A主要是以现金收入为基础而产品B则会带来可以长期持有的、具有良好偿付能力的应收账款。管理者决定将一项成本引入产品B的CVP分析中，以反映所损失的、可运用套在应收账款上的现金取得收益的机会。

19.2.1 本-量-利分析：举例

假设领先滑行冰鞋公司生产高质量的单排滚轴溜冰鞋。现在公司将其产品销售给加利福尼亚、华盛顿和俄勒冈的批发商。由于单排滚轴溜冰鞋的受欢迎程度迅速上升，公司正在考虑将产品也销往几个东海岸的批发商。尽管批发价格会随着分销者所购买冰鞋的质量的不同而有所不同，但销售收入都基本保持在平均每双溜冰鞋90美元的水平上。领先滑行公司每月的经营统计如表19-2所示：

表19-2 标示变动和固定成本元素

	金额	销售价格的百分比
单位平均售价	$90.00	100%
单位变动成本		
直接劳动成本	2.25	2.5%
直接原材料成本	28.25	31.4%
变动制造费用	3.10	3.4%
变动管理费用	2.40	2.7%
总单位变动成本	36.00	40.0%
单位贡献毛益与贡献毛益率（将在以后讨论）	$54.00	60.0%

(续)

	金额	销售价格的百分比
固定成本		
管理人员薪金	$23 000	
保险	1 300	
折旧	5 000	
广告费	8 500	
每月固定成本合计	$37 800	

请注意，所得税并不包括在每月的经营费用当中。所得税既不是固定成本也不是变动成本，因为它们取决于应税收入的金额而不是销售数量。

进行CVP分析既可以用数学公式来表述本-量-利之间的关系，也可以用可视化的图表来表示。下面让我们先从图表开始。

19.2.2 制作并运用本-量-利图表

本-量-利（或保本）图19-5是以领先滑行公司的成本和收入统计表为基础的。该表是让读者大致地了解一下保本点的数量和金额。

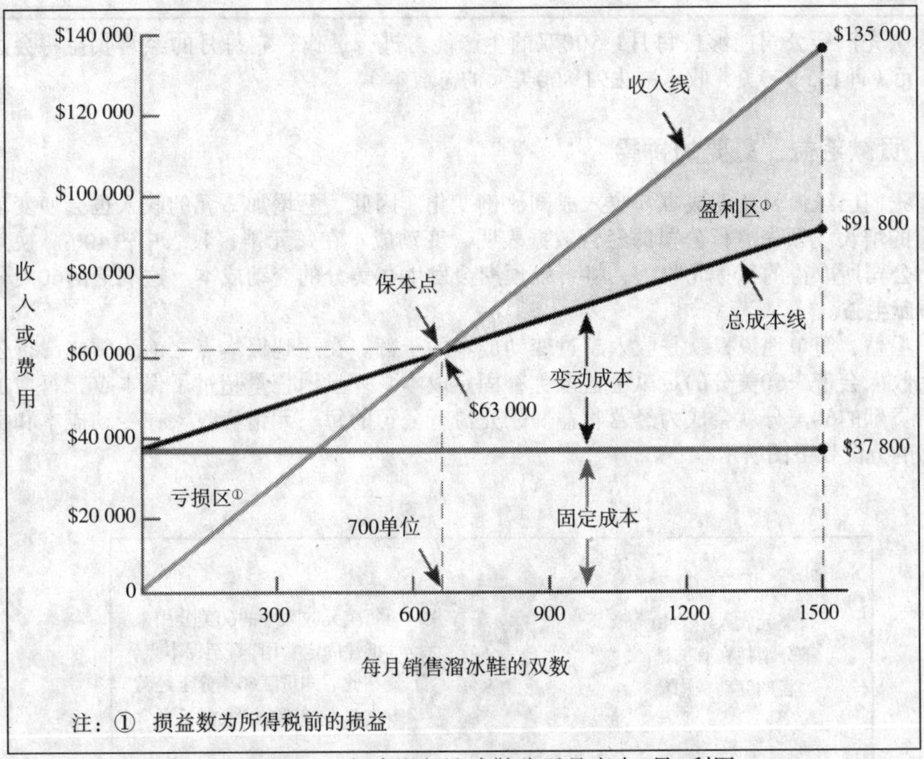

图19-5 领先滑行溜冰鞋公司月度本-量-利图

横轴表示作业量，也就是领先滑行公司每月所销售溜冰鞋的数量。由于公司的生产设备每月最多只能生产1 500双冰鞋，这也就假定了相关范围的上限。图表的纵轴表示对应于不同销售水平的收入和成本的金额。绘制这幅图表的步骤如下：

1. 画总收入线。这条总收入线从0美元延伸至135 000美元，这是公司在既定的每月1 500双生产能力的情况下，现在所能取得的最大的收入。注意总收入线的斜率等于单位平均销售价格90美元。

2. 画固定成本线。这是一条水平直线，表示在公司作业量的相关范围内，所有数量点上的每月固定成本都保持在37 800美元。

3. 画总成本线。从固定成本线与纵轴的交点37 800美元开始，总成本线将经过54 000美元到达总成本91 800美元。这是公司在既定的每月1 500双冰鞋的生产能力下，预期将会发生的总成本。注意，对于每一作业水平，从固定成本线到总成本线之间的距离表示公司的总变动成本并且总成本线的斜率等于公司的单位变动成本36美元。因此，公司每多销售一双的溜冰鞋，它的总成本将增加36美元。

4. 将收入线与总成本线相交的点标注为保本点。注意领先滑行公司的保本点是700双，相应的总收入为63 000美元。

在任何销量上的经营利润或损失等于总收入线与总成本线之间的距离。由于在保本点处这个距离为零，则在保本点的经营收益为零，现证明如下：

收入（700双溜冰鞋×每双$90）		$63 000
成本和费用		
固定成本	$37 800	
变动成本（700双溜冰鞋×每双$36）	25 200	63 000
经营收益		$ -0-

如果领先滑行公司能够按每月1 500双的生产能力进行运作，它每月的经营收益将会达到43 200美元（即135 000美元收入减去91 800美元的总成本）。

19.2.3 贡献毛益：重要的桥梁

前面我们已经提及变动成本与收入成同比例变化。因此，每增加一元的收入也会使变动成本有相应的增长。领先滑行公司的经营数据表明，变动成本在每元销售收入中占40%。换句话说，对于公司所取得的每一元收入，将可以预期会发生40美分的变动成本。这剩下的60美分被称之为**贡献毛益**。

贡献毛益，简单地说，就是收入超过变动成本的金额。在达到保本点之前，领先滑行公司的每一元收入会带来60美分的贡献毛益以弥补固定成本。一旦销售量超过了保本点，每增加一元收入所贡献的60美分就会成为经营收益。领先滑行公司的每一元销售收入在变动成本和贡献毛益之间的分配如下图所示。

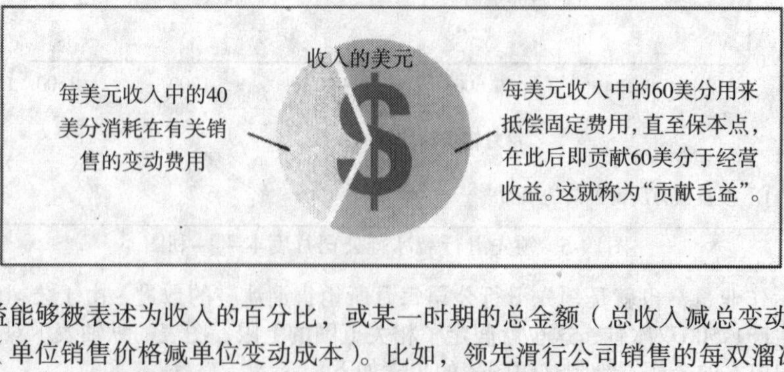

贡献毛益能够被表述为收入的百分比，或某一时期的总金额（总收入减总变动成本），或**单位贡献毛益**（单位销售价格减单位变动成本）。比如，领先滑行公司销售的每双溜冰鞋的平均贡献毛益为54美元，计算过程如下：

$$单位贡献毛益 = 单位销售价格-单位变动成本$$
$$= 90美元 - 36美元$$
$$= 54美元$$

贡献毛益率 当贡献毛益被表述为收入的百分比时，就称之为**贡献毛益率**。这个比率既可用一定时期的总贡献毛益除以总收入，也可用单位金额来计算：

$$贡献毛益率 = \frac{单位贡献毛益}{单位销售价格}$$

利用表19-2领先滑行公司的单位产品数据，我们能够将贡献毛益率计算如下：

$$贡献毛益率 = \frac{\$54}{\$90} = 60\%$$

再重提一次，在达到保本点之前，60%的贡献毛益率意味着在每一元销售收入中有60美分是有助于弥补固定成本的。一旦到了保本点，每增加一元销售收入就会增加60美分的经营收益。

我们将来考察一下，贡献毛益这个概念在用于回答有关公司经营方面的一些基础性问题时它的重要性。

19.2.4 我们必须销售多少产品

贡献毛益这个概念提供了一种快捷的方式来确定公司保本或取得所期望水平的经营收益所要求的销售数量。了解保本点销售量是极为重要的，特别对于公司而言，在确定是否引入一条新的产品线、建立一个新的工厂或在某些情况下要维持经营时都是极为重要的。

为了要求销售量与贡献毛益之间的关系，假定我们想要计算领先滑行公司必须在一个月内销售多少双溜冰鞋才能保本。从图19-5的本-量-利图表中，我们能够看到答案是700双溜冰鞋。我现在将证明事实确实如此。在保本点上，公司所取得的总贡献必须精确地等于它的固定成本。在表19-2数据表明每月固定成本的金额为37 800美元。来自于每双溜冰鞋的贡献毛益为54美元，则公司每月必须销售700双溜冰鞋才能保本。如下所示：

$$销售数量 = \frac{\$37\ 800}{\$54} = 700\ 双/月$$

这个推理过程更深入一步就会发现不仅在保本点需要了解销售数量，而且在取得一个期望水平的经营收益时也需要了解销售数量。以下的公式便能够使我们做到这一步：

$$销售数量 = \frac{固定成本 + 目标经营收益}{单位贡献毛益}$$

比如，领先滑行公司为了每月赚取5 400美元的经营收益，那么它必须销售多少双溜冰鞋呢？

$$销售数量 = \frac{\$37\ 800+\$5\ 400}{\$54} = 每月800双$$

19.2.5 我们必须要取得多少元的销售收入

想要确定一家公司为了取得既定目标的经营收益而必须要实现的销售金额，我们首先要计算要求实现的产品销售数量，然后再乘上单位产品的平均售价即可得到答案。因此，领先滑行公司想要每月取得5 400美元的经营收益，将不得不实现大约72 000美元的收入（800双溜冰鞋 × \$90）。

我们还可以采取更为直接的方式来计算所要求的销售数量，即用贡献毛益率来替代我们CVP公式中的单位贡献毛益，形式如下：

$$销售金额=\frac{固定成本 + 目标经营收益}{贡献毛益率}$$

为了便于要求，我们再次计算一下领先滑行公司要取得每月5 400美元的经营收益而必须实现的销售金额：

$$销售金额=\frac{\$37\ 800+\$5\ 400}{60\%}=每月\$72\ 000$$

19.2.6 什么是我们的安全边际

实际销售数量超过保本点销售数量的金额称之为**安全边际**。它同时也是表示在经营损失发生前销售收入所能抵减的金额。在今天动荡的经济环境中，了解公司所能承受的最低销售收入，对于管理者而言是非常重要的。领先滑行公司实现保本所要求的销售金额为：

$$销售额=\frac{\$37\ 800}{60\%}=\$63\ 000$$

因此，如果每月的总销售收入为73 000美元，则该月的安全边际为10 000美元（73 000美元–63 000美元）。

安全边际提供了一种用计划的销售水平来估算经营收益的快捷方式。这个关系可总结如下：

$$经营收益 = 安全边际 \times 贡献毛益率$$

这个公式的推导源自于安全边际实际上是表示超过保本点的销售金额。因此，如果固定成本已经被弥补，则这些销售收入的整个贡献毛益会增加经营收益。

为了便于要求，假定我们预测领先滑行公司下月的销售收入为72 000美元。由于保本点销售额63 000美元已定，则预计安全边际为9 000美元。因此，计划的经营收益为5 400美元（$9 000 × 60%）。

19.2.7 我们期望经营收益会发生什么变化

如上所述，在我们所举的例子中，贡献毛益率为60%。因此，一旦达到保本点，每增加一元销售收入就会使领先滑行公司的经营收益增加60美分。相反地，每减少1美元的销售收入，就会使利润降低60美分。这个关系可总结如下：

$$经营收益的变化量 = 销售数量的变化量 \times 贡献毛益率$$

因此，如果领先滑行公司预计月度销售收入增长5 000美元，则它将可以预期经营收益会相应地增长3 000美元（5 000美元 × 60%）。

19.2.8 CVP的商业应用

本-量-利分析的运用不仅仅局限于会计领域。相反地，它为一个组织内的许多个体提供了很多有价值的信息。本-量-利关系被广泛运用于预算过程以制定销售目标、估算成本以及为不同的决策提供信息。

为了便于要求，我们来观察一下领先滑行冰鞋公司管理层运用本-量-利关系的几种方式。如以前所提及的，单排滚轴溜冰鞋的流行促使领先滑行公司考虑将产品销售给东海岸的批发商。公司内部不同的管理者，自然会对实行这项新的市场战略有着不同的、但仍然是相互关联的计划考虑。

我们现在将探讨一下领先滑行公司的三位管理者的不同想法。

广告总监 假定领先滑行公司现在每月销售约900双的溜冰鞋。要实行新的市场战略，公司的广告总监要求每月增加1 500美元的预算。她计划将这笔资金用于几个东海岸贸易点宣传的广告。依其经验看来，她有信心使广告每月带来东海岸分销者500双溜冰鞋的订单。她希望能突出她的设想对于公司的经营收益的影响。

分析 首先，我们将依据现在900双的销售量来计算公司现在每月的收入。然后，我们将计算1 400双销量时预计的每月收入，并考虑额外增加的广告成本1 500美元（每月总成本从37 800美元增加到39 300美元）。这将使我们能够估算建议的广告费支出对每月经营收益的影响。

运用列示于表19-2公司的经营统计表，将其现在的经营收益计算如下。

销售收入（900双，每双\$90）	\$81 000
变动成本（销售收入的40%）	(32 400)
贡献毛益（销售收入的60%）	48 600
现在每月固定成本	(37 800)
现在每月经营收益	\$10 800

由于所规划的广告活动支出被视为一项固定成本，因此这项开支并不影响领先滑行公司60%的贡献毛益率。以计划的每月销收入126 000美元（1 400双×90美元）为基准，则计划每月经营收益则可以确定如下：

$$计划销售计划=\frac{固定成本+计划经营收益}{贡献毛益率}$$

$$\$126\ 000=\frac{\$39\ 300+计划经营收益}{60\%}$$

$$计划经营收益=60\%\times\$126\ 000-\$39\ 300$$
$$=每月36\ 300美元$$

这个目标收益数字较现在每月的收益数字10 800美元（36 300美元－10 800美元=25 500美元）要高25 500美元。因此，广告总监认为，她的增加1 500美元的要求是适当的。

生产主管 领先滑行公司的生产主管并不完全赞同广告总监的计划。他认为，公司产品日益增长的需求将为公司的生产力带来最基本的动力。为了适应这种压力，他提出要求许多工厂工人进行大量的超时工作，当然这会引起单位产品的直接人工成本上升约1.8美元。假设他的说法是正确的，他想知道要取得广告总监计划的每月36 300美元的经营收益所要求达到的销售数量。

分析 如保持单位产品90美元的销售价格，则1.80美元的加班津贴将会使领先滑行公司现在的贡献毛益从单位产品54美元减少到单位产品52.20美元，其计算如下：

$$单位贡献毛益=销售价格-单位变动成本$$
$$=\$90.00-(\$36.00+\$1.80)$$
$$=\$52.20$$

如果广告总监得到了每月增加1 500美元的预算，并且36 300美元的销售目标能够实现，则销售所必须要达到的数量计算如下：

$$计划销售数量=\frac{固定成本+计划经营收益}{单位贡献毛益}$$

$$=\frac{\$39\ 300+\$36\ 300}{\$52.20}$$

$$=1448双/每月$$

由于所要求实现的1 448双的销量接近于领先滑行公司1 500双生产能力的上限，因此生产主管仍然谨慎乐观地估计公司有能力将产品销售给东海岸的分销商。相应地，他建议公司应该尽早地开始计划提高公司的生产能力。

销售副总裁 销售副总裁并不相信每月增加1 500美元广告费预算会带来在东海岸地区每月500双的销量。她保守地估计，该地区每月的销量为350双（则每月的总销量为1 250双）。假设每月增加1 500美元的广告费预算，并且由于要适应增加的生产需求而支付的加班津贴，单位直接劳动成本实际上会增加1.80美元。如果销售副总裁的1 250双的计划是正确的，那么她想知道要实现每月36 300美元的销售收益，公司的销售价格能有多少上升空间（上文所提到的单位产品的现行售价是90美元）。

分析 如果每月销量是1 250双而不是1 400双，则公司要取得同样的目标收益（将广告费用和直接劳动成本的增加也考虑在内）单位产品的贡献毛益必须要有所提高。我们运用下列的公式再来计算一次：

$$\text{计划销售数量} = \frac{\text{固定成本} + \text{计划经营收益}}{\text{单位贡献毛益}}$$

$$1250\text{双} = \frac{\$39\ 300 + \$36\ 300}{\text{单位贡献毛益}}$$

$$\text{单位边际贡献} = \frac{\$39\ 300 + \$36\ 300}{1250\text{双}}$$

$$= \$60.48$$

以下我们来回忆一下贡献毛益的计算方法：

单位贡献毛益 = 单位售价 − 单位变动成本

由于已经知道了单位贡献毛益为60.48美元，单位变动成本为37.80美元，因此，我们能够很容易地得到所要求的单位售价，计算如下：

$$\$60.48 = \text{单位售价} - \$37.80$$

$$\text{单位售价} = \$60.48 + \$37.80$$

$$= \$98.28$$

面对竞争极端激烈的体育用品批发市场，销售副总裁担心，价格增长9.2%（从单位售价90.00美元增长到98.28美元）可能会对公司的总销售收入有负面的影响。因此，她建议，单位产品的售价仍然保持在90美元并且公司每月的目标收益数字应当相应地调低。

轮到你了！ 作为一名产品线的经理

假设你是领先滑行冰鞋公司产品线的经理，并由你负责对促进东海岸的销售进行决策。在你进行决策之前，你还需要什么别的信息吗？你将有何建议？为什么？

我们的评论见本章末。

19.2.9 对CVP分析其他方面的考虑

在实务中，本-量-利分析的运用会经常受到经营因素的影响而变得复杂，这些因素包括：（1）不同的产品有着不同的贡献毛益；（2）决定半变动成本的因素；（3）符合本-量-利分析的假设。接下去，我们来分别谈一下这些问题。

19.2.10 一家公司销售多种产品时的CVP分析

领先滑行公司仅仅只销售一种产品。然而，大多数的公司会混合销售许多不同种类的产品。

事实上，**销售组合**这个术语经常用于描述不同产品在总销售收入中所占的相应的百分比。

不同的产品通常有着不同的贡献毛益率。在许多情况下，决策都只是依据某一特定产品的贡献毛益率。但管理者会经常将成本-数量关系运用到视为一个整体的企业中。出于这个目的，他们使用平均贡献毛益率来反应公司现行的销售组合。

先计算每种产品在总销售收入中所占的百分比，再以此来对该产品的贡献毛益率加权，而得平均贡献毛益率。

为了便于要求，假设除了溜冰鞋以外，领先滑行公司还销售头盔。两条产品线的贡献毛益率为：溜冰鞋，60%；头盔，80%。溜冰鞋占总销售收入的90%，而头盔则占剩余的10%。那么，领先滑行公司的销售组合的平均贡献毛益率计算过程如下：

	产品贡献毛益率			销售百分比
溜冰鞋	60%	×	90%	=54%
头盔	80%	×	10%	=8%
平均贡献毛益率				62%

提高销售组合的“质量”　请注意头盔比溜冰鞋有更高的贡献毛益率。一个企业要提高它的平均贡献毛益率以及它的整体盈利能力，就要将它的销售组合转变为包含更多的高贡献毛益率的产品。

具有高贡献毛益产品的销售经常被描述为高质量销售，因为它们对公司的盈利有着很大的贡献。在领先滑行公司中，管理层应该考虑采用多种方法来销售更多的头盔。几乎每一家企业都会鼓励它的销售人员去大量地销售具有高贡献毛益的产品。

此要点的案例

如果你要购买新车，你将会发现销售商很迫切地要推销给你许多种“选择”：别致的音响系统、传统整洁的车身外壳、特殊的喷漆、更大马力的引擎——这样的清单还可再列下去。几乎每一辆在展示厅里的汽车都有着丰富的配置。这是因为基本的经济的模型都有着非常低的贡献毛益率——可能12%或更少。但是至于那些“选择”呢？那情况就大不相同了。

19.2.11　确定半变动成本的构成：高-低点法

正如前面所讨论过的，半变动成本既包含有固定的成分又包含有变动的成分。我们在本章中，通过将成本划分为固定和变动的部分而简化了半变动成本的处理。在实务中，人们必须要估算半变动成本的固定和变动的构成成分。完成这个任务要用到几项数学技巧。我们将把重点放在称为**高-低点法**的方法上。[1]

为了便于要求高-低点法，假设领先滑行公司行政管理的总成本中有一部分是固定的并有另一部分是随着生产水平的变化而变动的。今年头六个月的生产成本和行政管理成本的数据已列示如下：

	产品产量合计	行政管理成本合计
1月	900	$25 060
2月	850	25 040
3月	925	25 183
4月	950	25 280
5月	875	25 140
6月	910	25 194

[1]　确定半变动成本的固定成分和变动成分的方法还有，最小平方方法以及回归分析。这些技术主要在成本会计中予以讨论。

为了确定行政管理的总成本中的变动部分，我们将产量最高和最低月份的成本的变化量与业务的变化量关联起来：

	产品产量合计	行政管理成本合计
4月（最高）	950	$25 280
2月（最低）	850	25 040
变化量	100	$240

请注意，产量每增加一百个单位就会导致行政管理成本增加240美元。因此，该成本的变动部分预计为每一百单位产品240美元，或者说单位产品2.40美元。

为了确定月度行政管理成本的固定部分，我们可以利用高点或低点的月度总成本来减去变动的行政管理成本来得到。以下的计算是利用最高的业务量时的数据来计算固定成本：

固定成本 = 总成本 − 变动成本
= $25 280 − (单位产品$2.40 × 950双)
= $25 280 − $2 280
= 每月$23 000

值得注意的是，这些变动的和固定的行政管理成本都是与表19-2的领先滑行公司所报告的平均经营统计数据的月度摘要相对应的。

我们现在已经得出了一个月度行政管理成本的计算公式：23 000美元+每单位2.40美元。除了有助于公司评估一个月中所发生的行政管理成本的合理性之外，这个公式还能够预测未来可能发生的行政管理成本。比如，领先滑行公司在某月计划生产930件产品，预期将会发生多少金额的行政管理成本呢？答案为25 232美元，其确定过程如下：

月度行政管理成本	$23 000
变动成本（$2.40 × 930件）	2 232
预计的总行政管理成本	$25 232

19.2.12 本-量-利分析中的假设

在本章中，我们是依靠于一定的假设来使本-量-利分析的运用得以简化的。然而，在实务中，某些假设并不总是真的。这些假设包括：

1. 单位产品的销售价格假定是不变的。
2. 如果不止销售一种产品，那么不同产品的销售比例（销售组合）假定是不变的。
3. 在业务量相关范围内的各个销售水平上，固定成本（费用）假定是不变的。
4. 变动成本在销售收入中所占的百分比假定是不变的。
5. 对于制造企业而言，产品的生产数量假定与各期的产品销售数量相持平。

即使这当中的某些假设不被满足，本-量-利分析对于管理工作而言仍然可能是一个有用的制定计划的工具。随着销售价格、销售组合、费用支出以及生产水平的变化，管理层应该更新和修订它的分析。

19.2.13 基本的本-量-利关系总结

在本章中，我们已经阐述了一些用于本-量-利分析的比率和数学关系式。为了便于你的学习，这些关系式已经在下面中进行了总结：

评价标准	计算方法
贡献毛益	销售收入－总变动成本
单位贡献毛益	单位产品售价－单位变动成本
贡献毛益率	$\frac{\text{单位产品售价－单位变动成本}}{\text{单位销售价格}}$ 或 $\frac{\text{销售收入－总变动成本}}{\text{销售收入}}$
销售数量	（固定成本+目标经营收益）/ 单位贡献毛益
销售金额	（固定成本+目标经营收益）/ 贡献毛益率
安全边际	实际销售数量－保本点销售数量
经营收益	安全边际 × 贡献毛益率
经营收益改变量	销售数量改变量 × 贡献毛益率

网络联接

按照以下地址查询德勒 (Deloitte & Touche) 咨询集团的主页：

www.dtcg.com/home.html

这个集团是Deloitte Touche Tohmatsu International (DTTI)的成员，它在127个国家拥有72 000名员工。浏览该主页并找到该集团所服务的企业。选择一家企业进行深入地了解。看看德勒咨询集团在你所选择的行业中，所关注的重要论题。对于这些重要论题中的哪些内容，本-量-利分析将会是有用的?

章末回顾

学习目标小结

学习目标1 解释固定成本、变动成本和半变动成本是怎样随着经营作业量的变化做出反应的。

固定成本（固定费用）不随销售量的变化而变化，而变动成本（变动费用）会随着销售量的变化而成正比例的变化。对于半变动成本而言，成本中的一部分是固定的，一部分是变动的。半变动成本在一定范围内会随着作业量的变化而变化，但这个变化量少于同比例变化的金额。

学习目标2 解释规模经济如何能降低单位成本。

规模经济通过较高的作业量来实现单位成本的下降。规模经济能够使固定成本在更多数量的产品中进行分摊，从而降低单位成本。

学习目标3 编制本-量-利图表。

保本图上的纵坐标表示收入或成本的金额，横坐标则代表销售量。在图表上所画的线表示在不同销售量上的销售收入和总成本。销售收入和总成本线之间的纵向距离则表示经营收益（或损失）的金额。这些线相交于保本点。

学习目标4 计算贡献毛益并解释它的用途。

贡献毛益是销售收入超过变动成本的部分。因此，它表示销售收入可用于弥补固定成本及提供经营收益的金额。贡献毛益在估算实现盈利目标所需要达到的销售量或在一定的销售量下可能会达到的收益时是非常有用的。

学习目标5 确定要取得期望水平的经营收益而要实现的销售量。

实现目标利润所要达到的产品销售量等于固定成本加上目标利润的金额除以单位贡献毛益。

而确定所要达到的销售额，则可用固定成本加上目标利润除以贡献毛益率。

学习目标6 运用贡献毛益率来估算由于销售量的变化而引起的经营收益的变化量。

销售量变化的期望值乘以贡献毛益率即可得到经营收益变化的期望值。

学习目标7 运用CVP关系来评估新的市场营销战略。

理解CVP关系有助于管理者估算随着销售量的变化而变化的收入和成本。因此他们能够预测市场营销战略对于整体盈利能力可能会产生的影响。

理解成本性态——成本通常随着作业量水平的变化而变化的方式——这在本书往后的每一章中都会有要求。在这些章节中，我们将会探讨运用会计信息来评估管理者和部门的业绩、计划和安排未来的经营活动以及进行大量的管理决策。第19章中所介绍的这些概念和术语将会在这些讨论中被广泛的使用。

关键术语

break-even point **保本点**

一种销售水平，在此该公司既不赚钱，也不赔钱。即收入恰好偿付了成本和费用。

contribution margin **贡献毛益**

销售收入减去变动成本。销售收入的未被变动成本所消耗的部分，这样它可用来补偿固定成本和产生经营收益。

contribution margin per unit **单位贡献毛益**

每单位销售价格超过单位变动成本的数额。每单位的销售收入金额贡献于补偿固定成本和产生经营收益。

contribution margin ratio **贡献毛益比率**

贡献毛益表述为销售价格的一个百分比。代表了每一元销售收入可用于补偿固定成本和提供经营利润的百分比。

cost formula **成本公式**

预期成本金额的数学表达式，其中一部分是固定的，而另一部分相对于一些活动基础是变动的。例如，一个半变动成本的公式可以是，每月$2500加上净销售的5%。

economies of scale **规模经济**

通过较高产出数量而达到单位成本的降低。

fixed costs **固定成本**

成本和费用保持不变动，尽管作业基础的水准在变动。

high-low method **高低点法**

将半变动（或混合）的成本分解为固定和变动因素的方法，它是在观察的活动量中取其最高和最低水准，比较成本的变动额和活动水准的变动额而得。

margin of safety **安全边际**

实际销售额超过保本点额的金额。

relevant range **相关区域**

产出的一个区域或范围。超过（应为：位于）此区域，产出可能会变化，而成本性态假设一般是有效的。这样排除了极端的产量变动。

sales mix **销售组合**

企业销售产品中每一种占总销售收入的相对比重。

semi-variable costs **半变动成本**

成本和费用对应于活动水准变动，但少于正比例的金额。

variable costs **变动成本**

成本和费用对应于活动水准变动，直接地和正比例地变动。

示范题

弗莱斯诺加工公司的管理层聘用你，辅助开发用于管理决策的信息。

公司拥有每年加工20 000吨棉花籽的生产能力。再加工过程中还会产生几项适于销售的产品，包括油、碎粉、果壳和棉绒。

一项市场调查显示，公司在明年能够以每吨200美元的价格来销售经过加工的产品。你已经确定了公司的成本结构如下：

棉花籽的成本	每吨$80
加工成本	
变动成本	每吨$26
固定成本	每年$340 000
市场营销成本	皆为变动成本,每吨$44
行政管理成本	皆为固定成本，每年$300 000

要求:

a. 计算（1）贡献毛益;（2）每吨经过加工的棉花籽的贡献毛益率

b. 计算保本点销售量（1）销售额;（2）棉花籽的吨数

c. 假设公司的预算要求实现经营收益240 000美元。计算要达到这个利润目标所要求实现的销售量，即（1）销售金额;（2）棉花籽的吨数

d. 公司在今年加工和销售16 000吨棉花籽，请计算要实现保本所能够承受的，每吨棉花籽原料可支付的最高金额。

示范题答案

a. (1)每吨棉花籽总收入		$200
减：变动成本		
棉花籽	$80	
加工	26	
市场营销	44	150
单位贡献毛益（$200 – $150）		$50
(2) 贡献毛益率（$50 ÷ $200）		25%
b. (1) 保本点销售金额		
固定成本（$340 000+$300 000）		$640 000
贡献毛益率（见a部分）		25%
保本点销售金额（$640 000 ÷ 0.25）		$2 560 000
(2) 保本点产品销售数量（吨）		
固定成本（同上）		$640 000
单位贡献毛益（见a部分）		$50
保本点销售数量，以棉花籽产品的吨数来表示 ($640 000 ÷ $50)		12 800
（可供选择的计算方法还有：保本点销售金额 $2 560 000除以单位售价$200，等于12 800吨。）		
c. (1) 所要求的销售金额：		
固定费用		$640 000
加：目标经营收益		240 000
所要求达到的贡献毛益		$880 000
贡献毛益率（见a部分）		25%
所要求的销售金额($880 000 ÷ 0.25)		$3 520 000
(2) 所要求的销售数量		
所要求的销售金额(来自于(1))		$3 520 000
单位产品售价		$200

所要求的销售数量，以吨计（\$3 520 000 ÷ \$200）		17 600
（可供选择的计算方法还有：为了弥补固定成本和实现目标经营收益所要求达到的边际收益为\$880 000(见c(1))，除以单位贡献毛益每吨\$50，等于17 600吨。		
d. 总销售收入（16 000吨 × \$200）		\$3 200 000
减：除了棉花籽以外的成本		
加工（16 000吨 × \$26）	\$416 000	
市场营销（16 000吨 × \$44）	704 000	
固定成本	640 000	1 760 000
当公司实现保本时，为16 000吨棉花籽所能支付的最大金额		\$1 440 000
当公司实现保本时，为每吨棉花籽所能支付的最大金额（\$1 440 000 ÷ 16 000吨）		\$90

自测题

这些问题的答案见本章末。

1. 今年，律奇威公司的净销售收入与去年的水平相比下降了10%。你认为律奇威公司的半变动成本的：

a. 总额下降了，但是它在净销售收入中所占的百分比却上升了；
b. 总额上升了，并且它在净销售收入中所占的百分比也上升了；
c. 总额下降了，并且它在净销售收入中所占的百分比却下降了；
d. 总额上升了，但是它在净销售收入中所占的百分比却下降了。

2. 梅斯顿公司以单位产品50美元的价格来销售一种产品。每月固定成本总计为15 000美元，并且单位产品的变动成本为20美元。如果管理层将该产品的单位售价下调5美元，那么公司要保本将需要增加多少的销售额呢？

a. 增加5 000美元；
b. 增加2 000美元；
c. 增加4 500美元；
d. 保持不变。

3. 欧尔生汽车供应公司通常能够取得40%的贡献毛益率。商店经理预计，每月多花费5 000美元在电台做广告，则商店每月就能增加经营收益3 000美元。这位经理期望做广播的广告每月能增加的销售金额为：

a. 12 500美元；
b. 8 000美元；
c. 7 500美元；
d. 其他金额。

4. 以下所列示的是阿普莱克斯制造公司月度最高和最低水平的直接人工工时与总制造费用。

	直接人工工时	总制造费用
所观察到的最高水平	6 000	\$17 000
所观察到的最低水平	4 000	14 000

如果在一个月中使用了5 000个直接人工工时，则总制造费用成本中的固定成分应该大约为：

a. 15 500美元；
b. 8 000美元；
c. 7 500美元；
d. 8 000美元+每单位1.50美元。

5. 奇爱佛公司生产两种产品。关于这些产品的数据列示如下：

	产品A	产品B
月度总需求（以产品数量计）	1 000	200
单位售价	$400	$500
贡献毛益率(%)	30	40
相对销售组合(%)	80	20

如果固定成本等于320 000美元，则实现保本所需要达到的总销售收入的金额为：
a. 914 286美元；
b. 457 143美元；
c. 320 000美元；
d. 1 000 000美元。

作业

讨论题

1. 为什么说理解本-量-利关系对于管理层而言是非常重要的？

2. 什么是作业基础？为什么它在分析成本性态方面非常重要？

3. 作业量的增长会对以下内容有什么样的影响？
a. 总变动成本；
b. 单位作业变动成本。

4. 作业量的增长会对以下内容有什么样的影响？
a. 总固定成本；
b. 单位作业量的固定成本。

5. 将成本和数量简单地假设成直线关系能使成本性态的分析变得更为容易。在许多情况下，什么因素能够使这个命题成为合理而有用的假设？

6. 定义作业的相关范围。

7. 解释高-低点法怎样确定：
a. 半变动成本的变动成分；
b. 半变动成本的固定成分。

8. 定义（a）贡献毛益，（b）贡献毛益率，（c）平均贡献毛益率。

9. 在本-量-利（保本）图中体现了哪些重要的联系？

10. 克莱因公司有35%的贡献毛益率。如果每月的固定成本为145 000美元，那么每月要取得30 000美元的经营收益，则必须要实现的销售收入为多少？

11. 请解释一下单位贡献毛益是怎样用于确定保本点所要达到的产品销售数量的？

12. 赫斯特公司的单位变动成本为26美元，贡献毛益率为35%。请计算单位产品售价。

13. 定义安全边际。

14. 一家公司的单位变动成本为75美元，贡献毛益率为40%，如果销售额增长了19 000美元，那么请解释一下对于经营收益可能会产生的影响。

15. 一家大型美国钢铁企业的行政主管批评了最近一个财务时期的经营状况，因为“出口销售在产品组合中占了较高的比例”而导致净收益降低。这个时期内销售收入增长甚微，而净收益却下降了28%。请解释一下将产品（销售）组合转变为含有较高比例的出口销售为何会导致较低水平的净收益。

16. 请解释一下为何企业通常能够通过更密集地使用它们的设备来降低单位成本。

17. 一家公司的生产量的相关范围是每月1 000单位至5 000单位。公司现在是在3 500单位的平均水平上进行运作。管理层正在考虑将这个数字提高到4 500单位。如果要这么做，每月就必须花费1 000美元去租用一台起重机。这违背了哪些本-量-利假设？管理层怎样解决这一矛盾？

练习

练习19.1 会计术语 *LO1, 2, 4*

以下所列示的是在本章中曾介绍过的九个专业会计术语：

变动成本	相关范围	贡献毛益
保本点	固定成本	半变动成本
规模经济	销售组合	单位贡献毛益

以下的每一项陈述可能（或可能没有）描述这些术语中的某一条。对于每一项陈述，说出其所描述的会计术语，如果该陈述没有正确地描述以上的会计术语，则回答“没有”。

a. 收入恰好等于成本和费用时的销售水平；
b. 不随销售量的变化而变化的成本；
c. 产出量可能会发生变化并且关于成本性态的假设通常保持有效的范围；
d. 销售收入减变动成本和费用；
e. 单位销售价格减单位变动成本；
f. 由于较高水平的产出量而取得的单位成本的下降；
g. 会随着销售量的变化而变化但低于同比例变化量金额的成本；
h. 经营收益减变动成本。

练习19.2 成本性态模式 *LO1*

解释一下作业量的增长对以下成本的影响（假定作业量始终保持在相关范围内）。

a. 总变动成本；
b. 单位变动成本；
c. 总固定成本；
d. 单位固定成本；
e. 总半变动成本；
f. 单位半变动成本。

练习19.3 各种成本的分类 *LO1*

请解释，你是否认为以下与净销售收入相关的成本或成本分类为固定的、变动的或半变动的。简要地要求一下你的推理过程。如果你认为该成本不符合这种成本划分方式下的任何一种类型，请做出解释。

a. 所销售商品的成本；
b. 销售人员的薪金（这些薪金包括每月的最低金额，再加上按照销售收入计算的佣金）；
c. 所得税费用；
d. 财产税费用；
e. 一个销售展示厅的折旧费用，按直线法进行折旧；

f. 一个销售展示厅的折旧费用，按双倍余额递减法进行折旧。

练习19.4 成本分析的高-低点法 *LO1*

以下信息是用于分析布莎制造公司最近四个月的总制造费用：

	机器工时	制造费用
1月	5 500	$311 500
2月	3 200	224 000
3月	4 900	263 800
4月	2 800	184 600

a. 运用高-低点法来确定：

1.单位机器工时制造费用的变动成分，

2.月度制造费用成本的固定成分；

b. 布莎公司预期五月份的机器工时为5 300。运用在a部分中所确定的成本关系式来预测五月份的生产制造成本。

c. 假设布莎公司曾经运用在a部分中所确定的成本关系式来估算二、三月份的制造费用。布莎公司高估或低估了多少这些成本？

练习19.5 运用成本公式 *LO1*

城市救护车服务公司预计每月应付紧急求助电话的成本为19 500美元加上每个电话110美元。

a. 在一个月内公司发生了125个紧急求助电话，确定预计的：

1.与紧急求助电话相对应的总成本，

2.与紧急求助电话相对应的平均成本；

b. 假设在一个月内，紧急求助电话的数量异常的少。你期望在这个月内与紧急求助电话相对应的平均成本与其他月份相比是更高还是更低？请解释。

练习19.6 运用成本公式 *LO4, 5*

运用高-低点法，雷根西宾馆预计每月提供客房餐饮服务的总成本金额为5 950美元，另外再加上房间服务收入的30%。

a. 提供房间餐饮服务的贡献毛益率为多少？

b. 与总的客房服务收入相关的客房服务经营的保本点是多少？

c. 在一个客房服务收入达15 000美元的月份内，你预计提供客房服务的总成本为多少？

练习19.7 计算所要求的销售量 *LO4, 5*

以下是关于阿门斯兄弟公司所生产的产品的信息

单位售价	$70
单位变动成本	43
总的固定的生产和经营成本（每月）	405 000

请确定以下内容：

a. 单位贡献毛益；

b. 要实现保本，每月所必需销售的产品的数量；

c. 每月为了取得270 000美元的经营收益而必须要达到的销售水平。

练习19.8 计算销售量 *LO4~6*

波特公司有660 000美元的固定成本，单位变动成本为24美元，并且贡献毛益率为40%。

请计算下列内容：

a. 上述产品的单位售价和单位贡献毛益；

b. 波特公司为了取得300 000美元的经营收益而要求实现的销售量；

c. 波特公司为了取得300 000美元的经营收益而要求实现的销售额。

练习19.9 计算贡献毛益率和安全边际 *LO4, 5*

以下是哈普公司所销售的惟一一种产品的相关信息。

单位售价	$24
单位变动成本	18
年固定成本	240 000

a. 计算贡献毛益率和保本所要求达到的销售金额；

b. 假设公司在今年销售了75 000单位的产品，请计算安全边际的销售额。

练习19.10 计算销售量 *LO4~6*

最近，杰克逊公司计算出它的保本点销售额为15 000美元。在每一美元销售收入中能有0.70美元可用于弥补它的销售收入。

请计算以下内容：

a. 贡献毛益率；

b. 总固定成本；

c. 要取得9 000美元的经营收益而要求实现的销售收入。

练习19.11 将贡献毛益率与销售价格相联系 *LO1, 4, 5, 6*

火鸟制造公司产品的贡献毛益率为45%，并且必须以单位产品80美元的价格销售25 000单位的产品才能实现保本。请计算：

a. 总固定成本；

b. 单位变动成本。

练习19.12 计算保本点 *LO4, 5, 6*

马利布公司每月的固定成本为63 000美元。公司销售两种产品。以下提供的是相关的信息：

	销售价格	贡献毛益
产品1	$10	$6
产品2	10	3

a. 如果相对应的销售组合为产品1占40%，产品2占60%，那么每月的总销售收入要达到多少才能实现保本呢？

b. 如果相对应的销售组合为产品1占25%，产品2占75%，那么每月的总销售收入要达到多少才能实现经营收益12 000美元呢？

练习19.13 本-量-利之间的关系 *LO1, 3, 4*

以下是六种相互独立的情况，请计算空缺的金额。

a. 运用单位贡献毛益

	销售收入	变动成本	单位贡献毛益	固定成本	经营收益	销售数量
(1)	$_____	$120 000	$20	$_____	$25 000	4 000
(2)	180 000	_____	_____	45 000	30 000	5 000
(3)	600 000	_____	30	150 000	90 000	_____

b. 运用贡献毛益率

	销售收入	变动成本	贡献毛益率	固定成本	经营收益
(1)	$900 000	$720 000	______%	$______	$95 000
(2)	600 000	______	40%	______	75 000
(3)	______	______	30%	90 000	60 000

练习19.14　评估市场营销战略　*LO7*

卡泼斯和山多士公司是一家经营马缰绳和西部服饰的零售商，它的贡献毛益占销售收入的45%。最近，一家当地的“乡村”音乐台的广告经理提出要为卡波斯和多士公司进行大量的广播广告宣传，费用为1 800美元。

请计算，卡泼斯和山多士公司采纳这项建议进行广播广告宣传活动，在以下情形，每月必须增加的销售额为多少：

a. 支付这项广告成本

b. 每月增加经营收益1 000美元（四舍五入到美元）

练习19.15　选择作业基础　*LO1*

你已被聘为顾问来辅助以下的公司进行本-量-利分析：

Freeman’s零售花店

Susquehanna拖缆车服务公司

Wilson泵机制造公司

McCauley & Pratt律师事务所

请为每一个客户建议一项恰当的作业基础。

练习19.16　CVP中道德与行为的暗示　*LO5, 6, 7*

汤姆·克莱姆是沃特生制造公司的财务总监。他预计公司的保本点销售额为200万美元。然而，他最近告诉所有的地区销售管理者，需要实现300万美元的销售收入才能保本。同时他还告诉他们，如果公司不能实现保本，那么销售人员将要削减40%。克莱姆相信，他的策略将会激发销售人员在来年取得创纪录的利润。他激发员工的方法是道德的吗？他还能够采取别的什么方法吗？

问题

问题19.1　运用本–量–利公式　*LO4, 5, 6*

“去谋杀吧”公司正在编写和生产客厅神秘谋杀游戏并将其销售给零售商。以下是与生产和销售这种产品相关的单位信息：

单位售价	$ 28
单位变动成本	7
年固定成本	240 000

要求：

请确定以下内容，并在答案中列示出你在计算中所运用的公式。比如，在确定贡献毛益率（见a部分）时所用到的公式为：

$$贡献毛益率 = \frac{单位售价 - 单位变动成本}{单位销售价格}$$

a. 贡献毛益率；
b. 实现保本所要求的销售额；
c. 要取得每年450 000美元的经营收益而要达到的销售额；
d. 在年度总销售量达40 000单位时的安全边际销售量；
e. 当年度总销售量达40 000单位时的经营收益。

问题19.2 运用本-量-利公式 *LO4~6*

箭头产品公司通常能够取得25%的贡献毛益率，并且现在的固定成本为80 000美元。箭头产品公司的总经理正在考虑花20 000美元去做以下事情中的一件：

a. 进行一轮新的广告活动以期增加销售收入5%；
b. 租用一台新的电脑化的订单系统以期将箭头公司的边际收益率增加到30%；

在不实行以上任何一项建议的情况下，初步预计第二年的销售收入为1 200 000美元。

要求：

a. 对于以上两种选择，与最初的预期相比，项目的经营收益将会增加或减少多少？
b. 销售收入需要增长百分之几才能使广告活动与订单系统具有相同的吸引力？

问题19.3 制定销售价格并计算保本点 *LO4~7*

温暖帐篷公司是一家新近组建的制造企业，它计划每年生产和销售50 000单位的新产品。以下是所制定的明年的成本和费用的预算（所得税除外）：

	固定成本	单位变动成本
生产成本：		
直接材料		$47
直接人工		32
制造费用	$340 000	4
期间费用		
销售费用		1
管理费用	200 000	
合计	$540 000	$84

要求：

a. 如果公司在第一年制定了生产和销售50 000单位产品以取得260 000美元的经营收益的目标，那么公司应将单位产品售价定为多少？（提示：先计算所要求的单位贡献毛益）
b. 在a部分中所计算的单位售价水平上，公司必须生产和销售多少单位的产品才能保本？（假设所有生产的产品都能售出）
c. 如果公司生产50 000单位的产品并以a部分中所计算的单位售价来进行销售，那么贡献毛益的金额将会是多少？运用贡献毛益，计算在50 000单位产销量时的经营收益。
d. 假设市场营销部经理觉得，要确保市场渗透则产品的价格不能高于94美元。如果按照计划生产和销售50 000单位的产品，那么将价格定在94美元，温暖帐篷公司是否能够保本呢？请解释一下你的答案。

问题19.4 估算成本和利润 *LO1, 4,5*

疾风公司生产旅游鞋。公司已经制定了明年生产和销售30 000双鞋的成本预算，见下表：

分析成本和数量变化的影响 *LO4, 6*

农场饲养海鱼以销售给水族馆。每年，潘库拉农场可从当地的供应商那儿获得一批
i只。潘库拉农场的经理正在考虑是否使用农场的设施来饲养王冠鱼或天使鱼。王冠
批需花费5 500美元，而天使鱼的鱼卵每批需花费9 500美元。由于需求不同，在一定
能够饲养一个品种并且在52周的时间内只能饲养一批。
在的设备，大约只能有10%的王冠鱼的鱼卵和5%的天使鱼的鱼卵能够成功地饲养至
鱼大约需要花费35周左右的时间才能长成适合销售的大小，而天使鱼则需要花费50
间。而且，天使鱼与王冠鱼相比则需要有更多的看护。每个星期，天使鱼需要换两
的给食，而王冠鱼只需要换一次水和15次的给食。每次给食的成本为150美元，每次
为1 000美元。无论饲养哪一种鱼，每周取暖和照明的成本为400美元。每年固定的
80 000美元。潘库拉农场能够以每条4美元的价格来销售王冠鱼，而每条10美元销售

在该年度取得最好的经营收益，潘库拉农场应该饲养哪一种鱼？
固定成本之外，还有哪些因素或成本类别会对经营收益有重大影响？
拉公司的经理正在考虑以下的改革，两个方案将会使该年度的成本增加8 000美
由于资源有限，只有一个方案能予以实行。
更高质量的过滤材料，这将会明显地提高饲养池的水质。更好的水质将会使王冠鱼
高到12%，天使鱼提高到6%。对于两种鱼而言，每周换水的次数也将下降为一次。
产量，每次给食的成本将会增加至160美元。
更新的、更高效率的设备，这将会使每周的加热和照明成本下降至300美元。新的设
更为可靠的条件，使王冠鱼的存活率上升至10.5%，天使鱼的存活率上升至5.5%。存
变化将不会增加饲养成本。
面b部分的答案（不用计算），你认为哪种选择更为有利？
必要的计算以检验你在c部分的答案是否正确。是否应该在两个方案中选择一个
投资呢，并且如果是这样，应该饲养哪一种鱼呢？

2 与多种产品相关的CVP *LO4, 5, 6*

康产品公司经营跑鞋和短裤。以下是这两种产品部分的单位产品信息：

	跑鞋	短裤
	$50	$5
本和费用	35	1
益	$15	$4

定成本与费用合计378 000美元。
康公司每月的总销售额达100万美元，其中有80%来自于跑鞋的销售，另外的20%来
销售。

别计算每个产品线的贡献毛益率。
现在的销售组合，请计算：
月总销售收入的平均贡献毛益率
月的经营收益
月的保本点销售额（以金额来表示）
要实行更有进取性的市场策略，生活健康公司将销售组合转向销售更多的短裤，

	预算成本	单位预算成本	变动成本的百分比
直接材料	$630 000	21	100%
直接人工	300 000	10	100
制造费用（固定成本与变动成本）	720 000	24	25
销售和管理费用	600 000	20	20
合计	$2 250 000	$75	

要求：

a. 假设公司生产和销售30 000双鞋，请计算要实现900 000美元的预算经营收益，单位产品售价应定为多少。（提示：先计算要取得该经营收益而需要达到的预算销售收入）

b. 假设公司决定以每双鞋121美元的价格来进行销售，请计算以下内容：
1. 年度预算的总固定成本
2. 单位变动成本
3. 单位贡献毛益
4. 以每双鞋121美元的价格进行销售时，要保本每年必须生产和销售的鞋的数量

问题19.5 制作一张“保本”图 *LO3~6*

停车购物公司在市里的商业区经营着一个有800个停车位的停车场。这个停车场每年开放2 500个小时。每辆车每小时的停车费用为50美分；一般顾客停车时间为两小时。停车购物公司每月租用场地的费用为7 250美元。每年要支付给场地的监管者24 000美元。进行停车业务的五名员工每周要支付300美元，总共要支付50个星期，再加上两周的假期每人600美元。在淡季，当只需四名员工就能够应付已经减少的交通负荷量时，员工轮流休假。场地维护费、工资税与经营停车场的其他成本都包含在每月3 000美元的固定成本和每停车场小时5美分的变动成本中。

要求：

a. 为停车购物画一张年度本-量-利图。将大量的停车场小时作为作业的评价尺度。[停车购物拥有每年200万个停车场小时的经营能力（800个停车场×每年2500小时）。]

b. 贡献毛益率为多少？每年停车收入的保本点金额为多少？

c. 假设已经取消了五名员工的小时工资制，而代以每停一辆车支付30美分，假期支付的津贴与以前相同。（1）这将会使改变贡献毛益率和总固定成本发生怎样的变化呢？（提示：每停车场小时的变动成本将为15美分，或者说是支付给员工每停一辆车的薪酬30美分的一半，因为一般顾客停车约两小时。）（2）在这样的条件下，每年必须实现多少的销售收入才能取得300 000美元的经营收益呢？

问题19.6 画一张本–量–利图 *LO3, 4, 6*

彩虹油漆公司经营着一系列的油漆零售连锁店。尽管这些油漆是在彩虹的标牌之下进行销售，但都是从独立的油漆制造商那儿采购而来的。彩虹油漆的主席格埃·沃尔克正在研究开设另一家分店的建议。他预计规划的地点每月的成本为：

固定成本：	
占地成本	$3 160
工资	3 640
其他	1 200
变动成本（包括油漆成本）	每加仑*$ 6

* 1加仑约为3.785dm³。

尽管彩虹油漆店销售几种不同类型的油漆，但每月的销售收入都保持在平均每加仑10美元的水平上。

要求：

a. 请计算正在筹建的商店的贡献毛益率和保本点的销售额以及加仑数；

b. 假设每月潜在最大销售量为3 000加仑，请画一张正在筹建商店的月度本-量-利图表；

c. 沃尔克认为，正在筹建的商店未来每月将销售2 200至2 600加仑的油漆。请分别计算每月实现上述各销量而取得的经营收益的金额。

问题19.7 理解保本的关系 *LO1, 2, 4, 5, 6*

方便书写公司生产一种可擦式的圆珠笔，单位售价为1.75美元。管理层最近完成了公司本月经营成果的分析。在40 000枝销量的保本点水平上，公司的总变动成本为50 000美元，总固定成本为20 000美元。

要求：

a. 计算单位贡献毛益；

b. 如果每月总销量达45 000枝，请计算公司的安全边际；

c. 如果每月销量仅有38 000枝，请估算一下公司每月的经营损失；

d. 请分别计算一下产量水平为（1）每月40 000枝；（2）每月50 000枝时单位产品的总成本。并解释一下单位成本变化的原因。

问题19.8 本量利分析；制作一张图表 *LO3~7*

西蒙·坦格正在考虑投资一项自动售货机业务，这项业务涉及遍布全城不同工厂的20台自动售货机。机器的制造商报告说，相似的自动售货机经营方式每月每台机器能够带来800至1 000单位的销售量。以下所提供的信息是坦格用于评价这项业务潜在盈利能力的。

1. 这项业务将要求投资45 000美元，其中9 000美元是用于商品，36 000美元是用于20台机器。
2. 这些机器有五年的服务寿命，使用期终止时无剩余价值。
3. 商品（糖与软饮料）的单位零售价格平均为75美分而坦格的单位平均成本为25美分。
4. 每销售一单位的糖和软饮料就要支付给机器置放处的大楼所有者5美分的佣金。
5. 需要雇用一个人来维护机器。工资为每月1 500美元。
6. 其他费用预计为每月600美元。这些费用并不会随着销售量的变化而变化。

要求：

a. 确定每月的单位贡献毛益和保本点的销售量以及销售额。

b. 画一张月度的本-量-利图，销售量的上限为每月每台机器1 000单位商品。

c. 坦格投资45 000美元，想要取得年回报率为30%的经营收益，每月必须要实现多少单位的销售量和多少金额的销售额？（精确最接近的单位）

d. 坦格正在考虑提供给大楼的所有者一笔固定的租金，每月每台机器30美元，以取代每销售一件商品而支付的5美分的佣金。这个佣金支付方式的改变将会对每月的保本点销售量产生怎样的影响？

问题19.9 分析成本变化的影响 *LO4, 5, 6*

精密系统公司生产磁带盒，并且每年销售18 500件的产品。公司的总裁杰·威尔逊预计，在下一年的1月1日单位产品成本中直接人工将会增加15%。他期望所有的其他成本和费用都保持不变。威尔逊已经邀请你来辅助他开发信息，这些信息是他在制定下一年度合理的产品策略时所需要的。

令你感到欣慰的是，产量是影响成本和费用的首要因素，
动和固定的部分。年初和年末的存货都保持在1 000单位的水平

以下是所搜集的本年度数据，以利于你的分析：

销售单价	
单位变动成本：	
直接材料	$10
直接人工	20
制造费用与销售和管理费用	30
单位贡献毛益（40%）	
固定成本	

要求：

a. 为了弥补增长15%的直接人工成本，并仍然保持现在4
价格提高多少？

b. 如果销售价格保持在100美元并且工资增长了15%，那
维持现在350 000美元的经营收益呢？（提示：首先计

c. 威尔逊认为，再购置700 000美元的设备（每年折旧
（20 000件产品）提高25%。如果所生产的磁带盒都能
格予以销售并且工资的增长确实发生，那么将经营能
经营能力提升后所预计的经营收益相比，会有怎样的
张前与扩张后所预计的经营收益的表格。

问题19.10 分析成本和销量变化的影响

英特尔公司生产两款流行的奔腾处理器。下一年度的固定
下是预测的单位产品售价、变动成本和每款处理器的需求量：

	销售单价	单位变动制造成本
奔腾	$100	$40
奔腾Ⅱ	530	110

要求：

假设英特尔公司只能选择其中的一种处理器进行生产。请分

a. 依据上述的价格、成本和需求，哪一款处理器能带来较

b. 英特尔公司的市场营销部经理认为，如果奔腾处理器的
番。类似地，如果奔腾Ⅱ的售价下降60%，需求量将
看到的结果相比，采取这两种可供选择的价格策略中
经营收益呢？（假设制造成本没有改变）

c. 英特尔公司有机会采用一种新的生产工艺，这将会使
元。这一新的生产工艺将会使奔腾芯片的变动制造成
Ⅱ芯片降至75美元。假设这一工艺被采纳，应该生产
经营收益，应该在两个建议价格中选择哪一个价格进
应该采纳？

d. 应该选择哪一个整体战略组合（即，初始的生产工艺
芯片与奔腾Ⅱ芯片相比较、初始的销售价格与可选择
期经营收益的最大化呢？如果你的答案与a部分的有所
丰厚的经营收益的原因。

问题19.

潘库
鱼卵约10
鱼的鱼卵
的时间内
使用
成熟。王
周左右的
次水和20
换水的成
生产成本
天使鱼。

要求：

a. 为
b. 除
c. 潘
元
1. 购
的存活率
由于更高
2. 安
备将会带
活率轻微
利用
d. 进
进

问题19.

生活

售价
变动
贡献

每月
生活
自于短裤

要求：

a. 请
b. 如
1.
2.
3.
c. 假

每月的总销售收入仍然保持在100万美元，但现在这些收入中的30%来自于短裤的销售。运用这一新的销售组合来计算：

1. 每月总销售收入的平均贡献毛益率
2. 每月的经营收益
3. 每月的保本点销售额（以金额来表示）

d. 请解释一下采用新的销售组合使公司的财务图表发生重大变化的原因。

案例

案例19.1 从不同的角度来看CVP

LO1

假设你正在筹备一个面向于非会计人员的本-量-利分析的研讨会。几位有兴趣参加的人士与你进行了交谈，并询问了为什么他们也应该学习这个论题。这些人包括：

1. 一名工厂的工人，她作为公司工会的代表负责合同的谈判。
2. 一名采购代理，负责为一家大型的生产企业定购原材料。
3. 一家大型汽车公司的销售副总裁。
4. 一家制药企业的研发部的负责人。

要求:

你将会分别提出哪些独特的理由以激发他们的兴趣，使他们来参加你的研讨会？

案例19.2 评估市场营销策略

LO1, 4, 5, 6, 7

紫色牛公司经营一系列的免下车服务，主要销售冰淇淋产品。以下信息是来自于公司现在日常经营的免下车服务的记录：

每加仑*冰淇淋的平均售价		$14.80
每月所销售的加仑数		3 000
每加仑变动成本：		
冰淇淋	$4.60	
供给品（茶杯、蛋筒等）	2.20	
每加仑的总变动成本		$6.80
每月固定成本：		
房子的租金		$2 200.00
公共事业费及维修费		760.00
工资，包括工资税		4 840.00
管理人员的薪酬，包括工资税但不包括奖金		2 500.00
其他的固定费用		1 700.00
每月总固定成本		$12 000.00

* 1加仑约等于3.785dm³

依据这些数据，每月的保本点销售量确定如下：

$$\frac{\$12\,000(\text{固定成本})}{\$8.00(\text{单位贡献毛益})} = 1500\text{ 加仑（或\$22 200）}$$

要求：

a. 现在所有商店的经理经过协商，一致要求超出保本点以外每销售一加仑冰淇淋要提取20美分的奖金。请计算，要取得10 000美元的经营收益每月必须销售的冰淇淋的加仑数（精确至整加仑数）。

b. 为了增加经营收益，公司正在考虑以下的两种可选方案：

1. 销售价格平均每加仑下调2美元。这一举动期望能使销售的加仑数增加20%（在这一计划下，经理每月将支付2 500美元的工资而没有奖金）。

2. 每月花费3 000美元做广告而无须对售价进行调整。这一举动期望能使销售的加仑数增加10%（在这一计划下，经理每月将支付2 500美元的工资而没有奖金）。

这两个备选方案中，哪一个方案每月会带来更高的经营收益？在各备选方案下，要实现保本每月必须销售多少加仑？请提供能够支持你的答案的图表。

c. 为管理层起草一份备忘录，以说明你对这些备选的市场营销策略的建议。

因特网练习

毛利总额与贡献毛益

LO4

按照以下地址去访问福特(Ford)汽车公司的主页：

www.ford.com

获取最近的年报资料并查找题为“10-year Vehicle Factory Sales Summary”的附注。

要求：

a. 最近这几年，福特公司总共有多少辆车（轿车和卡车）销往世界各地？

b. 使用“Automotive”部分的收入报表，计算一下所销售的每辆车的平均制造成本。计算所销售的每辆车的平均销售收入。销售每辆车所取得的的平均总利润为多少？

c. 从概念上讲，每辆车的贡献毛益与你在b部分所计算的每辆车的总利润有何不同？

d. 你是否能够通过财务报表来计算一下每辆车的贡献毛益？

“轮到你了！”的评论

作为一名经理 每个航班增加50名乘客将会导致场地调度成本的增加，而这项成本与随着每架飞机的乘客数量的变化而变化的作业相关。比如，对于每个航班而言，行李搬运工、机票代理商、飞机机舱的维护人员等等将会有更多的工作量。如果航班的总数保持不变，那么这些工作必须要增加工作人员。那些不受影响的场地经营成本是指会随着航班的数量的变化而变化的成本——比如，着陆和起飞的费用、通道费、外部飞机维护以及除冰等等。

作为一名产品线的经理 为了对增加广告费用和东海岸销售量进行决策，你应该另外再查找以下的信息：

1. 竞争者对于你的扩张可能做出的回应
2. 增加的价值链成本，如分销、后勤等
3. 通过并购提高经营能力的可能性
4. 由于需求量的增加，原材料成本变化的可能性
5. 向更有利可图的其他的市场进行扩张（例如，有好天气的地方）

自测题答案

1. a　2.c（从$25 000到$27 000）　3.d（$20 000）　4.b　5.d

第20章

增量分析

学习目标 (Learning Objectives)

学习本章后，你应当能够：

1. 解释使信息与特定的经营决策有关的因素。
2. 讨论机会成本、沉入成本以及付现成本在经营决策中的相关性。
3. 在一般经营决策中运用增量分析。
4. 讨论当某一因素限制了生产能力时，如何使贡献毛益达到最大。
5. 识别非财务思维与创意性探索，以便于更好地制定经营方针。

亚洲汽车的困境

完美的市场——这便是全世界汽车制造商直至几个月前对亚洲的看法。源源不断的收入，上千万潜在的购买者——这里似乎成为了汽车史上最大规模的购车市场。日本、欧洲、美国以及韩国无一例外地蜂涌而至，抢占市场，惟恐太迟。

然而，近来爆发的一场货币危机使当地的经济状况急转直下，恐慌的消费者不敢再购买像汽车这样昂贵的商品。在日本，汽车经销商在绝望中极力寻觅客户，而此时中国最畅销的国产大众桑塔纳汽车的销售也比两年前减少了25%。而且，泰国、马来西亚以及印度尼西亚的销售也在锐减……

重新考虑市场战略的时机到了。福特和通用汽车公司都想在未来10年内赢得亚洲市场10%的份额。本地化生产必将是一个……

驻留于亚洲市场的成本必将会随着销售量的萎缩而不断上升。汽车生产商面临着选择：是坚持，还是退出。

资料来源：Emily Thornton, "Asia's Car Trouble,"*Business Week*, March 9, 1998, p.48. Reprinted by special permission, copyright © 1998 by The McGraw-Hill Companies, Inc.

企业面临的市场需求在不断变化。使顾客原来评价不错的产品也许很快就会过时。竞争者的价格削减也增加了经营的难度。不断下降的需求造成了设备闲置。亚洲的这场危机便要求了市场环境变化的速度之快。三个月内，这场货币危机几乎扼杀了汽车市场的所有需求。由于市场状况变化迅速，企业只有通过制定期限短而利润高的决策来适应这一环境。

20.1 变动市场的挑战

短期经营决策与进行深入调整的长期战略计划有着很大的不同。短期决策的制定是依据于一整套既定的资源而且必须要与现时的市场需求相适应。这必须要及时地发掘客户需求或取得有明显不同的资源作为基础。企业在规划长期战略的同时也要注重短期决策的制定。亚洲的汽车公司既要对每天的经营情况进行决策，又要规划如何在未来10年获得市场份额。福特公司必须要适应德国大众公司削价销售桑塔纳轿车的挑战，以保持在当前市场上的竞争力，并同时对它在亚洲的未来战略方向进行决策。

本章着重于短期决策，一般指的是增量决策的制定。我们将关注短期决策中所使用的一些常见的概念，如沉入成本、机会成本、付现成本以及增量成本和收入。这些概念将在几个综合经营决策的制定中予以要求，并且还会涉及到许多不同类型的决策：尤其是特种订货决策、产品组合决策、自制或外购决策以及联产品决策。我们将从一个简单而熟悉的决策制定过程开始着手，使你慢慢熟悉这些观念和术语。

20.2 相关成本信息的概念

凯文·安德生是明尼阿波利斯的明尼苏达大学的大二学生。在这个州有史以来最严寒的冬天过去之后，安德生面临一个非常重要的选择：他应开车还是乘飞机去迈阿密度春假?

如果他开车去，他将在周六动身，周六晚在路边的汽车旅馆内度过，并于周日夜间到达迈阿密。这个选择使他能在迈阿密游玩五个整天（周一至周五）。但他务必在下周六启程，当晚也将在汽车旅馆内过夜，以保证能在周五晚赶回明尼阿波利斯。

如果他坐飞机，他可以轻松的在周日早晨动身并于当晚抵达迈阿密。他将有足足七天的时间在海滩上度过，之后于下周日飞回明尼苏达。

为了能尽可能客观地做出决定，凯文列出以下几条他认为会影响决定的最相关的因素：

- 住在汽车旅馆每晚花费80美元。
- 雇人看管莱克斯（凯文的狗）每天花费5美元。
- 每天的饮食大约20美元。
- 凯文已在二月份缴纳了六个月的汽车保险费共600美元。
- 去迈阿密的来回汽油费大约200美元。
- 一张飞机票加出租车费共计500美元。

让我们来帮助凯文分析这些信息并对他的假期计划做出安排。

如果他决定开车去佛罗里达，他必须在旅馆内度过8个晚上（两晚在州内，六晚在迈阿密）。如果他决定坐飞机，他也将在旅馆内住8夜（在迈阿密从周六至第二个周六）。这样，我们假定迈阿密的住宿费用与州内的相差不大，旅馆费用也就与开车还是乘飞机的决策无关了。

这一逻辑同样也可用于分析看管莱克斯的费用与凯文的食物花费。不管凯文怎样去迈阿密，他都将离开明尼阿波利斯总共九天八夜。因此，不管凯文开车还是坐飞机，莱克斯所需的看管费用以及他的食品花费都是相同的。

如何对待凯文二月份交的汽车保险金呢？这一成本已经发生了，而且不论凯文开车还是坐飞机都不会受到影响。像这样不受将来决策影响的从前发生的成本被称为**沉入成本**。沉入成本与将来的是无关的。

从财务方面来看，凯文可以通过比较开车所花费的200美元汽油费与乘飞机所用的500美元的机票与出租车费来做出决定。这样我们也许倾向于赞成他开车以省下300美元。

但是，凯文还希望考虑其他非财务方面的因素。比如，如果他乘飞机去，那么他在海边多享受的两天时间对他而言有多大的价值？如果他决定开车去，那么他的身体状况怎样？如果他开车，他的车将会承受多少磨损？他的车会不会发生故障以致于破坏他的计划呢？哪种交通工具最为安全？

在本章余下的部分里，我们将学习如何鉴别和运用与特定类型的经营决策相关的信息。尽管我们的讨论是在经营事例中进行的，但其中所包含的许多重要的概念与凯文·安德生所面临的相似。

20.2.1 经营决策中的相关信息

识别所有与某一经营决策有关的信息是一项具有挑战性的工作，这是因为相关性是一个广泛的概念。这一过程要求了解信息的数量和质量，掌握法律条例，洞察道德约束，以及能够从不同的观点中分辨事实。简而言之，鉴别与决策相关的信息需要判断——并且要进行更周密地考虑而不是仅凭第一印象。为简单起见，我们的讨论主要着重于相关的财务信息——也就是成本与收入。

其实，所有的决策都会涉及在可供选择的行动方案中进行抉择。只有那些在被考虑的行动方案中会有所变动的因素才是与决策相关的信息。在各种可能的行动方案中不会有所变动的成本、收入以及其他因素都与决策无关。

我们举例来要求相关信息这一概念。假定红星果酱公司由于工人罢工而关闭了。在罢工期间，红星公司由于公用事业费、利息以及非罢工职工工资而每周发生将近15 000美元的成本。一家大型电影公司有意租用果酱厂房一周，以完成一部新的雷波警察电影中的几组镜头，出价10 000美元。红星公司的管理层估计，若厂房出租，将发生清理费用近2 000美元。若仅考虑以上信息，则将厂房出租给电影公司是否有利可图呢？

若厂房出租，红星公司该周的盈利情况计算如下：

收入		$10 000
成本与费用		
每周厂房费用	$15 000	
清理费用	2 000	17 000
经营收益（损失）		$（7 000）

估计会发生7 000美元的损失是否就意味着红星公司应拒绝电影公司的请求呢？进一步的调查表明，并非这张收入表中的所有信息都会与现在的决策有关。实际上，不管厂房是否出租给电影公司，每周仍将会发生15 000美元厂房费用。

因此，这项决策中的相关因素即是两种行动方案（出租或不出租）所导致的发生的成本与取得的收入的差异。这些差异通常称为**增量（或差异）成本**和**增量（或差异）收入**。下面将着重分析这些增量收入和增量成本。

表20-1 增量收入和增量成本分析

	拒绝请求	接受请求	增量分析
收入	$ 0	$10 000	$10 000
成本与费用			
每周厂房费用	(15 000)	(15 000)	0
预计清理成本	0	(2 000)	(2 000)
经营收益（损失）	$(15 000)	(7 000)	$8 000

我们的分析表明，接受电影公司的请求将会带来10 000美元的增量收入，而不是2 000美元的增量成本。这样，将果酱厂房出租给电影公司将使红星公司该周的经营损失减少8 000美元。

在我们开始研究有关某一特定类型经营决策的信息之前，有必要介绍三个重要成本概念：（1）机会成本；（2）沉入成本；（3）付现成本。

20.2.2 机会成本

机会成本指如果采用另外一种行动方案本应可以得到的利益。例如，你为了参加一个暑期班而放弃了一份报酬为4 000美元的暑期工作。这4 000美元便可视为参加暑期班的机会成本。

虽然机会成本在公司的会计分录中并没有予以记录，但它们仍然是许多经营决策所考虑的重要因素。不幸的是，在做出决策的时候，它们往往并不为人们所了解。为了便于要求，我们将以前面所讨论的红星果酱公司为例。

前面，我们已经得出结论，红星公司可以通过向电影公司出租厂房来减少其8 000美元的经营损失。但是，假设若恰恰在电影公司开机前，工人停止罢工了。这样将使红星公司必须舍弃在电影摄制期间内工厂本来能获得的利润。因此，若该周的营业利润总计为25 000美元，那么向电影公司出租厂房的机会成本便是这舍弃的25 000美元。

20.2.3 沉入成本与付现成本

如前所述，**沉入成本**指的是业已发生而且不会在将来行动中有所改变的成本。例如，红星公司对果酱工厂的投资就是沉入成本。不论红星公司是出租厂房，恢复经营还是让厂房闲置，此项成本都不会改变。

与决策有关的成本，仅仅是那些在考虑不同的行动方案时会有所改变的成本。而沉入成本是与之无关的，因为不论将做出怎样的决定，它们都不会改变。

与沉入成本相对应的是**付现成本**，它常用来描述尚未发生的并且在各种可能的行动方案中会有所改变的成本。例如红星公司所预计的清理费用就可视为付现成本。付现成本一般被认为是与经营决策相关的。

现金影响

机会成本、沉入成本与付现成本对现金的影响是不一样的。沉入成本表示已经发生的现金流出量。机会成本与现金流无关，它既不会使现金流入，也不会使现金流出。而付现成本往往意味着即将发生的现金流出。考虑短期经营决策对现金的影响对持续经营的企业而言，意义重大。小型企业倒闭大多是因为制定了欠妥当的短期现金计划而不是出于别的原因。

20.3 一般经营决策中的增量分析

现在，让我们来看一看增量分析在经营决策中是如何运用的。

20.3.1 特别订货决策

公司有时会收到一些要求以低于常价的价格定购货物的大宗特别定单。特别是，这些定单一般并不是来自于公司的常客。

为了便于要求，我们假设标准四杆公司生产高尔夫球，并且它只在美国国内的专业高尔夫球商店进行销售。虽然公司完全有能力每月生产200万只球，但它当前的销售量仅需要生产80万只。在这一产出水平上，平均每月的制造成本将近480 000美元，即每只球0.6美元，相关的计算如下：

制造成本	
变动成本（每只球$0.20×800 000只球）	$160 000
固定成本	320 000
每月生产800 000只球的总成本	$480 000
每只球的平均制造成本（$480 000÷800 000只球）	$ 0.60

假设标准四杆公司收到一份来自于NGC公司的订单，这是一家在日本销售高尔夫产品的公司，每月能销售500 000只“特别标签”的高尔夫球。这些球将被印上NGC的字样与图标，将不会被认为与标准四杆公司有关。

为了避免与标准四杆公司的常客进行直接竞争，NGC公司承诺不会在日本以外的地区销售这些球。但为了这批特殊定单，它希望每月只付给标准四杆公司250 000美元，即每球仅支付0.5美元。对标准四杆公司而言，接受这批定单是否将有利可图呢？

这批定单初看是无利可言的。NGC公司所出的价格每球0.5美元，不仅远远低于正常售价1.25美元，甚至比标准四杆公司0.6美元的单位制造成本还要低。但在我们决定回绝NGC公司的定单之前，我们先对与这项决策相关的收入与成本进行增量分析：

表20-2 有无特别定单下收入与成本的增量分析

	生产水平		
	无特别定单（800 000只球）	有特别定单（1 300 000只球）	增量分析
销售收入：			
正常销售收入（×每球$1.25）	$1 000 000	$1 000 000	$ -0-
特别定购×每球$0.5	-0-	250 000	250 000
制造成本：			
可变成本×每球$0.2	(160 000)	(260 000)	(100 000)
每月固定成本	(320 000)	(320 000)	-0-
销售毛利	$520 000	$670 000	$150 000

我们的分析表明，接受NGC的特别定单将产生250 000美元的增量收入及100 000美元的增量成本。因此，这份定单将使标准四杆公司的月销售毛利增加150 000美元。

这类决策中的有关因素是接受定单将取得的增量（新增）收入与将发生的增量（新增）成本。只有新增的0.2美元的单位可变成本与这项决策有关，因为不管是否接受这份定单，320 000美元的固定成本是不会改变的。这样，0.60美元的平均制造成本包含了单位固定成本，而这是与决策无关的。[1]

我们用19章中讨论的贡献毛益这一概念来分析这一特别定单也可得出同样的结论。产品的单位贡献毛益可由销售单价减去其可变成本得出。在我们的例子中，特别定单的销售单价为0.5美元，单位可变成本为0.2美元。因此，该特别定单的贡献毛益为单位产品0.3美元。换句话说，每只售给NGC公司的高尔夫球使标准四杆公司的经营利润增加了0.3美元。这样，这份特别定单将使每月的经营收益增加150 000美元（500 000只球 × 每只$0.3）。

在评估一份特别订单的价值时，如标准四杆公司所接受的上述这份订单，管理者应该考虑完成这份订单可能会对公司正常的销售量和销售价格所带来的影响。很显然，标准四杆公司以0.5美元的单价将高尔夫球销售给国内的公司，将是不明智的。因为，这些公司之后会以低于标准四杆公司通常每只球1.25美元的售价将球销售给标准四杆公司的常客。并且，标准四杆公司的管理者也应该考虑如果回绝这份订单，公司的常客所可能会有的反应。这些客户可能也会要求公司以每只球0.5美元的价格销售给他们。

轮到你了！ 作为一名销售代表

假设你是标准四杆公司的一名销售代表。Club&Caddies公司是你的最好的客户之一，这是一家高尔夫产品的零售连锁店。他们已经得知有一批特别订货将运往日本NGC公司。Club&Caddies公司过去一直是按每只球0.8美元的价格进行支付的，而现在希望能够取得给与NGC公司特别订货的相同的价格。你将如何做出回应？

我们的评论见本章末。

总之，在评估收入与成本短期预期变化量时，增量分析是一项有用的工具。但是，管理这应该随时警惕他们的决策行为的长期影响。

20.3.2 生产限制的决策

在前面的例子中，我们已经要求了贡献毛益法是如何运用于增量分析的。当一种特殊的生产资源（如原材料、技术工人、经营场所等）的可使用性受到限制时，则经常会用到贡献毛益法。因此，理解贡献毛益的概念能够帮助管理者决策应该生产什么产品（或者外购用于销售）或不生产什么产品，以实现有限资源投入单位贡献毛益的最大化。

假设你能够获得两份有同样吸引力的工作，一份每小时的工资为8美元，另一份为12美元。如果你每周仅能工作40小时，并希望能在你的工作时间内实现每小时收入的最大化，你自然将会选择每小时工资为12美元的工作。出于同样的理由，如果公司的产出收到了某种特定资源的限制，如人工或机器小时，管理者应该按照能够实现总贡献毛益最大化的方式来使用这些资源。

为了要求这个观点，假设弗兰工作室设计和创作三项作品：（1）水彩画，（2）油画，（3）

[1] 在我们的讨论中，我们仅仅评估了接收这份订单的盈利性。而在一些国家制定了反倾销法，这是从法律上来禁止外国公司以低于单位产品平均完全制造成本的价格在其国内销售产品。标准四杆公司当然也应该从法律的角度考虑接收这份特别订货的经济影响。

特色画框。但是，由于只能提供总共6 000小时的直接劳动工时，致使所能创作的作品总数收到了限制。完成每件工作室作品所需要的单位直接劳动工时的平均贡献毛益已列示如下：

产品	单位售价	–	单位变动成本	=	单位贡献毛益	÷	单位产品所需直接劳动工时	=	每小时贡献毛益
水彩画	$90		$30		$60		2		$30
油画	160		60		100		4		25
特色画框	35		15		20		1		20

我们注意到，从单位产品的角度来看，油画能带来最高的边际收益（100美元）。然而，从单位直接劳动工时的角度来看，水彩画是工作室最具盈利性的产品。

通常，由于某种特定资源投入的可使用性受到限制而使生产能力受到约束时，公司应该努力实现那种资源单位贡献毛益的最大化。以下的图表要求了弗兰工作室所能取得的贡献毛益总额，这是在其使用每年所有的6 000个小时的直接劳动工时来创作一种产品的情形下而实现的：

	总创作能力(小时)	×	单位直接劳动工时的贡献毛益	=	仅创作一种产品的总贡献毛益
水彩画	6 000		$30		$180 000
油画	6 000		25		150 000
特色画框	6 000		20		120 000

这张表告诉我们，该工作室能够通过仅创作水彩画作品来实现其总贡献毛益的最大化，则其经营收益也因此而实现最大化。

然而，在大多数情况下，企业不可能只单纯生产一种最具盈利性的产品。比如，水彩画的需求量并不大，以至使弗兰工作室并不能销售其所能创作的所有的水彩画。在这种情况下，一旦水彩画的需求已经得到了满足，则可以通过创作油画来实现经营收益的最大化。如果油画的需求也已得到了满足，则任何剩余的直接劳动工时将可用于生产特色画框。

还有一个需要考虑的重要因素是，一部分的工作室的劳动工时也许将不得不用于生产特色画框以辅助画品的销售。甚至于画框对工作室经营收益的贡献少于画品时，我们仍必须这么做，因为许多顾客希望工作时能够为他们所购买的画品装上画框。因此，除了要了解产品的贡献毛益外，公司还必须去了解其产品的其他方面的属性。那是否意味着，一种产品的销售就要对另一产品的销售有所贡献呢？一种产品的销售将会对另一种产品的销售有所贡献，这样产品称为**互补品**。

轮到你了！ 作为一名商店的经理

假设你是弗兰工作室的商店经理。弗兰工作室希望你能够拓展商店的经营，除了销售工作室现在所创作的水彩画与油画之外，还能销售海报与印刷品。你是否认为海报和印刷品与弗兰工作室所销售的其他产品是互补品吗？请解释为什么是或为什么不是？

我们的评论见本章末。

20.3.3 外购或自制的决策

在许多制造业务中，企业必须对装配完工产品所需的某一部件是自行生产、还是从外购入进行决策。若企业目前正在生产一种部件，而该部件可以以更低的成本从外购入，那么从外购入此部件并将企业生产的资源用于其他用途，也许会提高企业的利润。

例如，若公司可以5美元的单价从外购入一种部件，而自行生产所需的单位成本为6美元，显然外购是上策。但聪明的读者会很快提出问题“6美元的单位成本中包含了什么？”假设每月通常所求得产量为10 000单位，则6美元的单位成本的确定过程如下：

制造成本:	
直接材料	$ 8 000
直接人工	12 500
变动制造费用	10 000
每月固定费用	29 500
每月制造10 000单位产品的总成本	$60 000
单位产品的平均制造成本($60 000 ÷ 10 000单位)	$6

假设业务调查表明，如果终止这一部件的生产，则所有的直接材料、直接人工成本加上9 000美元的变动制造费用将不复存在。此外，2 500美元的固定费用也将不会发生。那么，这些便是生产这10 000单位部件的机会成本。我们可将其概括如下：

表20-3　制造或购入情况下成本增量分析

	制造部件	购入部件	增量分析
10 000单位部件的制造成本：			
直接材料	$8 000		$8 000
直接人工	12 500		12 500
变动制造费用	10 000	$1 000	9 000
固定制造费用	29 500	27 000	2 500
部件的外购单价为5美元		50 000	(50 000)
取得部件的总成本	$60 000	$78 000	$(18 000)

我们的分析表明，自制部件每月将花费成本60 000美元，而外购成本为78 000美元。这样，公司若仍然制造该批部件，则每月可以节省18 000美元。

在所举的例子中，我们假设部件若是外购取得，因生产部件而产生的变动制造费用中只有9 000美元将不会发生。我们还假设如果部件室外购取得的，那么固定费用中的2 500美元也将不会发生。这些假设的目的在于表明，在一定的情况下，并非所有的变动成本都是增量，相反一些固定成本却有可能是增量。

如果公司将这些生产设备用于制造另一种新产品每月可使总利润增加25 000美元，那么情况又会怎样？若是这样，这250 000美元的利润则被视为用公司生产设备制造该部件的机会成本。显然，公司不会为节省18 000美元而放弃25 000美元的利润。因此，如果考虑机会成本，很显然公司将会选择外购部件并用其生产设备制造新产品。

除了评估与自制或外购决策有关的机会成本，管理者还必须考虑其他的重要因素。例如，自制或外购决策是否包含了产品质量问题？该项决策是否会对生产的时间安排及灵活性产生影响？是否考虑过某些长期的隐含因素，如生产的承受能力及保持与可靠的供应商之间的联系？忽略像这样的重要问题是增量分析错误的普遍根源。

此要点的案例

自制还是外购的决策对企业有着深远影响，通用汽车公司（GM）深知这一点。90年代末，由于外购资源问题而在企业联合体内部发生的争执断送了公司在北美的业务。GM的外购量是极大的——1996年有10亿美元。但即使将GM所有的资源都从外部购得，与其竞争者——福特与克莱斯勒相比，GM的外购量仍是少的。

20.3.4 销售、报废或重造决策

公司面临的另一问题是如何处置陈旧或破损的产品。管理者必须决定是利用资源重建，还是低价出售，或简单地将它们予以报废。

为了要求这个问题，假设计算技艺公司有500台计算机存货，生产成本为325 000美元。不幸的是，它们的处理器在技术方面现在已经过时了。因此，管理层必须决定如何处理这些机器。可以考虑以下几种选择：

1. 将计算机出售给电视购物网（TSN），价格为250 000美元。

2. 将其以235 000美元的价格出售给周围的学校以用于它们的计算房。

3. 废弃每台机器上已有的处理器，而代之以更快的，更先进的芯片，总成本为190 000美元。若该项选择被采纳，翻新后的计算机可以450 000美元的价格售出。

不管计算技艺公司做出怎样的选择，从前制造这批计算机发生的325 000美元的成本就是沉入成本，亦即与目前的决策无关。只有那些在所考虑的不同方案中会有所变动的成本与收入才是相关的。这三种备选方案的增量分析如下：

	销售给TSN	销售给学校	翻新
增量收入	\$250 000	\$235 000	\$450 000
增量成本	0	0	190 000
增量收益	\$250 000	\$235 000	\$260 000

我们看到，不管计算技艺公司做哪种选择，都将不可能完全收回已经花费在这批计算机上的325 000美元的投资。

用速度更快的芯片来翻新计算机看起来是公司最具盈利性的行动方案。但或许管理层还会考虑其他的一些因素。比如，计算技艺公司是否有充分的生产能力来翻新这些计算机而不减少其他产品的产量?

如果这批计算机的翻新影响了其他产品的生产，那么“翻新”这一备选方案就包含了机会成本——舍弃本可制造的产品的利润。若这一机会成本超过了10 000美元。那么计算技艺公司可以通过将这些计算机出售给电视购物网，并将生产设备用于制造其他产品而实现其经营收益的最大化。

此外，将计算机出售给学校将会带来一种长期的利益，尽管看起来这是盈利性最差的选择。与销售给电视购物网相比，将计算机卖给学校包含了15 000美元的机会成本，但管理层可能会将此机会成本视为成本有效的广告。使用这些计算机的学生与他们的父母也许会成为计算技艺公司其他产品的客户。

增量分析为许多经营决策提供了一个非常好的起点。但这一分析很少能够反映出全部的情况。

此要点的案例

1994年，阿道尔夫·柯尔(Adolph Coors)公司将一种名叫齐姆的透明小麦调制品投入生产，希望能吸引年轻客户。柯尔公司在齐姆上花费了大量的付现成本。但是，尽管耗费了柯尔公司1994年全部广告预算的38%（即3 800万美元），以及在产品包装、使产品商品化和产品开发方面花费了更多的成本，齐姆却从来没能占有所预计的市场份额。分析家认为，柯尔公司损失的并非付现成本而是机会成本，这是由于将时间、财力与精力投入到一种不成功的产品上所产生的。[1]

[1] Richard A. Melcher, “为什么Zima失败得那样快”《商业周刊》1997年3月10日。

20.3.5 联产品决策

许多公司会利用共同的原材料和共享的生产流程来生产多种产品，例如石油加工厂、木材厂、钢铁厂及肉类加工厂。来自于共享的制造流程的产品称为**联产品**，并将与这些产品相关的制造成本视为一个整体称为**联合成本**。

这种制造流程产生了两个经营问题。第一是如何在这些制造的各类产品中分配联合成本。第二，增量型的决策是关注某些产品是否应进一步加工以生产出更具价值的完工产品。

联合成本 我们首先来看联合成本问题。假设焦炭精心公司将木片与松油混合在一起，发生了2 000美元的联合制造成本，这些混合物分离出两种可供销售的产品：粒状木炭与甲基酒精。这2 000美元的联合成本应如何在这些产品中进行分配呢？

对联合成本的分配是没有“正确”的方法的，但最常见的方法是按照与生产的产品相对应的销售价值比例进行分配。假设焦炭精心公司的联合制造成本为2 000美元，以此生产的木炭的销售价格为5 000美元，酒精的销售价格为9 000美元。因此，这批产品销售价格总计14 000美元。

则2 000美元的联合成本可以按下面的方法在两种产品间进行分配：

木炭 [\$2 000联合成本 ×（\$5 000 ÷ \$14 000）]	\$ 714
酒精 [\$2 000联合成本 ×（\$9 000 ÷ \$14 000）]	1 286

分离点后的决策 一旦联合产品可以被区分，则它们便到了**分离点**了。在这一点上，各产品可以脱离其他产品被单独售出，也可以进行进一步加工。

再来看看焦炭精心公司的例子。公司可以在分离点不经任何加工就将木炭与酒精售出，也可将其中的任一种产品进一步加工。焦炭精心公司可将粒状木炭制成空气滤器，而将甲基酒精加工成洗涤剂。图20-1展示了焦炭精心公司的选择及其现在的销售价格与销售成本。

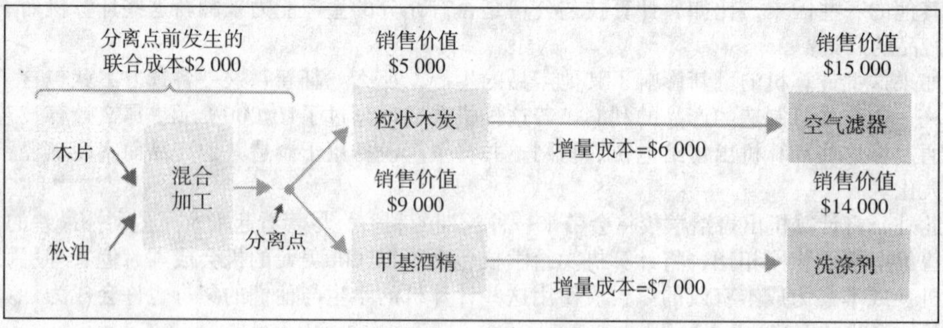

图20-1 分离点决策的示例

将木炭与酒精售出，还是继续进行加工，这一决定是以分离点后预计的增量成本与增量收入为依据的。这些成本与收入的分析如下：

将木炭用于制造空气滤器的收入	\$15 000
减：木炭在分离点出售的收入	5 000
空气滤器的增量收入	10 000
减：生产空气滤器的增量成本	6 000
空气滤器经营收益的净增加额（减少额）	\$ 4 000
酒精用于制造洗涤剂的收入	\$14 000
减：酒精在分离点出售的收入	9 000
洗涤剂的增量收入	5 000
减：生产洗涤剂的增量成本	7 000
洗涤剂经营收益的净增加额（减少额）	\$(2 000)

基于以上分析，焦炭精心公司现在应利用木炭来生产空气滤器，并在分离点将酒精售出。但这一选择会随着产品价格或增量制造成本的波动而有所改变。

20.3.6 总结性评述

我们一直以来都只是浅层讨论用于经营决策的分析类型。但在本章中，我们已进行了充分的阐述以建立能够支持这些分析的基本原则。一种行动方案的盈利能力取决于它的增量收入和增量成本。当然，机会成本在决策中也起着举足轻重的作用。

我们还强调指出，除了数量方面的信息，还应考虑到许多非财务方面的因素。完全只根据收入与成本数据而选择行动方案来做出决策的管理者是不负责任的，也是没有远见的。其实，许多经营决策还需要考虑掌握法律条例，洞察道德约束，以及能够从不同的观点中分辨事实。因此，尽管增量分析对于行动方案的选择是一项非常不错的工具，但管理者也不应该仅仅因为某种行动方案有提高盈利能力的表现，就不加思索的予以采纳。相反，他们应时刻注意更令人满意的，或是更具创造性的行动方案的存在。

此要点的案例

雷·克洛克曾以出售一种名叫多重混合的六锭牛奶搅拌器为生。然而，大多数的餐馆只会从克洛克处购买一台搅拌器，而圣贝那地诺的狄克和马克·麦当劳兄弟所拥有的牛排店却非常的繁忙，以至于需要开设几家分店来满足需求。克洛克心中为之一震。由于看到利润的增长有强大的保证，他便试图通过鼓励狄克和马克增开餐店以销售更多的机器。但是他们兄弟对此却兴趣不大。克洛克并未就此放弃，而是作出了一项创造性的决定。在他52岁那年，狄克与马克兄弟与他签下合同以同意他使用他们的名字与菜单来开设自己的餐厅。1955年6月，克洛克的第一家麦当劳餐厅在伊利诺伊斯州的德斯·梅因斯开业。40年过去了，克洛克的金色拱形商标成为了世界公认的成功标志。

网络联接

举一个不断进行短期定价决策的行业的例子，你可以去访问以下各航空公司主页中的一个。

www.aa.com

www.nwa.com

www.twa.com

选择一个目标并观察机票价格的不同之处。航空公司的每架飞机中座位的数量都是固定的。航班上的每个空余座位对于航空公司而言都是机会成本。机会成本大小即为没有使空余座位坐满而舍弃的贡献毛益。

章末回顾

学习目标小结

学习目标1 解释使信息与特定的经营决策有关的因素。

只有因行动方案选择的不同而变化的信息才与决策相关。不因行动方案的选择而改变的成本或收入与决策是无关的。

学习目标2 讨论机会成本、沉入成本以及付现成本在经营决策中的相关性。

机会成本指采用其他行动方案本可以得到的收益。机会成本往往是主观的，但却是经营决策中所要考虑的重要问题。沉入成本是过去行为已经发生的结果。这些成本不论选择何种行动方案都不会改变，而且与目前的经营决策无关。付现成本将会在未来发生，如果在可能的行动方案中会有所变动，则是相关成本。

学习目标3 在一般经营决策中运用增量分析。

增量分析是是通过确定预期的收入与成本的差额来比较不同的行动方案的技术。

学习目标4 讨论当某一因素限制了生产能力时，如何使贡献毛益达到最大。

鉴别限制产出量的生产投入因素。然后确定在这些因素的制约下，能使单位贡献毛益最大化的产出组合。

学习目标5 识别非财务思维与创意性探索以便于更好地制定经营方针。

相关的非财务信息的例子有：法律与道德方面的因素，决策对公司前景的深远影响，职工的精神面貌以及企业的经营环境。此外，管理者还应创造性地探寻备供选择的行动方案。公司一般都会有机会成本，除非选择了最具盈利性的行动方案。机会成本不会在会计分录中予以记录，但却能够决定企业经营的成与败。

我们通过本章探讨了管理者如何识别与运用相关信息来进行经营决策。我们举例中的决策大多有短期影响；也就是说，它们的影响仅限于一个报告期。我们将在第21至23章中学习如何编制预算，并将其用于辅助管理者制定短期规划。在第24章中，我们将研究管理者如何做出将产生长期影响的决策。我们将会发现，与短期决策不同，长期决策所带来的后果通常是很难，甚至是不可能扭转的。

关键术语

complementary products 互补产品

这样的一类产品，其一种产品的销售会促进另一种的销售。

incremental (or differential) cost 增量(差量) 成本

由于选择一种行动而不是另一种行动，使总成本增加或减少。

incremental (or differential) revenue 增量(差量)收入

由于选择一种行动而不是另一种行动，使赚取的收入增加或减少。

joint costs 联合成本

生产出几种不同产品制造过程所发生的成本。联合成本并不能直接追溯到所制造的个别产品类别，所以必须用或多或少程度的随意方式分配。

joint products 联产品

至少是部分地分享共同耗用的材料和生产过程的产品类。

opportunity cost 机会成本

由于没有执行另一种替代行动方案而牺牲的利益。机会成本并不登记在会计记录中，但在许多种类经营决策中十分重要。

out-of-pocket costs 付现成本

虽然还没有发生，但在不同的行动方案中会有差别的成本。

split-off point 分离点

使用共同材料和共享加工过程所出现的联合产品，到此点后相互分离和区别开。

sunk cost 沉没成本

一种作为过去行动的结果而已经发生的成本。沉没成本对涉及未来行动的决策是不相关的。

示范题

卡尔基斯特制造公司是一家生产多种产品的制造商。其中一条生产线生产割草机的各种马达，公司生产三种不同的式样。卡尔基斯特公司目前正在考虑一个供应商的提议，该供应商希望能为公司的割草机马达生产线提供刀片。

公司目前自己生产所需的刀片。卡尔基斯特公司为满足顾客的需求，现在为各种马达式样生产3种不同的刀片（共9种刀片）。而供应商能为各种式样的马达提供5种不同的刀片。这总共15种的刀片使顾客所需马达的割草性能有了很大的提高。供应商提供的各种型号的刀片的单价均为15美元。

卡尔基斯特公司为来年自行生产刀片的产品成本作以下规划（规划产量为10 000件）：

直接材料	$75 000
直接人工	65 000
变动制造费用	55 000
固定制造费用	
折旧费用	50 000
财产税	15 000
工厂管理费用	35 000
生产总成本	$295 000

假设(1)用于生产刀片的设备没有其他用途，也没有市场价值。(2)若公司外购而不是自制刀片，刀片生产所占空间将被闲置。(3)如果停止刀片的生产，生产管理者将被解聘，其列支为生产管理费用的薪水也就相应不存在了。

要求：

a. 确定下一度外购（而不是自制）马达生产所需的刀片带来的货币上的有利与不利之处。

b. 确定将使卡尔基斯特公司外购与自制刀片无差别的马达生产水平。若预计未来的产量将会有所下降，这会影响卡尔基斯特公司的决策吗？

c. 假设目前刀片生产的所占用的空间可以每年45 000美元的价格租给另一企业。这将对自制与外购决策造成怎样的影响？

d. 例举至少四个卡尔基斯特在制定决策是应加以考虑的其他因素。

示范题答案

a. 这是一个自制与外购的决策，所以将自制与外购的增量成本进行比较：

单位增量成本	制造刀片
直接材料 （$75 000 ÷ 10 000件）	$7.50
直接人工 （$65 000 ÷ 10 000件）	$6.50
变动制造费用 （$55 000 ÷ 10 000件）	$5.50
管理费用 （$35 000 ÷ 10 000件）	$3.50
总成本	$ 23.00

将制造10 000个马达的刀片的单位成本23美元与外购的单位成本25美元进行比较，可以看到有2美元的净损失。

b. 当自制与外购的总成本相等时，卡尔基斯特公司自制与外购刀片就没有差别了。在单位变动成本乘以数量再加上固定可避免成本，恰恰等于供应商所提供的单价25美元乘以数量而得出的产量水平上，自制与外购刀片的总成本是相同的。

（直接材料＋直接人工＋变动制造费用）×数量＋管理费用＝外购单价×数量

令数量为V

($7.50+$6.50+$5.50) × V+$35 000 = $25.00 × V

$19.50 × V+$35 000=$25.00 × V

$35 000=$25.00 × V – $19.50 × V

$35 000=$5.50 × V

V=6 364件刀片

随着产量的下降，卡尔基斯特公司自产的平均单位成本将会上升。若马达的产量降至6 364台以下时，卡尔基斯特公司将会从供应商处购买刀片。

c. 如果目前刀片生产所占用的场地可以每年45 000美元的价格出租给另一企业，卡尔基斯特公司自制的10 000件刀片的生产将会面临每件4.50美元的机会成本，将其与原来的成本相加：

23.00美元＋4.50美元＝27.50美元＝新的制造成本

这样，卡尔基斯特公司应选择外购，因为27.50美元的制造成本已大于外购成本25美元。

d. 卡尔基斯特公司在选择从外部供应商处购买之前，还应考虑的因素包括以下几点：

- 供应商产品的质量。
- 供应商运输的可靠性。
- 生产能力的其他用途。
- 如果解雇职工对现在工作人员的影响。
- 供应商的长期稳定性。
- 其他供应商提供刀片的能力。
- 开发不同类型的刀片所能带来的新的销售收入的能力。

自测题

这些问题的答案见本章末。

下面的资料与与问题1和2有关。

凤凰电脑公司的产品之一是窍门卡。尽管公司拥有每月生产50 000单位产品的生产能力，但公司目前每月只生产和销售30 000单位窍门卡。在每月30 000单位产品的这一生产水平上，制造窍门卡的单位成本为45美元，其中包括15美元的变动成本与30美元的固定成本。凤凰公司以90美元的单价将窍门卡销售给零售商，而电脑营销公司希望以较低的价格每月购入10 000单位的窍门卡。公司完全可能在固定成本不变动的情况下来生产这些额外增加的产品。

1. 决定是否接受这份来自电脑营销公司的特别订货，公司至少应考虑：

a. 电脑营销公司将会如何处理这些窍门卡

b. 制造窍门卡的45美元的平均成本

c. 回拒这份定单的机会成本

d. 每月额外生产10 000单位的窍门卡的增量成本

2. 假设凤凰公司决定以某一单价接受这批特别订货，以使其每月的经营收益增加400 000美元，这批特别订货的单价应为：

a. 85美元

b. 20美元

c. 55美元

d. 其他

3. 在机器工时有限的情况下，管理者应考虑生产的产品是：

a. 单位贡献毛益最高者

b. 贡献毛益率最高者

c. 生产所需机器工时最少者

d. 单位机器工时贡献毛益最高者

4. 顾问弗兰克·阿尔伐莱兹最近指出，他的顾客最常犯的错误是忽视与经营决策相关的机会成本。阿尔伐莱兹所指的成本是指：

a. 选择一种行动方案而放弃其他从而失去的利益

b. 执行某一经营决策的付现成本

c. 为了把握住未来可能的机会而发生的成本

d. 为了把握住从前可能的机会而发生的成本

5. 以下的哪个问题与自制和外购的决策无关？

a. 供应商生产的产品的质量与我们自己产品的质量是否一样？

b. 供应商能否在我们指定的交货日期交货？

c. 供应商需要多长时间才能提交报价单？

d. 以上问题均是有关的。

作业

讨论题

1. 讨论怎样使信息"相关"？

2. 一家公司通常销售100 000台洗衣机，平均价格为250美元。生产这些洗衣机的平均成本是180美元，在怎样的情况下，公司会以175美元的单价接受20 000台洗衣机的定单？

3. 威尔逊公司生产大量的钓鱼产品。某种鱼线的单位成本如下：

直接材料及直接人工	$7.00
变动制造费用	4.00
固定制造费用	2.00

公司近来决定以12.50美元的单价向另一制造商购买10 000单位的鱼线，原因是"这比我们13美元的单位成本要低"。仅基于以上成本数据来评论这一决定。

4. 定义机会成本并解释他们在成本分析过程中出错的共同原因。

5. 沉入成本与付现成本的区别是什么？

6. 在决定是否接受特别订货时，应考虑哪些非财务因素？

7. 哈维公司以相同材料和共享的设备生产几种联产品，为什么分离点之前发生的成本与公司决定将产品在分离点处销售以及哪些产品应进一步加工是无关的？

8. 吉列公司以接近于或低于制造成本的价格销售剃须刀。而同时，它也销售有相对较高贡献毛益的剃须刀片。请解释吉列公司为什么不撤消它不盈利的剃须刀生产线而只出售剃须刀片呢？

9. 在资源有限的情况下，请提出一种能实现利润最大化的方案。

练习

练习20.1 会计术语

LO1~5

以下所列示的是在本章中曾介绍过或强调过的七个专业会计术语：

机会成本	沉入成本
付现成本	分离点
联产品	相关信息
增量分析	

以下的每一项陈述可能（或可能没有）描述这些术语中的某一条。对于每一项陈述，说出其所描述的会计术语，如果该陈述没有正确地描述以上的会计术语，则回答“没有可匹配的专业术语”。

a. 考察不同行动方案所发生的成本与所取得的收入之间的差额。
b. 从前已发生并在未来的行动中不会有所改变的成本。
c. 预期将会变化的成本与收入，这来自于决定采纳的行动方案。
d. 因未采纳一种行动方案而舍弃的利益。
e. 用共同的原材料与共享的生产过程而生产的产品。
f. 将会发生并需要在未来支付的成本，其会因选择不同的行动方案而有所变化。
g. 制造成本在完工产品和销售产品之间的平均分配点。

练习20.2 增量分析：接受特别订货 *LO1~3*

塞实兰德公司每月制造并销售110 000台激光打印机。打印机的一个最主要的部件是它的送纸器。塞实兰德公司的工厂现在每月能生产150 000个送纸器。制造这些送纸器的单位成本（每月150 000个）如下：

单位变动成本	
直接材料	$45
直接材料	25
变动制造费用	5
每月固定成本	
固定制造费用	$1 430 000

Desk-Mate打印机公司提出要从塞实兰德公司购买20 000个送纸器以用于自己的打印机的制造。请计算下列内容：

a. 假设塞实兰德公司生产的送纸器仅能够装配它自己生产的激光打印机，请计算生产每台送纸器的平均单位成本。
b. 多生产的送纸器的增量单位成本。
c. 为了取得500 000美元的月度税前利润，在将送纸器销售给桌面用具公司的业务上，塞实兰德公司应向桌面用具公司收取的产品单价。

练习20.3 增量分析：自制或外购决策 *LO1~3*

斯温克公司制造20 000件某种部件的成本为255 000美元，其中固定成本为100 000美元，变动成本为155 000美元。公司也可以8美元的单价从外面的供应商处购得。不管斯温克的决策如何，固定成本将会保持不变。公司应外购此部件，还是继续自制呢？按照表20-3的格式编制一张比照表。

练习20.4 沉入成本：报废与重造决策 *LO1~3*

Road Master Shocks公司目前有20 000件的次品，其制造成本为123 500美元。公司可以将这些产品作为废品以4.18美元的单价售出，也可以花费119 200美元的成本修复这些产品并矫正其中的缺陷，然后再以10美元的单价售出。公司会做出怎样的决策，编表解释你的观点。

练习20.5 有限资源 *LO1~4*

根斯特公司生产三种光盘游戏：安乔伊特、伯莫坦特和西克罗普斯。各种产品的有关成本与收入如下：

	安乔伊特	伯莫坦特	西克罗普斯
销售单价	$100	$60	$125
直接人工	48	24	60
直接材料	9	8	16
变动制造费用	7	4	9

当前公司各种产品的需求已大大超过了其生产能力。因而管理层正在试图选定其中的一种产品，以便公司在下周集中精力去完成它最为紧迫的订单。根斯特公司的直接人工率为每小时12美元，而每周的直接人工只有1 000小时。确定公司充分利用其当前的1 000小时所能创造的最大总贡献毛益。

练习20.6 联产品

LO1~3

良好治疗制药公司通过一个共同的生产流程来生产两种药物：阿莫克西福和贝尼德雷特。在每段生产期间，良好治疗公司在产品分离点前会发生4 000美元的共同成本。

阿莫克西福可以在分离点以2 700美元的价格售出，或者以1 600美元的成本加工后再以4 200美元的价格售出。但是阿莫克西福若在分离点出售，会产生恶心及头昏的副作用。如果将它进一步加工，则可以消除这些副作用。阿莫克西福的需求大大超过了良好治疗公司的生产能力。

贝尼德雷特可在分离点以2 400美元的价格出售或以3 200美元的成本再加工后以6 000美元的价格出售。

a. 确定哪一种产品在分离点加工后再售出会更具盈利性？

b. 公司考虑加工程序时还应顾及哪些非财务因素？

练习20.7 为特别订货定价

LO1~3

玛兹派公司以28美元的单价销售继电器。公司的最大生产能力为160 000件产品，其单位成本如下：

直接材料	$6
直接人工	4
制造费用（其中2/3为变动制造费用）	9

蒙大拿州的一家销售商已经向玛兹派公司发出要约，提出要特别订货，数量为30 000台继电器。玛兹派公司完全有能力完成此项特别订货。但它每售一台继电器给销售商，需另外多付2美元的运输成本。

a. 假定玛兹派公司目前的经营水平为100 000台继电器。如果它希望能使该特别订货的单位产品经营收益能增加2美元，它向销售商开出的单位产品售价应为多少？

b. 假定玛兹派公司目前正满负荷运营。为了完成这批特别订货，公司将不得不回绝一些常客的订单。如果它希望经营收益总额能够比不接受这批特别订货时要高60 000美元，那么，现在它向销售商开出的单位产品售价应为多少？

问题

问题20.1 评估特别订货

LO1~3, 5

D.劳伦斯公司设计并生产时尚男装。公司准备来年生产40 000件鹿皮茄克。这一生产的预算成本如下：

	单位成本（40 000件）	总计
变动制造成本	$50	$2 000 000
变动销售费用	20	800 000
固定制造成本	10	400 000
固定营业费用	5	200 000
总成本与费用	$85	$3 400 000

D. 劳伦斯公司的管理者现正在考虑一批来自折扣优惠公司的特别订货，他们要求订购10 000件茄克。这些茄克将被标上折扣优惠的商标，而不是D. 劳伦斯的商标。除此之外，这批茄克与D. 劳伦斯公司的一般茄克并无区别。

尽管D. 劳伦斯公司将其茄克销售给零售商的售价一般为每件150美元，但折扣优惠公司却提出了每件茄克80美元的报价。但由于这批特别订货中不包括销售佣金，则D. 劳伦斯销售这些商品所发生的变动销售费用仅为5美元，而不是通常所支出的20美元。接受这批订货将不会引起公司的固定制造成本和固定经营成本的任何变动。D. 劳伦斯公司有足够的能力每年生产55 000件茄克。

要求：

a. 运用增量收入与增量成本计算接受特别订货对D. 劳伦斯公司经营收益的影响。

b. 简要地阐述一下你认为D. 劳伦斯公司的管理层在决定是否接受特别订货时所应该考虑的其他因素，包括财务和非财务因素。

问题20.2　评估特别订货

LO1~3

视觉游戏公司每年销售某种游戏光盘600 000张，单价为12美元。现在，这一游戏光盘的成本摘要如下：

直接材料	$3.00
直接人工	1.00
车间变动制造费用	3.50
车间固定制造费用	1.50
合计	$9.00

视觉公司于年初收到一批特别订货，要求在这一年里，每月订购10 000张这种游戏光盘，价格为8美元。视觉公司为了完成这批订货，将不得不花费120 000美元的成本另外租用生产场地（每月1 000美元）。

要求：

计算接受这批特别订货而带来的年度经营收益的增加或减少额。

问题20.3　自制或外购决策

LO1~3

手艺工具公司制造一种电动马达用于几种产品的生产。管理层正在考虑是要继续生产这种马达，还是从外购入。相关信息列示如下：

1. 公司每年需要15 000台马达。可以从外面的供应商处以20美元的单价购进。
2. 马达的单位制造成本为42美元。计算如下：

直接材料	$96 000
直接材料	120 000
工厂制造费用	
变动制造费用	90 000
固定制造费用	114 000
制造成本合计	$420 000
单位成本（$420 000 ÷ 10 000台）	$42

3. 停止制造马达可以减少所有的原材料与直接人工成本，但这只能减少变动制造费用成本的75%。

4. 如果外购马达，用于马达生产的组件将以账面价值售出。相应地，也就不确认利得或损失。这一设备的销售还将会消除与折旧和税费相关的4 000美元固定成本。除此之外，终止马达的生产将不再使别的固定制造费用会有所减少。

要求：

a. 按表20-3列示的格式制作一份图表来确定外购马达而引起的增量成本或收益。基于此表，你认为公司应自制马达还是应该从外面的供应商处购买？

b. 假如马达是从外购买，从前用于马达生产的厂房可用来制造电子整流器，每年可生产7 000只。预计电子整流器的单位贡献毛益为10美元。另外再生产电子整流器将不会对车间的固定制造费用有任何影响。这一新的假设是否会改变你对自制或外购马达的建议。编制一张图表来要求外购马达并用厂房生产电子整流器的增量成本或收益，以此来得出你的结论。

问题20.4 自制或外购决策 *LO1~3*

派森探测与加热公司制造自动调温器并将其用于几种产品的生产。管理层目前正在考虑是继续生产自动调温器，还是从外购入。相关信息列示如下：

1. 公司每年需要80 000台自动调温器，可以单位产品6美元的价格从外面的供应商处购入。

2. 每台自动调温器的生产成本为7.5美元，相关计算如下：

直接材料	$156 000
直接人工	132 000
制造费用	
变动制造费用	168 000
固定制造费用	144 000
制造费用小计	600 000
单位成本（$600 000 ÷ 80 000台）	$7.50

3. 停止生产自动调温器将会消除全部的直接材料与直接人工，但只能减少变动制造费用成本中的60%。

4. 如果自动调温器是从外购入，用于生产流程的某台设备将不会再租用。这样，就能够避免9 200美元的固定制造费用。除此之外，停止自动调温器的生产不会再使别的成本有所减少。

要求：

a. 编制一张图表以确定从外面供应商处购买自动调温器而产生的增量成本或收益。基于这张图表，你认为公司应自制还是外购自动调温器？

b. 假设自动调温器是从外购入的，从前用于生产自动调温器的厂房每年可用于生产6 000只热流调节器。这些调节器预计每件贡献毛益为18美元。另外再生产这些热流调节器将不会对固定制造费用有任何影响。

这一新的假设是否会改变你对自制或外购自动调温器的建议。编制一张图表要求外购自动调温器并用厂房来生产热流调节器的增量成本或收益，以此来证明你的看法。

问题20.5 在资源有限的情况下确定最具盈利性的产品 *LO1~4*

光学仪器公司生产两种型号的双目望远镜。各种型号的信息如下：

	100型	101型
单位售价	\$200	\$135
单位成本与费用		
直接材料	\$51	\$38
直接人工	33	30
制造费用（适于每机器工时率18美元，其中1/3是固定制造费用，另外2/3是变动制造费用）	36	18
变动销售费用	30	15
单位总成本与费用	150	101
单位利润	\$50	\$34
生产单位产品所需机器工时	2	1

每月制造费用总额为180 000美元，其中1/3是固定制造费用。每种产品的需求都足够保持每月10 000机器工时的生产能力。假设将来只生产一种产品。

要求：

a. 编表要求各种产品单位机器工时的贡献毛益。

b. 你认为两种产品中的哪一种应停止生产，解释你的观点。

问题20.6 有限资源 *LO1~5*

海湾微风公司为滑雪爱好者生产三种产品：运动背心、麻绳和雪橇。有关这三条生产线的信息如下；

	运动背心	麻绳	雪橇
销售价格	\$58	\$25	\$175
直接材料	12	3	75
直接人工	20	10	80
变动制造费用	6	2	4

海湾微风公司支付给直接劳动工人的工资为每小时10美元。在满负荷运营的情况下，每年可使用65 000直接人工小时。市场部门最近刚刚公布了下一度市场需求的预计额：运动背心（25 000单位）、麻绳（15 000单位）、雪橇（5 000单位）。基于上面的数据，预计今年的需求将会超过公司的直接人工的承受能力。

要求：

a. 海湾微风公司应生产哪种产品以使其经营收益最大化？

b. 公司的市场部经理认为，需要生产获利最少的产品来“支持”最具盈利能力的产品的需求。这将如何影响管理层对公司生产安排的决策？

问题20.7 销售或重造次品 *LO1~3, 5*

最佳图像公司制造电脑显示器。公司的彩色显示器非常畅销，但它还积压着1 000台大屏幕黑白显示器，这些显示器的需求量很小。最佳图像公司正在考虑以下几种处理显示器的方法：

1. 将他们以150 000美元的价格折价出售给邮购公司。之后邮购公司以399美元的价格将其转售。

2. 以每台700美元的成本将其转制为彩色显示器。这样，这些显示器便可以每台1 200美元的价格销售给电脑商店。

这些黑白显示器的单位制造成本为450美元。而制造同样尺寸的彩色显示器的成本一般为800美元。

要求：

a. 对将黑白显示器转制成彩色显示器与将其售给邮购公司进行比较，对二者的收入、成本和毛利进行增量分析。

b. 识别沉入成本、付现成本和可能的机会成本。

c. 指明你会做出何种选择并解释你的理由，假设最佳图象公司现在：

1. 有未利用的生产能力。

2. 是在满负荷运作状态下生产彩色显示器。

问题20.8 销售或重造 *LO1~3, 5*

静音探查公司生产煤气泄漏探测器，并以每件25美元的价格销售给全美的家庭用户。每件探测器装有一种感性电池，这种电池保证在两年的时间内不需更换。公司现有50 000件煤气泄漏探测器存货，内有从供应商处折价购买的感性电池。静音探查公司的工程师估计这些感性电池18个月后就需替换了。公司在这50 000件探测器上所耗费的单位成本如下：

直接材料	\$10
直接人工	2
变动制造费用	3
固定制造费用	1
合计	\$16

静音探查公司目前正在评估关于这50 000件探测器的三种被选方案：

1. 废弃每件探测器中质量较差的感性电池，并以另外单位成本为8美元的新电池取而代之。这些探测器便可以25美元的单价对外售出。

2. 将这些质量较差的感性电池以较低单价24美元售出。这一选择还将包括改变每件探测器的包装，以提示消费者其中感性电池的预计寿命仅有18个月。估计改变包装的付现成本为每件3美元。

3. 将这些探测器原封不动的折价出售给国外的购货商。购货商向静音探查公司提出愿以22美元的单价购入。

要求：

a. 对这些被选方案进行增量分析。基于以上分析，静音探查公司会如何进行选择？

b. 公司还应考虑哪些非财务因素？

问题20.9 联合产品 *LO1~3*

巨藻公司用海藻生产三种联合产品。这三种产品都在分离点处形成：海藻茶、海藻软糖及海藻粉。各产品都可在分离点处售出，也可进行进一步加工。若将其进一步加工，产生的产品作为精致健康食品售出。成本与收入的信息如下：

		进一步加工的售价与新增的成本		
产品	产量/磅	分离点处售价	最终售价	新增成本
海藻茶	9 000	\$60 000	\$90 000	\$35 000
海藻软糖	4 000	80 000	160 000	50 000
海藻粉	2 000	70 000	85 000	14 000

要求：

1. 巨藻公司应在分离点后加工哪种产品？

2. 巨藻公司应在分离点处（不是再加工后）以怎样的单价出售海藻软糖才会盈利？

案例

案例20.1　限制生产能力的因素　*LO4*

我们已经指出，管理层总是试图使某种限制生产能力资源的单位贡献毛益最大化，以下是五种常见的业务类型：

1. 小型医药或牙科业务
2. 餐饮
3. 超市
4. 住房建筑
5. 汽车商的服务部门

要求：

a. 对于每种业务来说，识别出你认为最有可能限制潜在生产能力的因素。

b. 为各种业务提出几种能够提高限制性资源单位贡献毛益的方法（除提高价格之外）。（提示：这些企业常常履行你所建议的方式。因此，你对这一案例的解决方式能够要求你个人对这些业务了解的基本特性。）

案例20.2　相关信息和机会成本　*LO1~3, 5*

友好伙伴软件公司近来正在开发一种新型的拓展表格软件轻松计算，公司倾向于通过在计算机杂志上做广告并以邮购的方式来进行销售。由于事先对轻松计算做了介绍，友好伙伴公司出乎意料地收到了一份来自丘比特电脑公司的要约，有意以1千万美元的现金来买下软件的所有权。

要求：

a. 这1千万美元的要约是不是“相关的”财务信息？

b. 请描述一下情形下，友好伙伴公司的机会成本：（1）接受丘比特电脑公司的要约，（2）拒绝要约并自行营销轻松计算。这些机会成本是否会计入友好伙伴公司的账户中？如果是这样，请要求记录这些成本的分录。

c. 请简要描述在b部分所提及的两个机会成本的金额范围，管理层在决定是否接受丘比特公司的要约时就已经了解这两个机会成本。

d. 在做出决策时，是否还有其他机会成本应以考虑？如果有，请简单要求。

案例20.3　主动付清还是被动偿付

马克凯化工公司的基地在沼泽镇。该公司是沼泽镇的“经济动脉”，每年有1亿美元的经营收益并雇佣了当地近75%的劳动力。但马克凯公司在生产过程中产生了大量有害的副产品。按照有关的环境条例，正确地处理这些废品将每年耗费马克凯公司超过1 000万美元的成本。而马克凯公司并没有这样，而是在这20年里将这些有害废料倾倒在沼泽城附近的郊区。因为这样做，它每年只需花费100 000美元。以下信息也同马克凯化工公司和沼泽市有关：

1. 一位记者威胁将在60分钟的黄金时段的电视新闻节目中揭露马克凯化工公司。这一报道将会在全国引起对公司产品的联合抵制并处以5 000万美元的罚款。这一联合抵制将减少公司每年2 500万美元的经营收益。但这个记者同意，如果马克凯公司每年支付给她100万美元的咨询费，她就不会将此事公布与众。

2. 市民们越来越意识到，非法倾倒将最终造成对地下水的污染和对健康的危害。但大多居民同样也意识到，如果公司的行为被曝光，沼泽镇及其居民将会面临财政方面的问题。

3. 裁决这每年100 000美元罚款的法官是马克凯公司的一名主要股东并且是董事会董事。他将每年的罚金投资于为马克凯公司的职工子女设置奖学金。这些年来，许多奖学金的获得者成为了成功的医生、教师、科学家及其他生产工人。

假设你是一位刚任命为马克凯化工公司的总裁。你面临着以上的情况以及一位助手所提供的以下的增量分析：

	支付咨询费	公开披露的风险	增量分析
咨询费	\$(100 000)		\$1 000 000
潜在的罚款	0	\$(50 000 000)	\$(50 000 000)
当前罚款的减少额	0	100 000	100 000
新增处理成本	0	(10 000 000)	(10 000 000)
联合抵制的潜在成本	0	(25 000 000)	(25 000 000)
各被选方案的净成本	\$(100 000)	\$(84 900 000)	\$(83 900 000)

要求：

a. 请说出前面增量分析的不足之处。

b. 为董事会起草一份备忘录，总括你对此事的意见。

因特网练习

因特网练习20.1

LO3, 4, 5

道化学公司生产各种不同的产品，范围涉及其他公司用以投入其产品生产的化工原料以及销售给消费者的最终产品。你可按以下地址去查询道化学公司的主页：

www.dow.com

要求：

a. 在网页上选择两三个产品区来进行浏览。基于你的观察，对每一种产品最可能选择哪种增量决策？

b. 你认为道化学公司的限制性资源会有哪些？

c. 除了利润方面，在道化学公司的制定增量决策时还应考虑其他的哪些质量因素？

"轮到你了！" 的评论

作为一名销售代理人　当供应商给予不同的竞争性购买商要求的价格时，差别价格就会产生。洛伊森－派特曼（Roinson-Patman）法案禁止在相互竞争的购买者销售他们的产品时采取差别价格，除非发生以下情况：

1. 差别价格中的较低价格反映了所涉及到产品的市场情况以及销售能力的变化（例如已停止生产的产品销售）。

2. 差别价格中较低者按竞争者中的低价来制定。

3. 差别价格中较低者仅仅是由于特定成本的区别，例如由很长的生产周期以及大批的货物运输造成的。

除非俱乐部和甜点公司能够（1）定购足够大的运输船只以使标准四杆公司可以从长期生产和（或）货物运输中削减成本。（2）证明一个竞争者出的更低的价格，这样对洛伊森–派特曼法则而言，低价将是非法的。给日本NGC公司的价格不应属于洛伊森–派特曼法则的范畴之下，因为NGC公司与Club&Caddies公司并没有在其产品销售方面相互竞争。

作为一名商店管理者　印刷品与海报会对画框有互补作用，但或许会成为油画与水彩画的替代品。替代品指购买来代替另一种产品的产品。如果被购买的是海报与印刷品，而不是油画与水彩画，当前者的贡献毛益较之后者更低，这样弗兰工作室将会有所损失。如果一份海报的贡献毛益是5美元，必须销售20份海报（20×每份5美元=总贡献毛益100美元）才产生出与一份海报（单位贡献毛益为100美元）同样的贡献毛益。当估算未来盈利性时，了解产品是互补品还是替代品是非常重要的。

自测题答案

1. b　2. c, \$15+(\$400 000 ÷ 10 000张卡)　3. d　4. a　5. d

综合问题4 吉尔斯特公司

吉尔斯特公司是一家生产机器工具的公司，拥有若干个工厂。其中一个位于明尼苏达州的圣福斯的工厂运用工作定单成本计量制度来管理批量生产程序。圣福斯工厂中有两个大多工作都要经过的部门。工厂的制造费用包括工厂管理者的薪水，会计人员，自助餐馆以及人力资源，预计为200 000美元。上年的实际制造费用为190 000美元。各部门的制造费用主要是折旧费用和其他与机器有关的成本。以下是部分的圣福斯公司的工厂上一年的预算额与实际发生额数据：

	A部门	B部门
部门预算制造费用（不包括工厂的制造费用）	$100 000	$500 000
部门实际制造费用	110 000	520 000
预期作业		
直接人工小时	50 000	10 000
机器工时	10 000	50 000
实际作业		
直接人工小时	51 000	9 000
机器工时	10 500	52 000

在第二年，圣福斯的会计师正忙于帮助销售人员为几项工作进行预算。第110号工作的预算数据如下：

直接材料	$200 00
直接人工成本	
部门A（2 000小时）	30 000
部门B（500小时）	6 000
预算机器工时	
部门A	100
部门B	1 200
产量	10 000

要求：

a. 假设圣福斯工厂使用单一的工厂制造费用率来将所有的制造费用（工厂的和部门的）分配到工作中。用预计的直接工人工时来计算制造费用率。算出制造费用率并确定规划的110号工作中的单位产品总制造成本的预算金额。

b. 用以下三个独立的比率分别计算110号工作规划的制造成本：工厂制造费用比率与两个不同部门的制造费用比率，以上比率均以机器工时为基准。

c. 圣福斯公司的销售政策表明，工作的价值是通过总制造成本加成30%来计算的。第110号工作的价值将是多少呢？运用（1）a部分所算出的制造费用率；（2）b部分的制造费用率 来进行计算。请解释为什么会有不同。你赞成哪种制造费用的分配方法，为什么？

d. 使用b部分的分配率，计算圣福斯公司的工厂当年不足额或超额使用的制造费用。要求将不足额或超额使用的制造费用分配到已售商品的成本上而不是按一定的比率在存货与已售商品的成本之间进行分配，对净收益所产生的影响。

e. 一位圣福斯公司的协约者提出为第110号工作生产该部件，单位价格为8美元。假设圣福斯公司的销售人员依照b部分的计算制定了标价。圣福斯公司应从协约者处以8

美元的单价购买产品还是自行生产第110号产品所需的部件？

f. 如果圣福斯公司的工厂能够将第110号工作的部件生产所需的设备用于另一工作，而该工作能够取得15 000美元的增量利润，那么你对e部分的回答是否会有所变化？

g. 如果b部分提及的协约者位于墨西哥，那么圣福斯公司和吉尔斯特公司的管理者是否还需要对价格之外的国际环境方面的问题进行评估呢？

h. 如果吉尔斯特公司的管理者决定采用目标成本法确定其工作的价值，它应进行何种变革来使得这种方法取得成功呢？

第21章

责任会计与业绩评价

学习目标 (Learning Objectives)

学习本章后，你应当能够：

1. 区分成本中心、利润中心与投资中心。
2. 评价投资中心的盈利能力。
3. 解释责任中心的信息需要并描述责任会计制度。
4. 编制一份说明贡献毛益与责任毛益的损益表。
5. 区分可追溯固定成本与共同固定成本。
6. 说明贡献毛益与责任毛益在短期与长期决策制定中的作用。
7. 解释完全成本计算法与变动成本计算法的区别(*附设专题：变动成本计算)。
8. 将变动成本计算法编制的损益表运用于CVP分析中(*附设专题：变动成本计算)。

评论：西门子公司：为何一直未有预计结果

所反映出来的问题正在使德国的公司面临灾难，西门子公司正在与国内的高人工成本与国外的激烈竞争相抗争着……

当海利希·冯·皮埃尔(Heinrich Von Pierer)接管这个公司的时候，他将他的任务与通用电气（GE）公司的约翰 F·韦尔奇联系在了一起。现在很明显，如果他希望去巩固西门子公司，他将不得不更仔细地去阅读他的忠诚的朋友的剧本。如同GE一样，西门子公司是一个联合性的大企业，生产范围从照明器械到计算机芯片到电厂都有所涉及。冯·皮埃尔进行改革的第一步就是制定目标。他在16个事业单位中将庞大的业务划分成了250个利润中心。他大幅削减了两层的管理者，将德国人的工资削减了近20%，并引进了以价值为基础的管理者的报酬与业绩评价法。他同时还通过经营单位来递延利润，并制定了一套取得股东权益的15%回报的中期目标。

资料来源：Karen Lowry Miller, "Commentary: Siemens: Why There's Still No Payoff," *Business Week*, December 30, 1996. Reprinted by special permission, copyright © 1996 by The McGraw-Hill Companies, Inc.

西门子AG，是一家总部在德国的全球性联合型大企业。该企业证明了每个组织都必须分配决策制定的责任。一个组织的员工需要给予指导去确定他们对组织资源的责任。这些指导原则将以任务描述、工作守则、联合协议以及组织等级结构等方式来加以体现。通过设立利润中心与经营单位，西门子公司的总裁正在设计一套责任中心的组织结构以确定决策制定的权限。利润中心的管理者必须要对创造短期利润的决策负责。而经营单位的管理者则对战略性的经营决策富有更重大的责任。

一旦分配了决策制定的权力，企业就需要有一套方法去评估和奖励决策的业绩。西门子公司的总裁冯·皮埃尔了解，在将与利润相关的决策权下放给250个利润中心的管理者的同时，还要求以价值为基础来评估管理者的报酬与业绩。在确认决策业绩时，业绩评估机制是必须的，他必须与企业长期的战略目标与目的相一致。

在本章中，我们将了解普通的组织责任结构，了解相关的业绩评估和奖励的会计含义。我们将说明，决策制定权与组织的资源是怎样和责任会计制度相互关联的，并以此进行业绩评估与奖励。了解企业分配决策制定权的方式将有助于你明确现在或未来所工作的组织内你自己的责任。

21.1 责任中心

大多数的企业是由许多执行不同职能的分支机构所组成。比如，生产企业通常都会把部门划分成采购、生产、销售、运输、会计、财务与人力资源等。生产部门与销售部门经常又被进一步划分成不同的产品线或地理区域。按这种方式来组织企业能够使管理者与员工专注于特定类型的经营作业。这种类型的组织还有助于建立清晰的管理责任框架。

许多公司会使用不同的名字来描述他们内部的经营单位，包括分部、部门、分支机构、产品线和销售区域。在我们的讨论中，我们通常将会使用**责任中心**来描述一个企业组织内的分支机构。每一个所规划的管理者都有责任指导每个这样中心的作业。

在大多数的企业组织中，许多庞大的责任中心又被进一步划分成较小的责任中心。例如西尔斯或沃尔玛这样的零售连锁店。每一家商店都是在商店经理控制下的一个责任中心。每家商店又被进一步划分成许多独立的销售部门，如家用电器、汽车产品以及体育用品等。每个销售部门也都是一个在部门经理控制下责任中心。这些部门经理向商店经理汇报并向其负责。

21.1.1 责任中心业绩信息的必要性

损益表反映一个企业整体的总体经营业绩。然而，管理者还需要利用会计信息来评估企业组织内各个责任中心的业绩。这些信息将在以下任务中给管理者提供帮助：

1. 计划与安排资源。为了制定未来的业绩目标以及将资源分配到有最大盈利潜力的责任中心，管理者需要了解不同企业部门的业绩如何。如果一条产品线较之另一条更具盈利性，比如，可以通过将更多的生产能力分配到更具盈利性的产品上而使公司的整体盈利能力有所提高。

2. 控制经营情况。责任中心数据的一个用途就是去识别那些经营无效率或低于期望值的企业部门。当收入滞后，或成本变得集中时，责任中心的信息将有助于管理者关注那些业绩较差的责任部门。如果企业的某个部门不能盈利，可能就应该终止其运作。

3. 评价中心管理者的业绩。由于每个中心就是一个管理责任区，中心的业绩便成了评价中心管理者技能的依据。

因此，评价企业组织内每个中心的业绩是每个会计系统的一项重要的职能，旨在满足管理者的需要。

21.1.2 成本中心、利润中心和投资中心

企业的责任中心通常被划分为成本中心、利润中心或投资中心。为了便于说明，假设保健合作(Healthcrop)拥有并管理着一家有700张病床的医院，以及遍布大芝加哥地区的七间诊所。每家诊所都配备有他们自己的药房与X光设备。

成本中心 **成本中心**是指会发生成本支出但不会直接带来收入的企业部门。[1]保健合作将它的行政管理部门——会计、财务、数据处理以及法律服务——视为成本中心。此外，它也将洗衣、维修与保安部门视为成本中心。每个成本中心为其他的保健合作中心提供服务。然而，成本中心并不将商品或服务直接提供给病人。

分配到成本中心管理者的决策制定责任包括投入材料的决策。对于一个保健合作的保安成本中心的管理者来说，与投入相关的决策包括聘用专业人员、安置专业人员，采购恰当的保安设备以及监督保安资源的使用。但保安成本中心的管理者不会尽力去将部门的服务销售给其他的顾客。因此，与产出相关的决策——如定价、提供的服务类型以及目标市场的选择——通常并不是成本中心管理者的责任。

轮到你了！ 作为一名责任中心的经理

假设你是保健合作保安服务部的管理者。你的决策制定权包括聘请人员、购买补给品、安排人员清洁诊所及医院并检查诊所和医院的服务质量。更高层的领导者在评估你的业绩是将会使用怎样的信息?

我们的评论见本章末。

成本中心的评估主要依据于（1）控制成本的能力和（2）所提供服务的数量和质量。因为成本中心并不直接产生收入，损益表并不是为他们而编制的。但是，会计系统必须要分别汇总各责任中心所发生的成本。

在一些情况下，成本是评估成本中心业绩的一个客观尺度。比如，保健合作洗衣服务的评估主要是依据于它的单位“病人-天”的成本。而在评估维修部门的业绩时，则较少的关注成本，而更多的关注对医疗设备是否进行了正确维护的主观评价。

---

[1] 成本中心有时会带来金额并不显著的收入，但直接带来收入并不是该中心的基本目的。

对保健合作会计部门业绩的评估甚至是更为主观的。在这里，管理者必须将部门的成本与其所提供给企业组织的服务的价值进行比较。这些服务包括符合财务和所得税呈报的说明，同时为管理者提供经营企业所必需的信息。

利润中心 **利润中心**是既能带来收入又会发生成本的企业部门。[1]在本章开头所引用的文章中曾提到，西门子 AG设立了250个利润中心。医院和七个诊所是保健合作主要的利润中心。在医院里，药房、放射室、急诊室以及食品服务部也都视为利润中心。[2]同样地，每个诊所的药房和X光放射部也都是利润中心。在其他类型的组织中，利润中心的形式可能还包括产品线、销售区域、零售商店以及在每个零售商店内的特定的销售部门。

在利润中心里，管理者拥有对投入和产出相关资源的决策权。在一个持续经营的企业里，他们有责任采取恰当的方式，以最少的成本获得最高的收入。在保健合作，X光放射部的经理必须与其他医疗机构的X光放射部进行竞争。这位X射线的管理者可能会选择花费资源在当地的医生中为他的X光放射部作广告，以此来获得更多的收入。但利润中心的管理者在重大资金的筹集方面无权亦无责，如果这一X光放射部的管理者希望购入先进而价格昂贵的X射线设备，这样一项巨额资本支出的决策责任则由医院的首席执行官（CEO）或诊所的高级管理者来担负。

对利润中心的评估主要在于其盈利能力。因此，保健合作编制了单独揭示公司利润中心的收入与成本的责任损益表。这些结果将与预算数、前期业绩，更重要的是与其他利润中心的盈利能力进行比较。

例如，假设保健合作的七个诊所的化验室都是盈利的。但X光放射部的盈利能力更强。这样，管理层也许会考虑关闭一些化验室以腾出空间来增加X射线设施。（若化验室被关闭，其工作将由单独的医疗实验室承担。）

投资中心 一些利润中心有时也被视为投资中心。**投资中心**是指管理层被授权对与该中心经营活动相关的重大资本投资决策负责的利润中心。本章开头有关西门子 AG的事例说明了总裁海利希·冯·皮埃尔是如何创建16个经营单位的。这些经营单位便是投资中心。保健合作的医院与七个诊所既是投资中心也是利润中心，因为诊所和医院的管理者均要对与利润中心相关的决策和相关的资本投资选择的决策负责。这样，医院的总裁和诊所的管理者可以做出相关的重大投资决策，如设立专用停车场或购入新的X射线设备。然而，重大的战略资本投资通常仍然为董事会来进行决策。如决定创建第八所诊所或考虑与另一家医院合并则是由高层管理者与董事会协商决定的。

此要点的案例

董事会亦由其公司的股东进行评估。董事必须由选举产生，而且当股东认为他们的业绩不尽人意时可进行改选。《商业周刊》根据股东的反馈意见以及董事会所运用的管理制度和程序，公布了年度评价最差与最好的公司董事会。

为了评估投资中心的业绩，客观地衡量该中心运作所使用的资产的成本是必要的。我们可以运用投资回报率作为尺度来评估个投资中心的业绩。最常用的评价尺度有：（1）资产报酬率（ROA）和（2）剩余收益（RI）。

资产报酬率即用投资中心的经营收益（即责任毛益）除以它当期的平均总资产。比如，假设保健合作内设700张病床的医院近来产生了1 200万美元的责任毛益，而当年使用的资产平均

[1] 在本章中，我们将沿用惯例，运用成本一词来描述未实现的成本(如完工产品存货)和已实现的成本(如已售商品的成本)。

[2] 在我们的举例中将食品服务部视为一个利润中心，是因为假设医院病人的餐饮是单独付费的。如果餐饮不单独向病人收费，则食品服务部将被视为一个成本中心。

为9 600万美元。这样，作为投资中心的医院当年的资产报酬率为12.5%，计算如下：

资产报酬率 = \$12 000 000 ÷ \$96 000 000 = 12.5%

剩余收益是超过该中心的资产可接受的最小报酬的数额。剩余收益的计算如下：

剩余收益 = 责任毛益 − 可接受的最小报酬

我们假设保健合作的管理层将所有投资中心的最小资产报酬率定为10%，于是该医院的剩余收益就为240万美元，具体计算如下：

剩余收益 = \$12 000 000 − (\$96 000 000 × 10%)
= \$2 400 000

此要点的案例

奇怪的是，许多公司评估营业单位业绩时，计算利润并不考虑产生该利润的资产成本。近来，许多公司已使用经济增值额（EVA）这一概念来对营业单位的业绩进行评估。EVA与剩余收益有相似之处，因为它是以税后净利润减去资金成本来计算的。菲利普石油公司自1993年来，一直使用EVA指标，并发现对那些能带来新收益的项目的投资已经超过了那些已经存在的业务。

并非所有的利润中心都能作为投资中心来进行评估。例如，若一利润中心与企业中其他部门共享公共设施，则确定利润中心的精确的“资产投资额”是非常困难的。因此，当共享共同设施的利润中心能够用他们的获利能力来进行评估时，他们通常并不用资产报酬率或剩余收益来进行评估。

据前述，保健合作的医院有若干个利润中心——药房、放射室、急诊室以及食品服务部。这些中心共用许多共同设施，例如医院的停车场、中央供热和主干电脑支持。将这些共同资产分配到各利润中心将是非常主观的。这样我们也就不能像投资中心那样进行客观的评估了。同样，虽然门诊的化验室与X光射线部门是相互独立的利润中心，但由于他们也共用了许多公共设施，因而也不能视为投资中心。

轮到你了！ 你作为一名诊所经理

假设你是保健合作的一名门诊管理者。你直接向董事会汇报工作，董事会的报酬委员会对你的业绩进行评估并决定你的加薪与奖金。报酬委员会汇总了各诊所的资产报酬率与剩余收益资料。该委员会计划根据这些业绩数据来分配门诊管理者的奖金。假定你的诊所只有两年的营业期，而其他诊所至少已经开业了7年，平均已有10年的营业时间，你认为该委员会的这一计划如何？董事会还应考虑其他什么信息呢？

我们的评论见本章末。

21.2 责任会计制度

用于衡量企业内各中心业绩的会计制度被称为**责任会计制度**。根据管理责任的结构体系来进行业绩衡量是一项重要的职责。责任会计制度能够约束这些对其所管辖的经营中心业绩负责的管理者。此外，该制度还为高级管理者提供了许多有用的信息，以便于识别整个组织中各经营单位的优势与弱点。

责任会计制度的操作包括三个基本步骤。第一，为各责任中心编制预算。预算也是组织中各基层单位的业绩目标。第二，该会计制度还评估各责任中心的业绩。第三，将各中心的实际业绩与预算额进行比较，及时编制业绩报告。及时的业绩报告有助于中心管理者保持其业绩不偏离目标。它们也有助于高层管理者评估各部门管理者的业绩。

我们在本章着重于责任会计制度操作中的第二步——评估各责任中心的业绩（所使用的预算和业绩报告将在下面的两章中进一步加以讨论）。

21.2.1 责任会计：举例

责任会计制度的关键是在于能够分别计量组织内部各责任中心的经营成果。这些成果能够通过一系列的责任损益表来加以概括。

责任损益表揭示的不仅是企业中某一特定部门的经营成果，而且还包括该部门各利润中心的收入与费用。这样的损益表使管理者能够很快了解其管辖下的各利润中心的业绩。

为了便于说明，假设新技新术电子公司有两个分部：零售与邮购。零售分部由两个零售商店组成；每个零售商店有两个利润中心：销售部和维修部。新技新术的部分责任损益表见表21-1。[1]

表21-1 新技新术电子公司责任会计制度的示例

将分部定义为投资中心

	公司整体	投资中心	
		零售分部	邮购分部
销售收入	$900 000	$500 000	$400 000
变动成本	400 000	240 000	160 000
贡献毛益	$500 000	$260 000	$240 000
可追溯至分部的固定成本	360 000	170 000	190 000
分部责任毛益	$140 000	$90 000	$50 000
共同固定成本	40 000		
经营收益	$100 000		
所得税费用	35 000		
净收益	$65 000		

将零售分部的商店定义为利润中心

	零售分部	利润中心	
		第42街的商店	贝克街的商店
销售收入	$500 000	$200 000	$300 000
变动成本	240 000	98 000	142 000
贡献毛益	$260 000	$102 000	$158 000
可追溯至商店的固定成本	140 000	60 000	80 000
商店责任毛益	$120 000	$42 000	$78 000
共同固定成本	30 000		
分部责任毛益	$90 000		

将第42街商店的部门定义为利润中心

	第42街的商店	利润中心	
		销售部	维修部
销售收入	$200 000	$180 000	$20 000
变动成本	98 000	90 000	8 000

[1] 新技新术同时还编制责任损益表来反映邮购分部和贝克街商店的利润中心的情况。为了不占用过多的篇幅，这些报表将不包括在我们的示例中。

（续）

		利润中心	
	第42街的商店	销售部	维修部
贡献毛益	$102 000	$90 000	$12 000
可追溯至部门的固定成本	32 000	18 000	14 000
部门责任毛益	$70 000	$72 000	$(2 000)
共同固定成本	28 000		
商店的责任毛益	$42 000		

当你往下阅读新技新术的示例说明时，你将会看到公司的部门划分越来越细。记录收入与成本必须从示例的底部开始——也就是说，从最小的管理者的责任区域开始。比如，若编制第42街的商店各利润中心的损益表，新技新术的会计报表必须要足够的详细，以便于分别评价这些部门的成本与收入。编制较大责任中心的损益表可以通过汇总较小经营单位损益表的金额而得到。例如，第42街的商店的总销售额（200 000美元）等于此商店中两个利润中心的销售额之和（180 000美元和20 000美元）。

21.2.2 将收入与成本分配到各利润中心

在责任损益表中，收入首先在负责取得该收入的利润中心进行分配。将收入恰当地分配到各部门中是相对比较容易的。比如，电子收现机能够自动地识别出收入的来源部门。

在将成本分配到企业经营部门的过程中，通常会用到两个规则：

1. 成本可以划分成变动成本与固定成本两大类。[1]当成本以这种方式来进行划分时，在损益表中应列示各经营中心贡献毛益的合计数。以这种方式来编制的损益表被称为贡献毛益法并由管理者广泛地运用于报表的编制中。

2. 各中心只担负可直接追溯至该中心的成本。如果该中心单独对所发生的成本负责，则该成本直接追溯至此中心。因此，若某一中心已不复存在，则可追溯成本也会相应地消失。

人们并不总是很清楚，一项成本可否追溯至某一特定中心。在将成本分配到各中心时，则需要会计人员进行专业的判断。

此要点的案例

一家大型制造公司的销售部向生产部门发出了许多的“紧急”订单。为了完成这些急需的订单，生产部门不得不加班工作，这使得生产部门的人工成本超过了预算额。公司的管理人员相应地修正了责任会计制度，以便于向销售部门收取由于生产应急订单而发生的超额工资与运输费用。在进行了调整之后，销售部门更注意及时向生产部门提供所有的销售订单的信息。结果，成本高昂的紧急订单的数量大幅减少。

在接下去的讨论中，我们将研究用贡献毛益方法编制的新技新术公司的业绩报告中的各个组成部分。

21.2.3 变动成本

在责任损益表中，变动成本即近似与中心的销售量同比例变动的成本。对新技新术而言，变动成本包括已售商品的成本，对所销售的每个系统而支付给销售人员的销售佣金，各商店的维修部门发生的零件与人工成本，以及许多其他随销售量改变而改变的营业费用。

[1] 在第19章中，我们讨论了如“高－低点法”等将半变动成本划分为变动部分和固定部分的方法。

由于变动成本是与特定的收入相关的，它们常被直接溯至产生该收入的利润中心。比如说，在新技新术的第42街的商店所销售的一套家庭影音设备可直接追溯至该店的销售部。用同样的方式，维修产生的零件与人工成本可直接追溯至维修部。若某一利润中心被撤销了，它的所有变动成本也就不存在了。

21.2.4 贡献毛益

贡献毛益（销售收入减变动成本）是本-量-利分析的一项主要工具。例如，销售量的变动对经营收益的影响可以通过以下方式估算：（1）销售数量的变化量乘以单位贡献毛益；（2）将销售金额的变化量乘以贡献毛益率。（为了辅助这类分析，责任损益表中既包括金额，也包括百分比。含有百分比的责任损益表在表21-3有例示。）

贡献毛益表述了收入与变动成本之间的联系而忽略了固定成本。因此，贡献毛益主要是一种短期计划工具。它主要用于有关价格变动、短期促销活动以及不会对固定成本有重大影响的产出水平变化的决策之中。我们在20章已讨论过了，对于是否创立一家新厂或是否关闭某一特定的利润中心这样的长期决策，管理者必须考虑到固定成本以及贡献毛益。

21.2.5 固定成本

对于一个盈利的企业而言，总贡献毛益必定会超过总固定成本。但许多固定成本不可能很轻易地便可溯至企业的特定部门。因此，在责任损益表中，可溯固定成本与共同固定成本往往泾渭分明。

21.2.6 可追溯固定成本

可追溯固定成本即可轻易地追溯至特定的经营中心的固定成本。简言之，可追溯固定成本是因某中心的存在而产生的，并可因相关中心的关闭而消除。可追溯固定成本包括该中心职员的工资及该中心独用的建筑与设备的折旧。

在判定某一特定的中心提高企业盈利能力的程度时，可追溯固定成本往往从贡献毛益中进行追溯。在责任损益表中，贡献毛益减去可追溯固定成本即为**责任毛益**。例如，在表21-2上我们可以看到，新技新术的第42街的商店与贝克街的商店的责任毛益分别为42 000美元和78 000美元。

21.2.7 共同固定成本

共同固定成本（或间接固定成本）能够使企业的若干个部门共同受益。即使某一中心已不再从这些成本中受益，这些固定成本的水平往往也不会发生重大变动。

比如，我们可以来看一下如百老汇(Broadway)与诺德斯顿(Nordstrom)这样的大型百货商店。店中的各部门均从商店的建筑受益。然而，即使店中一个或更多的部门终止营业了，商店的折旧与财产税这样的成本仍旧会在现有的水平上继续发生。因而，从商店的各中心来看，建筑的折旧便是一项共同固定成本。

除非按照主观的方式，如相应的销售量比例或所占用的营业场地的面积，否则共同固定成本是不能分配到特定基层单位的。在试图确定各利润中心的“整体盈利能力”时，一些企业依据成本可追溯性将共同固定成本分配到各基层单位。而另一常用的办法是将可直接追溯至企业某部门的成本由各利润中心来负担。在本书中，我们将采用后一种方法。

作业成本计算法大大提高了公司的总成本中可追溯至特定经营部门的比例。

共同固定成本包括可追溯至服务部门的成本 在责任损益表中，可追溯固定成本项目往往仅包括可溯至利润中心的成本。但是，可追溯至会计部门这样的服务部门的成本能使企业中的许多部门受益。这样，服务部门的经营成本则被视为共同成本纳入责任损益表中。比如，新技新术的第42街商店损益表中的28 000美元的共同固定成本，即包括商店的会计、保安和维修部门的运营成本，以及其他使整个商店受益的成本，如折旧、公用事业费和商店经理的工资。

大多数的服务部门是作为成本中心来进行评估的。所以，责任会计制度应单独核算可溯至各服务部门的成本。

共同固定成本被溯至较大的责任中心 所有的成本都够被追溯至一定层次的组织部门。为了说明这个观点，部分的新技术电子公司的责任会计制度将会在予以重复，以重点说明第42街商店的固定成本。

表 21-2

将零售分部的商店定义为利润中心		利润中心	
	零售分部	第42街的商店	贝克街的商店
销售收入	$500 000	$200 000	$300 000
变动成本	240 000	98 000	142 000
贡献毛益	$260 000	$102 000	$158 000
可追溯至商店的固定成本	140 000	60 000	80 000
商店的责任毛益	$120 000	$42 000	$78 000
共同固定成本	30 000		
分部的责任毛益	$90 000		

将第42家商店内的部门定义为利润中心		利润中心	
	第42街的商店	销售部	维修部
销售收入	$200 000	$180 000	$20 000
变动成本	98 000	90 000	8 000
贡献毛益	$102 000	$90 000	$12 000
可追溯至部门的固定成本	32 000	18 000	14 000
部门的责任毛益	$70 000	$72 000	$（2 000）
共同固定成本	28 000		
商店的责任毛益	$42 000		

我们曾经指出，类似于维修部门运作以及商店经理薪金之类的全店范围内的成本，追溯到商店的某一个利润中心是不恰当的。而这些成本很容易就能追溯到第42街的商店。因此，这些成本划分为可追溯成本还是“共同”成本则取决于我们是将该中心定义为商店还是商店里的部门。

当我们将责任报告制度提升到越来越广泛的责任领域时，属于较低层次管理者责任的共同成本就变成了更大的责任中心管理者控制下的可追溯成本。

21.2.8 责任毛益

我们曾说过，贡献毛益是评估短期决策对获利能力影响的一项非常好的工具。此类决策一般不会引起公司固定成本的变化。与短期决策不同，长期决策往往会涉及固定成本因素。因此，与贡献毛益相比，责任毛益在衡量长期获利能力时更为有用，因为它将可追溯到某一特定经营中心的固定成本的变动都予以考虑了。长期决策包括是否扩大现有的生产能力，是否新增一个利润中心以及是否关闭一个业绩很差的利润中心。

为了说明怎样将责任毛益用于衡量一个利润中心的业绩，我们来研究一下新技新术公司的零售和邮购分部。公司这两个分部的损益表见下页。

表 21-3

	公司整体		经营中心 零售分部		经营中心 邮购分部	
	金额/美元	(%)	金额/美元	(%)	金额/美元	(%)
销售收入	900 000	100.0	500 000	100.0	400 000	100.0
变动成本	400 000	44.4	240 000	48.0	160 000	40.0
贡献毛益	500 000	55.6	260 000	52.0	240 000	60.0
可追溯至分部的固定成本	360 000	40.0	170 000	34.0	190 000	47.5
分部的责任毛益	140 000	15.6	90 000	18.0	50 000	12.5
共同的固定成本	40 000	4.4				
经营收益	100 000	11.1				
所得税费用	35 000	3.9				
净收益	65 000	7.2				

注：在近似地加、减百分数时可能会出现一些小的偏差。

在新技新术公司的两个分部中，哪一个最具盈利性？答案取决于你进行的是长期还是短期决策，短期决策的固定成本并不发生改变；长期决策的固定成本的变动将是重要的因素。

首先，我们来看一项短期决策。假设新技新术公司的管理层近来要进行一次广播广告的宣传活动，预算为5 000美元。但将这5 000美元用于零售分部还是邮购分部，尚未确定。

假设管理者认为，不论对哪个分部进行广告宣传，5 000美元的广播广告都将使销售额增加约20 000美元。在这种情况下，管理层应该把这些广告开支投入到邮购分部中，因为该分部拥有较高的贡献毛益率。在邮购分部多投入20 000美元将能带来12 000美元的贡献毛益(20 000美元 × 60%)，而将20 000美元投入零售分部则只能带来10 400美元的贡献毛益(20 000美元 × 52%)。[1]

现在我们来考虑一下长期决策。假定新技新术公司决定缩减经营规模，仅继续经营其中的一个分部。假设现在的收入与成本之间的关系有望在很长时间内保持相对稳定，那么你会建议新技新术保留哪个分部呢？答案是零售分部。

在考虑固定成本之后，我们看到零售分部为新技新术的净收益贡献了90 000美元，而邮购分部仅贡献了50 000美元。换句话说，若终止邮购分部的经营，其所有的收入、变动成本及可追溯固定成本均不复存在。简言之，公司将每月将失去来自于该分部的50 000美元的责任毛益。但与终止零售分部的经营而每月损失90 000美元的责任毛益相比，显然，这要好得多。

总之，在制定不影响固定成本的短期决策时，管理者应尽量使新增的成本产生最多的贡献毛益。这往往意味着将重心放在贡献毛益率最高的中心上。而在制定长期决策时，管理者必须将固定成本考虑进来，这就需要将重心转移到责任毛益和责任毛益率上。

21.2.9 一个责任中心何时“无盈利能力”

在确定某一特定的利润中心是否“无盈利能力”时，需考虑到众多的因素。然而，责任毛益是一个很好的起点。正如我们所知道的，责任毛益表明了利润中心所取得的贡献毛益超过可追溯固定成本的程度。

为了便于说明，我们来看一下的新技新术公司的第42街商店的损益表。

[1] 注意，两个分部所带来的新增贡献毛益均会超过广告成本。这就意味着管理者应大胆地为新技新术的两个分部都发布广告。在识别最佳的被选方案的同时，公司还应该进行创意性的决策。

	第42街的商店	利润中心	
		销售部	维修部
销售收入	$200 000	$180 000	$20 000
变动成本	98 000	90 000	8 000
贡献毛益	$102 000	$90 000	$12 000
可追溯至部门的固定成本	32 000	18 000	14 000
部门的责任毛益	$70 000	$72 000	$（2 000）
共同固定成本	28 000		
商店的责任毛益	$42 000		

根据以上数据，终止维修部门的经营将减少20 000美元的收入和22 000美元的成本（其中8 000美元的变动成本和14 000美元的可追溯固定成本）。如此说来，关闭该部门将使商店的盈利增加2 000美元——即它的负毛益。

但正如我们在第20章所学的，新技新术公司的管理者还应考虑到许多其他的因素。比如，维修部门从来不盈利，或者这个月可能出现了异常情况？维修部门的存在是否对商店的售货能力有所贡献？现在维修部门所占用的空间是否还有其他用途？因此，即使维修部门毫无盈利可言，也许在决定关闭该部门之前还应考虑其他的因素。

21.2.10 对责任中心管理者的评价

管理者有时很难及时控制一些可追溯至该中心的固定成本。若一个中心担负了管理者所不能控制的高额成本，则所报告的该中心的业绩也许并不能体现出其管理者的个人业绩。这可能会成为一个十分敏感的问题，尤其当管理者的报酬与奖金受到影响的时候。

为了便于说明，假设新技新术的第42街的商店自1956年开业一直营业至今，而它的贝克街的商店仅营业了3年。结果，贝克街的商店所发生的折旧与财产税大大超过了第42街的商店。倘若支付给贝克街商店管理者的奖金仅仅是以商店的责任毛益为依据，那么此管理者将因服务于一个较新地点而受到了不公正的待遇。

为了解决这类问题，一些公司将可追溯的固定成本又划分为可控固定成本或约束性固定成本。**可控固定成本**是指那些能够为管理者及时控制的成本，如工资及广告支出。**约束性固定成本**则是指那些管理者不能够随意改变的成本，如折旧费和财产税。在责任损益表中，贡献毛益减去可控固定成本所得到的金额称为**边际业绩**。然后，边际业绩减去约束性固定成本即可确定责任毛益。

以这种方式来划分可追溯成本体现了在一项长期投资中，中心管理者的业绩与中心的盈利之间是有所区别的。边际业绩仅仅包括了管理者所能直接控制的收入与成本，则其有用性体现在可评估管理者控制成本的能力。然而，责任毛益则用于衡量和评价作为一个整体的中心的长期获利能力。

此要点的案例

西门子 AG的海利希·冯·皮埃尔(Heinrich von Pierer)承认，该组织设立了带有明确目标的利润中心，撤消了层次复杂的官僚机构，并废弃了在他上任前所使用的集中决策的方法。利润中心的设置赋予了当地市场的经理削减成本和规划项目的权利。相应地，他们实现了公司的获利目标，则应根据其业绩颁发工资与奖金。

21.2.11 关于将共同固定成本分配到经营中心的讨论

我们曾经提到过，一些公司将会采取一定的政策将共同固定成本分配到从这些成本中获益的经营中心。分配共同成本时所用到的尺度一定是带有主观性的，如相关的销售量或该中心所占用的营业面积。在责任损益表中，责任毛益减去共同固定成本称为“经营收益”。

出于以下几个原因，我们并不推崇这样的做法：

1. 共同固定成本并不会经常变动，甚至在关闭一个经营中心时也是如此。因此，这种成本分配方式会歪曲了各中心对公司收益的贡献。

为了说明这个观点，假设将10 000美元的共同成本分配到一个责任毛益仅为4 000美元的中心。同时还假设，总共同成本并不会随着该中心的关闭而有所改变。则所分配的固定成本是该中心出现了亏损，表现为6 000美元的经营损失（由4 000美元的责任毛益减去所分配到的10 000美元共同固定成本而得到）。然而，关闭该中心实际上将会减少该公司4 000美元的收益，因为所损失的是该中心4 000美元的责任毛益，而共同固定成本将不会有所改变。

2. 共同固定成本是不受该中心管理者直接控制的。因此，将这些成本分配到该中心并不有助于评估管理者的业绩。

3. 共同固定成本的分配可能意味着与该中心的业绩并不相关的获利能力的变化。

为了说明这个观点，假设每月所发生的50 000美元的共同固定成本将会等额地分配到五个利润中心。这样每个利润中心负担其中的10 000美元。现在假设其中的一个利润中心已终止经营，但每月的共同固定成本并不发生变化。则剩下的四个利润中心现在每个将负担12 500美元的共同固定成本（50 000美元÷4）。这样就使继续经营的四个利润中心由于一项与他们的活动并不相关的事件（关闭了第五家利润中心）而造成了利润的下降。

21.2.12 转让价格

新技新术公司所有的利润中心都将产品或服务销售给企业外部的消费者。但一些利润中心会将他们的产品提供给企业的其他部门。

此要点的案例

在百事公司剥离掉它的餐饮部门之前，生产著名软饮料的百事可乐分公司将百事可乐提供给泰柯贝儿(Taco Bell)、肯德基炸鸡以及必胜客。这些餐饮部门是按转让价格来付费的，这是百事可乐各分公司之间的内部付费方式。

当产品（商品或服务）从一个部门转移到另一个部门时，转让价格在评估部门的业绩方面发挥着重要的作用。转让价格用于记录部门间产品转让的金额。

我们已经看到过一些转让价格的例子。在我们研究加工成本会计制度（第17章）的时候，我们看到生产成本从一个在产品账户转移到下一个在产品账户。事实上，这些生产成本就是产品从一个加工部门转移到另一个加工部门的转让价格。

只有在生产产品的部门是作为一个成本中心来进行评价时（生产部门通常都是成本中心），才应将产品的成本作为转让价格。但对于一个利润中心的产品而言，成本不是一个令人满意的转让价格。

利润中心的转让价格 利润中心通常销售它们自己的产品。但一些利润中心，如在我们的举例中，百事可乐分公司也会将它们产品中的一部分提供给企业组织中的其他经营单位。

若将成本作为转让价格，则利润中心使用了资源却不会带来利润。按成本向企业内部的部门提供更多的产品，而不是将产品提供给外部的消费者以获取利润，这样会降低部门的贡献毛益、责任毛益及部门业绩的其他评价指标。

另一方面，收到以成本计价的转让产品的部门得到了低价品。一般，这样的经营成本会低于市场价格，这就会使该部门看起来有非正常的盈利能力。简言之，以成本作为转让价格将会把生产产品的部门的毛益转移到最终将产品销售给外部消费者的部门。

出于这个原因，现在许多公司用市价作为利润中心生产产品的转让价格。用这种方法，部门的利润在生产产品的利润中心已经实现，而不是在受让产品的中心来实现。

对于跨国公司的转让价格 若企业的各部门分设在不同的国家，制定适当的转让价格就变得更复杂了。若货物要跨国运输，则转让价格也许还会受到税收、关税及国际贸易协定的影响。而且，商品的市价在生产产品的国家和商品将要运抵的国家会有很大的不同。

现金影响

在编制现金流量表时，公司内部转让价格的分录要予以消除。对于公司整体而言，转让价格不是收入，也不会产生现金流量。但对于设在两个不同国家并有不同税率的子公司之间的国际转让价格则会对整个公司的现金流量产生影响。

举一个简单的例子，假定ABC公司有A、B两个分公司，主要生产饰品并由B分公司以10美元的价格出售给公众。生产成本包括A分公司的3美元和B分公司的4美元。这样每件饰品的利润是3美元[10美元－（3美元+4美元）]。若A、B分公司之间的转让价格设为4.5美元，每件饰品3美元的利润则可以平均地分配到两个分公司中（各1.5美元）。若两个分公司所处的税制相同，则转让价格将不会产生现金流量。但是，如果B分公司处于一个高税率（50%）的国家而A分公司在一个低税率（10%）的国家，那么ABC公司将受到由税收引起的现金流量的影响。4.5美元的转让价格说明B分公司应记录单位产品1.5美元的应税利润并按50%的税率纳税，即每件产品含有0.75美元的税。A分公司的利润将按10%即以单位产品0.15美元的税率纳税。ABC公司可以通过将转让价格定为6美元，使利润集中于设在低税国的A分公司，以此来节约纳税费用并增加现金流入。

这一简单的例子说明了国际转让将会对潜在的现金流量产生影响。监管国际转让价格的法律和法规是非常复杂的，并且在不同的国家会有所不同。

关于转让价格的一些总结性评述 转让价格通常不以现金形式支付，它们只是一些用以记录商品和服务在企业内部门之间“流动”的会计分录。[1]

从本质上说，转让价格可视为提供产品的部门所取得的收入和接受产品的部门所发生的成本（或费用）。由于这些部门的收入与成本金额相等，因此转让价格对公司整体的净收益并无影响。

21.2.13 非财务指标与信息

到现在为止，我们只强调了对企业组织中责任中心财务业绩的衡量。除了财务尺度外，许多公司认为，非财务指标对于实现他们的基本目标也是非常重要的。责任会计制度能够设计来收集有关各中心的财务与非财务的信息。表21-4所列示的是管理者进行评价时的一些常用的非财务指标。

表 21-4

非财务业绩评价指标	
产品质量	专业人员
缺损的零部件的数量	病假天数
顾客退回的数量	人员更替
顾客投诉的数量	有不满情绪的人数
市场营销	效率及生产能力
新顾客的数量	循环时间
所接进的销售电话的数量	入住率（酒店及旅馆）
市场份额	乘客飞行英里数（航空业）
无存货产品的数量	病人-天数（医院）
	处理的业务数（银行）

[1] 如果产品的转让是在两个分公司之间，那么事实上，转让价格可能是以现金形式支付。

此要点的案例

麦当劳公司是用公司的QSC标准来评估一名餐馆管理者的业绩的。“QSC”指的是“质量(quality)、服务(service)及清洁(cleanliness)。麦当劳公司的监管人员会定期地用这些标准来评估每一名餐馆的管理者。麦当劳的QSC评估标准的众多项目中包括：

质量：温度、外观、数量及提供的食品的味道。

服务：职员的衣着及日常的行为举止；运用适当的程序来满足顾客。

清洁：各个地方包括厨房、柜台、桌面及休息室的清洁，建筑及停车场的外观。

21.3 财务报表中的营业中心报告

在本章中，我们已经从管理当局的角度对责任中心进行了重点地阐述。从这个角度来看，所谓中心，可以依据管理当局的责任范围来进行定义，从最小的经营单位（如部门或每一个销售员的“责任范围”）开始。

一个大公司可以毫不夸张地有成千上万个责任中心需要提供信息。这些信息旨在帮助管理当局对企业经营的每个方面进行计划和控制。

财务会计准则委员会（FASB）说明大公司对某些“分部信息”利用报表附注进行披露。披露包括公司所处主要行业和地区的净销售、经营收益和可确认资产额。

财务报表中的分部信息远不如为管理当局准备的责任中心信息来得详细。但它当然服务于非常不同的目的。目前，财务年度报告的使用者都将公司的总体盈利能力和未来前景作为一个整体来评价，而并没有对每一个部门、仓库和生产过程的效率进行评价。出于财务报告的目的，一些公开上市的公司将他们的经营只划分成两“块”，有的话，也只有很少的公司才会有超过10个业务“块”。

21.4 附设专题：变动成本计算法

我们在前面讲到的新技新术电子公司的例子解释了一个典型的商业公司的业务情况。在一个商业公司里，出售商品的全部成本都是一种变动成本。可是，在一个制造业公司的财务报表中，出售产品的成本则是以制造出售存货所花费成本为基础的。就如同我们在前几章中所学到的那样，这些制造成本中有一些是可变的，而其他又是固定的。在对存货和出售产品的成本进行计价的时候，我们对变动成本和固定成本在传统上的做法被称为**完全成本法**。完全成本法是公认会计原则以及所得税税务机构都要求采用的方法。

我们已经看到，出于管理决策的目的，一份将变动成本和固定成本分别报告并明确指明贡献毛益的损益表通常更为有用。将制造业公司的损益表按这种格式安排，其中包含了一种会计技术，叫作变动成本计算法。

在**变动成本计算法**下，出售产品的成本只包括可变制造成本。固定制造成本被视为期间成本，在损益表计算出的贡献毛益之后进行单独地扣减。在进一步讨论变动成本计算法之前，让我们先来简单地看一下制造成本会计方法中的几个基本概念。

21.4.1 完全成本计算法：产品成本的传统观念

在第16章中，我们对产品成本和期间费用进行了区分。产品成本是制造存货并被借记到在产品存货账户的成本。从这个账户出发，产品成本流入产成品存货账户，并最终流入出售产品成本账户。这样，产品成本就可以和当期出售相关产品的收入相冲减。而作为另一方面的**期间费用**，则是直接计为费用账户并从发生当期的收入中扣减。

在完全成本计算法下，所有的制造成本作为生产成本处理，不用考虑是否这些成本是可变的还是固定的。由于所有的制造成本都按产品来分类，完全成本计算法也被称为**吸收成本法**。

21.4.2 变动成本计算法：产品成本的另一种观点

有一些制造成本是可变的，有一些又是固定的。直接材料和直接人工就是变动成本的例子。而固定制造成本的例子包括如厂房资产折旧、工厂保险金以及监管人员工资等一些制造费用项目。我们想到在完全成本计算法下，这些固定的制造成本是通过运用如直接人工小时这样的作业基础来分配到产品上去的。

但是，在变动成本计算法下，只有可变的制造成本才被分配到产品上去。所有的固定制造成本被处理为期间成本。于是，固定制造成本并非按照在存货出售之前一直被归类为资产的方法处理，而是被立即归为当期发生的费用。在图21-1将完全成本计算法和变动成本计算法下的成本流动过程进行了比较。

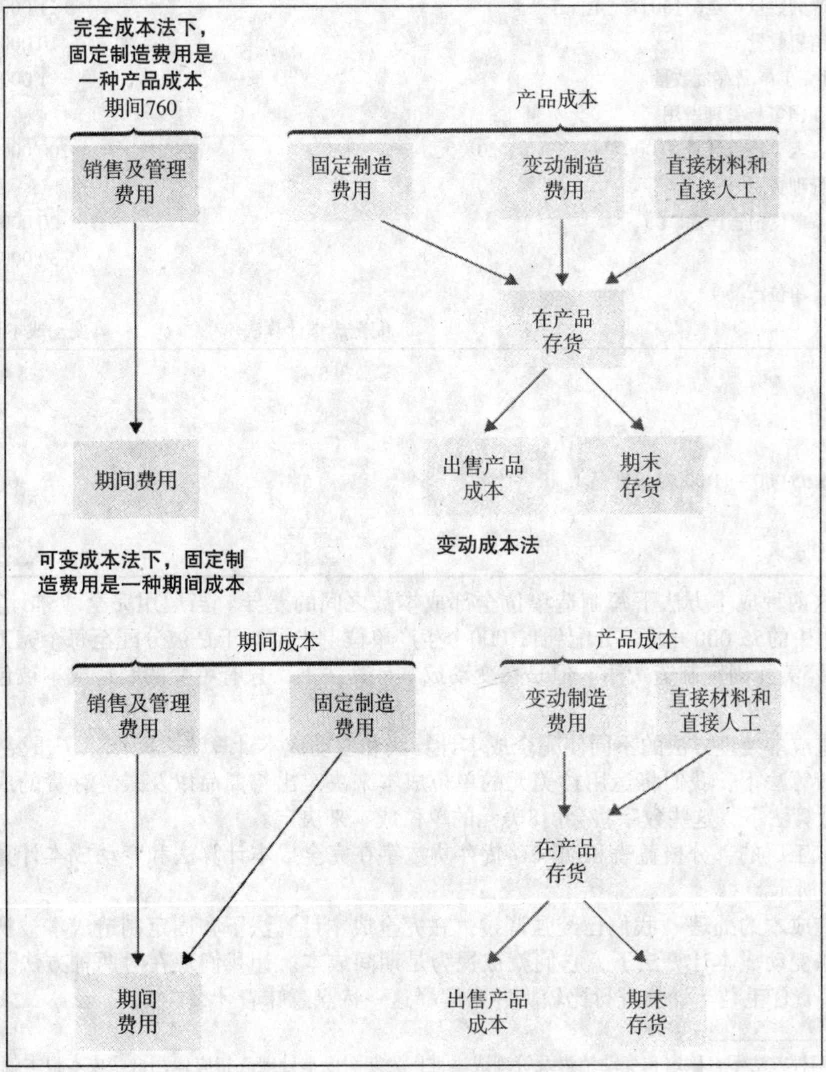

图21-1 完全和变动成本法下的成本流动比较完全成本法

在为经理人员提供的的报告中，变动成本计算法和完全成本计算法相比具有两个明显的优势：

1. 变动成本计算法损益表的格式容易进行本量利的分析。
2. 责任毛益（或经营收益）不受短期生产水平波动的影响。

21.4.3 变动成本计算法的例子

变动成本计算法和完全成本计算法间的区别可以通过对两种方法下得出的部分损益表进行比较来加以解释。例如假设，在6月1日汉密尔顿制造公司在那希维尔新开了一家工厂。该厂第1个月的经营数据如下表所示：

表 21-5

产品生产数量和销售数量	
产品生产的数量（至6月30日完全完工）	$ 11 000
产品的销售数量	10 000
6月30日完工产品存货数量	1 000
销售收入和销售与管理费用	
净销售收入（销售数量10 000单位，单价$ 20美元）	200 000
销售与管理费用	
变动（单位销售产品$ 2）	20 000
固定	$ 30 000
生产成本（单位产品）：	

	完全成本计算法	变动成本计算法
直接材料	$ 4	$ 4
直接人工	3	3
制造费用		
固定（$ 55 000 ÷ 11 000单位产品）	5	-0-
变动	1	1
单位产品总成本	$13	$8

注意在这两种成本方法下每制造单位全部成本数之间的差异。当运用完全成本计算法时，固定制造费用中的55 000美元被分配到11 000个生产单位上去了。于是被分配至每个完工单位上的成本就包括5美元固定制造费用。但是在变动成本计算法下，只有可变的制造成本被包括进了单位成本。[1]

固定制造成本处理方法的不同使完全成本计算法和变动成本计算法之间产生了重要和差异。在完全成本计算法下，我们将运用13美元的单位成本来决定出售商品以及最终存货的成本。而在变动成本计算法下，这些数字将会由8美元的单位成本来决定。

那希维尔工厂的部分损益表和期末存货存货数字在完全成本计算法和变动成本计算法下的比较如图21-1所示。

固定制造成本的处理　我们已经强调过，在完全成本计算法下，固定制造成本被视为是产品成本，但在变动成本计算法下，它们就被视为是期间成本。让我们现在对两种方法下报告的存货和利润（责任毛益）计价进行比较，并来解释这一特点意味着什么。

[1] 在这两种方法下，固定和变动销售及管理成本被作为期间成本处理。相应地，这些成本根本就不会被分配到当期已制造单位上去。

表 21-6 (单位：美元)

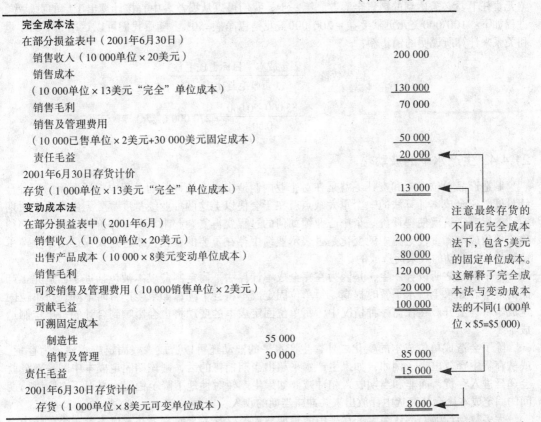

完全成本法		
在部分损益表中（2001年6月30日）		
销售收入（10 000单位 × 20美元）		200 000
销售成本		
（10 000单位 × 13美元“完全”单位成本）		130 000
销售毛利		70 000
销售及管理费用		
（10 000已售单位 × 2美元+30 000美元固定成本）		50 000
责任毛益		20 000
2001年6月30日存货计价		
存货（1 000单位 × 13美元“完全”单位成本）		13 000
变动成本法		
在部分损益表中（2001年6月）		
销售收入（10 000单位 × 20美元）		200 000
出售产品成本（10 000 × 8美元变动单位成本）		80 000
销售毛利		120 000
可变销售及管理费用（10 000销售单位 × 2美元）		20 000
贡献毛益		100 000
可溯固定成本		
制造性	55 000	
销售及管理	30 000	85 000
责任毛益		15 000
2001年6月30日存货计价		
存货（1 000单位 × 8美元可变单位成本）		8 000

注意最终存货的不同在完全成本法下，包含5美元的固定单位成本。这解释了完全成本法与变动成本法的不同(1 000单位 × \$5=\$5 000)

在我们的例子中，汉密尔顿公司的固定制造成本为总计55 000美元或每制造单位5美元。如果我们将这些成本视为产品成本——在完全成本计算法下——它们将会被分配到那些当期被出售的产品单位中去，并作为出售产品成本的一部分从销售收入中扣减掉。在6月间，那希维尔工厂生产了11 000个单位产品，其中的10 000个单位被出售。注意完全成本方法下损益表反映的出售产品成本为13 000美元（1 000单位存货 × 13美元）。于是，当期55 000美元的固定制造成本中就有50 000美元被包括进了完工产品存货（1 000单位存货 × 5美元/单位）。

在变动成本计算法下，全部的固定制造成本被处理为一种期间成本。注意全部的55 000美元被从收入中扣减掉，没有一点进入了期末的存货中。因此，在变动成本计算法下，期末存货只是按照每单位8美元的可变制造成本来计价。

观察完全成本计算法是如何影响汉密尔顿公司那希维尔工厂报告的责任毛益数量的。在完全成本计算法下，固定制造成本被递延至未来期间。这些成本中的一部分作为存货成本的一部分被加以结转，而并没有立即从收入中扣减掉。当分配有这些成本的存货被出售时，这些成本就从存货中被释放出来并包含在了该期出售产品的成本中。在我们的例子中，完全成本计算法下的固定制造成本中有5 000美元以存货的方式被结转。这就可以解释为什么对应的期末存货数字和责任毛益在完全成本计算法下会高出5 000美元。

总而言之，当生产的产品单位数超过出售产品单位数的时候（也就是，完工产品存货当期增加），完全成本计算法和变动成本计算法相比会有较高的责任毛益。当和生产单位数相比有更多的产品被出售时（也就是，完工产品存货当期减少），完全成本计算法会由于以前递延的固定成本被包含在出售产品成本中而导致有较低的责任毛益。

使用变动成本计算法损益表 变动成本计算法损益表容易被运用到本量利的分析中去。为解释这一点，让我们运用变动成本损益表来为汉密尔顿的那希维尔工厂决定要获得每月50 000美元责任毛益必需达到的销售金额数。第一步，我们可以从损益表中直接计算出工厂的贡献率，过程如下：100 000美元贡献毛益 ÷ 200 000美元销售净额=50%。随后我们可以运用如下的本量利关系来计算所说明的销售额：

$$销售数量 = \frac{固定成本 + 目标责任毛益}{贡献毛益比率}$$

$$= \frac{85\ 000+50\ 000}{0.50} = 270\ 000\ (美元)$$

21.4.4 生产水平的波动

制造产品单位成本和责任毛益是在对企业内制造中心业绩评价的过程中广泛运用的两种会计量度。完全成本计算法的一个重大缺点就在于会使以上这两种业绩量度都受到生产水平短期波动的影响。这就使得评价一个中心业绩如何的过程变得复杂起来。负责评价的经理人员必须确定单位成本和责任毛益中的变化是否表示业绩中存在重要的变化，或者还仅仅是由于生产单位数的暂时变动的效果而造成的。

这个问题之所以会产生，是因为在完全成本计算法下固定制造成本被包括进了已造完工产品的成本。如果生产水平暂时提高，每单位固定成本将会下降；如果生产暂时下降，每单位固定成本将会上升。在任何一种情况中，每单位固定成本的变动将也会影响到合计的每单位制造成本。

除了会造成单位成本的变化之外，生产水平的波动还可以造成一些固定成本递延为存货，或从存货中释放出来。例如，如果生产水平超出当期销售的话，则该期固定成本中的一部分就会递延进入存货，而非和当期收入相冲减。如果生产暂时性地下降至销售水平以下，则以前期间的固定成本则会从存货中释放出来并冲减当期的收入。

大多数会计师们都认为生产水平中的短期波动，就其本身而言，并不代表着一个责任中心的盈利能力会发生变化。利润源于销售，并不仅仅源于生产。变动成本法的一个优点就在于单位成本、贡献毛益和责任毛益——所有重要的分部业绩量度——都不受生产水平中的短期波动的影响。

为了解释这一点，我们将以野塔制造公司乔格曼音像部门两年的经营数据来说明。我们假设在这两年中销售、单位变动成本以及固定成本总额保持不变。惟一的变动是在部门年度生产水平中发生有一个暂时性的波动。具体地来讲就是，第一年生产了60 000单位，第二年中只有40 000单位。[1]两年的经营数据如下所示：

根据这些经营数据，下页列出了分别按变动和完全成本方法编制的责任损益表。

表21-7 乔格曼音像部门的经营数据

	第一年和第二年
年度销售单位数	50 000
单位售价	$18
年度销售净额（50 000 × $18）	900 000
年度固定成本：	
制造性	240 000
销售及管理	130 000

[1] 为了使这个举例简化一些，我们假设没有期初存货，并且所有的销售及管理费用均为固定成本。

(续)

	第一年	第二年
生产单位数	60 000	40 000
每单位已产产品成本（完全成本法）:		
变动制造成本	$7	$7
固定制造成本（240 000美元除以该年中生产的单位数）	4	6
完工产品单位成本合计（完全成本法）	$11	$13

此要点的案例的分析 记住，我们已经假设了乔格曼音像部门从第一年到第二年除了生产水平有所变化之外其余条件均未改变。在变动成本计算法损益表中，该部门在两年间报告了相同数量的贡献毛益和责任毛益。7美元的完工产品单位成本也未曾改变。因此部门业绩的关键量度并未受到生产水平变化的影响。在变动成本计算法下，贡献毛益和责任毛益只有当（1）销售收入、（2）每单位变动成本或（3）当期发生的固定成本发生变化的时候才会有所变化。

在完全成本计算法下，生产水平的变化却可以造成业绩关键量度的显著变化。这些变化即源于每单位可溯固定成本的变化，也源于存货中递延或释放的固定成本。让我们现在来看一下乔格曼音像部门完全成本计算法报告的责任毛益数量波动背后真正的原因。

表21-8 乔格曼部门损益表

完全成本法	第一年		第二年	
销售收入（50 000单位）		$ 900 000		$ 900 000
出售产品成本				
期初存货	$ -0-		$ 110 000	
完工产品成本	$ 660 000①		520 000③	
可卖产品成本	$ 660 000		$ 630 000	
减：期末存货	110 000②		0	
出售产品成本		550 000		630 000
销售毛利		$350 000		$270 000
销售及管理费用		130 000		130 000
责任边际收益		$220 000		$140 000

变动成本法	第一年		第二年	
销售收入（50 000单位）		$900 000		$900 000
出售产品的可变成本				
（50 000单位，单价7美元）		350 000		350 000
边际贡献		$550 000		$550 000
可溯固定成本				
生产性	$240 000		$240 000	
销售及管理性	130 000	370 000	130 000	370 000
责任边际收益		$180 000		$180 000

① 60 000单位，单价11美元。

② 10 000单位，单价11美元。

③ 40 000单位，单价13美元。

第一年：生产单位数多于销售单位数 注意在第一年的完全成本计算法下，固定制造成本等于4美元每单位（240 000美元÷60 000生产单位数）。在第一年中，该部门生产超出销售10 000单位。

因此，在完全成本计算法下，固定制造成本中有40 000美元在期末存货中被递延（或结转）。这种递延解释了为什么第一年报告的责任毛益会比同一时期在变动成本计算法下的数字多出40 000美元。

第二年：生产单位数少于销售单位数　现在考虑第二年在完全成本计算法下报告的结果。在第二年，销售的单位数超出生产数10 000单位。于是，为了满足所有的订单，该部门售出了它在第二年中生产的所有单位以及从第一年中结转来的所有单位。当公司将从第一年结转来的存货售出的时候，与之相关联的40 000美元固定制造成本变成了第二年出售产品成本的一部分。这样在完全成本计算法下报告的第二年责任毛益比在变动成本计算法下得出的结果小。

总结　由于完全成本计算法将固定制造成本和生产单位数联系在一起，因此固定制造成本冲减销售收入的数量会随着生产单位数和销售单位数间的关系一起变化。如果生产暂时地超过了销售，一些固定制造成本会被递延到未来的会计期间，并且责任毛益会比在变动成本计算法下报告的数字来得高一些。如果在当期中生产的单位数少于销售数，前期递延下来的固定成本则会随着存货的减少而和当期收入相冲减。由此，当期报告的责任毛益也将会比在变动成本计算法下的结果来得低。

在变动成本计算法下，生产水平对责任毛益没有任何影响，这是因为所有的固定制造成本在他们发生的时候就已经和收入相冲减了，不用考虑生产的水平。

在长期看来，完全成本计算法和变动成本计算法下报告的责任毛益合计数应该是非常相似的。在整个长时期中，生产的单位数趋向于和销售的单位数相等。可是在短期看来，变动成本计算法为经理人员提供了一种针对从事制造活动的子部门业绩的更为可靠的量度。

21.4.5　为什么变动成本计算法在财务报表和所得税申报的使用中不被接受

我们已经看到，变动成本计算法可以作为许多管理决策的基础，在若干方面要比完全成本计算法更为有用。然而为什么变动成本计算法不可以也同样地在财务报表和所得税申报中使用呢？问题的答案就在于变动成本计算法在期末存货的计价中略去了固定制造成本。财务会计师和所得税管理机构认为变动成本计算法严重地低估了制造这项资产的“完全”成本。作为低估期末存货的结果，变动成本计算法可能会低估净收益，尤其是对于一个存货稳定增长的发展中企业更是如此。

网络联接

进入国际互联网上若干企业的主页，通过观察其财务报表的附注来确认他们的分部结构。你可以从下列的几个网址开始：

www.pepsico.com

www.phillips66.com

www.siemens.com

章末回顾

学习目标小结

学习目标1　区分成本中心、利润中心、投资中心。

成本中心是指产生成本但不直接产生收入的责任中心。利润中心是指产生成本和收入的营业中心。一些利润中心也可以被认为是投资中心。投资中心是指其运营的资产成本能够为管理者所客观衡量的利润中心。

学习目标2 评价投资中心的盈利能力。

对一个投资中心业绩的评价往往是以投资回报率作为尺度。其中最常用的指标有：（1）资产报酬率（ROA）和（2）剩余收益（RI）。

学习目标3 解释责任中心的信息需求并描述责任会计制度。

责任中心信息是专门反映一个组织内部各营业中心的运作情况的。而责任会计制度则反映出每个管理者所管辖的中心的业绩。

学习目标4 编制一份反映贡献毛益和责任毛益的损益表。

在责任损益表中，收入被分配到与其产生有直接关系的利润中心。在对费用进行分类和分配时，有两个应注意的规则。第一，每个中心只能包括那些可以直接追溯到该中心的成本。第二，分配到该中心的成本又在进一步细分为变动成本和固定成本两大类。从收入中扣减变动成本后就得到了该中心的贡献毛益；从收入中扣减固定成本就得到了责任毛益。

学习目标5 区分可追溯固定成本与共同固定成本。

若某中心对于一项成本的产生负全部的责任，则该成本可追溯至该中心。可追溯成本随其中心的终止而消失。共同成本是指不能追溯到某个特定中心的成本。因此，共同成本并不随着中心的终止而消失。

学习目标6 说明贡献毛益与责任毛益在长期和短期决策制度中的作用。

固定成本在短期内一般不会改变。因此，短期决策对经营收益所产生的影响就相当于在改变贡献毛益（收入减变动成本）。然而，长期战略则可能会引起可追溯至营业中心的固定成本的变化。因此，长期战略的获利能力可根据责任毛益（收入减变动成本和可追溯固定成本）的变化来进行评价。

***学习目标7** 解释完全成本计算法和变动成本计算法的区别。

在完全成本计算法下，固定制造成本被视为产品成本并包含到产成品的成本中去。在变动成本计算法下，固定制造成本则被视为期间费用。用变动成本计算法编制的损益表适用于本-量-利分析。然而，变动成本计算法却不能用于公开的财务报表或是所得税的返还。

***学习目标8** 将变动成本计算法编制的损益表运用于CVP分析中。

在变动成本计算法编制的损益表中，成本都细分为变动成本与固定成本两大类。在这一分类基础上编制的损益表清楚的显示出贡献毛益的小计和固定成本总额——这是本-量-利分析中的两个关键值。

本章的目的之一，是将很多在以前管理会计章节中介绍过的方法“串起来”。我们应注意到，例如，像固定成本和变动成本的区别、本量利之间的关系和期间成本与产品成本的本质、以及制造成本的会计流程，这样一些概念在对责任中心业绩评价中如何起着重要的作用。在下一章，我们将会介绍有关预算的内容。预算为评价目前业绩的好坏提供了一个重要的参考标准。

关键术语

absorption costing 吸收成本计算

参见“完全成本计算”。

committed fixed costs 约定性固定成本

虽可追溯到责任中心，但从短期看，并不能为该中心的经理所变动的固定成本

common fixed costs 共同固定成本

使几个责任中心共同得益的固定成本。这些共同成本除非使用随意的手段，并不能由得益量而追溯到具体的中心。

contribution margin 贡献毛益

收入减去变动成本，也就是可用来贡献于固定成本和产生经营利润（或是，责任毛利）的收入金额。在大多数量本利分析中是关键的统计。

controllable fixed costs　可控固定成本

在责任中心的经理直接控制下的固定成本。

cost center　成本中心

企业的一部分，它发生成本，但并不直接产生收入。

economic value added　增量经济价值

对税后净利润减去资本成本的计量，相似于“剩余收益”。

full costing　完全成本计算

传统的产品成本计算方法，其中无论固定的和变动的制造成本都追溯到产品成本，并加计于存货，也称为“吸收成本计算”。

investment center　投资中心

一种利润中心，在此管理部门已赋予决策责任，对涉及该中心经营活动确定是否作重大的资本投资。

performance margin　业绩毛利

责任损益表所设计的一个小计，用来帮助仅根据经理们可以控制的收入和费用，评价他们的业绩。是由贡献毛益减去追溯到该部门的可控固定成本所得。

period costs　期间成本

作为费用从所发生的期间中扣减，而不被分类处理为一项资产。

product costs　产品成本

成为完工产品和在产品存货价值的部分的成本。这些成本将从该期间中相关于销货成本的收入中扣减。

profit center　利润中心

企业的部分，在发生成本的同时也直接产生收入。

residual income　剩余收益

责任毛利超过最低的期望（资本成本）金额数。用来评价投资中心的尺度。

responsibility accounting system　责任会计系统

在组织中计量每一个责任中心业绩而单设的会计系统。

responsibility center　责任中心

企业的部分，其中有一特定的经理掌管和承担责任。

responsibility income statement　责任损益表

一种损益表，将细分和比较作为利润中心的企业各部门的经营成果。

responsibility margin　责任毛利

收入减去变动成本和可追溯的固定成本。这是一个利润中心盈利率从长期角度的计量。所构成的收入和成本在该责任中心撤消时也应消失。

return on assets　资产报酬率

投资中心的毛利表示为平均资产的一个百分比。用来评价投资中心的一种度量。

traceable fixed costs　可追溯固定成本

可以直接追溯到具体责任中心的固定成本。这些成本通常在该中心撤销时也会消除。

transfer price　转让价格

企业的一个部分将其产品（货品或服务）提供给另一部分时记录的货币金额数。

variable costing　变动成本计算

产品成本计算的方法，此法仅将变动制造成本作为产品成本，固定制造成本则被作为期间成本。此法有用于管理目的，但不为财务报表和所得税申报所接受。也称为“直接成本计算”。

示范题

利德制造公司经营两家生产和销售地砖的工厂。以下是公司2001年第一季度两家工厂的经营情况：

	圣路易斯工厂	斯泼林维尔工厂
销售收入	$ 2 000 000	$ 2 000 000
变动成本	720 000	880 000
可追溯固定成本	750 000	550 000

本季度，两厂的共同固定成本总额为500 000美元。

要求：

a. 为利德公司及其两家工厂编制一份部分的责任损益表。并对该公司的经营收入进行汇总。

b. 假如都增加200 000美元的销售额，哪家工厂对利德公司的经营收益的增加贡献更大？

c. 哪些类型的成本和费用可被包含到该公司500 000美元的共同固定成本中？

示范题答案

a. 责任损益表如下：

	利德制造公司	利润中心 圣路易斯工厂	利润中心 斯泼林维尔工厂
销售收入	$4 000 000	$2 000 000	$2 000 000
变动成本	1 600 000	720 000	880 000
贡献毛益	$2 400 000	$1 280 000	$1 120 000
可追溯固定成本	1 300 000	750 000	550 000
责任毛益	1 100 000	$530 000	$570 000
共同固定成本	500 000		
经营收益	$600 000		

b. 圣路易斯工厂的贡献毛益率为64%（1 280 000美元÷2 000 000美元）。因此，假如该厂的销售额增加200 000美元，整个公司的经营收益将增加128 000美元（200 000美元×64%）。斯泼林维尔工厂的贡献毛益率为56%（1 120 000美元÷2 000 000美元），假如该厂的销售额增加200 000美元，公司的经营收益将只增加112 000美元（200 000美元×56%）。

c. 这500 000美元将包括不能直接追溯到的任一工厂的固定成本。这样的款项具体可包括有关法律费用、公司会计和人事部门、中央计算机设备以及公司管理人员的工资的支出。

自测题

问题的答案见章末。

1. 下列哪一项是属于百货商店销售部门的共同固定成本？

a. 商店保安人员的工资；
b. 销售部经理的工资；
c. 商品销售成本；
d. 具体某个销售部门内部专用设备的折旧。

2. 在编制损益表来计量贡献毛益和责任毛益时，有两个概念在成本分类中被用到。一个是该成本是可变的还是固定的，另一个是该成本是：

a. 产品成本或期间成本；
b. 可追溯至责任中心；
c. 在管理者的控制下；
d. 转让价格。

3. 可用于评价责任中心管理者的业绩，但不能用于评价该责任中心业绩的合计项为：

a. 贡献毛益减可追溯固定成本；

b. 销售收入减约束性成本；

c. 贡献毛益加递延至存货的固定成本；

d. 贡献毛益减可控固定成本。

4. 某投资中心年销售收入为500 000美元，贡献毛益率为40%，可追溯固定成本为80 000美元，投资于该中心的平均资产为600 000美元，资产报酬率的最小期望值为15%。以下哪些说法是正确的（有可能一个以上的答案）：

a. 剩余收益为正；

b. 责任毛益为200 000美元；

c. 按责任毛益可得出其资产报酬率为20%；

d. 假如增加100 000美元的广告投入，可增加60 000美元的销售收入，则责任毛益将增加14 000美元。

***5. 在营业的第一年，马柯制造公司生产了500万单位产品，其中400万已售出。该年的制造成本如下：**

固定制造成本	$ 10 000 000
变动制造成本	$ 3/单位产品

以下的哪些选项是正确的（以下均假设该年的产品销售量保持在400万单位，至少有一个答案是正确的）？

a. 在变动成本计算法下，营业利润将比用完全成本计算法少2 000 000美元；

b. 在完全成本计算法下，如果Marco公司该年只生产了400万单位，则产品销售成本将会比原来多200万美元；

c. 在变动成本计算法下，不管生产产品的数量为多少，从收入中扣除的制造成本数额将为1 200万美元；

d. 在完全成本计算法下，如果产量越大，公司第一年的净利润将会越高。

作业

讨论题

1. 管理部门可能将公司关于独立责任中心的会计信息派何用途？

2. 说明责任会计制度如何帮助管理者控制一个大型经营组织的成本。

3. 了解成本中心、利润中心、投资中心三者之间的区别，并举例说明。

4. 马歇尔杂货店里设有一个专门以非常低的价格出售咖啡和烘焙食品的面包房（如咖啡和面包圈只售25美分）。该面包房的主要目的是吸引顾客到杂货店里来，并且让这杂货店闻起来就像一个面包店一样。在每一期间，可追溯到该面包房的成本都超过其收入。请问你认为该面包房是一个成本中心，还是一个利润中心，请说明理由。

5. 某投资中心年营业收入为162 000美元，贡献毛益为90 000美元，责任毛益为55 000美元。该中心的平均资产为500 000美元，该公司的资产报酬率最小期望值为12%，计算资产报酬率和剩余收益或损失。

6. 什么是责任会计制度？

7. 责任会计制度的操作分为三大步骤。在本章中重点介绍了第二步骤，即：评价每个经营中心的业绩。请按先后顺序列出这三大步骤。

8. 在责任会计制度中，收入和成本的记录应从最大的责任区域开始，还是从最小的开始？请说明理由。

9. 在本章所例示的责任损益表中，对成本的分类要用到两个规则。这些规则是什么？

10. 理解可追溯固定成本和共同固定成本的区别。举例说明有一台自动售货机的销售部门和服务部门的各种类型的固定成本。

11. 经营服务部门（作为成本中心）的成本在责任损益表中应如何予以反映？

12. 桌顶公司属下有一个全国销售组织。每个销售领域的损益表都是按照产品线来编制的。在这些损益表中，销售领域管理者的工资都被视为共同固定成本。该工资在公司组织内的各个层次上都被视为共同固定成本吗？请解释。

13. 假设A部门的贡献毛益率较B部门高，但责任毛益率较B部门低。如果投入10 000美元来作广告，预期可使A或B部门的销售收入增加50 000美元，请问广告资金投入到那个部门所发挥的效用更大。

14. 评价以下的说法是否正确。"我们公司可以通过关闭所有责任毛益率低于15%的部门来实现利润最大化。"

15. 责任毛益与贡献毛益有何关系？并对这些指标在管理决策中的作用进行说明。

16. 一个责任中心的责任毛益连续为负数意味着什么？如这个中心关闭将对整个公司的经营收益有什么影响？为什么？请指出在决策是否应关闭该中心时，还要考虑哪些因素？

17. 请简要地解释一下可控固定成本与约束性固定成本之间的区别。并说明在责任损益表中边际业绩的本质和意义。

18. Fifties公司是一家经营免下车餐馆连锁店的公司，它的管理者正在考虑改进公司的月度损益表。具体的措施是，与公司总部运作相关的所有费用按照各个餐馆的总收入的比例分配到各餐馆中。你认为这样会提高评价餐馆或餐馆管理者业绩的责任损益表的有用性吗？请说明。

19. 说明为什么当生产产品的中心是作为利润中心来进行评估时，将成本作为转让价格是不恰当的？

*20. 指出变动成本计算法与完全成本计算法的区别。哪一种方法适用于财务报表？哪一种适用于所得税申报的处理？

*21. 说明为什么以变动成本计算法编制的损益表要比以完全成本计算法编制的损益表能更好地服务于本-量-利分析？

*22. 玫瑰扬声器是革新音响公司的一个分公司，短期内使产量超过了销售量，以致使产成品存货增加。说明这一行为在（a）完全成本计算法和(b)变动成本计算法下对玫瑰公司责任毛益的影响。

练习

练习21.1　会计术语　*LO1, 5, 6*

以下所列示的是在本章中曾介绍过或重点强调过的9个专业会计术语：

责任毛益	转让价格	共同固定成本
贡献毛益	剩余收益	可追溯固定成本
边际业绩	产品成本	约束性固定成本

以下的每一项陈述可能（或可能没有）描述这些术语中的某一条。对于每一项陈述，说出其所描述的会计术语，如果该陈述没有正确地描述以上的会计术语，则回答"没有"。

a. 从贡献毛益中扣减以确定责任毛益的成本；

b. 责任毛益除以平均总资产；

c. 管理者可以随时控制的固定成本；

d. 责任损益表中的一项小计，等于责任毛益加上约束性固定成本；

e. 责任损益表中的一项小计，它对于评价不同的市场策略对企业收益的短期影响非常有用。

f. 责任损益表中的一项小计，它能较好地反映出因关闭企业中的某一部门而带来的经营收益的变化。

g. 用于记录从一个部门转移到另一个部门的产品的价值。

练习21.2 责任中心的类型 LO1

视像世界拥有并经营着一家全国性的光盘游戏连锁店。指出下列选项中，那些被认为是投资中心，哪些是利润中心，哪些是成本中心。并作简要地说明。

a. 连锁店中的一家独立的光盘游戏店；

b. 光盘游戏店里的一个点心吧；

c. 光盘游戏店的一部游戏机；

d. 每个游戏店里的保安人员。

练习21.3 在损益表中成本的分类 LO5, 6

马克思威尔商场的管理者要编制一份损益表，按各销售部分列，并包括责任毛益、毛益业绩和责任毛益的小计。请对下列7项进行正确的分类（仅限于以下的成本类型）：

变动成本

可追溯的固定成本——可控制

可追溯的固定成本——约束性

共同固定成本

以上都不符

a. 商场会计部门的运作成本；

b. 对特定产品系列的广告投入（作为固定成本）；

c. 销售税金；

d. 自动服务部使用的液压升降机的折旧；

e. 部门销售人员的工资；

f. 商场经理的工资；

g. 商场内体育用品专营店的商品销售成本。

练习21.4 对营业单位业绩的评价 LO1~3

沃特森化妆品公司的香水分公司的经理正在接受公司对其部门的资产报酬率和剩余收益进行评价。公司要求所有部门的资产报酬率都必须在8%以上。如果一直未能达到这个最低目标，部门的经理就会被解雇。而部门经理的年终奖则为当年剩余收益超过100 000美元的部分的1%。本年度香水分公司的责任边际900万美元，而这期间其资产平均为6 000美元。

a. 计算香水分公司的资产报酬率和剩余收益；

b. 该部门的经理会获得年终奖吗？如果有，是多少？

c. 香水分公司的经理在汇报该投资中心过去10年的业绩时，使用了MACRS（为了减税而采用的一种加速折旧法）来计算该部门资产的折旧。因此，事实上，她所控制的所有资产都已折旧完了。假定公司其他部门经理采用的是直线折旧法，她用MACRS合理吗？说明你的理由。

练习21.5 责任损益表的编制 LO1~6

Gemini科技公司拥有两条产品线：激光和集成电路。以下是本月这两条产品线的报告：

	激光	集成电路
销售收入/美元	500 000	800 000
变动成本（与销售收入的百分比）	40%	60%
可追溯固定成本/美元	200 000	250 000

此外，两条产品线共同的固定成本为80 000美元。

编制一份反映金额与百分比的损益表，并在表中对公司总的经营收益和各条产品线的责任毛益进行汇总。

练习21.6、21.7、21.8 都基于的数据

以下所列示的是屈格塞尔-霍公司本月份损益表的一部分：

	屈格塞尔-霍		利润中心					
			商场1		商场2		商场3	
	金额/美元	百分比(%)	金额/美元	百分比(%)	金额/美元	百分比(%)	金额/美元	百分比(%)
销售收入	1 800 000	100	600 000	100	600 000	100	600 000	100
变动成本	10 800 00	60	372 000	62	378 000	63	330 000	55
贡献毛益	720 000	40	228 000	38	222 000	37	270 000	45
可追溯固定成本：可控	432 000	24	120 000	20	102 000	17	210 000	35
毛益业绩	288 000	16	108 000	18	120 000	20	60 000	10
可追溯固定成本：约束性	180 000	10	48 000	8	66 000	11	66 000	11
商店责任毛益	108 000	6	60 000	10	54 000	9	(6 000)	(1)
共同固定成本	36 000	2						
经营收益	72 000	4						

所有的商场规模、商品及周围的环境都是相似的。

商场1最先设立，并且其建造成本比商场2、3要低。较低的建造成本使商场1的折旧费用也较低；商场2采用了成本和销售价格最小化的政策；商场3则采用了售价较商场1、2稍贵但向其顾客提供全面周到的服务的策略。

练习21.6 对责任中心及其经理的评价 *LO1~3*

用以上所提供的数据回答以下的问题：

a. 假定公司通过每月向某一商场增加15 000美元的广告投入，可以使该商场的销售额增加10%。请问这笔广告费用投入到哪家商场能使公司获得最大的收益？说明理由。

b. 在高层管理者的眼里，哪家商场最能盈利？为什么？

c. 哪家商场的经理在管理其商场中努力谋求最有效的策略？为什么？

练习21.7 关闭非盈利的经营单位 *LO1~3*

屈格塞尔-霍公司的高层管理者正在考虑关闭商场3。这3个商场离得都很近，以致管理者估计关闭商场3将会导致商场1的销售额增加60 000美元，商场2的销售额增加120 000美元。而关闭商场3预计将不会使共同固定成本发生任何变化。

计算关闭商场3导致下列指标的增加或减少额：

a. 屈格塞尔-霍公司每月的总销售收入

b. 商场1和商场2每月的责任毛益

c. 公司每月的经营收益

练习21.8 本-量-利分析 *LO1~3*

屈格塞尔-霍公司的市场部经理正在思考在两个备选的的广告方案中进行选择，每个方案每月将耗费15 000美元。一个方案是为屈格塞尔-霍公司的品牌做广告，这预计会使所有的商场每月销售额都增加5%，另一方案是着重宣传商场2的价格，这预计会使商场2每月的销售额增加

150 000美元，但会使商场1、3每月的销售额都减少30 000美元。

分析每一方案预计对该公司总营业利润的影响。

练习21.9 转让价格定价 LO1~2

坦尔玛食品公司拥有两个部门：（1）肉类加工部和（2）冷冻比萨饼部。坦尔玛公司的冷冻比萨饼使用加工后的肉作为底层原料。该公司的肉类加工部向冷冻比萨饼部提供所有的底层原料。公司经理的年终奖与其部门的剩余收益挂钩。肉类加工部的经理说明按市场定价法计算转让价格。而冷冻比萨饼部的经理则说明按成本法计算。说明坦尔玛公司的奖金制度是如何影响两位经理对转让定价方法的选择的。

*练习21.10 完全成本计算法和变动成本法的比较 LO7, 8

以下是亨士利制造公司营业第一年的制造成本：

(单位：美元)

单位变动制造成本：	
所使用的直接材料	15
直接人工	12
变动制造费用	3
固定制造费用	3 400 000

a. 用完全成本法来计算商品销售成本。假设公司：

1. 生产200 000单位产品，销售200 000单位产品
2. 生产340 000单位产品，销售200 000单位产品

b. 按上述的数据计算在变动成本法下的商品销售成本

c. 说明用上述两种方法计算出来的结果为什么不同？

*练习21.11 完全成本计算法与变动成本计算法 LO7, 8

以下是精铝制造公司第一年末的成本和销售数据：

(单位：美元)

销售收入	5 000 000
制造成本（125 000单位）：	
变动	1 750 000
固定	2 125 000
销售和管理费用（都是固定的）	750 000

a. 分别用完全成本计算法和变动成本计算法计算每单位产品的制造成本，该值将作为单位存货的计价标准和单位商品的销售成本。

b. 分别用完全成本法和变动成本法计算本年度的营业利润。说明用完全成本法与变动成本法计算出来的营业利润不同的原因。

问题

问题21.1 责任中心的类型和评价的基础 LO1

以下是一些著名企业的不同部门：

1. 西尔斯公司的一家妇女运动装部；
2. Marriott Marquis是Marriott 公司在曼哈顿的一家旅社；
3. 克莱斯勒公司总部的会计部门；

4.《华尔街日报》的邮购部；

5. 迪士尼乐园的主街上一家购物中心的纪念品专卖柜台；

6. 美国家庭食品公司在宾夕法尼亚州米尔顿的一家工厂。

要求：

a. 指出每一个部门所代表的是投资中心、利润中心（不同于投资中心）还是成本中心。

b. 简要说明一下用来评价（1）投资中心、（2）利润中心和（3）成本中心的标准。

问题21.2 编制及使用责任收益报表 LO4~6

雷加尔-弗莱厄公司有两条产品线：一条是珠宝产品线，另一条女装产品线。当月每条产品线的成本及收入数据如下所示：

	产品线	
	珠宝	女装
销售收入/美元	800 000	450 000
变动成本占销售收入的百分比(%)	55	28
可追溯至产品线的固定成本/美元	200 000	250 000

除了以上所述的成本，两条产品线每月还发生100 000美元的共同固定成本。

要求：

a. 编制当月雷加尔-弗莱厄公司的责任损益表。要能够反映每一条产品线的责任毛益和整个公司的经营所得，并包括能够表示所有的金额占销售收入的百分比。

b. 假设一项市场调查结果表明：每月在任意一条产品线上花费75 000美元的广告费，可以增加该产品线将近150 000美元的销售收入。你认为是应该为其中一条产品线做广告，还是两条都做？通过计算来证明你的结论。

c. 管理部门正在考虑扩大公司的一条产品线。已知有一笔300 000美元的投资将被用于增加扩大产品线的销售，同时希望使已扩大的产品线的可追溯固定成本增加75%。根据这些信息，你会选择扩大哪一条产品线？解释你的结论的根据。

问题21.3 编制及使用责任收益报表 LO4~6

巨人之长设备公司的组织分为两个部分：商业销售部和家庭产品部。六月份，商业部的销售收入总额为1 500 000美元，它的平均贡献毛益率为34%。家庭部的销售收入总计为900 000美元，它的平均贡献毛益率为50%。每月各部门的可追溯固定成本为180 000美元。共同固定成本为120 000美元。

要求：

a. 编制当月巨人之长设备公司的责任收益报表。要能够反映每一部门的责任毛益和整个公司的经营所得，并包括能够表示所有金额占销售收入的百分比。

b. 假设每月家庭产品部的责任毛益要达到500 000美元，请计算所需的销售额。

c. 一项市场调查显示：如果每月家庭产品部的广告费用增加15 000美元，它的销售收入会增加5%。你是否赞成这项广告费用的增加？通过计算来证明你的结论。

问题21.4 编制责任会计系统下的责任收益报表 LO4~6

健康技术公司主要销售家庭健身器材。该公司有两处销售区域：东部地区和西部地区。每个区域都销售两种产品：**快速滑行**（一种北欧的滑雪模拟器）和**划艇大师**（一种固定的划船器）。

以下是一月份东部地区的销售数据：

	快速滑行	划艇大师
销售收入/美元	400 000	750 000
贡献毛益率(%)	60	40
可追溯固定成本/美元	80 000	150 000

本月东部地区的共同固定成本总计120 000美元。

一月份西部地区的销售收入总计600 000美元，变动成本为270 000美元，责任毛益为200 000美元。健康技术公司也发生了180 000美元的共同固定成本，但其无法追溯到任何一个销售区域。

除了是利润中心，每个销售区域也被评价为投资中心。东部和西部地区利用的平均资产分别为15 000 000 美元和10 000 000 美元。

要求：

a. 编制东部地区每条产品线的一月份损益表。包括百分比和金额栏。

b. 编制该公司一月份销售区域的损益表。报表中应该包含公司的营业收入和两个销售区域的责任毛益。包括百分比和金额栏。

c. 计算一月份每一个销售区域的平均资产回收率。

d. 在a部分中，你的东部地区损益表中包括120 000美元的共同固定成本。在b部分中，责任损益表中的这部分共同固定成本发生了什么变化?

e. 东部地区的经理有权每月额外使用50 000美元用来做一种产品的广告宣传。根据以往的经验，经理估计这笔额外的广告费用将会使任何一种产品的销售增加120 000美元。请问经理会选择哪一种产品做广告？理由是什么？

f. 公司的最高管理层正在考虑投资数百万美元，用于扩大两个销售区域中的一个的经营。这种扩张将会使可追溯至扩张区域的固定成本与销售收入同比例的增长。哪一个区域将会是这项投资最佳的选择？理由是什么？

问题21.5 责任收益报表的分析 *LO4~6*

以下是勃特费尔德公司三月份的责任损益表。

	投资中心					
	勃特费尔德公司		部门1		部门2	
	金额/美元	百分比(%)	金额/美元	百分比(%)	金额/美元	百分比(%)
销售收入	450 000	100	300 000	100	150 000	100
变动成本	225 000	50	180 000	60	45 000	30
贡献毛益	225000	50	120 000	40	105 000	70
可追溯至部门的固定成本	135 000	30	63 000	21	72 000	48
部门责任毛益	90 000	20	57 000	19	33 000	22
共同固定成本	45 000	10				
营业收入	45 000	10				

	利润中心					
	部门1		产品A		产品B	
	金额/美元	百分比(%)	金额/美元	百分比(%)	金额/美元	百分比(%)
销售收入	300 000	100	100 000	100	200 000	100
变动成本	180 000	60	52 000	52	128 000	64
贡献毛益	120 000	40	48 000	48	72 000	36
可追溯至产品的固定成本	42 000	14	26 000	26	16 000	8
产品责任毛益	78 000	26	22 000	22	56 000	28
共同固定成本	21 000	7				
部门责任毛益	57 000	19				

a. 公司计划为部门1的一种产品做一次广告宣传。每月10 000美元的广告费用将会使广告产品的销售收入每月增加30 000美元。计算在以下两种情况下，部门1责任毛益的预期增加值：（1）为产品A做广告；（2）为产品B做广告。

b. 假设部门1两种产品的销售量与总生产能力相等。为了增加每一种产品的销售，公司必须增加生产能力，这意味着可追溯固定成本会同预期销售收入有大致相同比例的增加。在这个例子中，您赞成扩大哪一条产品线？理由是什么？

c. 部门1的损益表中包含21 000美元的共同固定成本。这些固定成本在勃特费尔德公司的损益表中发生了什么变化？

d. 假设4月份部门2的销售收入增加到200 000美元。计算这种变化对公司经营收益的预期影响值（假设成本及收入中未发生任何其他变化）。

e. 制在d部分假设情况下，勃特费尔德公司按部门分类的损益表。按照以上表格的格式填制损益表，包括百分比一栏。

问题21.6 非盈利商业中心的评价 *LO4~6*

飞行奇才公司是一家专业生产渔具的小企业，下属两个部门：钓竿部和绕线轮部。该公司1月份的有关数据如下表所示：

(单位：美元)

		利润中心	
	总公司	钓竿部	绕线轮部
销售收入	64 000	26 000	38 000
变动成本	29 000	13 000	16 000
贡献毛益	35 000	13 000	22 000
可追溯固定成本	27 000	17 000	10 000
部门责任毛益	8 000	(4 000)	12 000
共同固定成本	3 000		
每月经营收入	5 000		

尼克·福布莱特今年1月份刚刚成为该公司的财务总监，他想关闭不盈利的钓竿部。他相信这样做会对飞行奇才公司和他自己有利，因为他的年终奖金是根据公司全年的营业收入来发放的。在最近的一次会面中，尼克·福布莱特将自己的经营哲学概括成为："企业的强弱只与其盈利最差的部门相同。只要我在财务部门的一天，只有最强的部门才能在飞行奇才公司生存。"

要求：

a. 假设今年1月份钓竿部已经被关闭，则1月份的营业收入是多少？

b. 了解了尼克·福布莱特的经营哲学以后，钓竿部市场总监做出如下表示："尼克·福布莱特也许对数字很敏感，但他既不懂钓竿与绕线轮的互补关系，也不懂我们公司经营的季节性。"市场总监的这番话说明了什么？这些信息会在多大程度上影响尼克对钓竿部的判断？

c. 钓竿部每月需要增加多少销售，才能产生任意给定月份4 000美元的责任毛益。列出所有计算过程。

问题21.7 转让价格决策 *LO1, 2, 6*

西部瀑布公司由两个部门组成：发动机部和泵机部。发动机部为泵机部提供发动机。每年泵机部的泵机使用量将近为10 000只，因此发动机部每年都需要提供给它10 000只发动机。发动机的市场价为每只350美元。每只的总变动成本为185美元。泵机的市场价为每只500美金。泵机的单位变动成本（不包括发动机成本）为75美元。

现在发动机部正在满负荷运作，每年能够生产20 000台发动机（其中10 000台提供给泵机部）。发动机的需求量非常大，以致于如果泵机部能够从其他渠道获得发动机，所有的20 000台都能够卖给外部顾客。发动机部采用350美元的完全市场价格作为转移价格将发动机卖给泵机部。

泵机部经理认为，由于减少了广告费用，发动机部从公司内部交易中得到了好处。因此他试图通过协商，将转移价格定为每只320美元。

要求：

a. 使用现行转移价格，分别计算各部门和整个公司的年贡献毛益。

b. 使用打过折扣的转移价格，分别计算各部门和整个公司的年贡献毛益。

c. 在确定公司内部发动机转移价格时应考虑哪些问题及关系？

*问题21.8　变动成本计算法(附设专题：变动成本计算)　　*LO7, 8*

拉塞洛普公司制造并销售一种单一的产品。以下是该公司在营业第一年，即2001年发生的成本：

(单位：美元)

单位变动成本：	
直接耗用材料	18
直接人工	9
变动制造费用	3
可变销售及管理费用	7
本年度固定成本：	
制造费用	900 000
销售及管理费用	250 000

本年度，公司共生产了90 000单位的产品，其中75 000单位以每件60美元的价格售出。其余15 000件期末存货全部为产成品。

要求：

a. 假设公司采用完全成本计算法：

1. 确定2001年生产的产成品单位成本；

2. 编制当年的部分损益表，以营业收入结束。

b. 假设公司采用变动成本计算法：

1. 确定2001年生产的产成品单位成本；

2. 编制当年的部分损益表，以营业收入结束。

c. 解释为什么损益表中的营业收入会在a和b两种计算方法下会有所不同。指出哪种成本处理方法被用于对外的财务报表，简要说明另一种处理方法的用途。

d. 利用变动成本计算法下的损益表中的数据计算下列内容：

1. 售出每件商品的贡献毛益；

2. 要实现保本，拉塞洛普公司每年必须生产和销售的产品的数量。

案例

案例21.1　分配到责任中心的固定成本　　*LO1, 2*

您刚刚受聘担任兰兹爱特宾馆的主管。宾馆每月都要编制责任损益表，表中根据每个利润中心创造的相对的利润额，将所有的固定成本在宾馆的各个利润中心之间分配。

罗伯特·张伯伦是宾馆的餐厅经理，他认为这种处理方法低估了餐厅的盈利状况。“在使宾馆具有一个良好的声誉的过程中，餐厅已经带来了巨大的收益。然而，我们的收入越多，餐厅所承担的宾馆的经营成本比例也越大。同时，无论何时宾馆的客房闲置数上升，租金收入下降，餐厅仍然必须承担宾馆经营成本的相当大的一部分。我们良好的经营业绩正在被负责使客住率上升的部门的不佳业绩所拖累。”张伯伦建议与宾馆相关的固定成本应该根据各个部门占用地方的大小来分摊。

德勃拉·梅坦伯格是“落日休息室”的经理，她反对张伯伦的提议。她指出由于休息室的设计考虑到了宾馆顾客的阅览、休息和看日落的需要，所以占地面积很大。虽然休息室并不供应饮料，但它的营业收入与其占地面积的关系很小。许多顾客仅仅是到这里来吃些免费的小吃，甚至连一杯饮料都不喝。张伯伦的提议将会使休息室变得无法盈利；然而宾馆必得有一些“开放地带”以供顾客小坐和休息。

要求：

a. 分别评价两个经理的观点。

b. 对如何在不同的利润中心之间分配宾馆固定成本提出您自己的处理方法。

案例21.2 转让价格 *LO1~4*

沃尔夫公司生产电脑及外围设备。以下是与沃尔夫公司打印机部有关的2000年底的一些数据。

(单位：美元)

贡献毛益	11 000 000
责任毛益	6 000 000
平均总资产	50 000 000

打印机部是作为投资中心来进行评价的。沃尔夫公司希望所有的投资中心能够获得最少每年10%的平均资产回报率。部门经理能够获得相当于本部门剩余收益1%的奖金。

打印机部最受欢迎的产品是一种叫做XLC的彩色打印机。部门的生产能力是每年30 000台，生产成本是每台100美元。2000年，打印机部生产了30 000台打印机，其中25 000台以250 美元每台的价格销售给独立的电脑商店，其余5000台以每台300美元的价格转让给沃尔夫公司的邮购部。

沃尔夫公司内部部门之间的存货交易以成本价记录在总公司的会计记录中。

您作为沃尔夫公司的新任财务总监参加了部门经理的规划会议。邮购部经理凯·格林提出了2001年需要15 000台XLC的彩色打印机。她说：“销售更多的XLC会带来更多的净收入。毕竟，我们有最高的销售价格。”

打印机部经理大维·李回答：“非常抱歉，凯，我们不能那么做啊。只要看看去年，如果给了你15 000台XLC，我们就不会有最小的资产报酬率。”

要求：

a. 根据2000年的数据，计算打印机部的资产报酬率和剩余收益。

b. 评价格林和李所说的话。（说明提供给邮购部15 000台XLC对打印机部2000年的资产报酬率会带来怎样的影响。）

c. 提出任何您认为可以解决这个问题的建议。如果这些建议在该年度被采纳，请说明你的建议将会对打印机部2000年的经营成果带来怎样的影响。

d. 你是否认为你在c部分的评论是否会引发要由沃尔夫公司的高层管理人员来解决的“道德困境”？如果是这样，请解释这一潜在问题的本质并提出你个人对于如何解决这一问题的建议。（提示：在这一天结束前，期望能够听到来自于李的说法）

案例21.3 道德上的困境

LO1, 3, 6

奥斯本产品公司是一家资产上亿的制造业公司，它的总部设在俄亥俄州的但通。公司下属15个部门，其中有两个部门是电池部和高尔夫车部。电池部给高尔夫车部提供高尔夫车所需要的电池。

吉姆. 彼得逊现年45岁，是公司电池部的总经理。吉姆已经在公司工作了18个年头，为公司的发展做出了自己的突出贡献。不幸的是，由于健康原因，医生劝说他马上提早退休。吉姆是个单身父亲，女儿现在是波士顿的一家私立大学的二年级学生。

莎拉·莫利森现年65岁，是公司高尔夫车部的总经理。她在奥斯本有40年的工作经验，已经习惯了别人对她工作的冷嘲热讽。一次，公司的总裁非常光火。他告诉莎拉，他“后悔曾经将一个女人提升到部门经理的位置。”莎拉和她的丈夫罗伯特分别拥有超过2亿美元的净资产。她将在几个月后非常愉快地带着全额养老金退休。

吉姆和莎拉的奖金是按照各自部门获得的责任毛益为基准提取的。但是，吉姆的合同中特别指出，奖金的计算必须以剔除公司内部间交易营业额的责任毛益为准。因此奖金的提取必须基于部门所获利润减去将电池销售给高尔夫车部所得收入的余额。

由于一个未被察觉的电脑差错，吉姆最近奖金的计算并未剔除公司内部间交易。因此，奖金比应该的所得多了将近40 000美元。吉姆是惟一一位由于电脑的差错而受影响部门经理。公司的其他人并未意识到这个问题。考虑到吉姆的实际情况，他的律师——有些有违常规——建议他留下这笔钱，因为这种错误被发现的可能性极小。由于公司采用的是责任会计系统，惟一能够发现这个差错的人就是莎拉，但是她在退休之前这样做的可能性是微乎其微的。

要求：

a. 您认为由于电脑的差错造成吉姆的奖金误算会对这家资产上亿的公司产生巨大的影响吗？如果您处在吉姆的这种状况，您会怎么办？解释您的观点。

b. 假如莎拉在离退休前一个星期发现了这个错误。她仍然对总裁曾经对她的批评和性别歧视愤愤不平。如果你是莎拉，你会怎么办？

c. 您认为吉姆的律师的建议——尽管有背常规——建议他留着这笔钱的做法道德吗？如果您是这位律师，您会怎么办？

d. 假设您是吉姆的女儿，现在正在私立大学中念书。你已经得知，如果你想继续在这所颇具声望的大学的学业，惟一的机会就是用这笔从你父亲的公司多得的这40 000美元作为学费。然而，如果你回到俄亥俄州的家中，则会有足够的钱供你维持学业。如果您是吉姆的女儿，您会怎么办？解释您的理由。

因特网练习

因特网练习21.1

LO1~3

通用面粉（General Mills）是一家食品公司，它在许多国家都有生产和销售点。可以通过以下网址找到它的主页：

www.generalmills.com

克欧比（Kirby）公司只生产和销售一种系列的产品——真空吸尘器及其附件。可以通过以下网址找到它的主页：

www.kirby.com

要求：

a. 根据网址上的信息，你如何根据其产品线将通用面粉划分成不同的责任中心？给出可能的投资中心、利润中心和成本中心的例子。

b. 根据网址上的信息，你如何将克欧比公司划分不同的责任中心？给出可能的投资中心、利润中心和成本中心的例子。

c. 哪些组织因素能够体现这两种企业责任中心系统的区别？

"轮到你了！" 的评论

作为一名责任中心的经理 为了评价聘请保安服务的决策的有效性，管理者应该在内部保安服务与外部保安服务相比的成本和质量之间作个比较。保安服务应该用可以从内部和外部标准中得到的信息来评价。假设医院的7个诊所有相似的清洁需要，他们之间比较的结果可以用来建立内部标准。外部标准信息可以从对清洁服务公司的调查中得出，或者可以询问其他聘用外部清洁公司的医疗保健机构。将资源投入高质量产品的效率应该是业绩评估信息的重点。我们的目标是使用最少的资源来达到最好的清洁效果。

作为一名诊所经理 如果用来计算资产报酬率和剩余收益的资产是以历史成本为基础的，那么你的资产价值会很高，因为资产的计价基础比其他诊所都新。这样你的ROA和RI值就会受到影响，你需要创造比其他诊所更多的利润来使你的ROA更具可比性。董事会为了使数值更具可比性，应当按市价反映调整每个诊所的资产价值。董事会同时还可以考虑其他可变因素。哈佛商学院的罗伯特S. 卡普兰教授介绍了一种评价方法，这种方法是基于"平衡计分卡"的一种处理方法。财务成果仅仅是企业用来评价业绩的四大类标准中的一个类型。其余的类型包括顾客满意程度，对企业学习和创新的贡献以及内部生产率。

自测题答案

1. a　2.b　3.d　4.a, c, d　5.a, b, c, d

第22章

经 营 预 算

学习目标 (Learning Objectives)

学习本章后，你应当能够：

1. 解释一家公司如何会“利润丰厚，但现金短缺”。
2. 讨论公司从正规预算过程中的得益。
3. 解释在设定预算金额中可能使用的两种哲学。
4. 描述全面预算的要素。
5. 编制预算和全面预算所附的各种报表。
6. 编制弹性预算，并解释其用途。

我宁肯用全世界来换一杯可乐

1954年罗伯特 C. 哥依祖塔(Goizueta)看到哈瓦那新闻报中一个招募化学工程师的广告，应聘去可口可乐公司任职。26年后，这位古巴出身的经理在升职的争斗中取得胜利，踏上了可口可乐的最高职务。1980年被任命为总经理，十周后又被选为董事长和首席执行官。哥依祖塔克服了长期的孤立，并已经表明胜任这个世界最大企业之一的司令。

但是哥依祖塔很难承担这桂冠的荣耀，他所领导的公司被搞成从饲养大虾到酿制红酒，乱七八糟，互不相关的大杂烩。它的关键性装瓶系统陈旧不堪，而重要的市场却由一些差强人意的经营者在管理。没有战略眼光，怕承担风险和一味地追随传统而无丝毫创造性。最糟糕的是可口可乐股票价格已经减少了一半，而公司很难转亏为盈……

这西班牙人开始简单的调查。世界各地的可口可乐分公司的总经理们已习惯于每年秋天飞往亚特兰大参加为期二周的经营检查。他们讨论他们的五年计划，接受一长列的目标，这些公司经理们已经在他们下年预算中描述了。预算会议充满了“加油啊”等言辞，一长列的许愿和诱人的承诺；但没有实质性的计划编制，并且几乎没有经管责任。

哥依祖塔可能没有这些习惯。他感到五年计划是在浪费时间。没有人能够精确地预测五年中这个世界会是怎么样的。他希望的是三年计划，他告诉这些总经理们，要他们对完成三年目标而负责。他希望经理们提早呈交他们的计划，以便他能够有时间仔细分析。为不再被动地等待总部下达年度的目标，每一分部的负责人，现在必须提交自己的简短设想，并且做好论证的准备。

资料来源：*I'd Like to Buy the World a Coke: The Life and Leadership of Roberto Goizueta,* David Greising, © 1998. Reprinted by permission of John Wiley & Sons, Inc. Also exerpted in *Business Week*, April 13, 1998, pp. 70-76. Reprinted by special permission, copyright © 1998 by The McGraw-Hill Companies, Inc.

罗伯特·哥依祖塔知道预算过程是可口可乐公司产生他的战略计划之处。哥依祖塔为可口可乐建立了战略使命及其各种工具，特别是预算程序。他的战略使命为可口可乐扭转了方向。经过他当首席执行官(CEO)的17年，可口可乐销售额增长超过了四倍，从40亿美元变为180亿美元。它的资本市场值增加了3 500%。这些成果大部分归因于哥依祖塔的战略使命，这是在他任CEO第一年时所构建的。可口可乐的首席行政负责人使用预算于（1）分派对公司资源使用的决策权限；（2）作为协调和实施计划的主要工具；（3）使职工对他们决策结果承担责任的基本措施。

在本章中，我们将展示怎样建立责任预算，以及使用这些预算来分派决策权限，再使职工对他们的决策负责。全面预算和它的许多组成将详细讨论。还将解释使用全面预算来实施计划编制和通过弹性预算进行控制。在你们结束这章学习时，你们应该明白预算的作用，这是经营活动成功的基石。

22.1 利润丰厚，但现金短缺

1999年1月，南希·康拉特建立了网络技术公司（NTI）。该公司制造一种筛选装置，防止受病毒从网络传送来侵害个人电脑。与防感染的程序不同，它可将病毒从受感染的硬盘中清除，这NTI的产品确实对所有从网络中传递进的内容都进行了筛选。如果有病毒被发现，不等到病毒感染硬盘和破坏文件，它就被立即清除。

从巴尔的摩的一家小企业开始其运行，NTI在它的头9个月经营艰难。然而这公司在它的第4季度却有强劲的发展，并且其全年的销售额达900 000美元，净利润为144 000美元。

下列的盈利率计量值都取自于NTI终结于1999年12月31日年度的财务报告：

所选的盈利率计量	NTI(%)	行业平均(%)
毛利百分比（毛利÷(销售额）	60	45
净收益百分比（净收益÷(销售额）	16	12
权益回报率（净收益÷(平均股东权益）	29	18
资产回报率（净收益÷(平均总资产）	15	14

即使NTI相对于行业平均显示了较好的盈利，它仍陷于严重的现金流量问题。事实上，在这12月31日结束的1999年中，NTI报告了在经营活动中有250 000美元的负现金流量。由于不能从银行得到附加的贷款，在2000年1月1日康拉特借给她公司36 000美元，才解决了工资发放问题。

下列的流动性计量值也是取自于NTI公司1999年12月31日的财务报告。与盈利率指标不同，这些计量值全部低于行业的平均数。

所选的流动性计量	NTI	行业平均
流动比率（流动资产÷(流动负债）	1.4	2.4
速动比率（速动资产÷(流动负债）	0.6	1.5
存货周转率（销售成本÷(平均存货额）	2.2	7.3
应收账款周转率（净销售÷平均应收账款额）	4.5	8.0

我们所见在NTI发生的事，实际上是许多企业中普遍的一种麻烦事。简而言之，公司是“利润丰厚，但现金短缺”。一个盈利的企业怎么会经历现金流量问题呢？令人吃惊地是，我们发现这种情况经常出现于快速增长时期。

经营现金流量：存活的生命血液

为了应付1999年第四季度高涨的顾客需求，NTI公司用去了大量的现金于制造可供销售的产品。在这些产品生产时，NTI的现金是“套牢”在直接材料，在产品和产成品存货上。进一步说，在这些产品出售后，这些现金仍然套牢在应收账款上。下列的NTI**经营周期**图表明了现金问题的原因和严重性：[1]

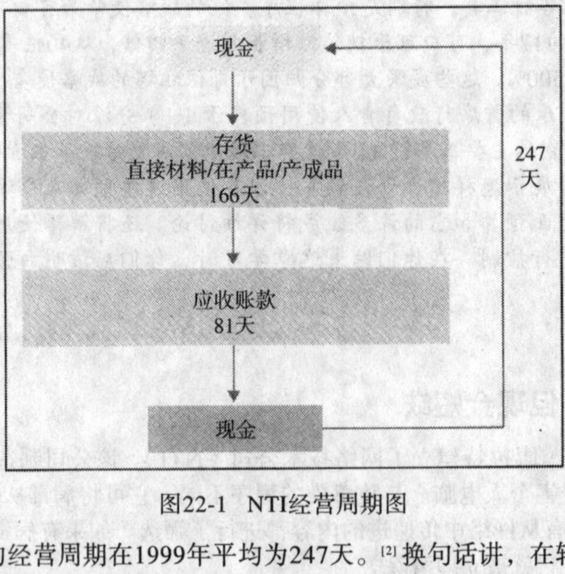

图22-1 NTI经营周期图

正如所示，NTI的经营周期在1999年平均为247天。[2] 换句话讲，在转变回来前，现金被套

[1] 制造企业的经营周期是平均的时间期限，即直接材料购买起到这些材料再转变回至现金的期间。

[2] NTI的经营周期247天等于，存货周期所需天数166天(365天/2.2存货周转率)，加上应收账款周转所需天数81天(365天/4.5应收账款周转率)。

牢在存货和应收账款上达247天。然而，纵贯于它的经营周期，工薪支付、材料采购、债务清偿和制造成本等都需要支付现金，而且是按时按天来计算的（例如30天）。这就难怪NTI的现金流量表会报告，经营造成250 000美元的负现金流量。

幸运的是，如果NTI建立了一个综合性计划来控制它的经营活动，它就可能解决这些现金问题。这种计划被称为是"全面预算"。在下面一节中，我们将介绍和讨论编制预算的详细过程。然后，在本章后面，我们将回一以这NTI的例子，并为它在2000年的头二个季度建立一个全面预算。

22.2 预算：计划和控制的基础

预算是一种综合性的财务计划，为组织要达到的财务和经营目标设置规定的路线。编制预算是有效财务计划的基本步骤。在对其未来的经营，包括预期的销售、费用、净收益、现金收入和现金支出，编制一个正规的书面计划，即使是小企业也可从中得益。

使用预算是财务计划的关键要素，它也帮助经理们控制成本。经理们比较实际成本和预计的数额，就可采取必要的纠正行动。这样，控制成本就意味着使实际成本保持在财务计划的限额内。

实际上所有的经济单位、政府机构、大学、教堂和个人，都涉及了一定形式注预算。例如，一名学院的学生所有财务资源有限，可以编制一张月度预期现金支付的清单，以了解是否超过当月的现金收入。这张清单是一种简单形式的现金预算。

此要点的案例

联邦政府了编制每年的运行预算。在1999年，预算预计将是17 000亿美元。其收入来源中有公司税收（11%）、个人税收（46%），以及社会保险和工薪税（34%）。

所有企业都编制一定形式的计划，但这些计划在正规化为书面的预算方面，却有很大的差别。大型、管理良好的企业，一般对他们经营的每一个侧面都认真地建立了预算 。编制不审慎，或宽余度大的预算则是管理较差，或缺乏经验的表现。

22.2.1 预算可得到的好处

预算是对未来事件的预测。事实上，编制预算的过程经常被称为"财务预测"。谨慎的计划和编制正式的预算使企业从下列多方面得益，包括：

1. 增强了管理部门的责任。 在一种天复一天状态下，大多数经理集中他们的注意于日常运行企业的问题。然而，在编制预算中，经理们将不得不考虑公司内部活动的所有方面，并且对未来经济条件做出估计，包括成本、利率、公司产品的需求和竞争的程度等。这样编制预算增加了管理部门对公司外部经济环境的重视。

2. 分派决策责任。因为预算表明了未来运行的预期成果，管理部门就要预先警觉，并对财务问题承担责任。例如，如果预算表明公司将在夏季几个月中短缺现金，负责的经理就要提前警觉，降低费用，或取得另外的财源。

3. 协调活动。编制预算对管理部门提供了协调企业内各部门活动的机会。例如，生产部门应该预算其生产数量，确如销售部门预算要销售的数量。书面预算用数量方式对部门经理们表明了，未来期间中预期他们部门应该做的事。

4. 业绩评价。预算表明了每个部门预计的成本和费用，还有预计的产出，诸如，将要赚得的收入，或将要生产的单位数。这样，预算提供了一种尺度，用它来衡量每个部门的实际业绩。

22.2.2 建立预算金额

在评价部门和部门经理们业绩时，经常用预算金额和实际业绩进行比较。今天通常有两种思路来指导设定预算金额应该的水平。我们将把这些思路称为（1）行为方法，（2）全面质量管理方法。我们将先讨论行为方法，这是目前在编制预算中最普遍运用的思路。

行为思路 在行为思路中一个基本假设是，如果他们认为预算是在公平基础上评价每个责任中心的业绩，经理们将会得到最高的激励。所以，预算要按合理可达的水平设置，这就是其水平通过合理而有效率的经营，应该是可以达到的。一个高度有效率的部门应该可以超过业绩的预算水平。相反，低于预算额了，则被看做其业绩水平不能被接受。

全面质量管理方法 全面质量管理的基本前提是，每个个人和组织的部门都应该不断地努力改善。整个组织都服从于一个目标，即完全消除低效率和非增值作业。简而言之，组织要促使它的全部价值链都达到完美无瑕。

作为实现这个目标的步骤，预算金额可能按代表了绝对高效率的水平设置。部门一般达不到这个业绩水平。然而，即便一点小的差错造成不能完成这个预算业绩，也可指引管理部门注意那些可以改进的地方。

设置和使用一种预算方法 设置预算金额的方法反映了高层管理部门的思路和目标。然而，无论那一种方法下，经理们应该积极地参与预算制订过程。部门经理一般应该最了解他们的部门，是那些要达到业绩的最好的信息来源。这些经理也应该理解，无论是预算所打算的目的，还是设置预算金额的基础思路。

在比较实际业绩和预算金额时，高层管理部门应该考虑到设置预算金额所用的思路. 如果使用了行为思路，一个效率高的单位可能就超过了业绩的预算水平。如果使用了全面质量管理思路，这个效率高的单位应该稍低于预算的标准。

在本章的其余部分和我们的作业材料中，我们将假定预算标准是按合理和可达的水平设置（这就是行为方法）。使用这种方法，我们将能够例举和讨论实际业绩水平无论高于，还是低于预算水平的情况。

22.2.3 预算期间

作为一般的规则，预算所覆盖的期间应该有足够的长度，以显示管理政策的效果；但也不能太长，以使预测有合理的准确性。这就建议使用不同类型的预算，以适应不同的时间长度。

资本开支预算汇总了在厂场和设备方面的主要投资计划，其覆盖的年份可能长达5到10年。诸如建筑一个新工厂，或炼油设施在新装置完备可用前，就需要许多年的计划和支出。

大多数经营预算和财务预算覆盖的年份是一个财务年度。公司还常把这些年度预算分解为四个季度，列出每季度的预计数字。第一季度再把预算目标细分到每一个月份，而余下三个季度则仍按季度数表示。在每年季度将近终了时，对下一季度的预算进行审阅，按经济条件的变动进行修改，然后再将预算目标细分到月份。这个过程确保每年至少修订预算几次，各月的预算数字都能依据最近的条件和估计。此外，预算数字的相对较短期限，就可使经理们拿来与实际业绩比较，而不必等待到年终再做。

连续预算 越来越多的公司正在做一种称之为“连续预算”，即在每个月即将终了时，将一个新的月份加到预算的末尾。这样，预算总是覆盖了12个月份。连续预算的主要的优点是，编制的计划稳定地保持一个年度时间。在财务年度方法下，随着时光的消逝，计划编制期限变得越来越短。而编制持续预算，经理们就可经常和持续地审阅和再评价预算的估计及公司当前的进展。

22.2.4 全面预算：一整套相关的预算

“预算”并不是一个单一的文件。相反，**全面预算**是由一系列相互关联的预算组成，它们集体地汇总了企业所有计划的活动。全面预算的因素依企业的规模和性质而变动。一个制造企业典型的全面预算包括以下的内容：

1 经营预算
- a. 销售预测
- b. 生产计划（按将要生产的单位表述）
- c. 销售成本预算和期末存货预算
- d. 经营费用预算

2. 资本性开支预算

3. 预计财务报表
- a. 预计损益表
- b. 现金预算
- c. 预计资产负债表

全面预算的一些组成按责任中心来组织的。例如，预计的损益表表明了预计每个利润中心的收入和费用。现金预算显示了每个成本中心，以及每个收入中心的现金流量。生产计划和制造成本预算表明了每个制造过程的生产单位数和制造成本预算。预算关系到各个责任中心的部分称为**责任预算**。正如在第21章中所说的，责任预算是责任会计系统的重要组成部分。

此要点的案例

德国的全球性集团西门子（Siemens）有许多责任中心，其中内部差旅责任中心的经理利用其决策职责，削减了差旅费预算达10%，同时增加了出差的数量。成百上千的西门子雇员每天在空中往返，这给了内部差旅经理和航空公司讨价还价的手段。还有，除了高层经理人员，每个人在欧洲旅行都必须乘坐经济舱位。

组成全面预算的各种预算和计划都是紧密地相互关联的。从图22-2中可以表述一些这种关系。

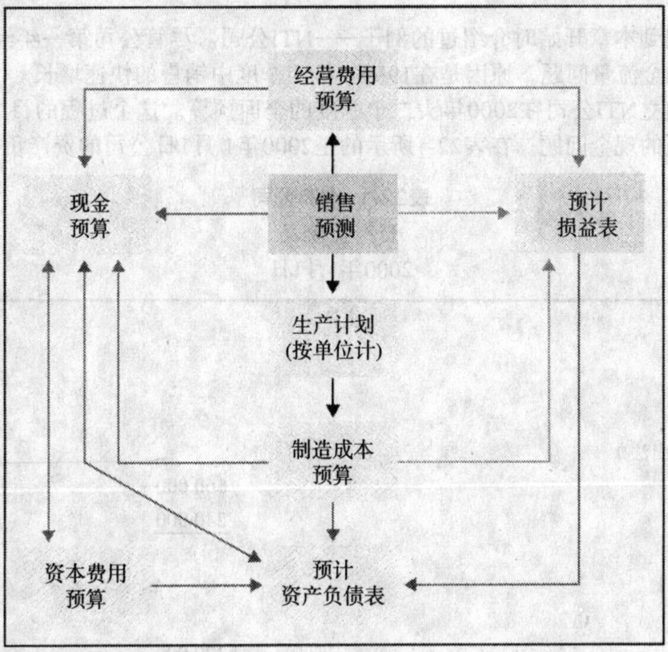

图22-2 全面预算的组成

22.2.5 编制全面预算的步骤

全面预算的一些部分应该在其他部分编制后，再行编制。例如，预计的财务报表是在销售、生产、和经营费用等预算完成后，再行编制。编制每年全面预算各组成的逻辑次序见下面：

1. 编制销售预测。销售预测是编制全面预算的起点。这种预测是根据过去的经验，对一般营业和经济条件的预计，也是对所做到水平的预计。一个未来销售水平的预测是生产计划和预计收入和变动成本的前提。在我们预算图解中，"箭头"指明了信息从这个预测"流向"其他几个预算。

2. 编制生产预算、制造成本预算和经营费用预算。 一旦销售水平已经预测，生产量就可能计划，本年度的制造成本和经营费用也可预计。全面预算的这些因素取决于销售水平和本量关系。

3. 编制预计损益表。预计损益表的依据是销售预测，制造成本组成的销售成本，以及预计经营费用。

4. 编制现金预算。现金预算是预算期现金收入和现金支付的预测。现金预算受许多其他预算预计的影响。

现金收入的预计水平取决于销售预测，公司所提供的信贷条款，以及公司从客户处收回应收账款的经验。预计现金支付取决于制造成本的预计、经营、资本开支，还包括供货商提供的信贷条款。估计的借款、债务偿还、现金股利、资本性资产的保险等也影响现金预算。

5. 编制预计的资产负债表。要在现金业务对各种资产、负债和所有者权益账户的影响都已确定后，才能再编制预计的资产负债表。此外，资产负债表也受预计资本性开支和预计损益表的影响。

资本开支预算覆盖了许多年份的一个期间。这种预算要连续地审阅和修订更新，但通常并不另编或按年度编制。

22.2.6 编制全面预算：举例

现在让我们回到本章开始时介绍过的例子——NTI公司。尽管公司第一年经营是盈利的，但它经历了严重的现金流量问题，原因是在1999年第四季度中销售的快速增长。

我们现在将建立NTI公司在2000年头二个季度的全面预算。这个过程的目的是帮助NTI公司避免1999年所经历的现金问题。在表22-1所示的是2000年1 月1日公司的资产负债表。

表22-1 NTI公司

资产负债表

2000年1月1日

资产		
流动资产		
现金		$10 000
应收账款		225 000
存货（先进先出法）		
直接材料	$60 000	
产成品	240 000	300 000
预付费用		5 000
流动资产合计		$540 000
厂场资产和设备		
建筑和设备	$420 000	
减：累计折旧	20 000	

(续)

厂场和设备合计		400 000
资产总计		$940 000
负债和股东权益		
流动负债		
应付票据，对职工（12月@12%）		$36 000
应付票据，对银行（3月@14%）		246 000
其他流动应付项		50 000
应付所得税		64 000
流动负债合计		$396 000
股东权益		
股票资本，无面值，10 000股发行在外	$400 000	
留存收益	144 000	544 000
负债和股东权益总计		$940 000

NTI产品的销售在整个2000年中预期都将增加。然而，公司将大幅度地削减第一季度的生产量，以便清理目前手头一些产成品存货。在1月1日，公司无在产品存货，在2000年也无计划的资本性开支。

22.2.7 经营预算的估计

编制NTI全面预算的第一步是，建立2000年头二个季度的每个经营预算。从这些预算所得的信息将用于编制预计季度损益表。预计经营所得收益所需的全部信息来自经营预算的估计。

销售预测（表22-2） 鲍勃·波尔是NTI的市场部主管，对2000年公司产品持续增长的前景持乐观态度。他预计，销售第一季度将达到8 000单位，第二季度将达到10 000单位。第三季度和第四季度的销售预测将分别是30 000单位和40 000单位。为使产品对广大的用户都是可承受的，NTI承诺每单位产品的销售价格全年都为75美元。在这些信息基础上，销售预测可编制如下：

表22-2 销售预测

	第一季度	第二季度
预计销售（按单位计）	8 000	10 000
每单位销售价格/美元	75	75
预计销售金额/美元	600 000	750 000

生产计划（表22-3） 考察了1999年的业绩报告，NTI生产经理裘·雷柯下结论说，他已经对第四季度经历的销售增长反应过度了。其结果是，公司在2000年开始保持了过多的产成品存货。他立即采取了新的政策，在2000年增大存货的周转率，并改善经营现金流动状况。产成品存货的单位数将只保持预计下一季度销售单位量的10%。

由于第二季度的销售预测为10 000单位，第一季度末预期的产成品存货将是1 000单位。同样地，第三季度的销售量是30 000单位，则预期在第二季度末就是3 000 单位。按照这样的预测，生产计划编制如下：

表22-3 生产计划（按单位计）

	第一季度	第二季度
预计销售单位数（见表22-2）	8 000	10 000
加：预期期末产成品存货数	1 000	3 000
可供销售的预计单位数	9 000	13 000
减：产成品期初存货量	8 000	1 000
计划生产的产成品数	1 000	12 000

轮到你了！ 作为一名生产经理

你是NTI公司的生产经理。如果销售部的经理通知你，第三季度的销售量将修改为15 000单位，而不再是原来预计的30 000单位，你将需要与谁协调和调整计划？

我们的评论在本章末。

制造成本预计（表22-4） 丽莎·斯各特是NTI的成本会计师，她已经全面分析了公司的变动和固定制造成本。她有信心在2000年的上半年中单位变动制造成本将不会增加。她也相信固定制造费用将会稳定在大致每季度15 000美元。基于这个分析，她完成了下列制造成本的预测：

表22-4 制造成本预计

	第一和第二季度
每单位变动制造成本	
直接材料	$ 15
直接人工	5
变动制造费用	7
固定制造费用（每季度）	$15 000

制造成本预算（表22-5） 综合了表22-3的生产计划预计和表22-4的制造成本数字，就可建立下列制造成本预算：

表22-5 制造成本预算

	第一季度
变动制造成本	
直接材料耗用（1 000单位@15美元）	$15 000
直接人工（1 000单位@5美元）	5 000
变动制造费用（1 000单位@7美元）	7 000
固定制造费用（每季度）	15 000
产成品制造成本合计	$42 000
每单位制造成本（42 000美元 ÷ 1 000单位）	$42.00
	第二季度
变动制造成本	
直接材料耗用（12 000单位@15美元）	$180 000
直接人工（12 000单位@5美元）	60 000
变动制造费用（12 000单位@7美元）	84 000
固定制造费用（每季度）	15 000
产成品制造成本合计	$339 000
每单位制造成本（339 000 ÷ 12 000单位）	$28.25

注意，第一季度总计的预算制造成本，每单位是42.00美元，与此相比，第二季度则是每单位为28.25美元。这个金额差异起因于第二季度预计每单位的固定制造成本下降了。在第一季度固定制造成本15 000美元被生产的1 000单位产品分配（或者说，每单位15.00美元）。而在第二季度，15 000美元被生产的12 000单位所分配（或每单位1.25美元）。

轮到你了！ 作为一名成本会计

你是NTI的成本会计。屏幕装置产品线经理贝蒂·芭娄很激动地冲到你这里。她管理着屏幕装置产品的利润中心，并按每季度销售单位数的盈利率考核。她希望你解释，为什么第一季度生产的单位数，每单位将加上33美元的利润边际（75美元－42美元），但是第二季度生产的单位每单位只加上46.75美元(75美元－28.25美元)。你能对她解释其中的原因吗？你能想出消除这个问题的办法吗？

我们的评论在本章末。

期末产成品存货（表22-6） 如前所述，NTI最近采用的政策是，每季度期末产成品存货的单位数应该是下一季度预计销售量金额的10%。

这样将此政策与表A4的单位成本数联系后，就可确定期末存货的预计如下：

表22-6 期末产成品存货

	第一季度	第二季度
1 000 单位（表22-3）@42.00美元（表22-5）	$42 000	
3 000 单位（表22-3）@28.25美元（表22-5）		$84 750

销售成本预算（表22-7） 一家制造公司的销售成本等于它的期初产成品存货，加上当期产品制造成本，减去它期末产成品存货。

这样在表22-7预算预计销售成本的计算依据是，在表22-1资产负债表的产成品存货数字和表22-5和表22-6的信息。

表22-7 销售成本预算

	第一季度	第二季度
产成品期初存货（按资产负债表）	$240 000	$42 000
加：成品制造成本（表22-5）	42 000	339 000
可供销售成品的成本	$282 000	$381 000
减：产成品期末存货（表22-6）	42 000	84 750
销售成本	$240 000	$296 250

经营费用预算（表22-8） NTI的变动经营费用金额是每单位7.50美元。这些成本中大部分是销售佣金。公司的固定经营费用是175 000美元，其中主要是职员的工薪。根据这些信息，经营费用预算可编制如下：

表22-8 经营费用预算

	第一季度	第二季度
变动经营费用（售出每单位7.50美元）	$60 000	$75 000
固定经营费用（每季度）	175 000	175 000
销售和管理费用合计	$235 000	$250 000

22.2.8 预计损益表

NTI的预计损益表根据的是表22-2到表22-8的预计。此外，它们包括预计的利息费用和所得税费用。利息费用和所得税在表22-14和表22-15中报告，这些将在本章中后面讨论。下面的讨论解释了这些数字是如何确定的。

2000年1月1日资产负债表报告的应付票据数是36 000美元，这是总裁南希·柯雷特所贷的款项。这票据按四个季度分期偿付，即每季应付9 000美元，加上按每季末所欠余额应计的利息。票据的利率是12%（或每季3%）。这样在第一季度末到期的利息是1 080 (36 000 × 3%)，而在第二季度末时到期的利息仅是810美元 (27 000 × 3%)。

246 000美元应付票据是1999年早期所借，到现在所剩余的本金。这票据的利率是14%（或每季度3.5%）。全数的246 000美元加上应计利息8 610美元（246 000 × 3.5%），全都在2000年的第一季度到期。这样，第一季度应付票据总的利息费用预计为9 690美元 (1 080 +8 610)。

所得税费用预计按税前收益的40%计算。

根据这些信息，我们编制了下列预计损益表：

表22-9 NTI公司预计损益表

2000年第一季度和第二季度

	第一季度	第二季度
销售（表22-2）	$600 000	$750 000
销售成本（表22-7）	240 000	296 250
销售毛利	$360 000	$453 750
经营费用		
销售和管理费用（表22-8）	$235 000	$250 000
利息费用（表22-7）	9 690	810
经营费用合计	$244 690	$250 810
税前收益	$115 310	$202 940
所得税，40%平均税率（表22-16）	46 124	81 176
净收益	$69 186	$121 764

预计损益表表明预期的活动，对NTI收入、费用、和净收益所产生的影响。然而，它并不指明公司在2000年头二个季度预计的现金流量。请记住，在1999年公司的利润丰厚，但仍然是现金短缺。

所以我们现在必须编制财务预算估计，来构筑NTI季度的现金流量预计。这种预计也将帮助我们编制公司每个季度的资产负债表。

22.2.9 财务预算

编制现金预算和预计资产负债表所必须的预计和数据称为“财务预算估计”。在编制NTI现金预算所用的数字将用黑体标记。

预计直接材料采购和存货（表22-10） 在表22-5，我们估计直接材料15 000美元将在第一季度中耗用。然而，在编制现金预算时，我们要考虑每季度采购的直接材料成本。为估计直接材料的采购，我们必须既要考虑预计的材料使用，也要考虑在每季度末时直接材料的存货。

让我们假定生产经理认为，1月1日资产负债表报告的直接材料存货60 000美元太大了。这样他建议在第一季度末将此数降低到50 000美元。不过在预计到第3季度强劲的势头后，他预计第二季度末，直接材料存货将需要增加到80 000美元。依据这些估计，直接材料采购可以确定如下：

表22-10 直接材料采购和存货

	第一季度	第二季度
直接材料耗用（表22-5）	$15 000	$180 000
期望的期末直接材料存货	50 000	80 000

(续)

	第一季度	第二季度
可用的直接材料	$65 000	$260 000
减：季度初的存货	60 000	50 000
预计直接材料采购	$5 000	$210 000

财务成本和费用的平均（表22-11） 编制现金预算的下一步是，估计在最近将来需要支付现金的预算成本和费用。

现金影响

特定的费用将不需要支付现金。这包括（1）预付项目到期带来的费用（如保险单）和（2）厂场资产的折旧。所以，只有那些由当期应付项为财源的成本和费用（包括立即付出现金的、应付账款和应计费用），将需要现金支付。

表22-11将由NTI当期应付项筹资的成本和费用，区别于那些和预付项目或折旧相关的成本和费用。栏目标题为"当期应付"表明是当期成本和费用，即需要在最近将来现金支付的。例如直接材料采购（不管是现金购买，还是赊购的）、工厂工薪和各种制造费用成本等。栏目标题为"到期的预付项"和"折旧"的金额表明是公司预计损益表所报告的费用。然而，这些金额并不要求未来支付现金。我们假设到期的预付项估计是根据对公司保险单的评价所做出的。

表22-11 除利息和税金的平均财务成本和费用

	合计	当期应付	到期预付	折旧
第一季度				
直接材料采购（表22-10）	$5 000	$5 000		
直接人工（表22-5）	5 000	5 000		
制造费用——变动和固定（表22-5）	22 000	15 500	$3 000	$3 500
销售和管理费用（表22-8）	235 000	232 500	1 000	$1 500
总计	$267 000	$258 000	$4 000	$5 000
第二季度				
直接材料采购（表22-10）	$210 000	$210 000		
直接人工（表22-5）	60 000	60 000		
制造费用——变动和固定（表22-5）	99 000	91 400	$4 100	$3 500
销售和管理费用（表22-8）	250 000	247 100	1 400	1 500
总计	$619 000	$608 500	$5 500	$5 000

当期应付项的支付（表22-12） 下表的目的是估计每一季度所需的现金支付额，对应的是如表22-11分类为当期应付项的成本和费用。

表22-12 当期应付项的支付

	第一季度	第二季度
季度初的余额	$50 000	$75 000
季度中应付项的增加（表22-11）	258 000	608 500
季度中应付项的合计	$308 000	$683 500
减：预计季度末的余额	75 000	100 000
季度中当期应付项的支付	**$233 000**	**$583 500**

表22-12的出发点是在NTI公司2000年1月1日资产负债表所示的，应付项期初余额50 000美元。对这金额，我们加上表22-11中全部预计的应付项。是由保尔·福司（NTI的财务长）通过

彻底对供应商信贷条款分析后，对第一季度末当期应付项余额进行估计。注意，当期应付项第二季度的期初余额就是第一季度末的余额。

预付项预算（表22-13） 这表式的预计了该期为预付项要作的现金支付。对NTI来说，这些支付涉及它的保险单。这样编制，就需要对2000年1月1日资产负债表分析，了解所报告全部的保险单情况，以及在表22-11中预计的预付项到期数。依据这些分析，即编制了下列的预付项预算：

表22-13 预付项预算

	第一季度	第二季度
季度初的余额	$5 000	$7 000
季度中预计的现金支出	6 000	6 500
预付项的合计	$11 000	$13 500
减：预付项的到期数（表22-11）	4 000	5 500
季度末的预付项	$7 000	$8 000

债务清偿预算（表22-14） 该表的目的是汇总每季度用于NTI清偿债务方面的现金支付（本金和利息）。2000年1月1日NTI现在在外的应付票据有两笔。

12%利率，36 000美元的应付票据是从NTI总裁南希·柯雷特处所借的。借款的协议要求每季度支付本金9 000美元，加上在外票据余额的应计利息，其季度利率为3%。这样在此票据上第一季度债务清偿所需为，本金9 000美元，加上利息1 080美元 (36 000 × 3%)，即现金支付10 080美元。在第二季度此票据的清偿数等于，9 000美元本金，加上利息810美元 (27 000 × 3%)，即现金支付9 810。

14%利率，246 000美元应付票据是对NTI的银行。借款协议要求在2000年第一季度末支付全部本金246 000美元，加上按季度利率3.5%计算的应计利息。这样此票据在第一季度的债务清偿就等于246 000美元，加上利息8 610（246 000 × 3.5%)，即现金支出254 610美元。第二季度中此票据就没有相关的债务清偿支付。

如下所示，总的债务清偿预算第一季度是264 690美元，第二季度是9 810美元。

表22-14 债务清偿预算

	第一季度	第二季度
季度初的应付票据	$282 000	$27 000
季度中应付利息	9 690	810
本金加上利息的合计	$291 690	$27 810
减：现金支付（本金加上利息）	264 690	9 810
季度末的应付票据	$27 000	$18 000

预计所得税（表22-15） 所得税费用的预计现金支付汇总在下面。每季度，NTI支付所得税额等于它在这季度初的所得税负债额。在第一季度初NTI此负债额是64 000美元，这在2000年1月1日的资产负债表中可见。第二季度初的所得税负债数就简单地等于第一季度末的数字——46 124美元。

表22-15 预计所得税

	第一季度	第二季度
季度初所得税负债	$64 000	$46 124
季度预计所得税（参见预计损益表）	46 124	81 176
应计所得税负债合计	$110 124	$127 300
季度初所欠金额的支付	64 000	46 124
季度末所得税负债	$46 124	$81 176

预计来自客户的现金收入（表22-16） 所有NTI的销售都是赊销。由此，现金收入的单一来源是应收账款的收回。NTI在1999年的应收账款周转率的4.5次，这样应收账款平均周期是81天（365 天 ÷ 4.5 =81天）。

为改善2000年的现金流量业绩的努力中，NTI信贷经理理查德. 贝克对他的部门设置了下列目标：（1）在第一季度收回2000年1月1日资产负债表所列全部应收账款225 000美元；（2）收回当季度销售额的75%，余下的25%在下一季度中收回。如果成功的话，贝克估计NTI平均回期限将从81天减少30天。

表22-16显示了在新的收回政策下的预计现金收回，忽略不能收回款项的损失。

表22-16 预计来自客户的现金收入

	第一季度	第二季度
年初的应收项余额	$225 000	
第一季度销售600 000美元——75%第一季度，25%第二季度	450 000	$150 000
第二季度销售750 000美元——75%第二季度，25%第三季度		562 500
来自客户的现金收入	$675 000	$712 500

预计应收账款（表22-17） 如下所示，期初应收账款余额，加上赊销额，减去收回数，等于应收账款的期末余额。

表22-17 预计应收账款

	第一季度	第二季度
季度初余额	$225 000	$150 000
季度中赊销额	600 000	750 000
应收账款合计	$825 000	$900 000
减：应收账款的回收（表22-16）	675 000	712 500
季度末预计的应收账款	$150 000	$187 500

22.2.10 现金预算

使用从表22-10到表22-17 NTI的财务预算估计。就可建立如下的2000年头二个季度的现金预算：

表22-18 NTI公司现金预算
2000年第一季度和第二季度

	第一季度	第二季度
现金余额，季度初	$10 000	$117 310
现金收入		
客户处收得现金（表22-16）	675 000	712 500
可用现金合计	$685 000	$829 810
现金支付		
当期应付项支付（表22-12）	$233 000	$583 500
预付项（表22-13）	6 000	6 500
债务清偿，包括利息（表22-14）	264 690	9 810
所得税支付（表22-13）	64 000	46 124
支出合计	$567 690	$645 934
现金余额，季度末	$117 310	$183 876

NTI的预计2000年头二个季度的现金状况，较1999年末的实际现金状况有很大改善。我们已经讨论了两种引起这种改善的主要原因。第一，建立了新政策改善存货管理和生产计划。第二，建立了雄心勃勃的目标来紧缩信贷。请记住，这些现金数字是根据完整的预算估计。所以，只有管理部门的估计和预期是现实的，公司的现金流量问题才能得到解决。

22.2.11 预计资产负债表

我们现在有所需信息预测NTI下二个季度中每个的财务状况。公司的预计资产负债表列示在表22-19。预算表中所用相关的数字，都用括号标明。

表22-19 NTI公司预计资产负债表

2000年第一季度和第二季度

	第一季度	第二季度
流动资产		
现金（见现金预算）	$117 310	$183 876
应收项（表22-17）	150 000	187 500
存货（先进先出法）		
直接材料（表22-10）	50 000	80 000
产成品（表22-6）	42 000	84 750
预付项（表22-13）	7 000	8 000
流动资产合计	$366 310	$544 126
厂场资产和设备		
建筑和设备	$420 000	$420 000
减：累计折旧	(25 000)	(30 000)
厂场资产和设备合计	$395 000	$390 000
资产总计	$761 310	$934 126
流动负债		
应付票据，对职员，12%（表22-14）	$27 000	$18 000
其他流动应付项（表22-12）	75 000	100 000
应付所得税（表22-15）	46 124	81 176
流动负债合计	$148 124	$199 176
股东权益		
缴入股本，无面值，发行10 000股	$400 000	$400 000
留存收益，季度初	144 000	213 186
季度收益（见预计损益表）	69 186	121 764
股东权益合计	$613 186	$734 950
负债和股东权益总计	$761 310	$934 126

22.2.12 有效地利用预算

在编制预算时，经理被迫使仔细地考虑公司活动的每个方面。这种研究和分析应该使经理能够更好地进行管理工作。

然而，编制预算的主要得益来自于预算信息的使用。这些得益有：（1）在需要纠正行动的情况发生时，提前警告和分担责任；（2）在组织内各部门间协调行动；（3）创建业绩评价的标准。让我们考虑NTI的全面预算是如何行使这些功能的。

提前警告和决策责任 本章前面，我们说明了NTI的财务状况是“利润丰厚，但现金短缺”。我们将此归因于1999年第四季度经历的销售快速增长。简而言之，对NTI产品的需求突然高涨，造成了过多现金被“套牢”在存货和应收账款上。其结果是，在2000年开始时，管理部门的一个首要责任是，从经营中产生足够的现金流量，以满足即将到期的债务要求。有了1999年已经编制的全面预算，管理部门就提前了解了这种情况，从而严格控制当前的运行，以减少对公司的生存的威胁。

此要点的案例

加拿大的汽车零部件巨商，玛格那国际公司（Magna International, Inc.）发现在90年代早期公司发展时，一旦缺少强有力的预算系统，就会产生一些重要的问题。债务增加得太快，玛格那又违背了一些债务惯例。公司的CEO弗兰克·斯特朗许将公司调过头来，通过预算过程加强了工作规范和计划性。[1]

部门活动的协调 预算提供了一个综合计划，使所有部门可按一种协调的方式共同工作。例如，生产部门知道要生产产品的数量，来满足销售部门预期的需要。进而，采购部门被通知直接材料采购的数量，这必须适应生产部门的需求。预算编制的过程要求各部门和企业各层次的经理相互沟通。

评价管理业绩的标杆 比较实际的结果与预算的金额，是企业内评价业绩的一种常用手段。正如第21章的讨论，我们了解业绩的评价依据的收入和成本，应该是那些在被评价个人控制下的。所以，从评价的目的出发，预计的固定成本应该细分，即可控成本和约定成本。

22.2.13 弹性预算

如果实际作业的水平（无论是销售或生产），与原来预计的水平相差很大时，业绩就可能很难加以评价。弹性预算就是一种能够方便地调整，显示不同作业水平的预计收入、成本和现金流量。这样，产量变动减少了原来预算的有用性，一种新预算可以很快地编制，来反映该期实际作业的水平。

为例举弹性预算的有用性，假定2000年5月31日，裘·雷柯（NTI的生产经理）拿到了如下的**业绩报告**。该报告比较了该季度原来的预算（表22-5）与这期间部门的实际业绩。

初一看，这显示了雷柯的业绩是相当差的，因为所有生产成本都超过了预计的金额。然而，我们已经谨慎地从这这业绩报告中略去了一些信息。为了满足超过预计的客户对NTI产品需求量，生产部门在第一季度生产了1 500单位，而不是原定的1 000单位。

在这些情况下，我们应该再评价我们考虑雷柯控制制造成本能力的结论。在生产较高水平时，变动制造成本自然应该超过原来预算金额。为评价他的业绩，预算必须加以调整，以表明应该在生产1 500单位时发生的成本水平。

弹性预算可能被看成预算编制和本－量－利分析概念的综合。使用表22-4的变动和固定成本预计，NTI的制造成本预算可以修订，以反映生产的任何水平。例如，在下列表中，这些关系用来按三种不同生产水平，预测季度制造成本。注意，预计的变动制造成本按生产水平而变动，而预计固定成本仍然保持不变。

我们现在可以修改NTI生产部门的业绩报告，以反映地2000年第一季度实际达到1 500单位的生产水平。这个修改后的报告列在下面。

---

[1] William C. Symonds. 弗兰克·斯特朗许的秘密？要求授权指挥. 商业周刊，1995年5月1日，pp63～65

表22-20 NTI生产部门的业绩报告

截止于2000年3月31日的第一季度

	预算金额	实际	超过/未达预算
制造成本	$15 000	$21 000	$6 000
直接材料耗用	5 000	7 000	2 000
直接人工	7 000	9 500	2 500
变动制造费用	15 000	15 750	750
第一季度全部制造成本	$42 000	$53 250	$11 250

		生产水平(按单位计)	
	500	1 000	1 500
制造成本预计，由表22-4			
变动成本			
直接材料（每单位15美元）	$ 7 500	$ 15 000	$ 22 500
直接人工（每单位5美元）	2 500	5 000	7 500
变动制造费用(每单位7美元)	3 500	7 000	10 500
固定成本			
制造费用（每单位15 000美元）	15 000	15 000	15 000
第一季度制造成本合计	$ 28 500	$ 42 000	$ 55 500

表22-21 NTI生产部门的业绩报告

截止于2000年3月31日的第一季度

	生产水平（按单位计）			实际成本
	原来预算	弹性预算	实际成本	超过/未达
	1 000	1 500	1 500	弹性预算
制造成本				
直接材料耗用	$ 15 000	$ 22 500	$ 21 000	$ (1 500)
直接人工	5 000	7 500	7 000	(500)
变动制造费用	7 000	10 500	9 500	(1 000)
固定制造费用	15 000	15 000	15 750	750
制造成本合计	$ 42 000	$ 55 500	$ 53 250	$ (2 250)

这里描绘出与前面所列报告相当不同的景像。考虑到实际的生产水平，除了固定制造费用（其中大多数可能是约束性成本），生产经理已经使所有制造成本都低于预算金额。

弹性预算技术也可以应用于利润中心，利用本-量-利关系调整到实际所达销售水平。

电脑和弹性预算 对手工系统来说，为反映不同的销售或生产水平，将全部预算调整是一项繁重的任务。然而，在电脑系统中，这可以很快和很容易地做到。一旦本-量-利关系已经输入到一个预算程序中，电脑几乎立即执行了必要的计算，产生出一个完整的全面预算，反映出任何一个经营活动水平。市场上已有现成的许多预算编制软件。不过，许多经理使用电子工作表很自如，因而选择自已开发编制预算的程序。

经理们经常运用他们的编制预算软件，产生适应许多不同假设条件的完整预算。这些经理使用标准成本系统来提供资源消耗的成本。我们将在下一章中讨论标准成本系统。以使用标准成本的经理们说，软件成为一种很有价值的计划工具，可以用它来评价各种变动的预期影响，如销售、生产和其他经营方面的关键变量等方面。

此要点的案例

预算编制工作已普遍使用电脑，这还不仅于个业的应用，许多个人现在依靠预算编制程序来支付月度单据，平衡他们的支票簿，跟踪抵押贷款，和直接用来编报所得税申报单。许多个人的预算软件成本低于30美元，而且易学易用。

网络联接

进入互联网的有关网页，了解美国政府每年的运行预算，该预算是由下列网址中管理和预算办公室（Office of Management and Budget）所建立：

www.access.gpo.gov/su_docs/budget

进入“A Citizen’s Guide to the Federal Budget”，寻找收入归集的来源。确定被分配到“酌量性花费”和“必要性花费”的预算部分。

章末回顾

学习目标小结

学习目标1 解释一家公司如何会“利润丰厚，但现金短缺”。

公司必须经常将大量的现金套牢于直接材料、在产品和产成品上。在产成品出售后，现金继续套于应收账款。这样，一家公司可能报告为盈利，但仍然经历着现金流量问题。

学习目标2 讨论公司从正规预算过程中的得益。

编制预算的得益主要在于前期的考虑。编制预算帮助不同部门协调作业，提供了一个评价部门业绩的基础，再提供给经理对未来的决策责任。此外，编制预算迫使管理部门估计未来经济条件，包括材料的成本、对公司产品的需求和利率等。

学习目标3 解释在设定预算金额中可能使用的两种哲学。

最普遍使用的思路是在正常经营条件下，按合理可达标准建立预算金额。这里的目的是使预算成为评价业绩公平和合理的基础。

另一种思路是业绩的理想水平。在这种思路下，部门通常会落后于预计的业绩水平，但其偏差则可用来辨识有可能改进的区域。

学习目标4 描述全面预算的要素。

一个“全面预算”是一组相关的预算和预测，它们一起汇总了所有计划的经营活动。一个全面预算通常包括销售预测、经营费用预算、现金预算、资本开支预算和预计的财务报表。组成全面预算的各个预算或表式，其数量和类型取决于企业的规模和性质。

学习目标5 编制预算和全面预算所附的各种报表。

编制全面预算的逻辑次序已经在文中讨论。经营预算估计主要用于编制预计损益表，而财务估计则用于编制现金预算和预计资产负债表。

学习目标6 编制弹性预算，并解释其用途。

弹性预算表明了在不同经营活动水平时，预计的收入、成本和利润。这样一个弹性预算可以用于评价企业内任何部门的效率，即使经营活动实际的水平与管理部门原来预计相差很大。弹性预算在任何给定的经营水平时的金额，是根据本-量-利关系计算的。

第22章在某种角度说，是前面几章和后面两章间的联系。全面预算的编制紧密地相关于标准成本的使用（将在下一章中讨论），很大程度上依靠的概念有成本流转、产品成本计算、量本利分析、以及责任会计。在我们下面和最后的章节中，我们将会看到经理们怎样选择和利用预算信息来控制运行，而在投资于长期资产时做出决策。

关键术语

budget　预算

以数量化方式表述的对一未来时期的计划或预测，也是设立目标和促进对后续业绩的评价。

continuous budgeting　连续预算

在一个月过去时，将预算期再扩展一个月的方法。这样，预算总能覆盖将来临的12个月。

flexible budget　弹性预算

一种预算方式，能迅速修正以反映预算数额，对应于期间的实际活动（销售和生产）所达到的水平，使本-量-利关系可用来按已达活动水平重计全面预算。

master budget　全面预算

全面的财务和运行计划，包括经营运作所有方面和所有责任中心的各种预算。

operating cycle　运行循环

投资于存货的现金经过转换直至最终通过销售而从客户处收回现金的平均时间。

performance report　业绩报告

对一特定的责任的实际和预算业绩比较的报表。

responsibility budget　责任预算

全面预算的组成，表明组织内一特定责任的预算业绩。

示范题

哥兹公司正在完成它当年头两个季度的全面预算。下列财务预测已经编制如下（标记为E1到E5）：

当期应付款的支付（E1）

	一季度	二季度
季度期初余额	$ 244 000	$ 80 000
预计本季度应付款增加额	300 000	320 000
本季度应付款合计	$ 544 000	$ 400 000
减：预计季度末余额	80 000	90 000
本季度应付款支付额	$ 464 000	$ 310 000

预付项预算（E2）

	一季度	二季度
季度期初余额	$5 000	$7 000
预计本季度现金开支额	8 000	9 000
预付项合计	$13 000	$16 000
减：预付项到期额	6 000	8 000
本季度末预付项	$7 000	$8 000

债务偿付预算（E3）		
	一季度	二季度
季度期初应付票据余额	$50 000	$49 000
本季度利息费用	1 500	1 470
本金和利息合计	51 500.	$50 470
减：现金支付（本金和利息）	2 500	2 500
本季度末应付票据余额	$49 000	$47 970

预计所得税（E4）		
	一季度	二季度
季度期初所得税余额	$25 000	$30 000
预计本季度所得税额（按预计损益表）	30 000	40 000
应计所得税负债合计	$55 000	$70 000
减：现金付讫期初所欠额	25 000	30 000
本季度末所得税负债额	$30 000	$40 000

预计由客户处收款额（E5）		
	一季度	二季度
年初应收项余额	$150 000	
第一季度销售500 000美元的60%在第一季度收到，40%在第二季度收到	300 000	$200 000
第二季度销售600 000美元的60%在第二季度收到，40%在第三季度收到		360 000
从顾客处收到的现金	$450 000	$560 000

要求：

a. 编制哥兹公司当年前两季度的现金预算，假定公司第一季度的期初余额是50 000美元。

b. 讨论从你的预算中所看出的问题。

示范题答案

a.下列现金预算即用上面提供的财务预计资料所编制：

哥兹公司现金预算

第一季度和第二季度

	一季度	二季度
季度初现金余额	$50 000	$500
现金收到：		
由客户处收到现金（E5）	450 000	560 000
可用现金合计	$500 000	$560 500
现金支付：		
当期应付项支付（E1）	$464 000	$310 000
预付项（E2）	8 000	9 000
债务偿付，包括利息（E3）	2 500	2 500
所得税支付（E4）	25 000	30 000
支付项合计	$499 500	351 500
季度末现金余额	$500	$209 000

c. 现金预算中可以看出哥兹公司希望在第一季度中开支的现金，多于他们所能收到的现金。其结果是，在季度末预计的现金余额只有500美元。因为这些数字是预计的，并不可能其现金余额实际会真正地少于预计数。所以，哥兹现在应该安排一个信贷线，在必要时可以得到短期的贷款。在第二季度中并没有看出有什么现金问题。

自测题

这些问题的答案在章末。

1. 下列那些表述正确地描述了全面预算中的关系（可能会有多于一个的正确答案）？

a. 制造预算大部份是根据销售预算。

b. 在下季度将到之前，全面预算的许多组成的预计金额要重新审查，并细分到月度预算数。

c. 制造成本预算将影响到预计损益表、现金预算和预计的资产负债表。

d. 资本支出预算对预计损益表的影响大于对预计的资产负债表的影响。

2. 莫利司制造公司在它的第一个经营季度中，预计销售50 000单位，并会有期末存货20 000单位。变动制造成本预计为每单位10美元，固定制造成本每季度为100 000美元。公司的财务主管预计80%的变动将要在当季度支付现金，而余下的20%将是应付账款或应计负债。固定制造成本中只有50%预计需要在当季度支付现金。

在现金预算中在本季度中支付合计将为

a. 800 000美元

b. 610 000美元

c. 600 000美元

d. 450 000美元

3. 罗杰斯制造公司编制了弹性预算。原预算预测销售为100 000单位@20美元，经营费用为300 000美元固定加上每单位2美元。预计生产量为100 000。当期实际销售和生产量是110 000单位。在预算调整以反映这些新的作业水平时，下列那些预计金额将为增加，但小于10%?

a. 销售收入

b. 变动制造成本

c. 固定制造成本

d. 经营费用合计

4. 兰勃顿制造公司已经完成了它的全面预算。预算表明公司的经营周期需要缩短。这样公司将会：

a. 贮藏更多的存货

b. 对马上支付现金者减少现金折扣

c. 紧缩信贷方针

d. 上述都不对

5. 下列那项不是全面预算的组成?

a. 资本支出预算

b. 生产计划

c. 经营费用预算

d. 上述的都是全面预算的组成

6. 下列那一个不是使用预算的潜在利益?

a. 加强了企业活动的协调

b. 更大地激励经理们

c. 更精确的对外财务报表
d. 改善部门间的交流

作业

讨论题

1. 解释管理职能中计划和控制成本间的关系。
2. 至少用三种方式，简要地说明编制一个正规预算预期可以得到的好处。
3. 对下列话进行评论：“在我们公司中，预算收入设定得那样高，而预算费用又那样地低，以至于没有那一个部门可以达到。这种方式下部门经理永远不能放松，他们被迫使更发奋地干活，而不管他们已经干得怎样。”
4. 确认至少经常包括在一个制造企业全面预算中的五种预算或计划。
5. 编制全面预算有许多步骤，列出其主要步骤的逻辑次序。
6. 为什么编制销售预测是编制全面预算中最早的一个步骤？
7. 什么是责任预算？在一个大型零售商店中，如西尔斯(Sears)或Nordstrom，什么责任中心将是编制责任销售预算的基础？
8. 什么是弹性预算？解释弹性预算怎样增加预算在业绩评价中的有用性。
9. 《商业周刊》的一篇文章曾报道，大约有1/3的联邦总预算被认为是“可控的”。对一个预计费用支出是可控的意味着什么？给出两个政府开支的例子，但是被认为“非可控的”。
10. 解释为什么公司在经历高速增长期时通常会有现金流量问题。

练习

练习22.1 采购和现金支付的预算 *LO4,5*

下列信息选自于惠克斯勒制造公司的制造预算和预计的财务报表：

1月1日直接材料存货	$65 000
12月31日直接材料存货	80 000
当年预计采购直接材料	250 000
1月1日对供应商的应付账款	50 000
12月31日对供应商的应付账款	75 000

计算下列预计金额：
a. 当年采购的直接材料量；
b. 当年对材料供应商的现金支付。

练习22.2 预计直接材料存货 *LO4,5*

在1月1日，赛尔特公司决定到3月31日其存货将需要保存6 500磅。为达到此目的，赛尔特将不得不在到来的季度中每采购1磅，就要使用去10磅直接材料。根据公司预计销售数量，管理部门估计到3月31日将要采购10 000磅的直接材料。

请确定在1月1日赛尔特公司直接材料的期初余额是多少磅？

练习22.3 生产预算 *LO4,5*

牟克雷包装袋公司生产塑料零售袋。牟克雷的经理正在试图建立下一季度的预算。下列数据已经被收集在一起：

预计销售单位数/盒	1 200
每盒售价/美元	240
季度初存货/盒	150
季度末的目标存货/盒	100
生产一盒产品需要的直接人工工时/工时数	2
直接人工工资率/(美元/工时)	10
每盒直接材料成本/美元	8
变动制造费用每盒的成本/美元	6
下季度固定制造成本/美元	220 000

a. 使用上述信息建立牟克雷按金额计的销售预测和按单位计的生产计划。

b. 牟克雷预计的变动制造成本每盒是多少？

c. 请编制牟克雷的制造成本预算。

d. 期末存货的预计价值是多少？

练习22.4 生产和直接材料预算 *LO4,5*

"安全和光明"公司生产家庭用安装在户外的门。为编制下年年初1月1日的预算，收集了下列信息：

按单位的销售预测/门	5 500
1月1日的成品存货/门	620
12月31日的成品目标存货/门	480
1月1日原材料存货——钢材/磅	40 000
12月31日目标存货——钢材/磅	80 000
1月1日原材料存货——玻璃/平方尺	6 000
12月31日目标存货——玻璃/平方尺	4 000
预计采购价格——钢材/(美元/磅)	4
预计采购价格——玻璃/(美元/平方尺)	2

每扇门需要20磅钢材和6平方英尺的玻璃。

a. 为"安全和光明"公司编制按单位计的生产计划；

b. 使用生产计划建立直接材料钢材和玻璃的采购预算；

c. 为什么"安全和光明"的目标钢材存货水平高于上年期末余额，而玻璃则低于呢？

练习22.5 预付项的预算 *LO4,5*

斯布林费尔特公司全面预算预计它的第三季度经营成本和费用是325 000美元。其中，300 000美元预计将为流动应付项。这季度的折旧费用预计为20 000美元。斯布林费尔特的预付项余额在第三季度末预计是季度开始时的2倍。公司预计它在第三季度将预付费用总计为8 000美元。在第三季度末预计斯布林费尔特预计的预付项余额是多少？

练习22.6 利息费用预算 *LO4, 5*

在2000年2月1日，惠尔玛公司从银行借入100 000美元，签发了一张12%15年的应付票据。这票据在180次月度支付1 200美元后赎回。每次支付包括利息和本金部份。

a. 计算2月份的利息费用；

b. 计算惠尔玛在2000年3月31日，1 200美元付款中分配为本金的部份；

c. 计算这票据在2000年4月30日的持有价值（近似到美元）。

练习22.7 经营费用预算 *LO4,5*

温特纳公司上个月的销售收入为800 000美元，发生的销售和行政管理费用是320 000美元，其中一半是变动的。这个月公司预计它将会有销售900 000美元。管理部门预计单位变动成本并不会变动，然而固定的销售和行政管理成本将会增加5 000美元。

请计算温特纳在下月中销售和行政管理费用合计数。

练习22.8 现金收入预算 *LO4,5*

公司在当年头两个月的赊销预计如下：

1月份	\$600 000
2月份	800 000

所有的销售按2/10，n/30的条件计；应收账款的回收通常按如下方式：

	(%)
销售当月的收款	
在折扣期内	60
在折扣期后	15
销售月下月的收款	
在折扣期内	15
在折扣期后	7
退回、折让和未能收回	3
合计	100

计算预计在2月份中收回应收账款的现金。

练习22.9 期末现金余额预算 *LO4,5*

当年的3月1日，斯派塞公司已经收集了信息，来编制3月、4月和5月的现金预算。公司所有的销售都是赊销。下列是斯派塞管理部门提供的信息：

月份	赊销
1月	\$300 000(实际)
2月	400 000(实际)
3月	600 000(预计)
4月	700 000(预计)
5月	800 000(预计)

公司赊销的收回活动历史情况如下：

	(%)
在销售当月收回	50
在销售当月后一月内收回	30
在销售当月后二月内收回	15
未能收回	5

斯派塞公司3月、4月和5月的全部现金支付已经预计为1 200 000美元（亦即每月平均为400 000美元）。在当年3月1日的现金余额是500 000美元。预计 在第二季度中没有筹资或投资活动发生。

请计算公司在3月、4月和5月末的预计现金余额。

练习22.10 编制弹性预算 *LO6*

在70 000单位和80 000单位活动水平时的弹性预算如下所示：

	70 000单位	80 000单位	90 000单位
销售	$1 400 000	$1 600 000	$
销售成本	840 000	960 000	
销售毛利	$560 000	640 000	$
经营费用（90 000美元固定费用）	370 000	410 000	
经营收益	$190 000	230 000	$
所得税（30%的经营收益）	57 000	69 000	
净收益	$133 000	$161 000	$

请完成在90 000单位水平时的弹性预算。假定销售成本和变动经营费用直接地变动于销售额，同时所得税率仍为30%的经营收益。

练习22.11 再次的弹性预算 *LO6*

阿玛尔非皮制品公司编制了下列关系到成本品部的月度业绩报告：

	预计生产（10 000单位）	实际生产（11 000单位）	差异	
			有利	不利
直接材料耗用	$300 000	$320 000		$20 000
直接人工	100 000	115 000		15 000
变动制造费用	20 000	21 500		1 500
固定制造费用	150 000	149 200	$800	

编制一张修正的业绩报告，由11 000单位生产量时弹性预算预计成本，再与实际成本相比较所得的差异。

练习22.12 预算预计 *LO2,3*

威廉姆·乔治是克伦奇甜点公司的营销经理。每一季度，他负责提交一张销售预测用来完成公司的全面预算。乔治坚持要低估销售预测，因为他说道：“如果实际销售少于我的预测，我就会被训斥；而实际销售超过我的预测，我就会被当成英雄。”

a. 如果你是克伦奇甜点公司的营销经理，你会怎样做？你出会低估销售数吗？理由呢？

b. 公司采取什么计量后，会阻止销售预测的乱编呢？

问题

问题22.1 制造费用预算 *LO4,5*

法哥公司制造一种部件，顺序由部门A和部门B加工。制造费用按下列预计成本分配到加工的单位中：

	每单位制造费用		
	固定	变动	合计
部门A	$ 12	$ 6	$ 18
部门B	10	4	$ 14

这些每单位的预计制造费用成本是根据正常的生产量每月6 000单位计算的。在1月份，部门B的变动制造费用预计将超过预算25%，因为计划进行对设备的大维修。公司预计在1月份将生产5 000单位产品。

要求：

编制1月份制造费用成本的预算。使用三栏式的标题头：合计、部门A和部门B。

问题22.2 人工成本预算

LO4,5

太阳山食品公司制造一种产品，首先是干燥烘烤，再包装运输给客户。每磅产品的直接人工预计成本使用下列信息：

	每磅直接人工工时	预计每工时直接人工成本/美元
加工		
干燥烘焙	0.025	8.40
包装	0.012	7.50

11月份的预算要求生产量为200 000磅。11月份的直接人工成本中，干燥和烘焙将预计超过预算6%，因为预计的计划中有不合理处。然而，直接人工成本在包装间则预计低于预算4%，因为改变了设备的布局。

要求：

编制直接人工11月份的预算。使用三栏式，标题分别是：合计、干燥烘焙和包装。

问题22.3 生产、存货和销售成本预算

LO4,5

任夫娄国际公司制造和销售单一的产品。在编制它当年的全面预算时，公司的财务长已经收集了下列信息：

	单位数	美元数
销售（预计）	150 000	$7 500 000
成品存货，季度初	38 000	975 000
成品存货 季度末	28 000	?
成品的制造成本（假定每单位预计制造成本是28美元）	?	?

任夫娄国际使用平均成本法对成品存货计价。

要求：

计算下列预计的数量或美元金额：

a. 计划生产的成品量（按单位计）；

b. 成品的制造成本；

c. 成品的期末存货（记住，使用平均成本法，你必须首先计算可供销售各单位的平均成本）；

d. 销售成本。

问题22.4 短小的预算问题

LO4,5

哈莫尼公司制造和销售一种产品。在编制它第一季度的预算时，公司的成本会计已经收集了下列信息：

	单位数	美元数
销售（预计）	150 000	$12 150 000
成品存货，1月1日，实际	30 000	1 080 000
成品存货，3月31日，预计	20 000	?
成品的制造成本（假定每单位预计制造成本是39美元）	?	?

公司使用先进先出法对成品存货计价。

要求：

计算下列预计的数量或美元金额：

e. 计划生产的成品量（按单位计）；

f. 成品的制造成本；

g. 成品的期末存货（记住，使用先进先出法对存货计价）；

h. 销售成本。

问题22.5 现金的预算

LO4,5

巴纳姆分销商要对其11月份的现金支付和收入进行预计。11月28日，将要支付98 500美元的一张包括利息的票据。11月1日的现金余额是29 600。对商品供应商的应付账款10月末的余额是217 000美元。

公司的经验表明，70%的销售将在销售当月收到，20%则在销售的次月收到，7%在再下个月收到；而3%则是收不到的。公司销售各种产品，平均价格为每单位11美元。选出的部份销售数据如下：

	单位
9月份，实际	40 000
10月份，实际	60 000
11月份，预计	80 000
12月份，预计	50 000
预计本年合计	800 000

因为采购的应付是在15天中，某一特定月份的采购大约50%都在下月中支付。平均采购的单位成本是每单位7美元。在每个月末的维持存货量是2 000单位，加上下个月份将要销售量的10%。10月1日的存货量是8 000单位。

预计经营费用11月是220 000美元。其中，90 000美元被认为是固定的（包括折旧35 000美元）。除折旧外，所有的经营费用都在发生的当月付讫。

公司预计在11月售出其折旧完毕的设备，可得现金8 400美元。

要求：

编制11月的现金预算，附之以对应收账款收回现金的计划，以及采购商品的现金付款计划。

问题22.6 预计借款的要求

LO1,2,3,4,5

波特公司销售办公耗材给政府机构。在当季度之初，公司报告了下列选择的账户余额：

现金	\$10 000
应收账款	200 000
流动应付项	85 000

关于当季度的经营，波特的管理部门已经作了下列的预算估计：

销售（预计）	\$500 000
全部成本和费用（预计）	400 000
偿债支付（预计）	145 000
税务负债支付（预计）	45 000

在波特的全部成本和费用中，30 000美元是季度的折旧费用，20 000美元代表了承付项的到期。余下的350 000美元是流动应付项。公司期末的预付项余额预计将与期初的相同。它的期末流动应付项余额预计将是20 000美元，超过了期初的余额。

所有波特的销售都是赊销。大约65%的销售额在销售当季收到。余下的35%在下季度收到。因为公司所有的销售都给政府机构，公司至今还未有过未收回的账款。

波特的最低现金余额要求是10 000美元。在现金余额低于此线时，公司管理部门将与一家当地银行谈判，以得到一笔短期贷款。公司的债务比率（负债/资产）现在是80%。

要求：

a. 计算波特这季度预计的现金收入；

b. 计算波特这季度预计的流动应付项支付；

c. 计算波特这季度预计的现金预付项；

d. 编制波特这季度的现金预算；

e. 预计波特在这季度中借入短期贷款的需要量；

f. 讨论波特在得到短期贷款时可能会面临的问题。

问题22.7 预计损益表和现金预算 *LO1,2,4,5*

从当年的1月份起，里佐开始了营业。公司购买了冷冻的皮萨饼，再将它们销售给五个州的大型超市。下列信息表明了里佐公司头4个月经营的情况：

	采购	销售
1月份	$40 000	$62 000
2月份	32 000	49 000
3月份	44 000	65 000
4月份	24 000	42 000

里佐公司设想在5月份再在几个新地区开始销售。管理部门预计在5月销售额将可增加到72 000美元。为满足此需求，5月份的采购预计为42 000美元。公司维持毛利率为大约40%。

所有里佐的销售是赊销的。由于较严格的赊销方针，公司还没有过坏账损失。下列是对年内赊销款回收的预计：

	(%)
销售当月回收的百分比	30
销售次月回收的百分比	60
销售后第2月回收的百分比	10

里佐通常在采购发生的当月支付80%的款项，余下的金额在下个月支付。公司的固定销售和行政管理费用平均每个月为12 000美元。其中，4 000美元是折旧费用。变动销售和行政管理费用预计是销售额的5%。对这些费用，公司在发生当月即全部付清。

里佐的偿债是每月5 000美元。其中，大约4 500美元代表了利息费用，而500美元则是本金。公司的税率是大约为35%。季度的税款支付在3月末、6月末、9月末和12月末。

要求：

a. 编制里佐的预计5月份损益表；

b. 编制里佐的5月份现金预算。假定公司在5月1日的现金余额是25 000美元。

c. 解释为什么里佐5月份的现金流量不同于预计的净收益数。

问题22.8 编制现金预算 *LO1,2,4,5*

杰柯·马雷是马雷批发公司的老板，他正在和银行谈判借入一笔贷款，该贷款金额为200 000美元，90天期，利率为12%，自当年7月1日起生效。如果银行贷款，公司就可收到款项194 000美元，马雷公司准备在7月1日用于：支付应付账款150 000美元，采购设备16 000美元，再加上余款28 000美元。

马雷批发公司的流动营运资本状况，从6月30日的财务报表上来看如下：

银行存款	$20 000
应收项目（减去可坏账准备的净额）	160 000
商品存货	90 000
流动资产合计	$270 000
应付账款（包括应计经营费用）	150 000
营运资本	$120 000

银行贷款部办事员要求马雷编制下三个月份的现金收入和现金支出的预测，来显示这笔贷款在9月末可以被偿还。

马雷预计编制三个月现金预算：销售（全部赊销）7月是300 000美元，8月是360 000美元，9月是270 000美元，10月是200 000美元。过去的经验表明，任何月份产生的应收项目将在销售次月收到80%，销售后二月收到19%，坏账的为1%。马雷预期6月30日的应收项目在7月份收到120 000美元，其余的40 000美元将在8月中收到。

销售成本一直保持为平均的65%。经营费用预计每月是36 000美元，再加上销售款的8%。除了每月折旧费用4 400美元外，所有的经营费用和采购都是赊账的，将在发生的下月支付。

商品存货在每个月份末应该较充足，以包含了下个月份的销售量。

要求：

a. 编制月度的现金预算表明估计7月份、8月份和9月份的现金收入、现金支出以及每个月末的现金余额。附之编制估计应收项目收回的计划，商品采购的计划，经营费用和为商品采购发生应付账款偿付的计划。

b. 按照这个现金预测，写一简短的对马雷的报告，解释他是否能在9月末偿还这笔200 000美元的银行贷款。

问题22.9 编制和使用弹性预算 *LO2,4~6*

“四面旗帜”是一家零售的百货商店。在设立公司当年的弹性预算时，使用了下列的本-量关系：

	年度固定费用	每元销售的变动费用
商品销售成本		$0.600
销售和广告费用	$210 000	0.082
房屋租赁费用	186 000	0.022
采购费用	150 000	0.040
运输费用	111 000	0.010
信贷和收款费用	72 000	0.002
行政管理费用	531 000	0.003
合计	$1 260 000	$0.759

管理部门预期当年要达到1 200万美元的销售。在年末，实际公司所达到的结果如下：

净销售	$10 500 000
销售成本	6 180 000
销售和广告费用	1 020 000
房屋租赁费用	420 000
采购费用	594 000
运输费用	183 000
信贷和收款费用	90 000
行政管理费用	564 000

要求：

a. 建立相对实际销售量为10 500 000美元的弹性预算，再编制一表格比较此预算金额和实际的结果。将你的表格安排为一部份的多步式损益表，以经营收益为结尾。包括的分立栏目有（1）弹性预算金额；（2）实际金额；（3）超过或低于预算的金额。使用题中所给的本-量关系计算弹性预算。

b. 写一报告评价公司的工作业绩，这是相对于弹性预算反映的计划而言。

问题22.10 弹性预算 *LO2,4~6*

布来玛拖鞋公司使用部门预算和业绩报告于计划编制及控制它的制造运作。下面的是它的定制拖鞋部门给公司总经理的年度业绩报告：

	5000单位的预计成本		发生的	超过或低
	每单位	总计	实际成本	于预算
变动制造成本				
直接材料	30.00	150 000	171 000	21 000
直接人工	48.00	240 000	261 500	21 500
间接人工	15.00	75 000	95 500	20 500
间接材料、物料等	9.00	45 000	48 400	3 400
变动制造成本合计	102.00	510 000	576 400	66 400
固定制造成本				
租赁费用	9.00	45 000	45 000	-0-
监工工资	24.00	120 000	125 000	5 000
折旧和其他	15.00	75 000	78 600	3 600
固定制造成本合计	48.00	240 000	248 600	8 600
全部制造成本	150.00	750 000	825 000	75 000

尽管原来预计这年度生产量为5 000双拖鞋，实际的生产量达到了年产6 000双。直接材料和直接人工按实际成本加计到生产中。工厂制造费用按预定的分配率分配给生产，即实际直接人工成本的150%分配。

业绩报告表明了不利制造成本差异75 000美元，经过快速浏览了这张报告，总经理对会计师说："这出了一些问题，想法解决吧。这看来我们的生产部门确实浪费了预算。记住，我们超过了我们的生产计划不少。我希望这张业绩报告能更好地显示我们控制成本能力。"

要求：

a. 编制一张修正的当年业绩报告，其基础是弹性预算。使用如同上面生产报告同样的格式，但修正预算的数字，反映实际生产6 000双的水平。

b. 简要地评论布来玛的控制它的变动制造成本的能力。

c. 当年超过或低于制造费用预算的金额是多少？（注意，没有使用标准成本制度）

案例

案例22.1 在"核桃壳"公司编制预算 *LO2,5*

本问题的目的是示范一些预算过程中的相互关系。下面展示的是一个非常简单1月1日的资产负债表，还有一个简单的预计当月损益表（假定千美元为计量单位）。

核桃壳公司
资产负债表
1月1日
(单位：千美元)

资产		负债和权益	
现金	$ 40	应付账款	$30
应收账款	120	所有者权益	180
存货	50		
合计	$ 210	合计	$210

核桃壳公司
预计损益表
1月份
(单位：千美元)

销售	100
销售成本	60
毛利	$40
费用	25
净利润	$15

因为核桃壳公司没有厂场资产，所以就没有折旧费用。编制一张1月份的现金预算和1月31日的资产负债表。

你们自己要做一些假设，如现金和信用销售的金额、应收款项的收回、存货的采购、对消耗品的付款等。这些预算也反映了你们的假设。我们只要求：1月31日的现金余额是50 000美元，应收项目及存货相对1月1日的水平有变动，公司此期间并没有涉及“筹资”或“投资”的活动（如同现金流量表中这些术语的含义）。

请将你的假设列作为你的解答的一部份，并请准备在班上解释在你预算所示金额是怎么来的。

案例22.2　一个道德上的两难选择　*LO1~3*

贝塔电脑正在经历筹资的困难，起因是其主干机销售额的滑坡。几年前，公司从“中地州立银行”得到一笔大贷款。贷款协议严格地规定了:如果贝塔公司不能保持其流动比率为3:1，速动比率为1:1，资产回报率为12%的话，银行将行使他的权力，清理公司的资产以偿还银行的贷款。为了监督公司的业绩，银行要求公司每季报告其财务报表，并经一独立的CPA审阅。

尼克·普赖斯是贝塔公司的首席执行官，刚审阅了公司全面预算对当年头二个季度的预计。他看到的是令人不安的。如果销售趋势继续，贝塔将会在第二季度末就达不到贷款协议的规定。如果这个预计是正确的，银行可能会强迫关闭公司的资产。其结果，贝塔的750名雇员将要参加到失业大军之列。

当年的2月份，伦姆勃来特国际公司曾与贝塔公司接触，商谈购买一套客户自已构造的主干机系统。这笔业务不仅会产生了超过百万的销售收入，它也会使贝塔返回到符合银行协议的状况。不幸的是，伦姆勃来特国际公司是在一个极端糟糕的信用风险状况，销售款的收回是微乎其微。不过，尼克还是在2月1日同意了这笔销售，这导致了140万美元应收账款的增加。

在3月31日，注册会计师爱德加·根姆来到了贝塔的总部。按根姆的意见，这140万美元的伦姆勃来特国际公司的应收账款，应该立即作为坏账注销。当然如果这笔账注销了，贝塔将会违反贷款的协议，银行将会很快地封存资产。根姆告诉普赖斯，他的职业职责是防止任何对公司资产的重大误报。

普赖斯提醒根姆，如果这笔账注销了，750名职工将会失去工作，同时根据姆的会计师事务所可能也收不到他们在这次工作上的费用。普赖斯然后再对根姆展示了公司当年第三季度和第四季度的全面预算。预算表明了公司的一个完整的转机。然而，根姆怀疑预算大部分的估计都是过于乐观了。

要求：

a. 根姆应该坚持将这伦姆勃来特国际公司的账款分类为坏账吗？这第三季度和第四季度全面预算的乐观预测应该影响他的决策吗？如果你在他的位置，你要做些什么？列出理由。

b. 如果你是"中地州立银行"的总经理，如果你发现这伦姆勃来特国际公司的账仍占据了贝塔公司流动资产的大部分，和季度销售活动的大部分，你会做些什么？如果爱德加. 根姆的会计事务所已经同意了贝塔将这笔账分类为可收回时，你的反映又是怎样的？

因特网练习

因特网练习22.1

LO3~5

进入美国政府的网页，寻找由管理和预算办公室(Office of Management and Budget)建立的年度经营预算，其网址是：

www.access.grp.gov/su_docs/budget

进入"一个公民了解联邦预算的指导（A Citizen's Guide to the Federal Budget）"，再进入节名为"政府是怎样建立预算的(How does the Government Create a Budget)"

要求：

a. 一般说，美国政府建立预算的步骤与本章所述制造企业预算的步骤有什么不同？

b. 美国政府预算中与销售预测对等的是什么？

c. "预算权限"和"预算花费"的差别是什么？在制造企业中应用的可能是哪类活动？

"轮到你了！"的评论

作为一名生产经理 在预测中这样的一个重大变动需要企业内部和外部的协调。全部价值链都可能涉及修正和协调计划。可能需要通知供应商，雇员可能要减少工作，零售点需要调整货架空间，后勤的修改也是需要的。以前计划的运输量可能仅需要一半。

作为一名成本会计师 预计的每单位盈利率从第一季度的33美元，变到第二季度的46.75美元，因为预计的固定成本15 000美元在第一季度分配于生产的1 000单位中，而在第二季度则分配于生产的12 000单位中。为避免这个问题，大多数制造商使用预计的正常生产活动为分配固定成本的基础。这样，在二个季度中，预计的活动是生产13 000单位（1 000单位第一季度和12 000单位第二季度），而预计的固定费用是30 000美元（15 000 × 2美元）。这样预计的每单位的固定成本是，每单位2.31美元 (30 000 ÷ 13 000)。这种方法简化了簿记（期末存货成本将组成如下：直接材料15美元，直接人工5美元，变动制造费用7美元，固定制造费用2.31美元 – 合计每单位29.31美元。）这种方法也使季节性生产的盈利率平滑化。

自测题答案

1. a, b, c　2. b (70 000 × 10 × 80%) + (100 000 × 50%) = 610 000美元　3. d　4. c　5. d　6. c

第23章

标 准 成 本

学习目标 (Learning Objectives)

学习本章后，你应当能够：

1. 解释标准成本是如何帮助经理们控制成本的。
2. 解释设置理想标准和设置合理可达标准的差异。
3. 计算变动成本差异和解释每种的意义。
4. 计算固定成本差异和解释每种的意义。
5. 讨论特殊成本差异的原因。

“最佳购买”是现在较好的一种购买

“最佳购买”(Best Buy, BBY)是一家主要的个人电脑和其他消费用电子产品的零售商，在1996年夏天它所有的股票都被做空头。他们发现这公司的收益已处于强大的压力下，因为此类电气产品的需求正在减弱。纽约的资金经理比尔·哈尼许也是这批人中的一个，他卖空了大批的这类股票，因为此股票从去年6月中旬的26点跌到今年2月中旬的8.5。但是谁将在以后转为做多头呢？哈尼许作为福兹曼–李夫合伙公司的总裁，本人就在经管着45亿美元。

他说道，这种势头是那样强烈，以至他也感到“最佳购买”将会跌到8到10点。同时在他看到公司管理部门对这种厄运的反应：大刀阔斧地清除存货，设置成本控制。他就调头转为购进。现在他已经积累了近10%的公司股票。

哈尼许说：“管理部门清除掉了非移动的产品，理清了资产负债表，改善了收益表。”他指出，当管理部门紧缩了存货，公司的销售就已经稳定和改善了。

资料来源：Gene G. Marcial, “Best Buy ls a Better Buy Now, “ *Business Week*, October 20, 1997, p.138. Reprinted by special permission, copyright © 1997 by The McGraw-Hill Companies, Inc.

90年代后期，“最佳购买”和其他几百家公司都发现成本控制的重要性，这是在疯狂竞争市场中生存的一种手段。通过在公司范围内执行有组织的控制成本过程，“最佳购买”能够扭转盈利下降的趋势，恢复它的市场地位。公司用于控制运行成本的一种重要工具就是标准成本制度。

在前面章节中，我们展示了会计系统是怎样建立责任中心和使用经营预算，来分配决策权力。标准成本、责任中心和经营预算综合而成为一种有效系统来维持成本控制。各层次有对公司资源决策权的经理们，将他们实际的成果和预算中蕴含的标准比较。在实际成果和标准成本有重大差异时，经理们采取纠正行动，控制那些已经偏离标准的成本。

23.1 标准成本制度

一种成本会计制度包含了预算的或预期的制造成本金额，并可将它们作为标准与实际发生的成本数比较，这种制度就更有用。这些预算金额被称为“标准成本”(或成本标准)。一种会计制度使用标准的投入价格和数量，来汇总产品、服务、或加工过程的成本，就是**标准成本制度**。标准成本既用于定单成本制，也用于分步成本制。

标准成本是在正常(但是有效率的)运行条件下每单位预期将发生的成本。标准成本按关系到公司制造每类产品的材料、直接人工和制造费用分别预计的。实际成本与标准成本的比较，将可指导管理部门注意到偏离预期水平的实际成本。

实际和标准投入价格或数量间的差别被称为“**差异**”。一种差异被称为“有利”的是，实际投入成本或数量少于标准数。在实际投入成本或数量超过标准数时，这差异被称为“不利”。

标准成本制度同时使用实际成本和标准成本。实际成本按前面章节中所述方式，记录在材料、直接人工和制造费用账户。然而，记录于在产品账户的金额是按生产单位数的标准成本。任何在产品账户的实际成本和标准成本之间的差异，记录于特殊的成本差异账户中。

对每一类成本差异都需要设置分别的成本差异账户。这样成本会计制度提供了详细资料，使经理们了解实际成本和预期(标准)制造成本之间差异的本质和金额。

标准成本和差异账户怎样帮助管理部门控制成本呢？它可以很快地使管理部门关注于实际和预期成本的差额。否则这些成本差额可能在不被注意状态下，混入了“产成品存货”和“销售成本”账户中。

23.1.1 建立和修改标准成本

每一个预算编制过程的时期，都要建立和修改标准成本。如果在生产方式变动，或支付材料、人工和制造费用的价格有重大变化时，标准成本都应持续审核和定期修改。

在建立标准成本目标时，管理部门的期望应该是什么呢？这是一个重要的问题。在理想条件下，管理部门可能在生产加工中不允许有任何低效率，也就是没有浪费、毁损、疲劳、停工、成本超支等。然而，理想的预期是不现实的，还会造成成本标准是不可能达到的。所以，管理部门的预期水平必须是一定程度上低于理想水平。

轮到你了！ 作为一名生产经理

假定你监管一种叫维因狄兹产品线的生产。在过去几年中这产品的平均需求大约为80%的生产能力，但最近需求量已经很高，生产线也已经满负荷地运行。

你的生产线是设定为责任成本中心，而且你有权力作投入相关的决策，如订购原材料，雇佣生产线上的人员，保养用于生产这产品的设备。在过去的几个月中，工厂经理已经怀疑你的管理能力，因为生产维因狄兹的实际成本大大高于预期的标准成本。你能对最近生产维因狄兹产品的实际成本和标准成本间重大差异作何解释？

我们的评论见本章末。

在确定成本标准时，生产的产出水平起着重要的作用。例如，生产设施总体未充分利用时，经常会使成本利用效率程度低下且变动不定。相反，加压和需求使生产设施按满负荷运行，会造成成本的过度利用。这样正如前面所述，标准应该对应某特定时期下正常运行条件的成本。

建立现实的成本标准需要从许多不同来源的资料，还经常包括企业机构外部的人员。

此要点的案例

标准成本制度广泛地使用于宇航业。在麦克唐纳-道格拉斯公司中，对飞行器和相关产品建立精确的成本标准要求多方面的工作，如工程师制订技术规格，采购代理人作材料成本预计，生产经理提供能力的限度，法规专家对FAA安全和设计要求的变更定期更新。

23.1.2 直接材料标准

建立直接材料标准成本的第一步，是确认生产每种产品所要求的各种材料。设置直接材料标准涉及每种使用材料的成本和数量两方面。例如，生产冰冻比萨饼要使用意大利奶酪，其标准成本是每磅2.40美元。如果每个比萨饼所用奶酪的标准数量是1/4磅，则每个比萨饼的奶酪标准成本是0.60美元（每磅2.40美元乘以1/4磅）。

设置直接材料标准成本也涉及评判成本、质量和销售价格间的关系。高质量的材料常常会减少浪费、避免毁损和降低废品率。在第18章我们提出，生产所用材料的成本和质量是确定销售价格的关键因素，进而它又在很大程度上影响顾客的需求。

关系到存贮、现成性、废品的处理、运输成本等的问题也应该在考虑之中。

23.1.3 直接人工标准

建立直接人工标准成本的过程，类似于建立直接材料标准。第一，必须确认生产每一个产品所需要的特定直接人工。此后，直接人工标准设置就涉及二方面，工资率和生产每个产品所允许的时间数。例如，假定一家家具制造公司生产工人的标准工资率是每小时15美元。而生产一个特定桌子所允许的标准直接人工时间（DLH）是3小时，则这张桌子的标准直接人工成本是45美元(每DLH15美元乘以3DLH)。

设置合理的直接人工标准经常需要来自多方面的资料，如人事经理、工业工程师、工会代表、监工、成本会计师和工厂雇员。

23.1.4 制造费用标准

每单位的标准制造费用是以在正常生产水平下全部制造费用的预计为基础。各种成本动因和作业制成本计算可能用来建立每单位的标准制造费用成本。一旦这个标准建立，制造费用就可按每单位的标准成本进行分配。

此要点的案例

一些公司正在允许工人们设置他们自己的标准，使用的技术是过去只由工业工程师所用的时间和动作研究。在标准是由工业工程师设置，而不是他们自己设置时，工人们往往对此不关心。《哈佛商业评论》（1993）曾报告，丰田-通用汽车公司在加州富来蒙的合资工厂，工作团队标准化了每项任务，这样每个团队的成员将按相同方式完成任务。团队将他们的实际成果和标准比较，再将此和其他班次的实际及标准比较。在团队成员发现有更高效完成任务的方法时，他们就定期更新标准。

23.1.5 标准成本和差异分析：例子

为了例举标准成本的应用和差异的计算，我们将考察爱达荷州莫斯考的勃雷斯-米尔斯公司的运行。公司主要产品中有用于建筑业的层压板木梁。其制造步骤有二，第一步是将从太平洋西北沿岸批发商购得白松原木，切割成2英寸厚12英寸宽长度不等的木板。这些木板再胶合在一起，构成如同三明治一样的层压板木梁。这2 英寸厚12英寸宽木板使用的层数越多，木梁的强度就越高。勃雷斯公司制造的最常用的一种木梁的规格是20英尺长，6层松板层压而成的。在正常生产能力下，公司每月生产700根这种木梁。

制造完成后，每根木梁包括240板-英尺的木材。然而，因为木材的树节、 扭曲、开裂和切割等的浪费，公司允许每20英尺木梁制造时木材的标准数量为264板-英尺。公司所用白松原木的标准成本是每板-英尺0.25美元。所以，每根木梁的直接材料标准成本是66美元(264板-英尺 × 每英尺0.25美元)。

将原木转换成适合于成品木梁用的木板需要各种直接人工来完成。例如，木板必须切割和刨平，胶合成一体，加压，再在外层包以保护性的封胶。勃雷斯公司已经建立的直接人工标准是每根木梁生产用1.5工时。标准人工工资率是每小时12美元，这样的结果是每根木梁的直接人工标准成本为18美元。

让我们再考虑每根木梁的标准制造费用成本。制造费用包括固定成本和变动成本。固定制造成本是那些不受生产水平变动影响的部分。例如，监工的工资、机器的折旧，以及工厂财产税。变动制造成本则相反，它随生产数量的变动而有比例地变动。变动生产成本最好的例子是直接材料和直接人工。然而，特定的制造费用成本也是变动的，包括机器的修理、电力费用和用于生产的间接材料（例如胶水）等。

勃雷斯公司预算的固定制造费用总额中，与木梁生产相关的是每月5 600美元。在正常生产水平每月700根木梁时，每根木梁负担的是8美元(5 600美元/700)。此外，勃雷斯公司预计每根木梁生产还有变动制造费用6美元。这样，公司的制造费用标准成本预计是每单位14美元。

下列表格总结了勃雷斯公司在制造其20-英尺木梁时发生的标准成本。（在这例子全过程中，我们用斜体字表示标准成本，黑体字表示实际成本，正文字体表示成本差异。）

(单位：美元)

直接材料（264板-英尺，按每板-英尺0.25美元计）		*66*
直接人工（1.5DLH 按每DLH12美元计)		*18*
制造费用		
固定（每月5 600美元 / 700单位）	*8*	
变动（每DLH 4美元 × 每单位允许1.5DLH）	*6*	*14*
每单位标准成本		*98*

在3月份，勃雷斯公司经历了几次生产延误。由此，只有生产了600根木梁（或者说，少于每月“正常”产出100单位）。在3月初和3月末都没有在产品。在这个月中为生产600根木梁实际发生的制造费用总额如下：

(单位：美元)

直接材料（180 000板-英尺，按每板-英尺0.20 美元计）		**36 000**
直接人工（1 080DLH 按每DLH 13美元计)		**14 040**
制造费用		
固定	**5 000**	
变动	**3 680**	**8 680**
每单位标准成本		**58 720**

比较三月份中发生的实际成本和生产600单位所允许的标准成本，我们可以得出这月份总的成本差异，其计算如下：

(单位：美元)

三月份实际总成本（由上计算）	**58 720**
生产600单位所允许的标准成本（600单位 × 98美元)	*58 800*
有利成本差异总额（实际成本减去标准成本）	80

如上所示，在这月中制造了600单位20-英尺木梁，所发生实际成本少于标准成本所允许的80美元。这样与标准相比的总差异将被称为“有利的”。由于它是有利的，有人可能会立即得出结论，公司经营效率是稍稍好于预期的，所以没有纠正行动的需要。不过，我们将可以看到，这80美元少于标准成本的差异并没有充分地和详细地表明制造的效率。只有比较直接材料、直接人工和制造费用的实际成本及其相关的标准成本，我们才能开始理解其中涉及关系的错综复杂及其动态性。下面我们将从直接材料的价格和数量两个方面开始，分析公司总差异的可归属部份。

23.1.6 材料价格和数量差异

在为每单位产品确定的标准材料成本时，有两个因素要考虑：（1）所要求的材料数量；（2）为得到这些材料应该支付的价格。所以，材料的总成本差异可以有所用数量的差异，和对供应商支付价格的差异，或这二方面综合的差异。

让我们计算勃雷斯公司在3月份生产600根层压木梁的总材料差异。正如前面所述，成本差异是实际成本和所生产单位的标准成本的差额。这样勃雷斯公司在3月份生产了600根木梁，材料方面有3 600美元的有利差异：

标准数量按标准价格计（158 400板–英尺 × 每单位0.25美元）	*$ 39 6000*
实际数量按实际价格计（180 000板–英尺 × 每单位0.20美元）	36 000
成本差异总额（有利）	$ 3 600

成本差异称为“有利”是因为实际成本少于标准数。

我们现在将看到，这3 600美元有利差异有两个不同的因素：（1）9 000美元的有利材料价格差异；（2）5 400美元不利材料数量差异。

有利的**材料价格差异**起因于，采购代理购买的木材每平方英尺成本比标准成本0.25美元少5美分。计算材料价格差异的公式如下：

材料价格差异 = **实际所用数量** ×（*标准价格* – **实际价格**）
= **180 000板-英尺** ×（*0.25* – **0.20**）
= 9 000美元（有利）

（注：本章讨论的所有成本差异的计算公式都归纳在表23-2。）

生产部门使用比成本标准所允许较多木材，造成了不利的材料数量差异。生产部门实际使用了180 000板-英尺的松木，仅生产了600根木梁。但是每根木梁的标准成本仅允许使用264板-英尺，或是生产600根木梁允许158 400板-英尺。所以，生产部门使用木材的板-英尺量较标准材料成本允许的要多21 600。材料数量差异的计算如下：

材料数量差异 = *标准价格*×（*标准数量* – *实际所用数量*）
= 0.25 ×（*158,400板-英尺* – **180 000板-英尺**）
= –5 400美元（或5 400美元不利）

（注：所有差异公式中不利差异用负值表示，有利差异用正值表示。）

下列图表显示了二种材料成本差异，它们说明了勃雷斯公司生产600根木梁所发生的实际成本与材料成本差别的原因：

实际数量按实际价格计	**实际数量**按*标准价格计*	*标准数量允许按标准价格计*
180 000板–英尺 × 0.20美元	*180 000板-英尺× 0.25美元*	*158 400板–英尺 × 0.25美元*
36 000美元	45 000美元	*39 600美元*

材料价格差异 9 000美元有利差异 | 材料数量差异 5 400美元不利差异

总材料差异，3 600美元有利

下列分录记录3月份所用材料的成本和相关的成本差异：

在产品存货（按标准成本计）……*39 600*
材料数量差异（不利）……5 400
　　材料价格差异（有利）……9 000
　　直接材料存货（按实际成本计）……**36 000**
记录3月份直接材料耗用。

请注意，在产品存货账户是按所用材料的标准成本借计，而直接材料存货账户是按所用材料的实际成本贷计。标准成本和实际成本的差额分别记录在二个成本差异账户中。[1]不利差异是

[1] 记录材料价格差异的另一种做法是在材料购买时，这种做法在成本会计课程中会讨论的。

借计的，因为他们代表了成本超过预算的标准数。然而有利差异记录为贷计，因为它们代表相对标准数额的节约数。

现金影响

差异确实代表公司实际成本（或节约）相对于依据标准成本的预期比较的结果。然而，现金流量在差异确认时并不发生。现金流量只有在实际支付应付账款（用于原材料或制造费用），或应付工资（用于人工）时才发生。

23.1.7 人工工资率和效率差异

勃雷斯公司在3月份发生实际直接人工成本14 040美元。制造600根木梁的标准人工成本允许的只有10 800美元（600单位×每单位1.5小时×每小时12美元）。这样公司面临着不利人工差异3 240美元(10 800－14 040)。我们从这成本超支数可以得到额外的信息，只要将总差异金额分解为二个因素——人工工资率差异和人工效率差异。

实际人工成本是下列要素的函数：（1）对直接人工工作者支付的工资率；（2）工作所耗直接人工小时。**人工工资率差异**表明了小时工资率对偏离标准成本的影响程度。**人工效率差异**表明了本期中工作所耗人工小时对偏离标准成本影响程度。

人工工资率差异等于工作所耗小时数乘以标准工资率和实际工资率的差额。工时卡显示了3月份使用了1 080直接人工小时。该月的平均工资率是每小时13美元。这样人工工资率差异就可见下的计算：

人工工资率差异＝**直接人工小时**×（*标准工资率*－**实际工资率**）
＝1 080 ×（*12* － 13）
＝－1 080美元(或1 080美元不利差异)

不利的人工工资率差异可能由于使用报酬较高的职工，但从事了较低支付报酬的工作；不恰当的时间安排；或发生了大量加班费用。[1]因为生产经理经常负责将生产作业分配于各员工，他们往往也对人工工资率差异负责。(但是，正如在我们的例子中所见，这并不总是如此的。)

人工效率差异（也称为人工利用差异）是工人生产率的计量。工人完成计划生产量，而所费时间少于标准所允许而产生的差异是有利的。而由于浪费时间或低下生产率使实际工时超过标准时，这差异是不利的。工人效率差异可用标准小时工资率乘以标准允许小时与实际使用小时的差额。勃雷斯公司生产600根木梁允许耗用900直接人工小时（600单位×每单位1.5小时）。假定1 080小时是实际需要的，公司的不利人工效率差异就可由以下计算而得：

人工效率差异＝*标准工资率*×（*标准小时数*－**直接人工小时**）
＝*12美元* ×（*900小时*－**1 080小时**）
＝－2 160美元(或2 160美元不利差异)

这不利人工效率差异表明了，直接加工的员工不能按标准允许的时间制造600根木梁。进而，生产经理应对员工生产率负责，要对人工差异负责。

人工效率差异和人工工资率差异是紧密地关联的。例如，超量的直接人工小时既可能是因人工效率差异，也可能是因人工工资率的不利差异所致，后者可能因超量工时，员工必须支付加班工资。

两种人工成本差异可以归纳如下：

[1] 如果生产的标准水平要求加班赶工，即便时间安排是有效率的，则这些加班工资应该反映在标准成本中。

实际小时按实际工资率计	实际小时按标准工资率计	标准小时按标准工资率计
1 080DLH × 13美元	1 080DLH × 12美元	900DLH × 12美元
14 040美元	12 960美元	10 800美元

人工工资率差异 1 080美元不利差异；人工效率差异 2 160美元不利差异

总人工差异3 240美元不利

下列分录记录了3月份生产中直接人工成本费用：

在产品存货（按标准成本计）	*10 800*	
人工工资率差异（不利）	1 080	
人工效率差异（不利）	2 160	
直接人工（按实际成本计）		**14 040**

记录3月份生产中直接人工成本。

和生产所耗直接材料相似，在产品账户借计标准人工成本允许数，而直接人工账户贷计实际发生的人工成本。不利的工资率和效率差异都以借计分录记录，因为他们二者都代表了成本超过预算标准。

23.1.8 制造费用差异

实际制造费用发生数与加计到生产中标准制造费用的差额，被称为制造费用差异。直接材料和直接人工是变动成本，制造费用则是综合的，既包括了变动因素，又包括了固定的因素。所以，制造费用差异的分析有些不同于材料和人工差异的分析。我们现在将考察制造费用差异的两种组成——耗费差异和产量差异。[1]

制造费用耗费差异 制造费用差异最重要的因素是耗费差异。这差异是给定产出水平下标准制造费用允许额与这期中实际制造费用发生额的差额。勃雷斯 面粉公司在3月份中制造费用耗费差异可计算如下：

生产600单位时标准制造费用允许额		
固定制造费用	**$5 600**	
变动制造费用（每单位6美元 × 600单位）	**3 600**	**$9 200**
实际制造费用3月份发生数		
固定制造费用	*$5 000*	
变动制造费用	*3 680*	*8 680*
制造费用耗费差异（有利）		*$520*

耗费差异一般由生产经理负责。在许多情况下，耗费差异涉及了可控的制造费用。由此，这些差异有时被称为可控差异。以勃雷斯公司生产经理已经将变动制造费用控制得接近于标准数，将固定制造费用控制得低于预期的5 600美元。

制造费用产量差异 产量差异代表了制造费用分配于在产品（按标准成本）和制造费用在实际生产水平时预期数量的差额。我们将可见产量差异是因为正常产出数量（每月700单位）和实际产出数量（3月份600单位）不同所致。

在标准成本制度下，制造费用加计到在产品中是按标准单位成本。在前面已确定勃雷斯公

[1] “三组成”和“四组成”的制造费用差异分析在较高深的成本会计课程中介绍。

司制造费用是每单位14美元。这样该月份中，在产品账户就按每生产出单位数14美元借计。这月份中生产的单位数越多，制造费用就计入生产中越多。

从本质上说，标准成本制度将所有的制造费用都作为变动成本处理。而实际上制造费用包括许多固定成本。将制造费用作为变动成本，就会带来一种成本差异，这是由于生产水平不同于正常时所致。

标准成本制度分配制造费用于生产账户带来了差异，为举例说明之，我们将勃雷斯公司制造费用按每月3种不同产出水平分配加以比较，其产品都是20英尺的木梁。

	实际生产单位数		
	600	700	800
按14美元标准比率将制造费用分配到在产品	*8 400*	*9 800*	*11 200*
预算制造费用			
固定	$ 5 600	$ 5 600	$ 5 600
变动	3 600	4 200	4 800
合计	$ 9 200	$ 9 800	$ 10 400
产量差异–有利（不利）	$ (800)	$ –0–	$ 800

请注意，实际生产水平若是每月700根木梁，即正常生产水平生产，就没有产量差异。因为我们的标准成本14美元，即假定每月实际生产水平是700单位。14美元单位成本包括每单位8美元的固定成本（5 600美元的预算固定制造费用 / 700单位）。在实际生产水平低于700单位时，分配给生产的固定制造费用将少于5 600美元。例如，3月份就只生产了600根木梁。这样使用包括8美元固定成本的标准成本，就只有4 800美元的固定制造费用分配给生产。余下的800美元固定制造费用被记录为“不利”产量差异。这是因为固定制造费用少分配了，这意味着加计到制造的单位上的就必须有额外的制造费用，其差异就被看为不利差异。

在实际生产超过正常水平时，情况恰相反。如果勃雷斯在3月份实际生产了800单位，使用标准成本分配率14美元，分配到生产中固定制造费用就会多于5 600美元（每单位8美元固定成本 × 800单位 = 6 400美元）。所以，这800美元产量差异被看成有利的。它所以是有利的是因为按成本标准分配将太多的固定制造费用分配了，使实际成本显得较低。

此处的要点是，实际产出水平不同于计算每单位标准制造费用的水平时，产量差异就会自动发生。从长远看，平均生产水平应该等于在计算标准成本时所用的正常水平。这样，有利或不利产量差异应该在年度中平衡。

只要生产部门正在生产所要求数量单位的产品，产量差异并不意味着业绩是有效率的还是无效率的。产量差异直接就是各月间生产水平波动的自然结果。这些波动经常是因季节性销售需求，努力增加或减少存货水平，节假日等。这样除非生产部门未能按日程表规定的单位数，没有一个经理应该考虑对产量差异负责。

此要点的案例

1983年前，国家医疗照顾制按成本加成制来计算医院对病人的医疗保健照顾报销额。这就是医院递交一种程序（如扁桃体切除）的成本数，国家医疗照顾制按此再加成支付。在1983年后，国家医疗照顾制制订了报销方针，依据了每种程序标准成本。这些标准称为DRGs（诊断相关组别），适用于所有医院对病人照顾的报销。这样对扁桃体切除术来说，佛罗利达的DRG标准与佛蒙特的是一样的。使用DRGs的效果是动态的，保险公司开始按DRGs理赔，医院也变得更关注于成本。标准报销制度的实施，大幅度地减缓了保健成本的上升。

制造费用差异的总结 勃雷斯面粉公司在3月份所经历的制造费用耗费和产量差异汇总如下。

实际制造费用		预计制造费用 @600单位		按标准成本分配的制造费用
固定	5 000美元	固定	5 600美元	600 × 14美元/单位
变动	3 680美元	变动	3 600美元	
合计	8 680美元	合计	9 200美元	$ 8 400美元

耗费差异 520美元有利差异

产量差异 800美元不利差异

总制造费用差异，280美元不利

如上所示，8 680美元的制造费用是实际发生的，在生产600单位时它低于预期制造费用520美元。这样制造费用的耗费差异是有利的。而800美元的产量差异是直接产生于实际产出量低于正常产量100单位。

下列即是3月份将制造费用分配给生产的分录：

在产品存货（按标准成本计）……8 400

制造费用产量差异（不利）……800

制造费用耗费差异（有利）……520

制造费用（按实际成本计）……8 680

分配3月份制造费用于生产。

23.1.9 产成品的计价

我们已经看到标准成本系统中，分配到在产品存货的成本是按标准成本计算的。这样在这些成本转移到“产成品存货”账户和“销售成本”账户时，也按标准成本计算。3月份完工600根木梁的分录就如下：

产成品存货：20-英尺木梁……58 800

在产品存货：20-英尺木梁……58 800

3月份完工600根20-英尺木梁，按标准成本计价（600单位×每单位98美元=58 800美元）。

请注意，产成品存货按标准成本计价。在木梁出售时，它们的标准成本（每单位98美元）将转移到“销售成本”账户中。

成本差异账户的情况 差异账户的余额表明了，差额是实际制造费用对比产成品存货或销售成本按标准成本计价的结果。这余额一般允许在差异账户中一个月累计到下一月。有利差异和不利差异经常会在年度内互相冲抵平衡，在年末每一个差异账户仅有一较小数额的余额。在这种情况下，差异账户可简单地结束于“销售成本”账户中。然而，若差异账户在年末仍有较大金额时，此金额应该按比例地分配到“在产品存货”账户、“产成品存货”账户和“销售成本”账户。

23.1.10 从不同角度来评价成本差异

4月份初，勃雷斯公司的成本会计员编制了每个产品线的成本差异汇总报告，在月度职员会议上分发。参加这个会议的有（1）采购主管、（2）生产经理、（3）质量控制主管、（4）员工申诉代表、（5）销售经理。这分发的报告涉及了20-英尺木梁的生产，内容如下。

让我们现在从各个部门经理角度来考虑这些成本差异。

会计 成本会计员在会议开始时就声明，她既有“好消息”也有“坏消息”。在好的方面，公司生产20-英尺木梁许多月，第一次有了有利差异，尽管只有80美元，但她仍受到鼓舞。特别是，对这个产品控制制造费用的努力取得了成功，正如520美元有利的制造费用耗费差异所示。不过，她立即表示对几项不利差异的关注，这些差异月度内涉及所有产品线。特别是，人工工资率、人工效率和材料数量方面的差异一直是不利的。最后她还强调了这些不利差异的严重性。

表23-1 勃雷斯面粉公司20-英尺层压木梁
成本差异汇总报告
1997年3月

(单位：美元)

将分析的差异		
标准制造成本分配数（600单位×98美元）		$ 58 800
3月份发生的实际制造费用		58 720
总的制造费用差异		80
各别差异的分解		
材料价格差异——有利	9 000	
材料数量差异——不利	(5 400)	
总材料差异——有利		3 600
人工工资率差异——不利	(1 080)	
人工效率差异——不利	(2 160)	
总人工差异——不利		(3 240)
制造费用耗费差异——有利	520	
制造费用产量差异——不利	(800)	
总制造费用差异——不利		(280)
总制造成本差异——有利		80

采购 对成本会计发言第一个有反应的是采购代理。他以一种防范姿态强调，这月份中的不利差异没有什么了不起，一切都在他的控制中。事实上，他自夸道所有产品线都有有利的价格差异，包括20-英尺木梁9 000美元的有利差异，“这在3月份从财务灾难中挽救了公司”。他拍了一下桌子并大声地说道，他为了得到一个好的价钱，跑遍了3个州，他相信这白松原木最终的价格可能是讨价还价的最好结果。

生产 生产经理面对采购代理站了起来，他言辞剧烈地责备采购部门，说他们买的材料“全部是低劣质量”。他告诉与会成员，他和他的同事们处理的原木还是绿色和满是节疤。按他的意见，这些就是所有产品线经历不利材料用量差异的直接原因。他也相信，材料低劣的质量造成了许多生产的瓶颈，从而使3月份产量大低于正常的产量。

质量控制 质量控制主管同意生产经理的意见。她指出，公司许多的产品线，特别是这20-英尺木梁不是通不过质量检查，就是通过的数量也很少。这不仅在最近一段时间中如此，就在本月她就挑出了许多不合格的木梁。

工厂工人 工人申诉代表是由生产工人选举出，代表他们与管理部门交流意见。与气氛已经变得很剧烈的争论不同，他的视角很独特。他告诉会议，3月份工厂工人的士气很低落。他承认，生产工人中每个人都清楚，生产率正在下降（正如人工效率的不利差异所示），再加上每个人都考虑到，质量低劣的材料是许多问题的根源。他总结地说，质量低劣材料带来仅有的好事是，“我们可加班加点，得到加班工资。”（加工层压木梁人工工资率的不利差异达1 080美元，其主要是由超时加班所造成。）

销售部 销售经理说道，尽管有超时加班和额外的轮班，3月份的需求仍然超过的产出。他告诉公司的成本会计，不利的产量差异已经有严重的影响，这也是这些问题之一。为说明他的观点，他指出20-英尺木梁的不利产量差异（只生产了600单位，而不是正常的700单位），就在3月份直接损失了16 000美元销售额。他还担心这出售的木梁可能没有达到顾客所期望的质量要求。他再指出，木梁若因结构性缺陷而损坏，公司要考虑应该承担的法律责任。

轮到你了！ 作为一名工厂经理

你是勃雷斯公司的工厂经理。你最近执行了一个奖励计划，按有利差异金额的10%对你的雇员提供奖励。这个奖励计划潜在的好处和缺点是什么?

我们的评论见本章末。

23.1.11 结论

我们已经试图说明，成本信息不只是有用于成本会计师，而确实是影响着企业经营每一个侧面。在勃雷斯公司，采购便宜材料的节约使采购部门看好，但造成了成本超支和企业组织各方面的其他问题。

在一个成本会计系统不能解决这些问题时，它带来许多方向的新问题，要求管理部门重视研究。

成本差异的总结 为了你们的方便，本章讨论的六个成本差异将汇总如表23-2所示。

表 23-2

差异	计算	经理责任
材料		
价格差异	**实际数量**×（*标准价格*－**实际价格**）	采购代理
数量差异	*标准价格*×（*标准数量*－**实际数量**）	生产经理
人工		
工资率差异	**实际工时**×（*标准工资率*－**实际工资率**）	生产经理
效率差异	*标准工资率*×（*标准工时*－**实际工时**）	生产经理
制造费用		
耗费差异	**预算制造费用（按实际生产水平）－实际制造费用**	生产经理(对可控成本相关的差异)
产量差异	*分配制造费用(按标准比率)*－**预算制造费用(按实际生产水平)**	无人——这差异由生产计划不同于原定的“正常”而导致

23.1.12 最后的注释：适时制和差异分析

适时（Just in time，JIT）制如同第18章所述，可以减少或消除许多不利的成本差异。例如，如选定一批供应商签订的长期价格协议就可以消除材料价格差异，由于质次材料所致的用量差异常也可由此而减少。一旦碰到一批质次材料，生产过程要停下来，立即与供应商接触，以解决问题。这样适时制不是在发现质量控制问题的事实后，而是要使发现和纠正问题可能就在它们发生之时。

适时制系统的工人必须能够很快地将生产过程由一个产品调整为另一个。严格地执行精心计划的生产程序，减少闲置时间和消除非增值作业。其结果就是，适时制通常可改善人工的效率差异。

训练有素的工人，工作更灵活和更有效率，能够减少加班加点的需要。这样，适时制就可减少或消除不利的人工工资率差异。最后，由于减少了非增值作业有关的制造费用，适时制也帮助管理部门避免不利的制造费用耗费差异。

网络联接

通过诸如Yahoo或Lycos搜索引擎，进入下列地址：

www.yahoo.com/Business_and_Economy/Companies

www.lycos.com/business

寻找原木公司。选择至少三家批发硬质原木的公司，调查原木的价格。板-英尺原木的标准规格是1英寸厚，12英寸宽和12英寸长（译者注：此规格可能有误）。价格通常按板-英尺计算。寻找榛树木、樱桃木和白橡木的价格,计算每种原木每单位板-英尺的平均价格.使用这三种价格建立标准成本，用于需要3板-英尺的榛木，2板-英尺的樱木和6板-英尺白橡木的产品。

章末回顾

学习目标小结

学习目标1 解释标准成本是如何帮助经理们控制成本的。

标准成本是预期的（或预算的）每单位成本。在标准成本制度中使用标准成本时，实际成本和标准成本之间的差额立即引起了管理部门的重视。

学习目标2 解释设置理想标准和设置合理可达标准的差异。

设置预定数额最常用的方法是按正常经营条件下，合理且可以达到的。此种做法的目标是使成本标准是公平的和合理的，从而可以此评价工作业绩。

另一种设置预算的途径是按理想的工作状态。在此方法下，各部门经常完不成预定的标准，但对此的偏离则反映了可能改进的区域。

学习目标3 计算变动成本差异和解释每种的意义。

成本差异是将标准成本与实际成本比较而得，并对此差额的原因解释。材料成本的差额可能是采购材料所付价格的不同而致，也可能是材料耗用数量变动造成。直接人工成本的差额的原因可能是工资率的变化，或是工作小时数有异。变动制造费用的预算水平差异，可能是可控制造费用耗费结果的差别，或是实际与预计生产水平的差别而造成的。

学习目标4 计算固定成本差异和解释每种的意义。

为计算固定制造费用差异，比较实际固定制造费用与预计固定制造费用，再比较预计固定制造费用和分配的固定制造费用。固定成本差异可能的原因是耗费量大于预计的固定成本数，或是用来建立制造费用分配率时的预计产量和用来分配制造费用的实际生产量不同。

学习目标5 讨论特殊成本差异的原因。

材料差异可能是由采购材料的质量和价格所致，或由于这些材料使用的效率所致。人工差异常出自于工人的生产率，对工作安排工人所支付工资的水平，以及他们加工材料的质量。制造费用差异则由于，既可能是实际消耗量，也可能是正常生产水平与实际生产量的差别。

关键术语

fixed manufacturing cost 固定制造成本

制造成本的一种，在短期内它并不随制造量的变动而变动。

labor efficiency variance 人工效率差异

总人工差异的一部分，即由完成该任务的实际工时与标准工时间差额所造成的部分。其计算为：标准小时工资率×（标准工时-实际工时）。

labor rate variance 人工工时差异

总人工差异的一部分，即由标准小时工资率与实际支付工资率的差额所造成的部分，通常起因于超时加班或使用与设置标准成本时不同工资水平的工人。其计算为：实际工时×（标准小时工效率－实际小时工资率）。

materials price variance 材料价格差异

总材料差异的一部分，即在采购材料时所付的价格不同于设置标准成本的假设价格所造成。其计算为：实际数量×（标准单价－实际单价）。

materials quantity variance 材料数量差异

总材料差异的一部分，即由生产中用料数量多于少于标准要求的数量所造成。其计算为：标准单价×（标准数量－实际数量）。

spending variance 耗用差异

总制造费用差异的一部分，即由制造费用发生额与实际活动达到水平允许额的差额所造成。

standard cost 标准成本

预算的、在正常和有效率条件下应发生的成本额。

standard cost system 标准成本制度

使用标准投入价格和数量来生产、服务或加工成本的制度。

variable manufacturing cost 变动制造成本

制造成本的一种，它随生产单位数变动而相应比例地变动。

variance 差异

成本发生的实际水平和成本标准（预算）水平间的差额。总成本差异可分解为几个个别的成本差异，以表明这些差异金额对应于特定的产生因素。

volume variance 产量差异

总制造费用差异的一部分，即由实际产量水平和计算标准单位成本时假定的“正常”水平的差额所造成。实际上，产量差异是固定制造成本分配不当所致，而且经常与业绩评价不相关。

示范题

克鲁格公司最近实施了标准成本系统。公司的成本会计师收集了下列信息，以在月度末进行差异分析。

标准成本信息	
直接材料/(美元/磅)	5
每单位允许数量/(磅/单位)	100
直接人工工资率/(美元/工时)	20.00
每单位允许工时/小时	2
预计固定制造费用/(美元/单位)	12 000
正常生产水平/单位	1 200
变动制造费用分配率/(美元/单位)	2.00
固定制造费用分配率（12 000美元 ÷1 200单位）	10.00
总制造费用分配率/(美元/单位)	12.00
实际成本信息	
购买和使用的材料成本/美元	468 000
购买和使用的材料数量/磅	104 000

（续）

直接人工成本/美元	46 480
直接人工工时/小时	2 240
变动制造费用成本/美元	2 352
固定制造费用成本/美元	12 850
生产量/单位	1 000

要求：

a. 计算直接材料价格差异，假定每磅的实际价格为4.50美元(468 000美元 ÷104 000磅)。

b. 计算直接材料数量差异，假定生产1 000单位允许的标准数量为100 000磅（1 000单位× 每单位100磅）。

c. 编制汇总加计到生产中直接材料成本的分录。

d. 计算人工工资率差异，假定每工时的实际人工工资率为20.75美元（46 680美元÷2 240工时）。

e. 计算人工效率差异。

f. 编制汇总加计到生产中直接人工成本的分录。

g. 计算制造费用耗费差异。

h. 计算制造费用产量差异。

i. 编制汇总加计到生产中制造制造费用成本的分录。

示范题答案

a. 直接材料价格差异 = 所用实际数量×（标准价格 − 实际价格）
= 104 000×（5.00−4.50）
= 52 000美元有利

b. 直接材料数量差异 = 标准价格×（标准数量−实际数量）
= 5.00×（100 000 − 104 000）
= −20 000美元（或20 000美元不利）

c. 在产品存货（按标准成本）……500 000 *
材料数量差异（不利）……20 000
直接材料存货（按实际成本）……468 000
材料价格差异（有利）……52 000
记录直接材料加计到生产的成本。

*1 000实际单位 × 每单位允许100磅 × 每磅5美元 = 500 000美元

d. 直接人工工资率差异= 实际人工工时×（标准工资率 − 实际工资率）
= 2 240×（20.00 − 20.75）
= −1 680美元（或1 680美元不利）

e. 直接人工效率差异= 标准工资率×（标准工时 − 实际工时）
= 20 ×（2 000 − 2 240）
= −4 800美元 (或4 800美元不利)

*1 000单位×每单位2工时。

f. 在产品存货（按标准成本）……400 000*
人工工资率差异（不利）……1 680
人工效率差异（不利）……4 800

直接人工（按实际成本）……………………………………………………46 480

记录直接人工加计到生产的成本。

*1 000实际单位×每单位允许2工时×每工时20.00美元 = 40 000美元

g.

生产1 000单位允许的标准制造费用		
固定制造费用	\$12 000	
变动制造费用（每单位\$2×1 000单位）	2 000	\$14 000
3月份实际制造费用		
固定制造费用	\$12 850	
变动制造费用	2 352	15 202
制造费用耗费差异（不利）		\$ (1 202)

h.

(单位：美元)

分配到在产品的制造费用（1 000单位×2美元）		12 000
分配的标准制造费用（按1 000单位）		
固定制造费用	\$12 000	
变动制造费用（每单位2美元）	2 000	
按标准允许的制造费用		14 000
制造费用产量差异（不利）		\$(2 000)

i. 在产品存货（按标准成本）……………………………12 000
制造费用耗费差异（不利）……………………………1 202
制造费用产量差异（不利）……………………………2 000
制造费用（按实际成本）……………………………………………15 202
分配制造费用于生产。

自测题

这些问题的答案见本章末。

1. 人工工资率差异是由实际人工工资率和标准人工工资率的差额乘以：
a. 在一设定生产水平所允许的标准人工工时；
b. 标准人工工资率；
c. 本期中实际发生的工时；
d. 实际人工工资率。

2. 下列那一个原因不可能是直接人工效率差异的原因：
a. 缺少激励；
b. 质量低劣的材料；
c. 差强人意的监管；
d. 上述三种都可能。

3. 一种不利的制造费用产量差异表明了：
a. 固定制造费用总额超过了预计的标准数额；
b. 每单位变动制造费用超过预计的标准数额；
c. 实际生产量少于正常的产出水平；
d. 实际生产量多于正常的产出水平。

4. 一种有利的制造费用耗费差异表明了：

a. 制造费用已经过度分配；

b. 制造费用已经分配不足；

c. 实际生产量少于正常的产出水平；

d. 上述一样也没有。

5. 现代艺术公司生产手工描制的泡沫鼠标垫。最近月份中实际生产等于预计生产量，此时的预计和实际数额如下：

	预计金额	实际结果
直接材料		
泡沫料用量/(平方英尺/垫)	1.5	1.3
价格/(美元/平方英尺)	0.15	0.18
直接人工		
用量/(工时/垫)	0.25	0.30
工资率/(美元/工时)	15	13

下列哪一个是正确的？

a. 材料差异是有利的；

b. 直接人工工资率是有利的；

c. 材料数量差异是不利的；

d. 直接人工效率差异是不利的。

作业

讨论题

1. 简要地定义标准成本，指明管理部门是怎样地运用它们于计划和控制的。
2. 下列陈述中哪些是错误的："存在三种基本的成本会计系统：定单法、分步法和标准法"？
3. 一旦建立了标准成本，要修订标准需要什么条件？
4. 列出在直接材料、直接人工和制造费用方面一般计算的标准成本的差异。
5. 生产经理是否对不利的材料价格差异和不利的材料数量差异有同等的责任？请解释。
6. 有利的人工差异意味着什么？人工效率差异是如何计算的？
7. 解释不利和有利的制造费用耗费差异的原因。
8. 为什么不利的制造费用产量差异通常不被用来评价生产部门经理的业绩？

练习

练习23.1　会计术语　*LO1~5*

下列几个术语的在本章中介绍的：

耗费差异	材料价格差异	标准成本
人工工资率差异	材料数量差异	产量差异
人工效率差异		

下列的每一项陈述可能（或可能不）描述上述专业术语，并对每一个陈述，指明所讨论的会计术语，若没有涉及任何术语则请回答"没有"。

a. 在正常生产条件下，生产一件产品的预计成本。

b. 在正常生产条件下，按给定生产量所允许的直接人工标准工时数和实际所需直接人工工时数差额所对应的金额。

c. 在实际生产水平超过正常水平时，差异总是有利的。

d. 总材料差异中一部分，是在给定产出水平下由于发生的材料费用多于或少于所允许的数量。

e. 总制造费用差异中一部分，是在给定生产水平下由于发生的制造费用多于所允许的数量。

f. 总材料差异中一部分，是公司采购代理需负责的。

g. 总人工差异中一部分，是相关于实际支付小时工资与预计标准工资间的差额。

练习23.2 标准成本、实际成本和成本差异间的关系 *LO3*

直接材料、直接人工和制造费用的相应标准成本和差异在5月份如下：

		差异	
	标准成本	不利	有利
直接材料	\$90 000		
价格差异		\$4 500	
数量差异			\$2 700
直接人工	180 000		
工资率差异			1 800
效率差异		5 400	
制造费用	270 000		
耗费差异			3 600
产量差异			2 400

请确定5月份中发生的直接材料、直接人工和制造费用的实际成本。

练习23.3 计算材料成本差异 *LO3*

“爱心和鲜花”（Hearts & Flowers）公司的一种产品是一磅装巧克力糖果，可用带有顾客标记的盒装（最低订购量为100盒）。所用巧克力糖果的标准成本是每磅2美元。在11月份生产了20 000盒这种一磅装产品，需要20 800克巧克力糖果，其总直接材料成本是42 640。请确定在生产这产品中涉及糖果的直接材料价格差异和数量差异。

练习23.4 计算材料成本差异 *LO1, 3*

根加拉公司报告了下列信息，有关于在当月生产混合填充料所需的材料：

每克材料的标准价格/美元	1.25
每克混合填充料的标准材料数量/克	4
实际采购和生产中使用量/克	2 800
实际混合填充料本月生产量/单位	520
实际采购材料成本/美元	3 920
每月正常产出量/单位	550

请确定：

a. 公司的材料价格差异；

b. 公司的材料数量差异；

c. 公司的制造费用产量差异将是有利的还是不利的？为什么？

练习23.5 计算人工成本差异 *LO1, 3*

洛林玻璃器皿公司最有名的产品是手工精制的花瓶。公司标准成本系统要求每只花瓶的直接人工是0.75工时，其标准工资率是8.25美元。9月份中，洛林公司生产了4 000只花瓶，其实际直接人工成本是24 464美元，直接人工工时是2 780小时。

a. 9月份生产花瓶的直接人工小时工资率平均是多少？

b. 计算该月的人工工资和效率差异。

c. 在工资范围中使用工人是不是表明了a部分的有效策略？请解释之。

练习23.6 计算人工成本差异 *LO1,3*

玛洛公司生产氢气缓解泵。公司月度直接人工使用的信息提供如下：

每小时标准工资率/美元	16
每个产品允许的标准工时/小时	0.5
当月实际生产的产品数	9 000
当月实际发生的人工工时	3 600
当月实际人工成本/美元	64 800

a. 计算公司的人工工资率差异；

b. 计算公司的人工效率差异；

c. 本月有一数量特别巨大的定单，要求产品出口到沙特阿拉伯。接受了这定单就造成公司许多职工要加班加点。公司员工所做的额外工时会造成什么样的人工差异？是否他们的时间充分利用了？请解释。

练习23.7 材料成本差异的因素 *LO3*

下列为威珍食品公司的材料差异计算，其中标有（a）到（d）处数据缺少。

材料价格差异=3 640磅×[（a）标准价格－9.00美元实际价格]	$910不利
材料数量差异=（b）×[3 800磅－（c）实际数量]	$ (d)

请填入缺少的数据（a）到（d）。编写描述项目的名称，也标明其实际数量和金额。简要地说明每一个答案，包括你是如何确定这些数额的。

练习23.8 解释差异 *LO5*

一家制造企业的经理收到关于上期的直接材料和直接人工差异的下列信息：

直接材料价格差异	有利
直接材料数量差异	有利
直接人工工资率差异	不利
直接人工效率差异	有利

a. 忽略其他所有的差异，有利的直接材料价格差异最可能的原因是什么？

b. 假定直接材料采购数量恰巧是预期的，你将怎样解释上述四种差异的组合？

练习23.9 了解制造费用差异 *LO3, 4*

本月中林柯公司分配7 200美元制造费用于生产。它的实际制造费用当月是8 000美元。而林柯公司的成本会计报告这月的制造费用耗用差异是不利的1 500美元。

林柯公司这月生产量多于或少于正常的产出量？请详细说明。

练习23.10 计算制造费用成本差异 *LO3,4*

阿尔弗莱德工业公司提供下列的数据，请计算制造费用耗费差异和产量差异。

依据正常月度生产量的标准制造费用		
固定费用（300 000美元/20 000单位）	$15.00	
变动费用（100 000美元/20 000单位）	5.00	$20.00
当月实际生产的单位		18 000
实际发生的制造费用数（包括固定的300 000美元）		$383 800

练习23.11 制造费用成本差异

LO3~5

塞塔公司生产手工织造的地毯。预计每月生产5 000条地毯，制造每条地毯所需的标准人工工时是2小时。所有制造费用的分配是依据直接人工工时。塞塔公司的经理对最近一月中发生的3 000美元不利的制造费用差异有疑问。下列信息可用来帮助分析：

	预算数额	实际数额
生产的单位数	5 000	4 500
总的人工工时	10 000	9 000
总的变动制造费用	\$60 000	\$55 000
总的固定制造费用	40 000	38 000
总的制造费用	\$100 000	\$93 000

a. 这月中制造费用耗费差异是多少？

b. 制造费用的产量差异又是多少？

c. 塞塔公司的经理对这不利的制造费用差异可以有什么纠正的行动？

练习23.12 了解制造费用差异

LO3,4

马克基尔公司制造费用的耗费差异是不利的600美元。公司的会计师在月末贷计“销售成本”账户4 200美元，来结平当期任何过度或不足分配的制造费用。

计算马克基尔公司的制造费用产量差异。

练习23.13 计算材料和人工差异

LO3

诺兰-米尔公司使用标准成本制度。在5月份诺兰制造了15 000个枕套，共耗用了27 000码的纺织物，其每码成本为3.05美元，发生了3 300 直接人工工时和19 140美元直接人工费用。每个枕套的标准成本假定是：1.75码纺织品，其单价是3.10美元，直接人工工时为0.2，每工时为5.95美元。

a. 计算5月份制造枕套中，直接材料相关的价格差异和数量差异。

b. 计算5月份制造枕套中，直接人工相关的工资率差异和效率差异。

练习23.14 成本差异的原因

LO1,3,5

对每一个下列的差异简要地说明至少一个原因，并指明那一部门的经理将对此负责。

a. 有利的价格差异；

b. 不利的人工工资率差异；

c. 有利的产量差异；

d. 不利的材料数量差异。

问题

问题23.1 理解材料成本差异

LO1,3.5

布朗制药公司的成本会计师告诉你，公司的本年度药品赞替格(Zantig)的材料数量差异恰好等于它的材料价格差异。公司的正常生产水平是每年45批赞替格。然而，由于政府资助的不确定性，公司在当年只生产了40批产品。其他关于赞替格的直接材料成本信息如下：

每克材料的标准价格/美元	50
该年中实际采购的千克数/千克	10
该年中实际采购的材料成本/美元	5 000 000
每千克的克数/克	1 000

要求：

a. 计算公司的材料价格差异；
b. 计算该产品每批允许的标准材料数量；
c. 为什么你不预期布朗公司会有较大的材料数量差异？

问题23.2 理解材料成本差异 *LO1, 3*

威尔森公司当月的材料数量差异恰好是它的材料价格差异的一半。公司的成本会计师给我们提供了下列标准成本信息：

每磅材料的标准价格/美元	15
该月中实际采购和使用的磅数/磅	600
采购和使用材料每磅的成本/美元	16
该月中实际制造的单位数/单位	500
每月正常的生产量/单位	550

要求：

a. 计算威尔森公司的材料价格差异；
b. 计算生产550单位产品所允许的材料标准数量；
c. 记录该月耗用材料加计到在产品中成本的分录；
d. 如果威尔森公司的制造费用产量差异等于它的材料数量差异的两倍，请计算它的数额。这产量差异是有利的，还是不利的？你是怎样知道的？

问题23.3 成本差异的计算和编制分录 *LO1,3,4*

农化工业公司制造浓缩肥料并使用标准成本制度。这种农药是按每批500磅生产；每月正常生产250批农药。每批的标准成本如下：

		每批标准成本
直接材料：		
各种化学品（每批500磅，单价为每磅0.60美元）		$300
直接人工：		
配制和混合（每批25工时，每工时7.00美元）		175
制造费用：		
固定（每月50 000美元 ÷ 250批）	$200	
变动（每批）	25	225
每批肥料的材料标准成本		$700

1月份公司暂时减少其生产量到200批肥料。1月份实际发生的成本如下：

直接材料（102 500磅，单价为每磅0.57美元）	$58 425
直接人工（4 750工时，每工时6.80美元）	32 300
制造费用	54 525
实际成本合计（200批）	$145 250
200批的标准成本（200批 × 每批700美元）	140 000
净不利成本差异	$5 250

要求：

你已经被要求从事详细解释造成这5 250美元不利成本差异，并在公司标准成本会计系统中记录这制造成本。

a. 作为其第一步，计算这月份中材料的价格差异和数量差异，人工的工资率差异和效率差异，制造费用的耗费差异和产量差异。

b. 编制会计分录，通过标准成本系统和相关的成本差异反映制造成本的流转。请用分别的分录反映其使用的直接材料，直接人工和制造费用的成本。“在产品存货”账户将只以标准成本借计。

问题23.4 成本差异的计算和编制分录 *LO1,3,4*

美国硬木制品公司使用标准成本处理其成本。在当月份的期末，公司成本会计师编制了下列的信息：

	直接材料	直接人工	制造费用
实际发生成本	$96 000	$82 500	$123 240
标准成本	90 000	84 000	115 500
材料价格差异（有利）	2 400		
材料数量差异（不利）	8 400		
人工工资率差异（有利）		3 000	
人工效率差异（不利）		1 500	
制造费用耗费差异（不利）			3 240
制造费用产量差异（不利）			4 500

完工成品的全部标准成本是30美元。在当月完工并转入成品存货账户9 000单位，8 800单位已出售。月末在产品存货有1 000单位，其完工程度为65%。而在月初并无在产品存货。

要求：

a. 编制分录记录所有的差异和在“在产品”账户中发生的标准成本。编制分别的复合分录（1）直接材料；（2）直接人工；（3）制造费用。

b. 编制分录记录（1）转移到“产成品存货”账户中的单位；（2）这月份销售成本。

c. 假定公司当月在其正常生产能力的90%下运行。每月预计的固定制造费用金额是多少？

问题23.5 成本差异的计算和编制分录 *LO1,3,4*

斯冯公司是一家生产宠物美味食品大型厂商。在4月份它生产了147批小狗肉食。每批重达1 000磅。为生产这些数量的产出，公司采购和使用了148 450磅的直接材料，其成本为593 800美元。它也发生了直接人工成本17 600美元，在生产这批肉食时耗用了员工的2 200工时。生产肉食工厂4月份的制造费用共发生了3 625美元，其中2 450美元是固定的。斯冯公司有关这批1 000磅小狗肉食的标准成本信息如下：

直接材料标准价格/(美元/磅)	4.20
每批允许的标准数量/磅	1 020
直接人工标准工资率/(美元/小时)	8.50
每批允许的标准工时	14
固定制造费用预计数/(美元/月)	2 800
正常生产水平/(批/月)	140
变动制造费用分配率/(美元/批)	9.00
固定制造费用分配率（2 800 ÷ 140批）	20.00
全部制造费用分配率/(美元/批)	29.00

要求：

a. 计算材料数量差异和价格差异；

b. 计算人工工资率差异和效率差异；

c. 计算制造费用耗费差异和产量差异；

d. 记录将材料成本（按标准数）计入在产品的分录；

e. 记录将直接人工成本（按标准数）计入在产品的分录；
f. 记录将制造费用成本（按标准数）计入在产品的分录；
g. 记录将4月份生产的147批小狗肉食成本转入“产成品”的分录；
h. 记录对销售成本过度分配或不足分配结平的分录。

问题23.6 成本差异的计算和编制分录 *LO1,3,4*

斯立克公司是一家生产合成摩托用油的小型企业。5月份这公司生产了5 000箱油料。每箱包容了12夸脱(1夸脱 = 1.01升)合成油。为了达到这个生产水平，斯立克公司采购和使用了16 500加仑的直接材料，其成本为20 625美元。这月份也发生了生产人员的直接人工4 200工时，按平均每工时15美元计算。这月的制造费用总数为9 950美元，其中2 200美元是固定的。斯立克公司每箱合成摩托用油的标准成本资料如下：

直接材料标准价格/(美元/ 加仑)	1.30
每箱允许的标准数量/加仑	3.25
直接人工标准工资率/(美元/ 小时)	16
每箱允许的标准工时	0.75
固定制造费用预计数/(美元/ 月)	2 600
正常生产水平/(箱/ 月)	5 200
变动制造费用分配率/(美元/ 箱)	1.50
固定制造费用分配率（2 600美元 ÷ 5 200箱）	0.50
全部制造费用分配率/(美元/ 箱)	2.00

要求：

a. 计算材料数量差异和价格差异；
b. 计算人工工资率差异和效率差异；
c. 计算制造费用耗费差异和产量差异；
d. 编制下列的分录：
1. 将材料按标准成本计入在产品；
2. 将直接人工按标准成本计入在产品；
3. 将制造费用按标准成本计入在产品；
4. 将5月份生产的5 000箱合成摩托油转入“产成品”账户中；
5. 结平过度分配或不足分配的制造费用于“销售成本”账户中。

问题23.7 成本差异的计算和编制分录 *LO1,3,4*

合成釉料公司的会计师设立了下列的资料，关于6月份制造产品的标准成本和实际成本：

	标准成本	实际成本
直接材料		
标准：10 盎司，每盎司单价0.15美元	$1.50	
实际：11 盎司，每盎司单价0.16美元		$1.76
直接人工		
标准：0.50 工时，每工时10.00美元	5.00	
实际：0.45工时，每工时10.40美元		4.68
制造费用：		
标准：5 000美元固定成本和5 000美元变动成本，月正常产量为 10 000单位	1.00	
实际：5 000美元 固定成本和 4 600美元变动成本，6月份实际产量为 8 000单位		1.20
单位成本合计	$7.50	$7.64

要求：

a. 计算材料价格差异和材料数量差异，指明每种是有利的还是不利的。编制记录6月份所用的直接材料成本（按标准计）计入"在产品"账户的分录。

b. 计算人工工资率差异和人工效率差异，指明每种是有利的还是不利的。编制记录6月份所用的直接人工成本（按标准计）计入"在产品"账户的分录。

c. 计算制造费用耗用差异和制造费用产量差异，指明每种是有利的还是不利的。编制记录6月份分配制造费用于"生产"账户的分录。

问题23.8 成本差异的计算、编制分录和分析 *LO1,3~5*

遗风家具公司使用标准成本制度。公司的一种最流行的产品是橡木娱乐中心，这是看起来像老的冰箱，但包容了电视、立体声音响或其他电子设备。假定每月的"正常"产量为1 000单位时，每单位娱乐中心的标准成本资料如下：

直接材料，100板－英尺木材，每英尺1.30美元		130.00
直接人工，5 工时，每工时8.00美元		40.00
制造费用（按每单位22美元分配）		
固定（15 000美元 ÷ 正常产量1 000单位）	$15.00	
变动	7.00	22.00
单位标准成本合计		$192.00

在6月份安排并生产了800单位的娱乐中心，其实际单位成本如下：

直接材料，110板－英尺木材，每英尺1.20美元	132.00
直接人工，5.5 工时，每工时7.80美元	42.90
制造费用，18 480美元 ÷ 800单位	23.10
单位标准成本合计	$198.00

要求：

a. 计算6月份的下列成本差异：
1. 材料价格差异；
2. 材料数量差异；
3. 人工工资率差异；
4. 人工效率差异；
5. 制造费用耗用差异；
6. 产量差异；

b. 编制分录分配制造费用给"在产品存货"账户，并记录6月份的成本差异。对（1）直接材料；（2）直接人工和（3）制造费用，用不同的分录反映；

c. 对计算成本差异所揭示成本节约的范围或问题，请加以评论，也对重大的有利和不利成本差异间的关系和任何可能的原因作评论。

问题23.9 了解成本差异：解出缺少的数据 *LO1,3,4*

普兹柯公司提供了下列资料：

按实际达到产出水平允许的标准生产成本/美元	400 000
差异	
总材料差异（有利）/美元	6 000
总直接人工差异（有利）/美元	1 100
总制造费用差异（不利）/美元	3 000

（续）

其他信息	
实际生产的单位数	22 000
正常或预期的生产量	22 000
每磅材料的实际成本/(美元/磅)	2

生产每单位产品平均耗用直接人工0.85工时，但超过了每单位生产所允许的标准时间0.05工时。实际总的人工成本是280 500美元。

材料价格差异等于制造费用产量差异。本期实际材料耗用量是允许的标准数量的90%。

要求：

为普兹柯公司计算下列内容：

a. 材料数量差异；

b. 生产22 000单位所允许的材料标准用量；

c. 生产22 000单位实际耗用材料数量；

d. 每工时实际直接人工工资率；

e. 每工时标准直接人工工资率；

f. 人工工资率差异；

g. 人工效率差异；

h. 制造费用耗用差异。

问题23.10　了解成本差异：解出缺少的数据　*LO1,3,4*

律泼莱公司从它的标准成本系统中，向我们提供了下列6月份的信息：

直接材料标准价格/(美元/磅)	6
直接材料实际价格/(美元/磅)	5
直接人工标准工资率/(美元/工时)	9
直接人工6月份实际工时	5 000

下列分录是根据律泼莱公司标准成本系统6月份资料编制的：

在产品存货（按标准成本）	50 000	
材料数量差异	1 200	
直接材料存货（按实际成本）		49 200
材料价格差异		2 000
记录6月份耗用的直接材料成本		

在产品存货（按标准成本）	80 000	
人工工资率差异	10 000	
人工效率差异	4 500	
直接人工（按实际成本）		94 500
记录6月份生产耗用的直接人工成本		

在产品存货（按标准成本）	25 000	
制造费用耗用差异	2 000	
制造费用产量差异		5 000
制造费用（按实际成本）		22 000
分配6月份的制造费用于生产		

要求：

a. 确定6月份采购和生产耗用的实际材料数量；
b. 确定6月份达到产出所允许的标准材料数量；
c. 确定6月份直接人工的实际平均工资率；
d. 确定6月份达到产出所允许的标准直接人工工时；
e. 确定6月份达到产出所允许的总的制造费用成本；
f. 编制分录记录6月末所有转为产成品的在产品；
g. 在6月末将所有成本差异直接转到"销售成本"账户中；
h. 律泼莱公司在6月份的生产量是否高于或低于正常产出量？你如何解释这些？

问题23.11 了解成本差异计算 LO3,4

安通公司制造木制杂志架。公司的会计师恰好完成当月的差异分析报告。刚打印完这报告，他计算机的硬盘出了故障，丢掉了当月大多数的实际资料。会计师只记得实际生产了220只架子，所有采购的材料都用于了生产。下列信息也是现成的：

当月预计数额		
预计生产量：200只杂志架		
直接材料		
用量/(平方英尺/架)	3	
价格/(美元/平方英尺)	0.25	
直接人工		
用量/(工时/架)	0.5	
价格/(美元/工时)	10	
变动制造费用（根据直接人工工时分配）		
每人工工时分配率/美元	4	
每架子分配率/美元	2	
固定制造费用（根据直接人工工时分配）		
每人工工时分配率/美元	6	
每架子分配率/美元	3	
当月差异		
直接材料价格差异/美元	33	(不利)
直接材料数量差异	0	
直接人工工资率差异	231	(有利)
直接人工效率差异	550	(不利)
制造费用产量差异	60	(有利)
制造费用耗用差异	210	(不利)

要求：

使用当月的预算和差异报告，确定下列项目：
a. 每平方英尺木材的实际采购价格是多少？
b. 生产每个架子实际耗用了多少人工工时？
c. 每工时实际支付的工资率是多少？
d. 这月份实际制造费用总额是多少？

案例

案例23.1 这不是我的错 LO1,3~5

橱艺公司是一家制造模板厨房橱柜的大型厂商，主要对建筑商和开发商销售。公司使用标准成本系统。每种类型橱柜都已经建立了标准生产成本，这些成本和成本差异都加计到生产部门。对销售部门也建立了预算。销售部门贷计销售毛利（按标准成本计量），再加计销售费用，以及预算与实际销售费用的差额。

在4月份初销售部门的经理请求生产部门完成一紧急定单，为一片120个家庭赶制厨房橱柜。这销售经理说明道，全部定单必须在5月31日完成。而生产部门经理争辩说，这么大批量的定单要生产12个星期。销售部经理回答是，“客户需要它们是在5月31日，或者我们不做这笔生意。你是不是对放弃这么大一笔定单的客户负责呢？”

当然，生产经理不想负起这个责任。所以，他着手处理这个定单，要生产人员从4月份到5月份都加班加点。这样加班的结果，生产部门这月的业绩报告出现了大量不利的人工工资率差异。生产经理过去一直为他能按预算控制费用而自豪，现在他则对销售经理而耿耿于怀。他对销售经理说，他再也不接受一张紧急定单了。

要求：

a. 你能从公司的标准成本系统中，或者将成本差异分配到负责的经理的做法中发现什么问题？

b. 为消除或减少你所发现的问题，你建议成本会计系统做什么改变？

案例23.2 确定和使用标准成本

LO1, 3~5

阿姆斯特丹化学公司自1月份开始营业。公司制造一种丙烯酸的车用蜡，名为坚固外衣。开始营业前，公司用了几个月建立了标准成本制度，依据预计的生产量1 000 000单位（品脱，1品脱＝0.55升）做出下列的标准成本估计：

材料X-1（1盎司）	$1.00
材料X-2（1磅）	0.50
直接人工	0.80
制造费用（$1 400 000 ÷ 1 000 000单位）	1.40
每单位估计标准成本合计	$3.70

在当年坚固外衣实际共生产了1 000 000品脱，其中900 000已出售。当年实际发生的成本如下：

材料X-1采购了1 200 000盎司，单价为@0.70美元	$840 000
材料X-2采购了1 150 000磅，单价为@0.50美元	575 000
直接人工	880 000
制造费用（1 400 000美元 ÷ 1 000 000单位）	1 400 000
每单位估计标准成本合计	$3 695 000

公司在年末的存货组成如下，其“产成品”存货按标准成本列示：

直接材料		
材料X-1，200 000盎司，单价为@0.70美元	$140 000	
材料X-2，100 000磅，单价为@0.50美元	50 000	190 000
产成品		
坚固外衣，100 000品脱，单价为@3.70美元标准成本		370 000
12月31日的存货合计		$560 000

对于公司从事财务报告审计的注册会计师所希望的调整公司“产成品”计价，考虑到材料X-1成本的有利价格差异（0.30美元），以及年初工资增加10%，使之成为一种“修正的标准成本”。（材料X-2的不利数量差异是因为生产中的废品所致，注册会计师不想调整这种类型项目到标准值。）

公司的总裁反对此意见，其理由是："这种修正是不必要的，因为材料X-1的成本上升已经早露端倪，而工资增加不一定是保证的，因为员工生产率的提高并不会一下子就发生。进一步说，如果我们修正我们的存货数字56 000美元，我们的经营收益将从当前水平50 000美元下降。"你被总裁叫去帮助他来解决这个分歧。

要求：

a. 你是否同意总裁关于"3.70美元标准成本数字的修正是不必要的"看法？

b. 假定你推断出，应该修正第一年经营的标准。请计算"每单位的修正标准成本"，并使用这个标准成本确定分配到期末产成品存货单位的价值。

c. 这种对"产成品"存货重计价会对公司的经营收益有什么影响？

d. 使用原来的标准计算下列项目：

1. 材料X-1的价格差异和数量差异；
2. 材料X-2的价格差异和数量差异；
3. 总的直接人工差异（不需分别计算工资率差异和用量差异）；
4. 总的制造费用差异。

因特网练习

因特网练习23.1　旅行成本的标准　*LO4,5*

纽约市一家大型服装商店每年都安排最好的5位销售人员去旅游，在佛罗里达的奥兰多渡假五天。这渡假期从2月份的第一个星期一开始到这周的星期五中午结束。公司必须购买五张自纽约市到奥兰多的二等舱机票。机票预算为每人1 000美元。

负责购买机票的助理访问了Delta 航空公司和Continental航空公司的网站，其网址为：

www.delta-air.com

www.flycontinental.com

他从这两家航空公司中寻找，从第一个星期一早晨出发，星期五傍晚返回的来回最低价格机票。

要求：

a. 根据你找到的最低票价，计算与机票相关的耗费差异。是有利的还是不利的？

b. 对当前的机票价格说，这标准是否合理？是什么因素可能造成了价格差异的有利或是不利的？

"轮到你了！"的评论

你作为一名生产经理　因为生产线已经按100%的负荷运行了几个月，可能会发生许多问题。在持续运行时设备维修是较困难的，而缺少维修的设备将会经常出故障。有可能需要雇佣一些经验较现有员工差的新工人来补充。这些工人需要训练和学习时间来提高效率，并适应标准需要。供应商对提供满足需求额的原材料也可能有困难，他们也许会提高材料的价格。最后，一些措施使有关成本增加。例如，更经常的材料和存货搬动，更多的工厂清洁和相关的一般物料供应增加将会是需要的。所有这些类型的成本并没有包括在最初的标准中，因为他们制订依据的是80%的产能运行。所以，按100%负荷运行的实际成本将大高于按80%负荷制订的标准成本。

你作为一名工厂经理　奖金是为了激励经理做出合理的决策，使实际使用的资源低于标准的投入数量，实际的成本低于标准成本。然而，依据标准成本差异来评价和激励个人的行为可能会削弱合作。采购经理可能会在采购高质量材料时不与生产经理合作。生产经理可能会雇佣技能差的工人以节约工资费用，但代价是生产率和质量的低下。因为对一个工厂的生产是一个偏重团队性质的活动（工人们相互依靠和合作来生产高质量的产出），对个人的奖励可能是高成本的。公司从多重差异和公司多层次来计量和奖励员工，以试图避免这类成本。许多公司不但在工厂层，还是在公司层都使用利润分享制来鼓励员工间的合作。

自测题答案

1. c　2. d　3. c　4. d　5. b, d

综合问题5 尤替西公司

尤替西公司有许多生产工厂，分布在美国的中西部。贝林哈姆工厂是一家新近开业的工厂。在该公司的责任会计系统中，这工厂被作为利润中心。对每一个生产单位的单位标准成本，包括按直接人工工时分配的制造费用，全部列示如下：

(单位：美元)

制造成本（每单位按预计活动量24 000单位，或36 000直接人工工时计算）	
直接材料（2磅，按20美元计）	40.00
直接人工（1.5工时，按90美元计）	135.00
变动制造费用（1.5工时，按20美元计）	30.00
固定制造费用（1.5工时，按30美元计）	45.00
每单位标准成本	250.00
预算销售和管理成本	
变动成本(美元单位)	5
固定成本	1 800 000
预计销售活动量：20 000单位，按每单位425.00美元计	
需要的期末存货：10%的销售量	

假定这是贝林哈姆工厂经营的第一年。在这年中公司发生了下列的活动：

生产的单位数	23 000
销售的单位数	21 500
销售的单价/美元	420
工作的直接人工工时	34 000
直接人工成本/美元	3 094 000
采购的直接材料/磅	50 000
直接材料成本/美元	1 000 000
耗用的直接材料/磅	50 000
实际固定制造费用/美元	1 080 000
实际变动制造费用/美元	620 000
实际销售和管理成本/美元	2 000 000

此外所有过度或不足的分配制造费用和所有的生产成本差异都调整到“销售成本”中了。

要求：

a. 编制这年的生产预算，依据这变动标准/预期销售量和需要的期末存货量；

b. 编制贝林哈姆工厂这年度的预算责任收益表；

c. 计算直接人工差异。指明这些差异是有利的或是不利的，并说明为什么。

d. 计算直接材料差异（材料价格差异和数量差异）；

e. 计算总的过度或不足分配（固定的和变动的）制造费用。在对过度或不足分配制造费用调整后，销售成本是一个较大的还是较小的费用项目？

f. 计算这年工厂实际的经营利润。

g. 在贝林哈姆工厂这经营第一年度中，解释预算经营利润和实际经营利润间的差额。这个差额中那一部分你认为是工厂经理的责任？

h. 尤替西公司的财务主管希望将公司范围的管理费用分配到每一个利润中心，包括在他们的收益表中。贝林哈姆工厂的经理是否应该把他们的奖金计算与减计公司范围管理费用后的利润挂钩？应该还是不应该，理由呢？

第24章

资本预算

学习目标 (Learning Objectives)

学习本章后，你应当能够：

1. 解释资本投资决策的本质。
2. 确认在资本投资决策中的非财务因素。
3. 使用①回收期法、②投资报酬率法和③折现现金流量法评价资本投资决策的方案。
4. 讨论净现值法和投资者要求的回报率的关系。
5. 解释资本预算的行为问题和确认公司怎样试图控制资本预算的过程。

这只猫喵喵叫个不停

在堪萨斯城的卡特皮勒（Caterpillar）公司展示厅中，经销商“地因机器”公司对建筑机械已经没有什么其他可挑选的，这只“猫”（卡特皮勒公司名称的前三个字母为“Cat”）的每一种最热销产品总是十分有名。发动机可产生电力，当地的采购商抢着买发动机（例如，堪萨斯城河流中的船只4/5用此来发电），卡特皮勒公司的发动机在1996年销售增加了一倍，促进了经销商年度销售创历史记录。

强劲的经济使竞争的设备制造商（如“Deere & Co.”和“Case Corp”）也有增长，卡特皮勒公司则有不断涌现的新产品和6年期的资本开支计划等新招数……

为使制造过程更有弹性，第一步是一个集约化的6年资本支出计划。因为它可以制造不同的产品，而不需调整装配线，卡特皮勒公司已经削减了制造工时约75%，存货的约60%。最终结果则是：经营毛利从1993年的5.4%增加到1996年的超过12%。

资料来源：Peter Elstrom,“This Cat Keeps on Purring,”*Business Week*, January 20, 1997, pp.82-84. Reprinted by special permission, copyright © 1997 by The McGraw-Hill Companies, Inc.

90年代早期为使制造过程弹性化，卡特皮勒公司进行了大规模的不可撤销的资本投资项目。这些资本投资并不是到90年代末才开始了结，重大风险一直伴随着投资计划。在经济衰退期中，公司可以减少雇员的数量。在经济改善时，他们可以雇佣较多的雇员。然而，伴随着经济的波动，处置或购买特殊设计的厂场资产都是很困难的，而且不能迅速地完成。

24.1 资本投资决策

经理们所面临的最大挑战是作资本投资决策。这里的**“资本投资”**广泛地指购买厂场资产，开发新产品线，或购买子公司等大规模的支出。这类决策长时期地约束了财务资源，一旦已经投资，再进行资金变更是困难的。这样，公司不是从一个好的资本投资中长期得益，就是从一个坏的投资中受损。

对资本投资机会评价和排序的过程就称之为**资本预算**。资本预算很大程度上取决于对未来经营成果的预计。这种预计具有相当程度的不确定性，而且应该相应地评价。此外，许多非财务因素也应该加以考虑。

24.1.1 财务性和非财务性的考虑

在资本预算中，也许最重要的财务考虑是未来现金流量和未来盈利率的预期影响。但是在一些案例中，非财务考虑是决策的因素。

此要点的案例

许多公司作了环境资本投资，这并不能用财务标准来计量，判断是否可以接受。例如，总公司在瑞士的一家多种经营公司——Ciba-Geigy公司生产一种化学添加剂用于延长许多产品的货架寿命。用于生产此化学产品的几种成份对环境、健康和安全都有影响，Ciba-Geigy公司作了重要的资本支出以减少相关的环境影响。Ciba-Geigy公司的会计系统不能收集制造这类化学添加剂相关的环境成本，原因在于这些成本支出遍布于此报告系统中。这样，就不可能对相关的环境资本投资作完整财务评价。

下列表格中列示了一些资本投资方案，其中非财务因素可能是主要考虑点：

投资方案	非财务考虑
污染控制系统	关心环境 公司形象
新工厂照明	更好的工作条件 生产质量
雇员健康俱乐部	雇员士气 更健康的雇员
雇员托儿设施	对双职工的待遇 增加工作安排的弹性

资本投资方案财务侧面的评价有多种方法，我们现在将列举其中最广泛使用的三种，即回收期法、平均投资报酬率和折现未来现金流量法。

24.1.2 对资本投资提议的评价：例子

为介绍资本预算方法的应用，我们将对缅因州波特兰的乙级棒球队缅因州 LobStars队（经常被称为“星”）考虑的两个投资项目进行评价。第一个项目涉及在球队波特兰体育场中购买10台自动售货机。第二个项目涉及购买一辆新大客车，以替代现在用的那辆。

“星”队体育场现在还没有用以在比赛时销售食品的售货亭。球队老板史蒂夫·威尔逊已经收到几项标书，争取在体育场看台下建造售货亭。标书最低为150 000美元，包括一个1 000平方英尺(1英尺约等于0.305m)水泥砌成的建筑，装备有收银机、油炸器、烧烤机、汽水机和一台大冰箱和冷藏箱。不幸的是，竞争对手基于同样目的，愿意对大部份设备的投资出价75 000美元。

威尔逊最近收到从售货机大王国际公司的一项提议。售货机大王公司销售售货机，它能供应热的和冷的三明治和饮料。该公司提出，可向“星”队出售10台售货机，每台7 500美元，总价格75 000美元。这些售货机使用时，售货机大王公司负责对售货机提供充足的三明治和饮料存货。在预计寿命期，即5年末，售货机大王公司将这些机器再购回，每台500美元，总价格5 000美元。售货机大王公司还针对“星”队提供一项保险和维修协议，每年的成本为3 000美元。

由售货机大王公司提供的估测，每次棒球比赛这10台机器将可收入1 875美元，而“星”队在每个赛季有45场主场比赛。这样，这些售货机器将可能每年产生收入84 375美元（1 875美元 × 45）。不过售货机大王公司也要收回销售成本50 625美元（销售收入的60%），“星”队只需在商品销售后支付上述成本。这些机器预期每年增加“星”队净收益10 000美元，其计算如下：

（单位：美元）

售货机预期每年增加收入和费用额		
每年由投资增加的收入		84 375
减去：销售成本（60%的销售，付给售货机大王）		50 625
增加每年毛利润（40%的销售）		33 750
减去：协议保险和维修成本	3 000	
折旧[($75 000 － $5 000) / 5 年]	14 000	
增加电力和杂项成本	350	(17 350)
由投资而增加每年税前收益		16 400
减去：增加的所得税（大约为39%）		6 400
每年由投资而增加的净收益		10 000

大多数资本预算方法涉及了对一项投资所包含的每年净现金流量的分析。每年净现金流量

指的是，在一特定年中现金收入超过现金支出的那部份。我们在例子中假定，所有的售货机收到的都是现金，同时所有的费用（除折旧外）也是立即用现金支付的。换句话讲，净收益和净现金流量间的差额只与折旧费用相关。

现金影响

由售货机每年所产生的预计净现金流量是24 000美元，其计算如下：

由投资增加每年的净收益	10 000
每年的折旧费用	14 000
每年投资的净现金流量	24 000

该计算反映了折旧是一项非现金费用。这样，承认折旧费用造成了投资的每年净收益将少于每年净现金流量金额。

在我们的例子中，售货机预期既增加了净收益，也增加了净现金流量。但是实际的问题是，这些增加是否足够以认可所需的投资。我们将用三种不同的资本预算方法来回答这个问题。

24.1.3 回收期法

回收期是指以投资每年带来的净现金流量来抵偿该投资的成本所必需的时间长短。在我们的例子中，回收期计算如下：

$$\frac{\text{将投资的金额}}{\text{预计每年的净现金流量}}=\frac{75\ 000}{24\ 000}=3.125\text{ 年}$$

在几个投资机会中选择时，较短回收期被认为较理想，因为投资的成本回收得越快，资金可能被用于其他地方。一个较短的回收期也意味着减少风险，时间长经济条件的变动将会影响投资的完全回收。

然而在重要投资预算时，回收期不应该被看做是惟一的因素，因为它忽略了两个重要问题。第一，它忽略了一项投资在它全部寿命期（例中是五年）中的，总体盈利率和全部现金流量。第二，它忽略了未来现金流量的时间性。我们将在本章后部详细讨论这些。

24.1.4 平均投资报酬率

平均投资报酬率是一项投资的平均每年净收益与投资额平均数相比的一个百分比。“星”队将最初投资75 000美元，以购买10台新的售货机。然而，每年的折旧费用将使机器的持有价值减少14 000美元。因为每年净现金流量超过净收益数，预期就是这个数字，我们可以认为折旧费用提供了原始投资回收。这样在任何特定时点上，“星”队在设备上已经投资的数额就可表示为这些机器的持有价值，即它们的成本减少累计折旧。

在折旧使用直线法时，一项资产的持有价值在其寿命期中均匀地减少。所以，一项资产在其寿命期的平均持有价值就是其原始成本和它残值合计的一半。如果残值是零，则资产的平均持有价值（或平均投资）就简单地是其原始价值的一半。

从数学角度说，一项资产在其寿命期的平均投资额可以确定如下：

$$\text{平均投资额}=\frac{\text{原始成本}+\text{残值}}{2}$$

这样在10台新售货机的寿命期中，“星”队将有平均的投资额（75 000 + 5 000）÷2，即40 000美元。我们可以计算出平均投资的回报为：

$$\frac{\text{预计平均的净收益}}{\text{平均投资额}} = \frac{10\,000}{40\,000} = 25\%$$

在确定这25%回报率是否满意时，威尔逊应该考虑如下因素：售货机大王公司提供的收益和现金流量预测可靠与否，其他投资机会的回报率，以及“星”队的资本成本。[1] 在比较可替代的投资机会时，经理们喜爱的是：最低风险，最高回报率，和最短的回收期。

投资的回报率概念与回收期法有一共同的弱点，即它们都没有考虑到，一项投资的现值是取决于未来现金流量的时间性。对今天投资者而言，投资的现金流量在它的寿命期中收到迟些比那些金额相同但收到要早的、价值要小些。投资回报率的计算简单地忽略了这个现金在投资寿命期中收到是早还是迟的问题，它就不能比较投资的购买价格提早付清，还是在整个寿命期中分期偿付的优劣。折现未来现金流量就是一种考虑了现金流量时间性的方法。

此要点的案例

“场地联结建筑和工程”公司正在考虑对其55名雇员提供使用因特网的方便，该决策可以使用回收期标准来判断。联结因特网的决策是很容易做到的，因为其他形式通讯，如传真、电话、留言服务和速递等上每年预计的花费，比联结因特网的初始成本要高得多。这样回收期法就是一种恰当的标准，因为货币的时间价值并不是一个相关的问题。

24.1.5 折现的未来现金流量

如前面章节中所述，未来现金流量的现值是一个理性投资者为得到将来一定金额的权力，在今天愿意支付的金额。得到一个现值数取决于三方面，（1）未来现金流量的金额，（2）投资者收到现金流量必须等待的时间长度；（3）投资者要求的回报率。折现是确定现金流量现值（折现现金流量）的过程。

附录C中将介绍使用现值表格来对未来现金流量折现。那些对现值概念或使用这表格并不熟悉的人，应该在继续学习本章前先阅读附录C的内容。

为了方便，再列示两张附录C中的现值表格。表24-1表明了一次单一支付1美元，但将在未来第 n 期（年）收到的现值。表24-2 表明1美元年金的现值，就是在 n 个连续年度中每年收到1美元 的现值。为了举例，二张表都已经简化了。它们仅包括选定的折现率和有限的期数。然而，对本章所有的问题和练习材料，表24-1和表24-2所列的折现率和期数都已够用了。

表 24-1

在n期后支付1美元的现值

期间数	折现率								
(n)	1%	1.5%	5%	6%	8%	10%	12%	15%	20%
1	0.990	0.985	0.952	0.943	0.926	0.909	0.893	0.870	0.833
2	0.980	0.971	0.907	0.890	0.857	0.826	0.797	0.756	0.694
3	0.971	0.956	0.864	0.840	0.794	0.751	0.712	0.658	0.579
4	0.961	0.942	0.823	0.792	0.735	0.683	0.636	0.572	0.482
5	0.951	0.928	0.784	0.747	0.681	0.621	0.567	0.497	0.402
6	0.942	0.915	0.746	0.705	0.630	0.564	0.507	0.432	0.335

[1] 一个企业的资本成本指，筹集投资资金的成本。在一项投资完全由举债来筹资时，其资本的成本就是企业对所借人资金所付的利率。而在投资的资金部份或全部来自权益部分时，其计算就很复杂。确定企业的资本成本是在公司财务课程中讨论的。

（续）

期间数	折现率								
(*n*)	1%	1.5%	5%	6%	8%	10%	12%	15%	20%
7	0.933	0.901	0.711	0.665	0.583	0.513	0.452	0.376	0.279
8	0.923	0.888	0.677	0.627	0.540	0.467	0.404	0.327	0.233
9	0.914	0.875	0.645	0.592	0.500	0.424	0.361	0.284	0.194
10	0.905	0.862	0.614	0.558	0.463	0.386	0.322	0.247	0.162
20	0.820	0.742	0.377	0.312	0.215	0.149	0.104	0.061	0.026
24	0.788	0.700	0.310	0.247	0.158	0.102	0.066	0.035	0.013
36	0.699	0.585	0.173	0.123	0.063	0.032	0.017	0.007	0.001

1美元的现值可用以下公式计算：$P=1/(1+i)^n$，此处的P指1美元的现值，而i指折现率，而n指未来现金流量发生的期数。表格中金额已经进位到小数后三位，期数和折现率也只列有限一些。许多计算器已编程，可以在输入未来金额、期数n和折现率i后用这些公式计算现值。

表 24-2

在*n*期中每期收到1美元的现值

期间数	折现率								
(*n*)	1%	1.5%	5%	6%	8%	10%	12%	15%	20%
1	0.990	0.985	0.952	0.943	0.926	0.909	0.893	0.870	0.833
2	1.970	1.956	1.859	1.833	1.783	1.736	1.690	1.626	1.528
3	2.941	2.912	2.723	2.673	2.577	2.487	2.402	2.283	2.106
4	3.902	3.854	3.546	3.465	3.312	3.170	3.037	2.855	2.589
5	4.853	4.783	4.329	4.212	3.993	3.791	3.605	3.352	2.991
6	5.795	5.697	5.076	4.917	4.623	4.355	4.111	3.784	3.326
7	6.728	6.598	5.786	5.582	5.206	4.868	4.564	4.160	3.605
8	7.652	7.486	6.463	6.210	5.747	5.335	4.968	4.487	3.837
9	8.566	8.361	7.108	6.802	6.247	5.759	5.328	4.772	4.031
10	9.471	9.222	7.722	7.360	6.710	6.145	5.650	5.019	4.192
20	18.046	17.169	12.462	11.470	9.818	8.514	7.469	6.259	4.870
24	21.243	20.030	13.799	12.550	10.529	8.985	7.784	6.434	4.937
36	30.108	27.661	16.547	14.621	11.717	9.677	8.192	6.623	4.993

折现率可以被看做是投资者所要求的回报率。一项投资的未来现金流量的现值可以表述为：投资者为期望得到未来要求回报率，愿意对这投资支付的最大金额数。所以，一项投资被认为是理想的，就是它的成本少于未来现金流量的现值。相反地，在投资的成本超过了未来现金流量的现值时，它的预期回报小于投资者的预期数。

所用的折现率越高，得出的现值数就越低。这样，特定投资所要求的回报率越高，投资者愿意为投资支付的数额就越少。对一特定投资确定现值所需的恰当折现率（或所要求的回报率）取决于投资的本质，可供选择的其他投资机会，以及投资者的资本成本。

我们以在下面的例子介绍应用折现现金流量的概念。我们假定"星"队对所有投资项目都要求有15%的投资回报。10台售货机预期在5年中每年要产生净现金流量24 000美元。表24-2列示了在5年中每年将收到1美元的现值，折现率为15%时为0.497。这样，5 000美元将在这5年年末收到的现值就是5 000 ×0.497，即2 485美元。我们可对此10台售货机的方案进行如下分析：

(单位：美元)

预期每年现金流量的现值(24 000 × 3.352)	80 448
期末残值处理的现值(5 000 × 0.497)	2 485
投资未来现金流量的现值合计	82 933
投资的成本（事先应付项）	75 000
建议投资的净现值	7 933

此分析表明了售货机未来现金流量的现值，在折现率为15%时是82 933美元。这是“星”队在此机器上预期每年能有15%回报时，所能投入的最大投资金额。在实际的投资成本仅为75 000美元时，这些机器有潜力赚得超过15%的回报。

这售货机大王的方案的净现值是净现金流量的现值和投资成本的差额。如果净现值等于零，该回报率等于折现率。净现值是正值，意味着投资将会提供超过折现率的回报，而净现值是负值，意味着投资可能产生少于折现率的回报。用财务术语说，有正值净现值的方案是可接受的，有负现值的方案应被看为不可接受的。这种关系可以归纳如下：

净现值（NPV）	说明
NPV > 0	回报超过折现率
NPV = 0	回报等于折现率
NPV < 0	回报抵于折现率

基于我们的现金流量分析，购买这批售货机看来是可接受的方案。不过，在单纯依靠数字决策前，还应考虑一些非财务问题。

例如，确定这些财务计量数字时用到收入和费用的预测，而这是由售货机大王公司所提供的。这些预测完全有可能是过度乐观的。进一步说，威尔逊先生知道售货机大王的商业声誉又有多少呢？售货机大王公司担保这些机器在每次比赛时都备有新鲜货物，在机器出现故障时及时维修，再在五年末用5 000美元购回这些机器，这些保证的可靠性怎样呢？威尔逊先生有没有得到其他售货机供应商的报价呢？或者他已经考虑过和其他食品供应商签约，由他们在“星”队主场棒球赛时提供有关服务呢？最后，也许还有许多不相关的投资机会可考虑，诸如，投资于购买一台新的投球机、新的队服或新的赛场座椅。

轮到你了！ 作为一名财务总监

你正在参加“星”队管理部门的第一次会议。你的工作是讨论拟议的资本预算项目，以得到管理部门的批准。管理部门包括了老板(威尔逊先生)习惯于用回收期和平均资产回报率标准。然而，你也已经准备了净现值资料供他们审查。威尔逊先生抱怨说，净现值资料太繁琐和不需要。你将如何回答呢?

我们的评论将列在本章末。

24.1.6 资产重置

许多资本投资决策涉及对现存资产的重置。这类决策包括几种决策方法，即确认相关信息、增量分析和折现未来现金流量。从周密角度来看，也许还应该考虑到所得税对决策的影响和非财务因素。

例子所用的数据 假定“星”队拥有一辆旧大客车，用于在比赛期间运送球队。这辆旧客车耗油量大，经常需要修理，没有空调，还令人感到拥挤和不舒服。现有一机会购买另一辆大客车，尽管也是旧车，但更大些，状况也更好些，有空调器，也更省油。

下面是这个投资方案所涉及的财务数据：

新客车的成本	\$ 65 000
旧客车的账面价值	25 000
旧客车的现行销售价格	10 000
预计每年的运行成本（燃料、修理和保险）	
新客车	18 000
旧客车	30 000

为简单起见，我们将假设两辆客车都有剩余的五年使用年限，并没有残值。

请注意，旧客车有账面价值25 000美元，但其现行销售价格仅为10 000美元。初看下来，处置旧车时损失为15 000美元，这将是反对重置旧车的一个论据。但是旧车的成本是**沉没成本**，所以与决策不相关。

旧车的账面价值只是余留下的沉没成本。如果旧车出售，其账面价值将冲抵销售收入。但是，如果旧车保留，账面价值将在其下五年中被陆续承认为折旧费用。这样不管做出那种决策，"星"队不能避免承认这些成本为费用（或损失）。从现值观点来看，在当期承认这些沉没成本为损失也许还有一些好处，因为这可在现在抵扣所得税，而不是在这客车剩余的多年使用期中抵扣。

是否重置旧客车的决策中，"星"队应该确定由这行动带来增量净现金流量的现值。此现值可以与新客车的成本比较，决定此方案是否提供了所要求的回报率。

确定增量现金流量的现值　为计算每年新客车的增量现金流量，我们必须考虑每年两种客车运行成本的节约，以及每年所得税的差额。"星"队每年所得税费用将为购买新客车所影响，这是因为每年运行费用的差异和每年折旧费用的扣减。（为简化我们的计算，我们假设"星"队在税务方面使用直线法折旧。）

如前所述，新客车预期产生12 000美元运行成本的节约。然而，新客车每年折旧费用将是13 000美元 (65 000 / 5年)，而旧客车的每年折旧费用仅是5 000美元，即25 000美元 / 5年）。折旧费用每年增加8 000美元意味着，购买新客车将每年增加应税收益4 000美元(即每年成本节约12 000美元减去增加的折旧 8 000美元)。假定税率是40%，购买新客车将增加每年税收费用1 600美元(4 000 × 40%)。这样从购买新客车中每年增量净现金流量是10 400美元 (运行费用节约12 000美元 减去增加的所得税1 600美元)。

我们已经说明，"星"队要求的资本投资回报率是15%。参阅表24-2，我们看到5年中每年收到1美元的现值是3.352。所以，5年中每年收到10 400美元按15%折现的现值是34 861美元(10 400 × 3.352)。此外，在计算每年现金流量的现值时，还应该考虑两个其他因素：10 000美元旧客车出售的收入，以及这种处置损失的税收节约。

这10 000美元出售收入将立即收到，它的现值当然就是10 000美元。而这15 000美元的处置损失造成第一年年末6 000美元的税收节约(15 000 × 40%)。这6 000美元用15%折现率折现的值，就是5 220美元 (6 000 ×0.870)，其折现乘数见表24-1。

财务考虑的总结　我们现在可将这方案现值计算如下。

每现金流量增量的现值	\$ 34 861
出售旧客车收入的现值	10 000
处置损失带来税收节约的现	5 220
现值合计	\$ 50 081
减去：新客车成本	65 000
净现值	\$ (14 919)

由此可见，这方案并不能对“星”队提供要求的15%资本投资回报率。（**问题：**“星”队要能从这新客车赚取15%回报率，而所能支付最高的金额是多少？**答案：**50 081美元，现金流量按15%折现的现值。）

轮到你了！作为一名运输经理

假定你在管理“星”队的运输工作。你刚看到有关购买新客车的方案，及其所附的财务数据。你知道新客车的运行成本将不是每年都为18 000美元，更可能的是在5年中分别为8 000美元、12 000美元、20 000美元、24 000美元和26 000美元。你是否应该谈及这个事实，即在5年中运行成本的平均数仍为18 000美元 [(8 000 + 12 000 + 20 000 + 24 000 + 26 000) / 5]吗?

我们的评论见本章末。

非财务考虑 上述资本投资方案不能提供所需的回报率，并不意味着应该否定这方案。我们曾确认了几种资本投资，虽然财务回报很小或没有，但管理部门可能因其他原因而值得投资。

“星”队应该购买这新客车吗？也许可能。是的，他们已经多支付了15 000美元的买价，来得到15%的回报。但从其他方面来看，球队出行舒服得多了，并且在下来5年期中客车运行很可靠。（因为旧客车故障而失去一场球赛，这机会成本有多大呢？）实际上15 000美元意味着，为新客车可能提供的非财务得益，而付出一笔小代价。

最后，球队是否考虑了所有可能的机会呢？很清楚，旧客车并不只有出售一种用途；同时，是否可以采用租用客车服务，而不一定非自己拥有不可。

24.1.7 资本预算中的行为考虑

资本预算的准确性关键在于，现金流量和项目寿命期的预计。然而，在涉及资本预算的雇员进行预计时，必须认真考虑两个理由。第一因为资本预算的结果对雇员会发生重大影响，他们的预计可能会过分乐观或过分悲观。第二，资本预算涉及从许多来源的预计，企业内部或外部都有，在这过程中会有许多可能发生差错的机会。

产生乐观或悲观的预计，常因为对雇员工作的评价一般是与公司所选择资本投资的金额和类型相关。例如，利润中心经理的奖金很可能按该中心每季度利润额计算。假定这利润中心的盈利率取决于当前运行设备的效率。在一项购买新设备的资本投资项目时，利润中心的经理提供的有关数据就可能有以下行为，过分高估新设备的效率和过分低估现在设备的效率，以促使管理部门购买新设备。

因为资本预算方案选择取决于企业未来的趋向，认真细致地评价和积累数据是十分关键的。大多数资本预算方案需要从多种多样个体处取得资料，如在“星”队的客车决策例子中，新车和旧车的购买或出售价格，新车和旧车的运行成本，新车和旧车使用的寿命期等都可能从公司内部或外部的多种来源得到。运行成本可能来自于会计师，旧车和新车的价格可能收集自企业的外部，而他们的使用寿命期可能由机械师所估计。这些估计的可靠性可能是一些关键因素，会影响许多资本预算方案中的最后选择。

许多公司在资本预算的过程上建立了内部控制，以帮助消除过分乐观或悲观的估计，并防止错误的积累。许多公司使用程序性表格，要求所有较高层次的经理们签署大额资本预算项目。还有许多公司要求财务部门的专家，对项目预计的准确性评价和进行完整的分析。最大的战略性资本投资则需要董事会的批准。

此外，许多公司在资本预算完成后还进行跟踪调查。经理们比较预计的开支和实际发生的及运行成本，以找出在计划过程中的弱点。在知道将要作**资本预算审计**时，资本预算的计划者作过分乐观或悲观的预计的可能性就会较少。正如你们谨慎地编制你们存款户的开支计划，是因为银行会审计你们的余额一样，在知道他们建议的资本支出也将要审计时，资本预算计划者也会谨慎从事的。

24.1.8 小结

我们已经讨论了三种方法，从财务方面评价资本投资的机会。资本投资的财务结果是相关的，即使在这类开支上企业选择余地很小时也是如此。

在重置资产决策时，你们可能注意到所得税对我们的分析是纠缠得多么紧密。所得税确实与经营决策紧密相关（在许多情况下），但这种所得税考虑将指导必要的行动。我们强调所有的财务决策者都要在他们的行动中，永远考虑税务的影响。

不要忘记非财务因素决定了许多经营决策。经营必须以一种对社会负责的方式进行，这经常会造成盈利率的牺牲，特别是从短期来看。也请记住机会成本的概念。经常会有更好的方式等待发现，但这只是那些有前瞻性、革新眼光和持之以恒的人才能做到的。

此要点的案例

联邦政府有多种机构和部门，对资本投资活动进行很秘密的跟踪调查。商务部的经济分析局（Commerce Department's Bureau of Economic Analysis）按类别对商业投资跟踪调查www.bea.doc.gov 。联邦储备委员会 (Federal Reserve Board) 对商业设备出口的变更进行跟踪调查。

24.2 作者的结论性评论

我们很高兴在本课本中提供了这些机会，让我们荣幸地和那么多的学生共享我们的会计和经营的观点。

写作这本书时我们也学到了许多东西。我们全体都已经对过去了解的思想，进行了深入的质疑、探索、证实和再思考。我们希望这门课程的经验对你们是有用的。

网络联接

要接触Caterpillar公司过去三年的年报，可以通过Edgar档案，而这又可以通过证券交易委员会 (Securities Exchange Commission, SEC)的网址进入：

www.sec.gov

从现金流量表中确定这些年里资本开支的水平，请表述为每年销售额的百分比。再将这些开支与Caterpillar公司的一家竞争对手对比，如John Deere公司或Komatsu公司。从每元销售额中的资本开支数的变化趋势，你能告诉我们该公司盈利率未来的发展趋势吗?

章末回顾

学习目标小结

学习目标1 解释资本投资决策的本质。

资本投资决策一般指需要购买厂场资产的项目或提议。这些决策对营业企业长期良好财务状况是关键的。不仅指企业所需资源要在长时期内受到约束，而且一旦资金已经投资或一个项目开始后，就很难或不可能扭转了。

学习目标2 确认在资本投资决策中的非财务因素。

非财务因素可能表明合适的行动方案。这类因素可能包括如遵守法律、公司形象、雇员士气和各种方面的社会责任。管理部门必须对这类考虑保持警觉。

学习目标3 使用①回收期法、②投资报酬率法、③折现现金流量法评价资本投资决策的方案。

回收期是指一项投资的成本被它所带来的净现金流量全部抵偿所需要的时间长度。然而，这类投资分析不能考虑全部寿命期和投资的总体盈利率。

平均投资报酬率表示，由投资产生的预计净收益对平均投资的百分比率。这个百分比代表了投资所赚得的回报率。但这方法的缺点是，平均预计净收益忽略了未来现金流量的时间性，所以也没有考虑了货币的时间价值。

折现未来现金流量确定一项投资建议的净现值。有正净现值的建议通常被认为是可采纳的，而有负净现值的建议则被认为不可采纳。这种方法既考虑了投资的寿命期，也考虑了未来现金流量的时间性。

学习目标4 讨论净现值法和投资者要求的回报率的关系。

在确定一项投资净现值时所用的折现率，可以被看为投资者要求这项目的最低回报率。这样，在一项投资的净现值是正值时，它预期的回报率超过投资者要求的最低回报。相反，一个负值的净现值，表明该投资项目的回报潜力小于投资者所要求的最低数。

学习目标5 解释资本预算的行为问题和确认公司怎样试图控制资本预算的过程。

在资本预算作现金流量预测时，雇员的行为可能表现为乐观或悲观，因为他们的未来受资本预算建议选择的影响。企业审计资本预算项目目的就是控制过度乐观或过度悲观的预计。

本书已经向你介绍了财务会计、管理会计和很少部份的所得税的概念。我们深信，你们将会发现这些背景对你们职业生涯是有用的。然而，我们也向你们推荐继续学习更多一些的会计课程。我们特别向你们推荐学习成本会计课程和税务入门课程。

关键术语

capital budget audit 资本预算审计

经理们对资本预算项目的安装和运行成本的预计支出额与实际支出额比较，以发现其计划过程中的缺点。

capital budgeting 资本预算编制

对厂场资产投资方案的计划和评价过程。

capital investments 资本投资

数额大的资本支出，它一般涉及购买厂场资产。

discount rate 折现率

投资者将未来现金流量折现为现值时，所用最低的回报率。

discounted cash flows 折现现金流量

未来现金流量的现值。

net present value 净现值

一项投资预期的现金净流量的现值超过其投资额差额。净现值是对投资方案排序的一种方法。

payback period 回收期

一项投资所产生的现金流量抵偿所支付成本所需时间的长短。回收期是作投资决策时所用准则之一。

present value 现值

预期未来的现金流入量或流出量约当于今天的货币量。货币现值永远小于其未来值，因为今天手头的货币可用于投资，而变为未来较大的约当金额。

return on average investment (ROI) 平均投资回报率

一项投资所得的平均每年净收益表述为平

均投资金额的一个百分比。平均投资回报率是按盈利率来对各投资方案排序的一种方法。

sunk cost 沉没成本 由过去行动引起，而已经不可变更地发生的成本。沉没成本对涉及未来行动的决策是不相关的。

示范题

格鲁夫建筑公司正在考虑购买一台新的混凝土卡车，成本为150 000美元。公司打算使用这卡车5年，然后再以此换取一台新车。卡车估计在5年期末的残值约为25 000美元。卡车将可增加每年收益和现金流量数见下：

年份	收益增加	净现金流量增加
1	$10 000	$37 500
2	12 000	37 500
3	14 000	37 500
4	16 000	37 500
5	18 000	37 500
	$70 000	$187 500

要求：

a. 计算该投资的回收期。

b. 计算这建议的平均投资回报率。

c. 计算这投资的净现值，如果公司要求的最低回报率是12%。

d. 对上述结果评价。

示范题答案

a. 投资的回收期计算如下：

$$\frac{\text{将投资的金额}}{\text{预计每年净现金流量}}=\frac{150\,000}{37\,500}=4\text{年}$$

b. 平均投资的回报率可以用下列三步骤计算：

第一步：计算平均投资额

$$\frac{\text{原始成本}+\text{残值}}{2}=\frac{150\,000+25\,000}{2}=87\,500\text{美元}$$

第二步：计算平均预计净收益

$$\frac{\text{总收益}}{\text{预计使用年限}}=\frac{70\,000}{5}=14\,000\text{美元}$$

第三步：计算平均投资的回报率

$$\frac{\text{平均预计净收益}}{\text{平均投资额}}=\frac{14\,000}{87\,500}=16\%$$

c. 这投资的净现值计算如下： (单位：美元)

表24-1	
残值的现值，按12%和5年折现（25 000 × 0.567）	14 175
表24-2	
现金流量的现值，按12%和5年折现（37 500 × 0.567）	135 188
未来现金流量的现值合计	149 363
将投资的金额（事先的应付项）	150 000
建议投资的净现值	(637)

d. 涉及投资于混凝土卡车的三种计量中有两种是令人鼓励的。第一，回收期只有4年，少于卡车预计寿命期5年。第二，平均投资的回报率是16%，这大于公司最低要求的回报率12%。然而，净现值是负值的637美元，表明卡车的回报率按现值方式计，实际是小于12%。假定公司的最低要求回报率是10%，而不是12%的话，投资项目的净现值将会是正值的7 688美元，其计算如下：

(单位：美元)

表24-1	
残值的现值，按10%和5年折现（25 000 × 0.621）	15 525
表24-2	
现金流量的现值，按10%和5年折现（37 500 × 0.621）	142 163
未来现金流量的现值合计	157 688
将投资的金额（事先的应付项）	150 000
建议投资的净现值	7 688

因为卡车的净现值在折现率12%时是负值，而在折现率10%时是正值，我们就可知道卡车的预期回报率介于10%和12%之间。

自测题

这些问题的答案见本章末。

1. 下列哪种资本预算计量方法需要对投资的未来现金流量折现？

a. 回收期法；

b. 净现值法；

c. 平均投资的回报率；

d. 上述所有的方法都需要对投资的未来现金流量折现。

2. 在确定是否重置旧设备时，下列方法中哪种最不重要？

a. 新设备有关的增量成本和收入；

b. 新设备的预计成本；

c. 旧设备的历史成本；

d. 新设备的预计残值。

3. 如果一项投资方案的净现值是正值，就可以得出什么结论？（确认所有正确的答案）

a. 所用的折现率小于投资预计的回报率；

b. 投资预计的回报率超过投资者要求的最低回报率；

c. 所用的折现率等于投资者要求的最低回报率；

d. 投资产出的现金流量其现值超过它的成本。

4. 西部制造公司正在考虑二个资本预算方案，这两者都有10年寿命期，都需要首期现金支出50 000美元。A方案显示出比B方案较高的平均投资回报率，但B方案显示了较高的净现值。其中最可能的解释是什么？

a. B方案的预期现金流量发生的趋势较早；

b. B方案的预期现金流入量总计较大；

c. A方案的回收期较短；

d. 折现未来现金流量法并不对初始投资50 000美元提取回收准备金。

5. 复印中心正在考虑以一台新复印机替换它的旧机器，这旧复印机账面价值是3 200美元。该方案购买了新机器，其折现现金流量分析表明预计的净现值是2 800美元。如果新机器购买后，

旧机器无残值，而将只能丢弃。这旧机器处置的损失将是：

a. 这是购买新机器的机会成本；

b. 新机器的净现值超过额，表明应该购买新机器；

c. 在计算出新机器的净现值2 800美元时，已经减去了此损失；

d. 这是一项沉没成本，与手头决策不相关，除非它影响了所得税支付的时间性。

作业

讨论题

1. 什么是资本预算？为什么资本预算决策对营业企业良好的长期财务状况至关重大？

2. 一家公司投资100 000美元于厂场资产，估计它的使用寿命为20年，期末无残值。该资产按直线法折旧，每年可增加10 000美元净收益。请计算其回收期，并解释你的计算。

3. 在资本投资决策中，仅使用回收期一种标准评价的主要缺点是什么？

4. 对一特殊投资方案评价其回报率是否合适时，投资者应该考虑哪些因素？

5. 按15%对未来现金流量折现，其得出的现值低于对同样的现金流量折现的现值。解释这是为什么？

6. 确定未来现金流量现值有哪些因素？

7. 折现现金流量时考虑了收益流动趋势的特点，而这在计算平均投资回报率时是忽略的。这个特点是什么，为什么？

8. 在一个完工成品仓库中安装防火喷水装置，该方案应该考虑什么非财务因素？

9. 一个特定投资方案有正值的净现值20美元，使用的折现率为8%。而同一方案在使用折现率10%时，其净现值就变成负值的2 000美元。对这方案的预计回报率能得出什么结论？

10. 一公司在建立投资方案要求最低的回报率时，可能考虑什么因素？

11. 一个特定投资项目的回收期超过该投资预计的寿命期。这投资无残值。那么这投资的净现值是正值的，还是负值的？请说明理由。

12. 计算平均投资回报率所用的预计平均净收益，与计算净现值所用的每年增量现金流量是一回事吗？请说明理由。

13. 一个投资项目的净现值是零，这意味着什么？

14. 折旧费用不需要支付现金。然而在投资的未来现金流量折现时，它又是一个重要的因素。请解释为什么？

15. 公司可以采取什么步骤来保证雇员对一拟议的投资项目分析时，不对其成本、收入和现金流量做出过高或过低的估计？

练习

练习24.1 会计术语 *LO1~5*

下列10个会计术语是在本章中介绍或强调的。

净现值	资本预算	增量分析
折现率	回收期	现值
沉没成本	残值	平均投资的回报率
资本预算审计		

下面有一些陈述，它们可能或没有表述为上面之一的术语。对这些陈述标明涉及了哪一个术语，而在陈述中没有涉及任何一个术语时，请标明“没有”。

a. 对不同行动方案的收入、成本和现金流量的差异考察。

b. 发生在过去的成本，并不会因未来的行动结果而变化。
c. 对在厂场资产投资方案的计划和评价过程。
d. 由投资产生的平均净收益和已投资平均金额相比的百分比。
e. 一项投资的成本被其带来的现金流量所全部抵偿，这过程所需的时间长度。
f. 投资项目的预期未来现金流量的现值。
g. 今天货币的数额，被认为是预期未来发生现金流量的当量。
h. 投资者用来对未来现金流量折现，所需用的回报率。
i. 投资的最后现金流量将经常地在折现现金流量分析中考虑。

练习24.2 回收期法 *LO1~3*

心地纸业公司（Heartland Paper Company）正在考虑购买一台高速切割机。两家切割机制造厂商向心地公司表示可提供此机器，它们是(1)多莱杜工具公司和 (2)阿克龙实业公司。不管心地公司选择那家供应商，预期都可将实现下列的增量现金流量。

年	增量现金流入量	增量现金流出量
1	$26 000	$20 000
2	27 000	21 000
3	32 000	26 000
4	35 000	29 000
5	34 000	28 000
6	33 000	27 000

a. 如果由多莱杜公司制造的机器成本为27 000美元，预期的回收期是多少？
b. 如果由阿克龙实业公司制造的机器的回收期为66个月，它的成本是多少？
c. 按照回收期法看，哪种机器最吸引人？是否心地公司应该完全按照这种标准来决策？请说明理由。

练习24.3 理解平均投资回报率的关系 *LO1,3*

福士公司正在考虑四种投资方案，A、B、C和D。下表列明了每种投资有关的数据。

	A	B	C	D
投资成本	$40 000	$45 000	$25 000	$?
预计平均残值	8 000	5 000	?	4 000
预计平均净收益	6 000	?	3 400	3 000
平均投资的回报率(%)	?	32	20	?

请解出每种投资方案中缺少的数据。

练习24.4 折现现金流量 *LO1, 3, 4*

使用表24-1的表格，确定下列现金流量的现值，按年率15%折现。
a. 将在今天后的20年收到10 000美元；
b. 将在10年中每年都收到15 000美元；
c. 将在5年中每年都收到10 000美元，再在第5年末预期有12 000美元残值；
d. 将在头3年中每年都收到30 000美元，再在下2年中每年都收到20 000美元（现金收入的年份共5年）。

练习24.5 理解净现值关系 *LO1,3,4*

下列信息与三个独立的投资决策有关，其中每一个都有10年寿命期，并无残值：

	A	B	C
投资成本	$?	$141 250	$88 320
每年增量现金流入量	16 000	35 000	19 000
每年增量现金流出量	6 000	?	7 000
使净现值为零的折现率 (%)	10	12	?

使用现值表格解答每个投资方案中缺少的数据。

练习24.6 分析资本投资方案 *LO1,3*

鲍曼公司正在考虑一项特殊目的设备的投资，这设备可使公司获得政府的一张为期4年，制造一种特殊物质的合约。该设备成本为300 000美元，在4年末合约到期时并无残值。预计该项目每年经营成果如下：

合约的销售收入		$325 000
折旧外的其他费用	$225 000	
折旧费用（直线法）	75 000	300 000
合约增加的净收益		$25 000

所有的收入和除折旧外的费用将以现金收到或支付，承认期限也与财务会计处理相同。计算采用这合约项目有关的下列数据：

a. 回收期；

b. 平均投资回报率；

c. 按12%年率折现这合约方案的净现值。

练习24.7 分析资本投资方案 *LO1~4*

西北记录公司（Northwest Records）正在考虑购并西雅图音乐公司（Seattle Sound Inc.），后者是一个推销和管理“Grunge”乐队的小型公司。协议的条款规定，西北公司将支付530 000美元给西雅图公司当前的业主作为购买公司的代价。西北公司的总经理们估计这投资将产生每年净现金流量200 000美元。然而他们也觉得“Grunge”音乐的流行并不会超过4年。所以他们计划在第4年年末就以账面价值50 000美元清理对西雅图音乐公司的全部投资。由于这类收入附有高度风险，西北公司要求最低的回报率至少是20%。

a. 计算西北公司对西雅图音乐公司投资的回收期；

b. 计算这西雅图项目的净现值，请使用表24-1；

c. 你可能建议西北公司的总经理们，在研究这投资项目时应该考虑哪些非财务因素？

练习24.8 分析资本投资方案 *LO1,3*

派克和卡里（Pack & Carry）争论是否要投资一项新设备，以生产高质量的行李箱。新设备的成本为900 000美元，预计寿命期为4年，无残值。预计新设备的每年经营成果如下：

新行李箱的销售收入		$975 000
折旧外的其他费用	$675 000	
折旧费用（直线法）	225 000	(900 000)
新产品线增加的净收益		$75 000

新行李箱产品线的所有收入和所有费用（折旧除外）将以现金形式收到或支付，其承认期限也与财务会计处理相同。你们将对新行李箱生产所用新设备的投资作下列计算：

a. 每年现金流量；

b. 回收期；

c. 平均投资回报率；

d. 预计未来每年现金流入量的总现值，按年率12%折现；
e. 拟议投资方案的净现值，按12%折现。

练习24.9 比较投资方案 *LO1,2,5*

切斯特建筑公司（Chester Construction Corporation）的资本投资方案由各分部经理提出，每年一次在公司层次评价。各分部经理方案所需的总金额一般总超过公司的资本预算额。这样，每个方案第一步就要排序，而它预计的净现值是首选的筛选标准。

切斯特公司商业建筑分部经理吉夫·亨赛尔经常过高估计自己方案的预计现金流量，这样也高估了它们的净现值。他说“每个人都这样做”，所以他也就这样做。

a. 假定所有分部的经理都高估了他们方案的现金流量。如果你最近被提升为分部经理，而且你不得不在这样的条件下竞争所需的资金，你将如何做？
b. 在资本预算中，可以采用什么控制措施来阻止分部经理们的高估？

问题

问题24.1 资本预算和每年净现金流量的确定 *LO1~4*

大自然玩具公司很关注最近儿童们十分迷恋恐龙玩具的现象，想对现存的产品线中增加几种比例模型的恐龙玩具而得益。每年恐龙玩具的销售量估计为80 000只，单价为6美元。变动成本估计为每只2.50美元，增量的固定制造成本（不包括折旧）每年为45 000美元。有关这种玩具而增加的销售和一般费用每年为55 000美元。

为制造这恐龙玩具，公司必须投资350 000美元于设计模具和特种设备。因为玩具销售由盛转滞期很快，公司预计这特种设备将只有3年的寿命期，残值约为20 000美元。折旧将按直线法计算。所有收入和费用（不包括折旧）都将以现金收到或支付。公司综合的联邦和州所得税税率为40%。

要求：

a. 编制明细表列明预计由制造和销售恐龙玩具而每年增加的净收益。
b. 计算预计这项目的每年净现金流量。
c. 计算这项目的（1）回收期、（2）平均投资的回报率、（3）净现值，按年率15%折现。计算中的年数和百分数都保留一位小数。

问题24.2 分析资本投资方案 *LO1~4*

微观技术公司正在考虑两个生产设施现代化方案。为提供挑选的基础，成本会计部门已经收集了下列数据，两种方案每年预期经营的有关情况：

	方案1	方案2
设备所需投资	$360 000	$350 000
设备预计的寿命期(年)	8	7
预计的残值	$ -0-	$14 000
预计每年成本节约额（净现金流量）	75 000	76 000
设备的折旧（直线法）	45 000	48 000
预计每年增加的净收益	18 000	28 000

要求：

a. 对每个方案计算（1）回收期；（2）平均投资的回报率；（3）按年率12%折现的净现值。计算中的年数和百分数都保留一位小数。
b. 根据你上面的计算，你将推荐哪个方案，并请说明理由。

问题24.3 分析资本投资方案 LO1~4

巴纳设备公司（Banner Equipment Co.）正在评价两个投资机会。公司的主计长编制了下列两个方案的分析表：

	方案A	方案B
设备所需投资	$220 000	$240 000
设备预计的寿命期(年)	5	6
预计的残值	$10 000	$-0-
预计每年成本节约额（净现金流量）	60 000	60 000
设备的折旧（直线法）	42 000	45 000
预计每年的净收益	18 000	20 000

要求：

a. 对每个方案计算（1）回收期、（2）平均投资的回报率、（3）按年率12%的折现净现值。计算中的年数和百分数都保留一位小数。

b. 根据你上面的计算，你将推荐哪个方案，并请说明理由。

问题24.4 使用多种方法的资本预算 LO1~4

在基尔通旅游地，玛莱哥是一家很受人欢迎的餐馆。管理部门觉得增加设施以配合大量室外桌座，将可以使玛莱哥继续吸引老顾客，同时还可招揽酒席聚会，后者现在则不得不放弃的。现有两个考虑的方案。方案A涉及一个临时隔墙结构和遮阳伞用于遮挡阳光；方案B则是永久性的全部雨蓬结构，即便较差天气也有用。尽管每个方案的寿命期都是10年，方案B因为雨蓬保护而有较高的残值。基尔通旅游地的会计部门和玛莱哥的经理已经收集了两个方案有关的下列资料：

	方案A	方案B
所需投资	$400 000	$500 000
设施预计的寿命期(年)	10	10
预计的残值	$20 000	$50 000
预计每年净现金流量	80 000	95 000
设备的折旧（直线法）	38 000	45 000
预计每年的净收益	?	?

要求：

a. 对每个方案计算（1）回收期、（2）平均投资的回报率、（3）按年率15%折现的净现值。计算中的年数和百分数都保留一位小数。

b. 根据你上面的计算，你将推荐哪个方案，并请说明理由。

问题24.5 使用多种方法的资本预算 LO1~4

V.S.酸奶（Yogurt）公司正在考虑二个可能扩展计划。方案A涉及在北加州（Northern California）开张10家商店，总成本为3 150 000美元。另一策略，方案B则集中于南加州（Southern California），开张6家商店，成本为2 500 000美元。公司的主计长已经收集了二个方案有关的数据如下：

	方案A	方案B
所需投资	$3 150 000	$2 500 000
商店区位预计的寿命期(年)	7	7
预计的残值	$-0-	$400 000
预计每年净现金流量	750 000	570 000
设备的折旧（直线法）	450 000	300 000
预计每年的净收益	?	?

要求：

a. 对每个方案计算（1）回收期、（2）平均投资的回报率、（3）按年率15%折现的净现值。计算中的年数和百分数都保留一位小数。

b. 根据你上面的计算，你将推荐哪个方案，并请说明理由。

问题24.6 分析资本投资方案 *LO1~4*

罗斯莫家用电器公司（Rothmore Appliance Company）有一小型家用电器产品线，正在计划引入一种内置式搅拌器。这搅拌器年销售量估计为10 000台，单位售价是35美元。变动制造成本估计是每台15美元，每年增量固定制造成本（除折旧以外）是40 000美元，与这搅拌器相关的增量销售和一般费用每年是50 000美元。

为生产这搅拌器，公司必须投资240 000美元于模具、专利和特殊设备。因为公司预期每四年改变搅拌器的设计，这种设备也就只有4年的寿命期，且无残值。折旧将按直线法计算。所有收入和费用（除折旧外）将以现金收到或支付。公司综合的州和联邦所得税税率是40%。

要求：

a. 编制明细表显示制造和销售这搅拌器方案的预计每年净收益；

b. 计算这方案预计每年的净现金流量；

c. 计算这方案的（1）回收期（保留一位小数），（2）平均投资回报率（保留到三位小数），（3）按年率15%折现，计算其净现值。

问题24.7 考虑财务和非财务因素 *LO1~4*

汉森、多米尼克和波恰特是住在北科大州法哥市的放射科医生。他们认识到该州许多小型，乡村医院无能力购买他们自己的磁共振机（MRI）。所以这批医生正在考虑他们成立一家公司，并投资于移动式磁共振机是否可行。这种机器可以用18轮卡车拖车运输，按事先制订的日程轮流送到超过100个乡村医院使用。卡车拖车和磁共振机设备的成本约1 250 000美元。投资预计的寿命期为8年，此后的残值预计将可超过100 000美元。医生们预计这项投资将会产生每年增量收入800 000美元。增量费用（包括折旧、保险、燃料、维修保养、他们的工资和所得税）将每年平均为700 000美元。没有增量现金流量再投回公司。增量现金流量和增量所得税之间的差异都归因于折旧费用。医生们要求他们投资的最低回报率是12%。

要求：

a. 计算这移动式MRI机方案的回收期；

b. 计算这方案的平均投资回报率；

c. 计算这方案的净现值；

d. 医生们在作决策时，应该考虑哪些非财务因素？

问题24.8 分析竞争性的资本投资方案 *LO1~4*

杰佛逊山地是一个小型滑雪旅游地，位于宾夕法尼亚州中部。最近几年中该旅游地经历了两个主要问题：（1）每年降雪量通常较少；（2）吊送线太长。为了解决这些问题管理部门正在考虑两个投资方案。第一个投资125 000美元于制造人工降雪的设备。第二个涉及投资180 000美元以购买新的高速座位式吊升机。

在这段时间里，旅游地最可能承受的投资额是200 000美元。所以它不可能同时承担两项投资方案。选择一项，舍弃另一项在某些方面可能会有问题。如果旅游地投资于人工造雪设备，营业将会增加，但吊升线将会更长于当前。如果投资于座位式吊升机，线路会缩短些，但可能会没有足够的降雪来吸引滑雪者来到此地。

下列是这些投资方案有关的预计资料：

	造雪设备	座位式吊机
投资预计的寿命期/年	20	36
投资预计的增量每年收入	\$40 000	\$54 000
投资预计的增量每年费用（包括税金）	15 000	19 000

两种方案都没有残值。增量现金流量和增量收益之间的差异都归因于折旧。因为滑雪行业固有的风险，所以旅游地的资本成本很高，最低的投资回报率是20%。

要求：

a. 计算每个方案的回收期；

b. 计算每个方案的平均投资回报率；

c. 计算每个方案的净现值；

d. 应该考虑哪些非财务因素？

e. 你觉得应该推荐哪个投资方案（如果有的话）？

问题24.9 分析竞争性的资本投资方案 *LO1~3,5*

索尼克公司（Sonic, Inc.）销售商业软件。当前它所有的程序都存贮在3.5英寸的软盘中。由于软件的复杂性，有些应用软件使用了多达7张软盘。这3.5英寸的软盘不仅使用户装载麻烦，索尼克公司购买时花费也相对较大。因此，公司不打算继续使用3.5英寸的软盘。然而这就需要减少对软件盘介质的依赖。

有两种方案可以考虑。第一种是用激光盘片来提供软件。这样做需要投资300 000美元以购买盘片复制设备。第二种是使用计算机化的“调制解调器库”，使软件可以得到。其实际上是，索尼克公司使用了无线通讯技术使程序可以直接下载。客户获得权力，通过调制解调器进入索尼克主机，指明他们想要定购的程序，再提供他们的姓名、地址和信用卡信息。然后，软件就会直接转移到客户的硬盘中，再将用户手册和注册材料在当天邮寄给客户。这种方案需要初始投资240 000美元。

这些方案有关的信息如下，由于技术的飞速发展，两种方案都没有残值，预计的使用寿命期都不超过6年。

	激光盘片设备	调制解调器库安装
投资预计的增量每年收入	\$300 000	\$160 000
投资预计的增量每年费用（包括税金）	250 000	130 000

两种方案的增量现金流量和增量收益之间的差异都归因于折旧。投资最低的投资回报率是15%。

要求：

a. 计算每个方案的回收期；

b. 计算每个方案的平均投资回报率；

c. 计算每个方案的净现值；

d. 应该考虑哪些非财务因素？

e. 公司的哪些雇员可能会低估投资于调制解调器库方案的收益？为什么？

f. 如果有的话，哪一个方案你会向公司推荐？

问题24.10 重置现存的设备 *LO1~3,5*

英特泰克（EnterTech）公司已经注意到公司便携式CD机的盈利率有重大下降。生产经理相信此麻烦的原因在于，生产产品所用设备太陈旧和低效。所以就提出了两个方案看英特泰克公司是否采用：（1）购买新设备成本为120 000美元；（2）继续使用现有设备。

对便携式CD机的需求超过5年期限将不会有很大的可能性。这样英特泰克公司预计新设备和现行设备将只有剩余使用期5年，并且无残值。

新设备预计在生产中每年节约制造成本为现金34 000美元，此金额未考虑折旧和税金。不过管理部门不相信新设备将会对销售数量有大的影响。由此他们的决策完全局限于潜在的成本节约上。

旧设备有账面价值 100 000美元。如果重置的话，它的出售价格只有20 000美元。英特泰克公司的平均税率是40%，为税务目的，折旧使用直线法。公司要求所有厂场资产投资的最低回报率是12%。

要求：

a. 计算使用新机器方案的净现值；

b. 哪些非财务因素英特泰克公司应该考虑；

c. 如果英特泰克公司经理对成本节约预计的准确性有些怀疑，可以采取什么行动来对预计数进行再核对？

案例

案例24.1 橱窗中的激光打印机要多少钱 *LO2,3,4*

城市印刷（Metro Printers）公司管理部门正在考虑使用新的高效激光印刷机，更新现存设备的方案。现存设备当前有账面价值2 200 000美元，剩余使用期（如果不更新）为10年。激光印刷机的成本是1 300 000美元，预计的使用期也是10年。激光印刷机可以减少经营成本和增加公司产生收入的能力，以增加公司每年现金流量。城市印刷公司主计长苏珊·米尔斯已经准备了下列激光印刷机对每年收益和现金流量的影响预计：

预计每年现金流量（税前）增加：		
增量收入	$140 000	
成本节约（除折旧外）	110 000	$250 000
每年折旧费用的减少：		
现存设备的折旧	$220 000	
激光印刷机的折旧	130 000	90 000
预计所得税税前收益的增加		$340 000
每年所得税（40%）的增加		136 000
预计每年净收益的增加		$204 000
预计每年净现金流量的增加（250 000－136 000）		$114 000

城市印刷公司的董事唐·亚当斯作了下列的观察：“这些预计看来不错，但是我们不能在出售我们现存设备当年就发生巨额亏损，在激光印刷机的革新后，我怀疑我们的旧设备还能卖出这个价钱？”作为对此的回答，米尔斯提供了下列信息，分析了现存设备出售预计的损失：

现存印刷设备的账面价值	$2 200 000
预计当前销售价格，扣除搬迁成本的净值	200 000
预计出售损失（所得税前）	$2 000 000
损失的当年所得税扣减额（40%）	800 000
出售现存设备损失，扣除税金节约净额	$1 200 000

亚当斯回答说：“好的，我们的损失会是几乎激光印刷机成本本身一样多。这笔损失1 200 000美元加上激光印刷机本身成本1 300 000美元，我们购入这新机器的代价就是2 500 000美元。我同意这成本是1 300 000美元，但这2 500 000美元又是怎么会事呢？”

要求：

a. 计算出售现存设备和购买激光印刷机方案的净现值，按年率15%折现。在你的计算中，请考虑下列现金流量时间性的假设：

1. 激光印刷机的购买当即以现金付讫；
2. 现存设备出售价格200 000美元当即收到现金；
3. 出售设备的税收得益在今天后一年实现；
4. 无论在所得税申报上还是财务报表中，公司都使用直线法折旧；
5. 每年的净现金流量在下10年中每年年末收到。

b. 是否如同亚当斯先生所说的，公司购买激光印刷机的成本是2 500 000美元？

案例24.2 元角分还是伦理道德 *LO1~5*

在怀俄明州中部有一格里兹里社区医院（Gfizzly Community Hospital），对居住在200英里半径内的家庭提供保健服务。这医院尽管是一相对小型的社区医院，但装备极端精良。然而它没有对肾脏病患者的肾透析设备。这类需要透析病人必须要到300英里外去接受治疗。几名医生已经提议，医院投资建立一个肾透析中心。这种扩展需要的最低成本是450万美元。医生们预计这中心将产生收入每年115万美元，并将持续大约20年。包括专职员工的薪金等的每年平均增量成本将是850 000美元。格里兹里医院可免于交付任何所得税。每年净收益和净现金流量的差异归因于折旧费用。中心在20年后并没有残余价值。

医院的行政管理部门强力反对此提议，其原因是：（1）他们不相信这项目会产生医院在资本投资上最低的回报率12%；（2）他们不相信肾脏病人会使用当地这设施，即使病人得到治疗而可以少跑几百英里路；（3）他们不觉得医院的专职员工有能力来运行一个透析中心；（4）他们肯定这450万美元可以有更好的用途，如扩大医院的急救报务，包括用直升机进行空运。

这问题在医院中引起医生们和行政管理人员之间的几次热烈的辩论。一个医生还扬言，如果不建立肾脏透析中心，他就要搬出这个区域。另一个医生也说道："所有行政管理者都只关心够呛的钱。我们是医院，不是一个盈利性公司。我们的道德责任是服务于中部怀俄明公民的保健需要。"

要求：

组成三到四人的小组。在每个小组中指派部分人扮演医生角色，另一部分人扮演行政管理者。然后这两部分人为自己的观点进行辩论。请明确下列要点：

a. 财务因素和计量指标；

b. 非财务因素，诸如（1）伦理责任；（2）保健质量问题；（3）与450万美元有关的机会成本；（4）医生的道德；（5）是否一个医院应该像营业企业一样经营。

c. 可以采取措施，核对有无过度乐观或过度悲观预计。

因特网练习

因特网练习24.1 资本投资历史 *LO1,2,5*

西尔斯公司（Sears Company）建立于18世纪，在它整个历史上有许多重大的资本投资决策。进入西尔斯公司的主页可使用下列网址：

www.sears.com

可通过下列次序点击"有关我们公司(About our Company)"、"为了大众(For the Public)"、"西尔斯的历史(Sears History)"，进入公司的历史部份。

要求：

a. 请找出你认为自1886年来西尔斯公司所采取主要战略资本投资决策。
b. 对一个这类决策，讨论其中已经考虑的非财务因素。
c. 零售商采取的资本投资决策往往是，要不要投资于它的收益小于要求的利润水平商店，（人们总希望这投资将产生较高的利润），或者要不要关闭这类商店。在评价这二种选择机会时，哪类雇员可能会期望高估增加投资的收益？而又有哪类会期望低估呢？

“轮到你了！” 的评论

作为一名财务总监 可通过计算资本投资项目的净现值，对史蒂夫·威尔逊解释增加的价值。为更清楚地说明问题，可演示回收期法或平均投资资产的回报率有时会混淆资本投资项目的评价。似乎同时发生时，回收期法计算全部现金流量价值。我们知道，如果可在资本项目寿命期的第一天就收到所有的现金流入量，我们就会将这现金投资到银行账户中，以便在项目其余寿命期中赚取一个基本的回报数。如果我们到项目期的第二年年末前都没有收到现金流入量，我们就放弃了本来可从银行得到的二年基本回报。那么在后面的案例中，我们放弃了我们本可赚得的利息，从而发生了机会成本。无论是回收期法，还是平均资产回报率都忽略了与货币时间价值相关的机会成本。

作为一名运输经理 现金流量的时间性和金额可能造成现值计算的差异。仍以你们已经熟悉的，新客车经营的现金流量为例，作现值计算：8 000 + 12 000 + 20 000 + 24 000 + 26 000。假定在下表中，经营现金流出量发生在五年的每年年末，折现率为15%。

年	现金流出量	×	折现乘数	=	现值
1	$ 8 000		0.870		$ 6 960
2	12 000		0.756		9 072
3	20 000		0.658		13 160
4	24 000		0.572		13 728
5	26 000		0.497		12 922
经营流出量的总现值					55 842

表格中原来5年每年付出平均为18 000美元，其现值的结果与现在相比较，我们知道5年中每年都支付1美元的现值是3.352。所以，这18 000美元的每年平均流出量现值就是60 336美元(18 000 × 3.352)。因为你们很清楚，预计显示的经营费用早期越少，晚期就越多，预计的经营现金流出量净现值就少了4 494 美元 (60 336 − 55 842)。

自测题答案

1. b 2. c 3. a,b,d 4. a 5. d

附录A

"R" Us玩具公司年报

目录

A.1 商店位置和财务要点

A.1.1 商店位置

"R" Us玩具美国店——682家分店

Alabama	7	Indiana	12	Nebraska	3	South Carolina	8
Alaska	1	Iowa	8	Nevada	4	South Dakota	2
Arizona	11	Kansas	4	New Hampshire	5	Tennessee	14
Arkansas	4	Kentucky	8	Hew Jersey	24	Texas	61
California	84	Louisiana	11	New Mexico	4	Utah	5
Colorado	11	Maine	2	New York	45	Virginia	22
Connecticut	11	Maryland	19	North Carolina	16	Vermont	1
Delaware	2	Massachusetts	19	North Dakota	1	Washington	14
Florida	44	Michigan	25	Ohio	31	West Virginia	4
Georgia	18	Minnesota	12	Oklahoma	5	Wisconsin	11
Hawaii	1	Mississippi	5	Oregon	8		
Idaho	2	Missouri	12	Pennsylvania	31	Puerto Rico	4
Illinois	34	Montana	1	Rhode Island	1		

"R" Us玩具国际店——396家分店

Australia	22	Hong Kong	4	Netherlands	9	Switzerland	4
Austria	8	Indonesia	2	Portugal	3	Taiwan	6
Belgium	3	Israel	3	Saudi Arabia	1	Turkey	1
Canada	61	Italy	5	Singapore	4	United Arab	
Denmark	9	Japan	51	South Africa	6	Emirates	3
France	41	Luxembourg	1	Spain	28	United Kingdom	
Germany	58	Malaysia	4	Sweden	3		56

儿童"R" Us玩具美国店——212家分店

Alabama	1	Iowa	1	Missouri	5	Pennsylvania	14
California	24	Kansas	1	Nebraska	1	Rhode Island	1
Connecticut	6	Maine	1	New Hampshire	2	Tennessee	2
Delaware	1	Maryland	9	Hew Jersey	18	Texas	9
Florida	10	Massachusetts	6	New York	22	Utah	3
Georgia	4	Michigan	13	North Carolina	1	Virginia	7
Illinois	20	Minnesota	2	Ohio	18	Wisconsin	3
Indiana	7						

婴儿"R" Us玩具美国店——82家分店

Alabama	2	Indiana	2	Minnesota	1	Oklahoma	1
Arizona	1	Kansas	1	Missouri	2	Pennsylvania	2
California	2	Kentucky	1	Hew Jersey	3	South Carolina	3
Colorado	2	Louisiana	1	New York	1	Tennessee	4
Florida	10	Maryland	3	North Carolina	5	Texas	12
Georgia	7	Michigan	1	Ohio	5	Virginia	6
Illinois	4						

A.1.2 财务要点

"R" Us玩具及其子公司

（单位：除每股收益外，均为100万美元）	财务年度终结于：									
	1997年2月1日	1996年2月3日	1995年1月28日	1994年1月29日	1993年1月30日	1992年2月1日	1991年2月2日	1990年1月28日	1989年1月29日	1988年1月31日
净销售	9 932	9 427	8 746	7 946	7 169	6 124	5 510	4 788	4 000	3 137
净收益	427	148	532	483	438	340	326	321	268	204
每股收益	1.54	0.53	1.85	1.63	1.47	1.15	1.11	1.09	0.91	0.69
期末财务状况：										
营运资本	619	326	484	633	797	328	177	238	255	225
净不动产	2 411	2 336	2 271	2 036	1 877	1 751	1 433	1 142	952	762
总资产	8 023	6 738	6 571	6 150	5 323	4 583	3 582	3 075	2 555	2 027
长期负债	909	827	785	724	671	391	195	173	174	177
股东权益	4 191	3 432	3 429	3 148	2 889	2 426	2 046	1 705	1 424	1 135
年末分店数										
"R" Us玩具——美国分店	680	653	618	581	540	497	451	404	358	313
"R" Us玩具——国际分店	396	337	293	234	167	126	97	74	52	37
儿童"R" Us——美国分店	212	213	204	217	211	189	164	137	112	74
婴儿"R" Us——美国分店	82	—	—	—	—	—	—	—	—	—
儿童世界——美国分店	2	—	—	—	—	—	—	—	—	—

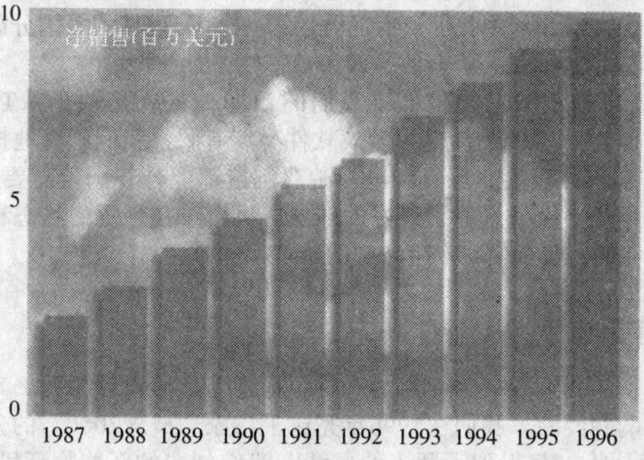

A.2 致我们的股东

A.2.1 简介

在我们于1980年2月3日的年报中，美国的85家分店报告了年净销售额接近于5亿美元。这年致我们的股东书中，我们说道："这年报主要用来传递财务信息，而我们营业真正的核心是我们的顾客。”在这下来的17年中，我们的营业增长到27个国家和1 372家分店，而销售额接近于100亿美元。卖出了高价格而得到了最好的选择，我们成为城市中最大的玩具商店。

如同1980年一样，在1997年我们营业的核心还是顾客。在去年的年报中，我们说：采取营业重组的主要原因之一是应顾客意见而做的改进。在这封信中，我们将谈论许多已经实施的创造性观念，和正在进行中的改善顾客购物经历。首先的，也是最重要的是持久地服务于顾客，我们也将继续为你们——股东们，增长利润。我们有信心在持续不断地强调顾客服务同时，也增加我们的信誉，成为世界上儿童产品最优秀零售商。

A.2.2　1996年财务要点

1996年我们的销售额增长到99亿美元，较上年报告的94亿美元增长了5%。这是我们公司成为公开上市公司后，第18年连续增长的年份。在1996年，经营收益比上年增长了近一倍，净收益增长到4.274亿美元，而1995年只有1.481亿美元。每股收益从上年的0.53美元增加到1.54美元。无论是1995年还是1996年，我们的经营成果都受特殊费用的影响。1996年发生了3 780万美元税后费用，法院判决公司败诉，涉及到1982年在中东经营玩具分店特许专营权一项协议。而1995年公司实行了一项战略重组项目，其结果招致了2.691亿美元的税后费用。除了这些非常费用的影响外，我们净收益从1995年的4.172亿美元增长到1996年的4.652亿美元，增长了12%；而每股净收益则相应地从上年的1.51美元增长到1.68美元。

1996年也是我们世界范围重组项目的成功地实施一年。我们的战略性存货重新定位中最重要的创意已经完成。我们已经将分类很大程度地现代化了，减少了在我们分店持有物项的数量近20%。我们的存货报告程序启动是，我们的分类的宽度有时使一些分店难以经营。听取顾客的意见，使我们能强化选择优势，更大地面对和大幅度地深入要求的物项中。

我们重组程序的其他重要因素也实质上完成了，这包括，在特定的分销中心和行政机构中分店的结束和合并。减少我们的成本结构，使我们能更有效地将正确的产品带给我们的分店。最后，重组已经有了一个正面的财务影响。我们的资产负债表处在良好的状态，债务大大地减少，投资有盈余，营运资本改善，现金流量很强势等都显示了这点。

我们很高兴地报告，1996年中我们所有的分店，“R”Us玩具的美国分店、国际分店和儿童“R”Us等都经历了相对销售增长，经营收益改善。

1996年末圣诞销售季节的销售稍低于我们的预期，主要是缺少像Tickle Me Elmo 和Nintendo 64等的热销产品，也因为新电视游戏软件类型有限；我们欣喜地报告，尽管在1997年早期，对新产品的需求十分旺盛，玩具和电视游戏制造都配合着满足需要。我们完全有信心，由于我们传统强势的结果，由于选择了最好的地点，再由于在存货的状态和价格，我们将能满足顾客的预期，并为你们，股东们，产生增加的销售额和收益。

A.2.3　我们的顾客聚焦

去年我们告诉你们，我们在1996年将为一种革命性新商店设计揭幕，其目的是创造一种与其他公司完全不同的购物经验。我们在1996年完成了13家“概念2000”的分店，无论是以销售额还是以顾客满意度计算，都得到了骄人的成绩。我们创造的新购物环境完全与过去的“R”Us玩具迥异。我们在新泽西Raritan的第一家“概念2000”分店揭幕时，我们听到一位顾客说道：“人们将到这种商店里购物几个小时。”对一个零售商来说，这可能真是种称赞！在1997年中，“概念2000”商店模式将要扩展到57家，同时所有新的在美国的玩具商店都将按此构建。

1996年，“R”Us玩具进入了超级市场运作的竞技场，我们开创了“R”Us玩具儿童世界，900 000平方英尺场地包容了所有我们的形式，“R”Us玩具、儿童“R”Us、婴儿“R”Us都在一个屋顶下。我们知道我们的顾客喜欢这样的概念。在新泽西Elizabeth的二天开幕吸引了巨大的客流，以至汽车从新泽西Turnpike排起了长队。在我们过去骄人的历史中，我们有过许多非凡的开幕事件，但顾客对儿童世界的反应已经是超常了。我们特别高兴的是，我们有许可的商店还向顾客提供了食品、鞋和照相。市场调查表明，在我们的儿童世界中顾客平均停留大大超过了一小时。我们的目标是为儿童们创造一种新类型商店，这看来已经达到。

我们的顾客聚焦也已经扩展到现存的玩具商店。1996年我们开展了200个顾客信息中心，以后还将更多。在这些商店的中心提供了固定单一地点，帮助顾客和回答问题。由于我们经营商品选择范围的广泛，再则我们也常体验到热门商品的短缺，我们的顾客信息中心在提供全面顾客服务时只是个基础。通过运用我们自动化商店存货系统，我们的顾客信息中心能使我们与顾客有前所未有过的交流。

用更好的方式与我们的顾客交流，是比让顾客之间相互交流更重要。我们在所有经营年中都已经实行了“宝宝登记”，在1996年我们使这种登记更容易了。我们成功地测试了店内无线电频率技术和手持扫描仪，在1997年我们将大大地扩展它们的使用范围。运用这些技术，顾客可以方便地扫描他们所需的选择，自动地输入我们的电脑系统。我们配合“宝宝登记”，还将在年内试验一个“礼物登记”，使孩子们可以产生一个对他们的家庭和朋友的愿望清单，而无论他们住在或不在美国。这个“礼物登记”今年已在三个我们的市场中试验过，在1997年初开始它们将扩展到全国。这些“登记”程序不仅使购物更容易，也减少了在退回、更换重复物品或不需的礼物过程上所费的时间。

我们周转特点的商店区域继续对顾客产生强大的吸引力。在1996年我们为玩具故事、芭比娃娃和Notre Dame 商店的Nerf 和Hunchback而自豪，也为顾客在去年夏天对我们电子游戏试玩商店的反应而惊喜。我们能为新硬件平台提供第一手操作经验，那样我们的顾客在做出这些重要购买前，可先内行地了解细节。我们相信世界上还没有如“R” Us玩具一样地深入录像游戏。为了向我们的顾客提供更好的，高需求量的录像游戏、电脑软件和VHS录像带，我们将在1997年对存货水准开始艺术化运作，集中化“物项分解(piece pick)”。集中化物项分解将使我们可比以前更快地通过我们的链节分配新的物项，此外我们可更迅速地补充这些重要类别的存货。

“R” Us玩具公司正在改善存货水准，这也是我们改善对顾客服务愿望的要素之一。在1996年我们的运作链节的1/3安装了新的销售铺面补充工具，这工具被称为“销售改进系统”。使用了手持无线电频率技术，我们的同事可以精确地定出货品的位置，不仅适用于销售铺面，也还可用于我们的仓库。这将使我们快速确认存货仓位，或存货量过低，也使我们能将热销产品比以前更快速地送到销售铺面。

A.2.4 婴儿“R” Us

1996年，我们最新的分部婴儿“R” Us诞生了。我们建立了6个婴儿“R” Us分店，利用许多我们成功的因素，如“概念2000”分店的设计，资本化“R” Us玩具分店，以及儿童“R” Us系统和基础设施。1997年2月3日我们与“婴儿超级商店”的合并，立即使“R” Us玩具在青少年市场中成为一更强的角色，因为又附加上76家已存在的婴儿“R” Us成员。我们长期以来敬佩“婴儿超级商店”伙伴的竞争精神、他们给顾客提供卓越服务的能力，我们承认这些将带给“R” Us玩具公司的价值。合并了成功经营的“婴儿超级商店”，加上“R” Us玩具公司的财务资源，高超的分销网络和经营“诀窍”，使我们成为美国青少年产品零售商中的最主要经营者。

A.2.5 展望

1996年我们增加了104家分店：30家在美国的玩具分店，59家国际的玩具分店，其中27家是特许专营商店（它们在印度尼西亚、意大利、沙特阿拉伯、南非和土耳其），还有7家儿童“R” Us分店，6家婴儿“R” Us分店和2家儿童世界店。在1997年我们打算增加大约105家：25家美国的玩具分店，同时有57家“概念2000”模式改造，40家国际玩具分店，包括15家特许专营商店，5家儿童“R”Us分店和20家婴儿“R”Us分店，再有对76家“婴儿超级商店”的重新选址。

在产品方面，1997年又是一个“R”Us玩具令人振奋的年度。录像游戏业务依然很旺，将Nintendo 64引入欧洲则应该是世界另一部份的兴奋大事。此外，最近Nintendo 64和索尼游戏机（Sony Playstation）降低了价格，这应该对录像游戏不仅在录像硬件，还在软件上都有所推动。

“R”Us玩具在经营关系到电影版本等注册许可的玩具产品一直是很成功的。一般地说，一个大片电影许可对我们新增了许多类别的销售，如命名的动作形象、玩偶、长毛绒玩具、宴会商品、广告牌和录像游戏等。这年将有更多以儿童为对象的电影，这样就会有我们历史上更多相关的玩具产品。这些电影包括了“星球大战第三部”，“小美人鱼再版”，“失去的世界-侏罗纪公园”，“蝙蝠侠和罗宾”，“大力神和阿娜斯塔霞”等。我们准备了与所有这些电影相关的产品，可随时供应我们的顾客。

A.2.6 公司的公民权

“R”Us玩具保持了一个公司范围的项目，重点在改善儿童的健康保健需要，这也由许多国家和地区的儿童保健组织所支持。“经济优先权顾问委（Counsel on Economic Priority）”最近给予“R”Us玩具以“全球伦理先锋奖”，奖励公司在实施供应者“行为规则”，反对利用童工，不安全的工作条件等。在我们产品销售的任何一个分店中，他们必须实施我们的“行为规则”。

如果你们希望得到更多的“R”Us玩具的公司公民权的信息，请写信给Roger Gaston，地址可按本附录末所注。

A.2.7 人力资源

“R”Us玩具将优秀的人员组织在一起，这个管理团队使所有这些创意成为了可能。为了使我们自已适应1997年和以后，我们做出了下列重要的管理委员会公告：

增加：

Roger C. Gaston
资深副总裁——人力资源

Mitchell Loukota
副总裁——“R”Us玩具分部商品经理

Gregg Tradway
“R”Us玩具总经理

Antonio Urcelay
管理董事——“R”Us玩具

David S.Walker
副总裁——广告、儿童“R”Us

提升：

美国公司和“R”Us玩具

Robert J Weinberg
资深副总裁——总商品经理

David Brewi
副总裁——分部商品经理

Thomas DeLuca
副总裁——进口、产品开发和安全保障

Truvillus Hall

总经理
Charlene Mady
副总裁——区域商品计划
Gerald S. Parker
副总裁——地区经营
Timothy J. Slade
副总裁——运输和交通
William A. Stephenson
副总裁——商品计划和分配
Kevin VanderGriend
总经理
Robert S. Zarra
副总裁——内部审计
国际"R"Us玩具
Larry D. Gardner
副总裁——"R"Us玩具亚洲区
Larry S. Johnson
副总裁——特许专营权市场
Michael C. Taylor
副总裁——后勤供应
儿童"R"Us和婴儿"R"Us
William Farrell
副总裁——实物分配，儿童"R"Us
Christopher M. Scherm
副总裁——分部商品经理，儿童"R"Us
David E. Schoenbeck
副总裁——经营，婴儿"R"Us

我们要感谢Milton Gould和Harold Wit，他们从1978年公司成为上市公司起，一直服务于我们的董事会，在帮助公司跃举为世界上儿童产品主要零售商方面，他们进行指导、参谋，做出许多贡献。在他们从董事会退休之际，让我们再次表示对他们衷心地感谢，祝他们继续成功、健康和富有。

A.2.8 小结

我们希望你们为在1997年将要对顾客实施的所有创意而高兴。我们承认我们需要改变，我们也在很好地按我们的方式实施战略计划。我们感谢我们世界各地的伙伴，他们正在为我们发展营业和服务顾客的目标作努力。

昨天，今天和最重要是明天，我们的顾客将依然对我们的业务满意。倾听我们顾客的意见在过去的20年中使我们更壮大。继续认真倾听每一个我们顾客的意见，将会使我们越来越壮大。

我们展望未来，对我们的顾客是出色的服务，对你们，我们的股东则是卓越的成果，同时朝这路走下去，使世界上所有的儿童一次又一次地向往访问我们的商店。

衷心的
Michael Goldstein
副董事长兼首席执行官
Robert C. Nakasone

总裁兼首席执行官
1997年3月24日

A.3 新的一代

A.3.1 以对顾客服务来建设我们的事业

今天的零售业环境竞争剧烈，使我们一直挑战于寻找更多途径，来让“R”Us玩具的购物经验更有独特性。90年代的顾客是精明和价值意识很强，但从每一家零售商店里都只能看到堆放很好的货架，大规模的价格和销售促销活动，应该还有“其他更多的……”。对此，我们已经采取的措施是，将越来越多的注意放于顾客的服务。1996年全年中，我们通过一系列机会向顾客表明，我们理解他们的需要，我们正在朝这方向努力，每一家“R”Us玩具店尽可能向每一个顾客都提供最优秀的服务。

A.3.2 概念2000及顾客友好商店设计的出现

在1996年，我们开业了13家革新性格局的商店，我们称为“概念2000”店，它将购物方便和美学淋漓尽致地综合在一起。宽阔的走道、吸引人的标牌、为录像游戏和流行玩具专门安排的区域、模拟图标和其他视觉仿真特色等引进，使儿童和他们的家长娱乐和陶醉于购物之中。在我们的“概念2000”店和其他“R”Us玩具店中，我们也增加了顾客信息中心的服务。现在顾客可以依靠我们职工的帮助，他们训练有素，能通过电脑屏幕来查询该分店中哪些商品是否有货。在我们的“服务小岛”项目，我们的销售协理人员是各商品类别的专家，可以帮助顾客解答他们的产品特征问题和解释关键的产品特色。

我们已经成功地，但也代价昂贵地定义了我们的“顾客服务”。我们给予购物者以个人化的关注和帮助，宣传能增强购物经历的关键服务，再或是直接对他们提供一个愉快的购物环境，我们的工作就是确保顾客的满意。

顾客是怎样谈论“概念2000”的

“漫步在这新的商店中，我为这里发生多大的变化而惊奇。”

“要找一样我要的东西是多容易啊！”

“商品的展示和选择给我的印象太深了。”

“在这里购物太愉快了，商店是那样的明亮和多彩化……”

“啊！”

A.3.3 “R”Us玩具：特殊项目和新的创意

对准父母们表示欢迎和提供方便，“R”Us玩具的“宝宝登记”让朋友们和家庭成员们方便和自信地找到赠送新父母正确的礼物。经过一个简便的登记过程，准父母们可以从商店中各种商品中做出合意的挑选。由于强调的是为宝宝赠送礼物，这种服务向我们的顾客显示了，我们为他们考虑了每一种购物利益。

另一种新很快来临的服务是“礼物登记”。儿童们对他们将真正要为生日、节日和特殊的原因等，只要设立一个自己的“愿望清单”并签上名就可。礼物赠送者将能在任何时间为此挑选最合适的礼品！1997年开始“礼物登记”将要遍布所有的分店。我们还将探索在因特网上进行顾客服务的机会。我们新的网址是www.toyrus.com，给儿童们提供乐趣，也让家长们直接和立即地接触商店和了解产品信息。

A.3.4 儿童世界：全部一站购物

1996年开设了二家儿童世界分店，它们如同陈列箱地展示了最好的一站购物和顾客服务。购物者来到这里，展现的是所有范围的优点，从"R" Us玩具、儿童"R" Us和宝宝"R" Us，再加上其他对家庭友好的"精彩节目"，如"儿童鞋箱"、"聚焦普克斯"（照相冲印店），"卡通修篇"（理发沙龙），"吉普小孩"（餐厅），"富兹维克糖果工厂"，还有游戏和骑车的长廊等。进入儿童世界就不仅是一次购物旅行，这是真正的家庭活动！

A.3.5 婴儿"R" Us 店：为成功传递了新机会

这里对新到达"'R' Us家庭"都有远大的前景。1996年婴儿"R" Us成功地开张了6家特殊的新分店（按"概念2000"之后的设计），这里展示了全部一站购物和专家的顾客服务。1997年2月我们与"宝宝超级商店"连锁店的合并，已使婴儿"R" Us成为青少年产品零售业中国内最大的公司。顾客能看到许多优点，如令人眼花瞭乱的产品挑选、每天的低价和流行的无争吵退货方针。其他的顾客友好服务，包括了"宝宝登记"，它可使家庭和朋友方便地为新父母挑选所想要的礼物；"特殊定购"柜台，在此顾客可以定购特殊要求的商品，如本分店中没有的款式或色彩等。我们的销售协理受过专家级训练，他们常举办课程、产品研讨会、录像和常规的产品信息介绍等和顾客交流。准父母和礼物赠送者现在有了理想的地方去为宝宝购买每一样东西。

A.3.6 国际店：从环球的视角出发

1996年"R" Us玩具开设了59家国际分店，显示了我们作为全球零售商持久的增长性。在印度尼西亚、意大利、沙特阿拉伯、南非和土耳其的特许专营分店，使我们这个国际经营公司已经在26个国家和地区有近400家分店。这年中重大的事件还有在日本开设了第50家分店，在香港的10周年经营纪念。作为"R" Us玩具世界，我们的规模越来越壮大，经营越来越好，随着加强与所有我们顾客的关系，新的和令人振奋的机会在不断出现。

A.4 管理部门讨论与分析——经营成果和财务状况

A.4.1 经营成果

1996年是公司第18个连续经营年度，其记录和报告的销售额是99亿美元。相对1995年增加了7.8%，相对1994年则增加了10.1%。销售增长主要归因于公司持续扩大存货额，在1996年其增加额相对美国玩具销售额占2%。在这三年期间公司新开设了102家在美国的玩具分店，163家国际分店，22家儿童服装分店， 6 家宝宝专营分店和和 2 家超级商场。相比较，公司的美国玩具分店销售1995年下降了2%，1994年也下降了2%。

销售成本占销售额的百分比为69.4%，相比1995年的69.6%有所下降，其主要原因是改进了基本玩具产品的码高数，这也部分被增加了低毛利的录像硬件业务而抵消。销售成本作为销售额的百分比数，从1994年的68.7%有所上升，主要是强化竞争性营销环境，公司的累进订价方针和商品组合不利性的转变。

销售、广告和一般行政管理费用作为销售额的百分比，1996年是20.3%，1995年是20.1%，1994年则是19.0%。1995年和1996年两年中该数的增加主要原因有，较高的广告和促销行动，以及公司加强了对顾客服务。

公司1996年的经营成果受一笔达5 950万美元的费用影响，（3 780万美元税后影响额和每股收益0.14美元影响），这是1982年公司在中东开设特许专营经营后，涉及法律诉讼的不利裁决。尽管此裁决前已由地区法院确认，公司仍已对美国第二轮上诉院递交了上诉书。

公司1995的经营成果受3960万美元费用所影响（26 910万美元的税后净影响和每股收益98美元影响），这是世界范围运行组织机构的调整和尽早采用FAS No.121“长期资产减值和长期资产处置的会计”之故。组织机构调整计划的要素将在下面说明，而在合并财务报表的注释中有特定资产的注销和协议的债务，主要在美国和欧洲的部分。

1996年公司大量精力用于计划组织机构的调整行动，包括在美国关闭了3家“R”Us玩具分店，7家儿童“R”Us分店，在美国和欧洲合并了3个分销中心和许多管理设施，推迟批准9家在荷兰的特许专营玩具分店。公司也成功地完成了组织机构调整计划中最重要的部分——它的战略存货重定位创意，这主要设计于使玩具商店的货品分类更流畅，也更加强挑选的优点。公司已经减少了玩具分店持有物项数超过20%。

在1997年2月1日，公司有大约9 000万的负债保留于它的组织机构调整项目，主要关系于长期租赁债务和其他的约定。公司相信这些准备已足够完成组织机构的调整计划。

利息费用1996年相比1995年减少了4.5%,，主要是公司改进了现金流量，增加了收益，这也是世界范围组织机构调整计划的成果；再也是用32 540万美元中期融资替代了较高利率的借款。1995年利息费用比1994年有增加，其原因是增加了平均借款，改变了借款组合和各国的利率的变动。

公司的实际税率在1996年是36.5%、1995年是44.2%、1994年是37.0%。其中1995年的实际利率较高是因世界范围经营的调整。

公司相信，它在国外经营涉及的风险是最小的，因为这些它拥有资产，经营分店的国家政治上是稳定的。公司的外汇风险管理目标是在汇率波动时稳定现金流量。只要可行，公司将尽可能借用同种货币表述的债务来抵消在当地的外币投资。公司也进入远期外汇合约，或购买期权来消除特殊交易的货币风险。

国际销售在1996年并不太理想，当地货币兑换成美元大约15 000万美元，1995年和1994年是有利的，其兑换值各为14 000万和9 000万。不管是当地货币兑换为美元的结果还是通货膨胀，在过去三年中对公司的经营成果都没有重大影响。

A.4.2 流动性和资本资源

公司的财务状况令人印象深刻，是由它资产的流动性和旺盛的现金流量所表明的。

公司最新的分部，婴儿“R”Us在1996年开设了第一批6个分店。公司加速发展这个分部，并购并了“婴儿超级商场”公司，共花费了公司的库藏普通股1 300万股，价值约为37 600万美元。这次购并已在1997年2月1日记作一次购买，购买价格超过其购入净资产部分约为36 500万美元，并已记作为商誉，将在40年内摊销。

“婴儿超级商场”有76家主要在美国的东南部和中西部的分店，它曾经是宝宝和年幼儿童产品方面领先的零售商。该公司计划在“婴儿‘R’Us”旗下经营这些分店，利用它的“R”Us玩具和婴儿“R”Us的基础设施，来增强它的合并财务和经营优势。

公司的现金和现金等价物已经由1996年2月3日的20 270万美元，增加到1997年2月1日76 090万美元。这些增加主要由于下列因素：净收益的增加，公司世界范围内的组织机构调整计划的部分得益，6 750万美元来自于购买“婴儿超级商场”，还有融资活动提供的净现金11 210万美元。

公司的营运资本在1997年2月1日已经达到61 890万美元，而在1996年2月3日则是32 610万美元，这部分是由于1996年结束了中期融资32 540万美元，这过程减少了短期债务。

长期债务除去当期转为流动性的净额对权益的百分比，1997年2月1日是21.7%，1996年2月3日则是24.1%。

在1997年，公司计划在美国开设大约25个玩具分店，利用了新的“概念2000”分店设计，也计划在美国按此模式改造57家分店。公司也计划开设大约40家新的国际分店，其中包括15家特许专营分店。我们的最新分部，"婴儿'R'Us"将在美国开设大约20家分店。最后，还有计划开设5家儿童"R"Us的儿童服装分店。公司在1996年开设了89家玩具分店，而在1995年只有80家，1994年是96家；对儿童"R"Us的儿童服装分店1996年是7家，1995年9家，1994年6家。公司也要增加它的第一批2家"儿童世界"分店，其中一家中是将原来的玩具"R"Us和儿童"R"Us翻新而成，翻新也包括1996年的6家婴儿"R"Us分店。作为公司组织机构调整计划的一部分，1996年关闭了一批分店，1995年在英国关闭了1家分店，1994年关闭了19家没有达到原定目标的儿童"R"Us服装分店。这些关闭事项并没有对公司的财务状况产生重大影响。

1997年由于不动产、分店、仓库装置和设备、租赁改良和其他财产的增加等方面原因，资本需求量估计为63 000万美元（包括37 500万美元的不动产和相关成本）。公司的方针是购买购买它认为合适的不动产，公司仍将继续这方针。

公司有现成的10亿美元股份购回计划。从1994年1月公司宣布这计划起，公司一直在执行此计划，在1997年2月1日，公司已经购回2130万股普通股，价值69 390万美元。

公司的营业有季节性的特点，约有47%的销售发生在第四季度，这造成从年度开始到10月份现金的减少，在这期间为准备节日热销季节要增加存货，资金还要用于土地购买，新分店的建筑也往往开始于年度的头十个月。公司有10亿美元的多种通货无担保地约定于周转信用透支，它来自于财务公司的银团，将在2000年2月到期。现金将可满足用于经营、资本支出、租赁承诺和股份购回计划等需求，这些现金来自于经营活动、在周转信用透支条款下的借款、发行短期商业票据和从银行筹借用于国外子公司的款项。

A.5 财务报表

A.5.1 合并收益表

玩具"R"Us及其子公司

	年度终结于		
(单位：百万美元，除每股的数据外)	1997年2月1日	1996年2月3日	1995年1月28日
净销售	$9 932.4	$9 426.9	$9 745.6
成本和费用			
销售成本	6 892.5	6 592.3	6 008.0
销售，广告，一般和行政管理费用	2 019.7	1 894.8	1 664.2
折旧和摊销	206.4	191.7	161.4
	59.5	396.6	—
利息费用	98.6	103.3	83.9
利息收入和其他收益	(17.4)	(17.4)	(16.0)
	9 259.3	9 161.3	7 901.5
所得税前收益	673.1	265.6	844.1
所得税	245.7	117.5	312.3
净收益	$427.4	$148.1	$531.8
每股收益	$1.54	$0.53	$1.85

A.5.2 合并资产负债表

玩具"R"Us及其子公司

(单位：百万美元)	1997年2月1日	1996年2月3日
资产		
流动资产		
现金和现金等价物	$760.9	$202.7
应收账款和其他应收项	142.1	128.9
货品存货	2 214.6	1 999.5
预付费用和其他流动资产	42.0	87.8
流动资产小计	3 159.6	2 418.9
财产和设备		
不动产净额	2 410.6	2 336.0
其他净额	1 636.8	1 522.2
财产和设备小计	4 047.4	3 858.2
商誉	365.0	
其他资产	451.2	460.4
资产总计	$8 023.2	$6 737.5
负债和股东权益		
流动负债		
短期借款	$7303.5	$332.8
应付账款	1346.5	1 182.0
应计费用和其他流动负债	720.0	438.1
应付所得税	170.0	139.9
流动负债小计	2540.7	2 092.8
长期债务	908.5	826.8
递延所得税	222.5	228.7
其他负债	160.9	156.9
股东权益		
普通股	30.0	30.0
超面值缴入股本	488.8	542.8
留存收益	4 120.1	3 692.7
外汇兑换调整	(60.6)	12.9
库藏股，按成本	(387.7)	(846.1)
股东权益小计	4 190.6	3 432.3
负债和股东权益总计	$8 023.2	$6 737.5

A.5.3 合并现金流量表

玩具“R”Us及其子公司

(单位：百万美元)	年度终结于 1997年2月1日	1996年2月3日	1995年1月28日
来自经营活动的现金流量			
净收益	$427.4	$148.1	$531.8
将净收益调整到净现金			
经营活动提供			
其他费用	—	396.6	—
折旧和摊销	206.4	191.7	161.4
递延所得税	23.4	(66.7)	(14.5)

(续)

(单位：百万美元)	年度终结于 1997年2月1日	1996年2月3日	1995年1月28日
经营资产和负债的变动			
应收账款和其他项目	(14.3)	(10.8)	(17.4)
商品存货	(194.6)	(193.1)	(221.6)
预付费用和其他经营资产	(10.1)	(15.7)	(31.7)
应付账款，应计费用和其他负债	261.4	(150.5)	183.5
应付所得税	43.8	(49.3)	(2.0)
由经营活动提供的净现金	743.4	250.3	589.5
来自投资活动的现金流量			
购买婴儿超级商场收入的现金	67.5	—	—
资本支出，净额	(415.4)	(467.5)	(585.7)
其他资产	(35.8)	(67.4)	(44.6)
净现金用于投资活动	(383.7)	(534.9)	(630.3)
来自财务活动的现金流量			
短期借款净额	(9.7)	210.1	(117.2)
长期借款	325.4	82.2	34.6
长期债务再支付	(133.1)	(9.3)	(1.1)
行使股权权证	28.5	16.2	26.0
股份购回计划	—	(200.2)	(469.7)
股票销售给Retire Stores公司	—	—	161.6
由财务活动提供或使用的现金	211.1	99.0	(365.8)
汇率变动对现金和现金等价物的影响	(12.6)	18.5	(15.5)
现金和现金等价物			
年内增加或减少	558.2	(167.1)	(422.1)
年初余额	202.7	369.8	791.9
年末余额	$760.9	$202.7	$369.8

现金流量信息补充揭示

公司认为它的高度流动性投资是种现金等价物，这是购买来作为日常现金管理活动的一部分。在1996年、1995年和1994年中公司支付的所得税为17 720万美元、23 450万美元和31 890万美元，公司的利息支付（资本化后的净值）又分别是10 860万美元、11 840万美元和12360万美元。

详见合并会计报表的附注。

A.5.4 合并股东权益表

玩具"R"Us及其子公司

(单位：百万美元)	普通股 已发行 股数	普通股 已发行 金额	普通股 库藏 股数	普通股 库藏 金额	超面值缴入股本	留存收益	外汇换算调整
1994年1月29日余额	297.9	29.8	(8.4)	(292.4)	454.0	3012.8	(56.0)
该年净收益	—	—	—	—	—	531.8	—
股份购回计划	—	—	(13.1)	(469.7)	—	—	—
行使认股权，税益净额	0.1	—	1.1	41.9	(15.8)	—	—
股份交换和出售给 Petrie Stores Corporation	—	—	2.2	78.5	83.1	—	—

(续)

(单位：百万美元)	普通股 已发行 股数	金额	库藏 股数	金额	超面值缴入股本	留存收益	外汇换算调整
外汇转换调整	—	—	—	—	—	—	30.9
1995年1月28日余额	298.0	29.8	(18.2)	(641.7)	521.3	3 544.6	(25.1)
该年净收益	—	—	—	—	—	148.1	—
股份购回计划	—	—	(7.6)	(200.2)	—	—	—
行使认股权，税益净额	—	—	0.9	34.2	(16.7)	—	—
公司转换	2.4	0.2	(2.4)	(38.4)	38.2	—	—
外汇转换调整	—	—	—	—	—	—	38.0
1996年2月3日余额	300.4	30.0	(27.3)	(846.1)	542.8	3 692.7	12.9
该年净收益	—	—	—	—	—	427.4	—
购买"婴儿超级商场"	—	—	13.0	400.2	(24.2)	—	—
行使认股权，税益净额	—	—	1.7	58.2	(29.8)	—	—
外汇转换调整	—	—	—	—	—	—	(73.5)
1997年2月1日余额	300.4	30.0	(12.6)	(387.7)	488.8	4 120.1	(60.6)

详见合并会计报表的附注。

A.6 合并会计报表的附注

(下列金额除每股数据外，均为百万美元)

A.6.1 财务会计政策的汇总

财务年度

公司的财务年度终结于最接近1月31日的星期六。对1996年有52周，终结于1997年2月1日；1995年有53周，终结于1996年2月3日，而1994年则有52周，终结于1995年1月28日。

合并的原则

合并的财务报表包括公司及其子公司的账目。合并的资产负债表和现金流量表也反映了1997年2月1日的购买"婴儿超级商场"公司。所有重大的公司间余额和交易已经抵消。国外的资产和负债都按资产负债表编制日当日的汇率转换，而经营的成果则按该期间的平均汇率转换。转换的利得或损失作为股东权益的独立部分列示。

商品存货

美国玩具分店经营的商品存货约占总存货的60%，它们是按后进先出（FIFO）成本或市价孰低原则列示的，这也是零售商店的通常做法。如果存货按先进先出（FIFO）成本或市价孰低原则列示，则对1997年2月1日或1996年2月3日的存货说，金额无变化。其他存货均按先进先出（FIFO）成本或市价孰低原则，即零售商店的通常做法列示。

财产和设备

财产和设备按成本记录。折旧和摊销使用直线法，(只要可行的话）按估计的资产使用期限，或相关租赁的期限孰短分摊。

公司的方针按几个因素承认长期资产的减值损失，包括（但不是限于）管理部门对未来经营的计划，最近经营成果和预期的现金流量。

开业前成本

开业前成本主要包括，广告、场地费用和工资费用，它们在该分店开业财务年度对应预期销售作分摊。

资本化利息

借入资金的利息在建设期间资本化，而在运行期间则按与收益配比，在相应资产可折旧期限中作费用摊销。资本化的利息费用1996年是3.3美元，1995年是6.1美元，而1994年是6.9美元。

财务工具

资产负债表现金和现金等价物按持有价值报告，短期借款按他们的大约的公允市价报告。

远期外汇合约

公司签订远期外汇合约是为消除相关的外汇波动风险，包括它与国外子公司的公司间短期贷款和用外国货币购买的存货。所发生的利得或损失抵消了相应交易的波动，也承认为这类交易的一个部分。1997年2月1 日和1996年2月3日这类未实现递延利得或损失毛额都不大。相应的应收、应付和递延的利得或损失都按净额列示在资产负债表上。1997年2月1 日和1996年2月3日公司有大约205美元短期在外的外汇远期合约，它们分别在当年到期，此合约中公司的对方有高信贷级别，公司则有约定权利进行远期外汇的净额结算。此外，公司1997年2月1日还有325.4美元货币对冲债务在外，关系到它的20 000万英镑2001年到期的应付票据。

预计的使用

为符合公认会计原则（GAAP），编制财务报表时要求管理部门做出预计和假设，它们将会影响合并财务报表和所附附注的金额。实际结果可能会与这些预计有出入。

A.6.2 购买

1997年2月3日公司购买了“婴儿超级商场”全部发行在外的普通股股票，1. 300万股库藏股价值约为376.0美元。每一个“婴儿超级商场”的股东以他们每股股票可收换到0.812 1股的本公司股票，“宝宝超级商场”的董事会主席和首席执行官则每股只能换到0.515 0股本公司股票。

“婴儿超级商场”和第一家商店开创于1971年，从1984年11月起成为上市公司，这是在宝宝和年幼儿童产品市场零售商的领头人。“婴儿超级商场”在主要在东南部和中西部的23个州经营了76家分店，它经销的对象直接是新生儿和3岁以下儿童。本公司计划花大力气经营这些购入的分店。

购买行动已经在1997年2月1日记录为一次购置。购买价格超过购入净资产的差额为365.0美元，并已经记录为商誉，将按直线法原则在40年中摊销。

在假定购买发生在1995年初时，假定合并的每股收益数，对1996年和1995年报告金额则仍无大的差异。

A.6.3 其他费用

1996年7月12日仲裁法院判决公司败诉，这权利争端涉及1982年在中东经营玩具商店的特许协议，公司账上提有59.5美元准备金（税后37.8美元，或每股0.14美元），代表了这事件所有相关的成本。公司已经对美国上诉法院提交了上诉书，申请第二轮裁定。

1996年2月1日公司记录了396.3美元的一笔费用，（其税后影响269.1美元，或每股0.98美元），这一方面是为世界范围经营重组（“组织机构调整”），另一方面是提早使用了“财务会计标准委员会”（“FAS No. 121”）的“长期资产减值和长期资产处置的会计”。重组费用包括了，184.0美元的战略存货重定位，84.4美元的关闭或特许经营了25家分店，71.6美元合并了3家分销中心和7家行政管理机构，32.4美元的其他费用。重组和其他费用涉及到美国经营的有208.8美元，国外经营的有187.8美元。而早期采用FAS No. 121的费用为24.2美元，主要关系到一些特定分店资产要按折现现金流量调低到公允市价。1997年2月1日公司有大约9 000万美元的债务保留在重组计划项目中，主要相关于长期租赁债务和其他约定。公司相信这些准备金已足够完成重组计划。

财产和设备

(单位：成分美元)	使用期（年数）	1997年2月1日	1996年2月3日
土地		$821.2	$802.4
建筑物	45~50	1 834.3	1 745.3
家具和设备	5~20	1 521.9	1 351.9
租赁和租赁改良	12.5~50	1 060.1	959.0
在建工程		37.1	45.6
融资性租赁财产		30.6	25.1
		5 305.2	4 929.3
减：累计折旧和摊销		1 257.8	1 071.1
		$4 047.4	$3 858.2

A.6.4 季节性融资和长期债务

(单位：百万美元)	1997年2月1日	1996年2月3日
在2001①到期的5.61%，20 000万英镑应付票据	$325.4	$–
在2021年到期的8.75%债券，除费用净值	198.2	198.1
应付日元贷款，按年率3.45%~6.47%计，从2012年起按变动金额到期	150.2	178.3
在2000年10月到期，可转换次级应付票据，利率4.675%②	115.0	–
在2017年到期，4.675%的偿债基金债券，折现后净值	88.4	88.3
工业收入债券，费用后净值③	70.0	74.2
应付英镑贷款，7%，在2001年按季到期④	67.1	77.3
抵押分期应付票据，年利率从6%到11%⑤	12.2	19.2
融资租赁债务，11%的英镑Stepped Coupon Guaranteed 债券	17.1	12.8
	1 043.6	846.6
减去流动部分⑥	135.1	19.8
	$908.5	$826.8

① 由一200百万英镑的信用证作押。该票据已经由定利率转换为货币对冲浮动利率，美元债务按3月LIBOR减去约110个基本点。

② “婴儿超级商场”的债务。可转换成公司普通股股票，其转换价格为66.34美元。这些票据限定于按面值加上应计利息购买，到1997年4月16日结束。相应地，这些票据已经分类为流动负债。

③ 银行信用证52.7美元，在1998年到期，由指定这些工业收入债券作押。公司预期银行的信用证将会展期。债券有固定或变动利率，其平均率在1997年2月为3.4%。

④ 由1997年2月1日持有价值为159.5美元的财产作抵押。

⑤ 由1997年2月1日平均持有价值为18.2美元的财产和设备作抵押。

⑥ 包括合并资产负债表上应计费用和其他流动负债。

公司长期债务的公允市价在1997年2月1日估计为1 007.0美元。该市价是使用公开交易的债务公布市场比率和非公开交易债务估计的比率综合的。

公司有在2000年到期的，10亿美元非担保约定的周转信用融通。这笔多种货币的信用融通周让公司款项，利率可按低于LIBOR加上固定差价，或由竞价确定。这融通可用于担保国内商业票据借款和满足世界范围的现金需求。

此外，公司也有对各种银行的信贷限额线，以满足它国外子公司短期融资的需要。这些在外的短期借款的加权平均利率，在1997年2月1日是3.1%，1996年2月3日则是4.0%。

在1997年2月1日每年到期的长期债务如表所示：

(单位：百万美元)

1997年	$135.1
1998年	25.7
1999年	26.4
2000年	26.0
2001年	334.0
2002年和以后各年	496.4
	$1 043.6

A.6.5 租赁

公司租赁一部分的不动产用于其经营。大多数租赁需要公司支付不动产税和其他费用，一些还需要基于销售百分比的附加金额。

超过一年的经营租赁中有不可取消的条款时，1997年2月1日的最低承诺租金如下(以百万美元计)：

	最低租金毛额	分租赁收益	净最低租金
1997年	$331.8	$17.4	$314.4
1998年	328.3	16.9	311.4
1999年	326.3	15.6	310.7
2000年	322.1	12.9	309.2
2001年	317.5	11.8	305.7
2002年和以后各年	3 303.3	65.2	3 238.1
	$4 929.3	$139.8	$4 789.5

总租金费用如下：

			年度终于：
(单位：百万美元)	1997年2月1日	1996年2月3日	1995年1月28日
最低租金	295.3	284.3	226.4
按销售百分比计的附加金额	5.5	5.6	6.3
	300.8	289.9	232.7
减：分租赁收益	18.8	17.0	10.3
	282.0	272.9	222.4

A.6.6 股东权益

公司的普通股面值为每股0.10美元，其股数如下：

	1997年2月1日	1996年2月3日
核准股数	650.0	650.0
发行股数	300.4	300.4
库藏股	12.6	27.3
发行在外股数	287.8	273.1

每股收益是将净收益除以加权平均发行在外普通股股数，即减除库藏股数，再假定按库藏股法行使了减薄认股权，使用的是年内平均市场价格。在计算每股收益时，加权平均普通股和普通股当量在1997年2月1日是277.5，1996年2月3日是276.9，1995年1月28日是287.4。

1996年1月1日公司有效地组成了一个新的控股公司——Surviving公司，使前任控股公司成为一个完全由新公司控股的子公司。这样公司的转换结果就是，前任公司的每股的普通股股票转换成新公司的一股普通股股票。

1994年4月公司与Petrie Stores公司（简称“Petrie”公司）签订了一项协议，后者拥有公司14%的发行在外普通股股票。1995年1月24日，公司与Petrie公司作成了交易，以公司42.1股库藏普通股发行，换取公司39.9股普通股和165.0美元现金。

A.6.7 所得税

提取的所得税由下列内容构成：

	1997年2月1日	1996年2月3日	年度终于 1995年1月28日
流动部分			
联邦	$ 135.9	$ 137.1	$ 251.6
国外	56.8	26.7	29.2
州	29.6	20.4	46.0
	222.3	184.2	326.8
递延部分			
联邦	58.6	(21.8)	8.9
国外	(39.2)	(41.6)	(24.7)
州	4.0	(3.3)	1.3
	23.4	(66.7)	(14.5)
提取所得税总计	245.7	117.5	312.3

税款暂时性差异和移后的影响，占递延税项资产和负债的部分大大增加，其组成如下：

(单位：百万美元)

	1997年2月1日	1996年2月3日	年度终于 1995年1月28日
递延税项资产			
净经营损失移后	154.8	108.9	94.0
组织机构调整	53.1	122.1	0.0
其他	31.5	21.4	35.9
递延税项资产毛额	239.4	252.4	129.9
计价备抵	(36.8)	(29.5)	(17.9)
	202.6	222.9	112.0
递延税项负债			
财产，厂场和设备	249.3	245.0	217.0
后进先出法存货	63.7	64.3	49.9
其他税项	3.8	4.4	4.0
递延税项负债毛额	316.8	313.7	270.9
净递延税项负债	114.2	90.8	158.9

对联邦法定税税率以有效的税率调整如下：

	年度终于		
	1997年2月1日	1996年2月3日	1995年1月28日
法定税率 (%)	35.0	35.0	35.0
州所得税，扣除联邦所得税税益后净额	3.7	3.4	3.7
国外	(2.3)	(1.3)	(0.4)
重组和其他费用	—	7.2	—
其他，净额	0.1	(0.1)	(1.3)
	36.5%	44.2%	37.0%

递延所得税并不适用于未汇交的国外收益，后者常被打算无限期地用于投资。1997年2月1日未汇交的收益大约是361.0美元，这还不包括那些虽汇交了，但对美国税法无影响或影响很小的事项。前面所提的收益如果汇交后，净到期所得税大约是114.0美元。

A.6.8 利润分享计划

公司有一对其国内骨干雇员的利润分享计划，涉及40.1万工资递延特征。这计划要求公司按董事会规定（但有一定的限制）每年缴纳款项。利润分享计划可能在公司解散时终结。作为费用从收益中所提准备金在1996年是30.8美元，1995年是32.3美元，1994年是31.4美元。

A.6.9 认股权证

公司设有认股权证计划（简称为“计划”），向公司所有雇员和非雇员的董事提供一种权利，使他们可以购买公司的普通股。计划提供发行非限制性权证，业绩单位，股票升值权，受限股份和非受限股份。计划提供范围变化较大的认定日期，这些权证多数的认定大约自授于起达五年。对非雇员的董事来说，授于的权证从授于日开始一年起，按每年20%累计基础行使。

除了前述的计划外，按照股东们批准的个别计划，1988年到1996年有3.4单位的认股权证授于特定的资深高级雇员。其中的2.9权证认定是，从授于日的那年开始，每年20%，按累积基础计算，权证余额认定期限为五年。所有授于认股权证每股的行使价格按授于日公司普通股股票的最高和最低市价平均计算。大多数认股权证必须在授于日后10年中行使。

在1997年2月1日，为所有上述的计划之用，已贮备有36.2核定的普通股股票，其中13.0是现成可用于未来的授于。所有发行在外认股权证的到期日从1997年5月到2007年1月。

	在认股权下的股份		
	奖励	非限定的	加权平均行使价
1996年2月3日发行在外	0.2	20.2	$24.08
授于的①	0.4	6.3	34.59
行使的	(0.2)	(2.1)	17.67
取消的	—	(1.6)	25.20
1997年2月1日发行在外	0.4	22.8	$25.82
1997年2月1 日可行使的认股权	—	9.2	$24.15

① 包括因购入“婴儿超级商场”假定的认股权。

公司利用“复原”特点，鼓励尽早行使认股权同时保留股份，这样促进增加雇员的股份所有权。在原先所拥有的公司股份用来行使现存的认股权，这特点又提供授于了新认股权证。“复原”的认股权授于是非减薄的，它们并不增加公司股份的合并数字，而认股权仅在行使前由雇员所持有。在价格等于新授于日公允市场价格，授于新的认股权，这些认股权从授于日起6月中变得可行使了，而在原来认股权行使的当天认股权一般就取消了。

公司已经采用了“财务会计准则文告”（FAS）No. 123的披露要求，这是1995年10月颁发的“股票基础补偿的会计”准则。按照这准则的条款，公司应用了“会计准则委员会意见书25号文（APB意见书25号）”和相关的会计解释来处理其认股权计划，同时并不将此补偿作为成本。如果公司如同FAS No.123所述，将此补偿按认股权授于日的公允市场价格计算作为成本，则净收益和每股收益就将减少，其形式上金额将表示如下(以美元计)：

	1996年	1995年
报告的净收益	$427.4	$148.1
形式上净收益	411.3	139.5
报告的每股收益	1.54	0.53
形式上每股收益	1.48	0.50

1996年和1995年认股权授于日的加权平均公允价格分别是24.58美元和31.49美元。每次认股权授于的公允价格是在授于日估计的，使用了布莱克–休斯 (Black-Scholes) 的认股权定价模式。由于在1996年和1995年授于的认股权有多次，这里还使用了下列的假设：

预期股票价格的波动	0.241 ~ 0.328
无风险的利率	5.0% ~ 7.1%
加权平均预期认股权寿命	6年

应用FAS No.123号文的影响和使用布莱克-休斯认股权定价模式得到的结果并不一定表明了未来的价值。

A.6.10 国外经营

公司在国外的经营相关信息表示如下。公司资产包括所有的现金和现金等价物和其他相关资产。

(单位：百万美元)

	年度终于		
	1997年2月1日	1996年2月3日	1995年1月28日
销售			
国内	7 151.2	6 791.5	6 644.8
国外	2 781.1	2 635.4	2 100.8
合计	9 932.4	9 426.9	8 745.6
经营利润			
国内	692.2	432.8②	778.7
国外	131.3	(74.2)③	140.8
一般公司费用	(69.2)①	(7.1)	(7.5)
利息费用，净额	(81.2)	(85.9)	(67.9)
税前收益	673.1	265.6	844.1
可辨认资产			
国内	4 877.9	4 013.2	3 950.5
国外	2.345.6	2 483.0	2 216.1
公司	799.7	241.3	404.6
合计	8 023.2	6 737.5	6 571.2

① 在加计法院仲裁费用59.5美元后。

② 在加计了重组和其他费用208.8美元后。

③ 在加计了重组和其他费用18.78美元后。

A.6.11 其他事项

1996年5月22日，"联邦贸易委员会（FTC）"的人士提出一项对公司的行政性诉讼，声称公司在其关系到仓库俱乐部的活动中，违反了"联邦贸易委员会法"的第5款。该诉讼认为公司与许多供应商有默契，使他们不将供应给公司的物项供应给俱乐部。这诉讼还声称公司对其中的制造商"促进了默契"，使制造商不对俱乐部销售。该诉讼试图得到一个中止公司这类活动的命令。1995年5月5日将要开始对此的听证会。

因为FTC的此诉讼，几类针对公司行动的诉讼也已经提交了法院，声称作为上述FTC诉讼的行为结果，公司也违反了特定州的竞争法规。这类行动的诉讼寻求未指明金额的赔偿金和州法律下的其他补偿。

公司相信，无论是公司的方针，还是联系上述事项的行为都是符合法律的，并计划对此作有力的申辩。公司也相信，这些行动将不会对公司的财务状况或经营成果产生重大的负面影响。

A.6.12 管理部门的报告

在这年报中所表述财务信息的客观性和整体性，其责任全在于"R" Us玩具公司的管理部门。所附的财务报表是根据会计记录编制的，管理部门相信它们公允地和准确地反映了公司的财务状况和经营成果。管理已经建立了内部控制系统，以确保按公司的方针保护和经管资产，并将业务准确地记录在公司的账册和记录中。

公司还有全面的内部审计计划，时刻评价管理部门执行所建立的方针和程序的情况。公司对其骨干雇员实施一些政策，要求按法律和道德规范处理经营事项。

董事会的审计委员会完全由外部董事组成，通过与我们的独立审计师、内部审计师和管理部门的定期会议，提出对财务报告过程的看法。

公司的财务报表已经由独立审计师恩斯特·杨LLP审计，该审计是按照公认的会计准则，包括对财务报告事项和内部控制等必要的审核，以能对合并财务报表述意见。

Michael Goldstein	Louis Lipschitz
（签名）	（签名）
总裁兼首席执行官	高级副总裁兼首席财务官

A.6.13 独立审计师的报告

"R" Us 玩具公司的董事会和全体股东们：

我们已经审计了"R" Us玩具公司及其子公司1997年2月1日和1996年2月3日的合并资产负债表，在这以1997年2月1日止的三年期中每一年相关的合并收益、股东权益表、现金流量表。这些财务报表是由公司的管理部门负责编制。我们的责任是在我们审计基础上对这些财务报表发表意见。

我们按照公认会计准则实行我们的审计。这些标准要求我们计划和实施审计，以合理地确信这些财务报表无重大失真。审计包括对检查财务报表的金额和揭示所依据的事实，在测试基础上对它们的审核。审计也包括，评判所用的会计原则，管理部门所作的重大预计和对财务报表表述的全面评价。我们相信，我们的审计为我们的意见提供了合理的依据。

我们认为，这些财务报表公允地，从所有重大方面看，表述了"R" Us玩具公司及其子公司1997年2月1日和1996年2月3日的合并财务状况，和在这以1997年2月1 日止的三年期中每一年相关的合并经营成果和现金流量，是符合公认会计准则的。

恩斯特·杨 LLP

（签名）

纽约州纽约

1997年3月12日

A.7 董事和高级管理人员

（名单略）

A.8 季度财务数据和市场信息

A.8.1 季度财务数据

（除每股数据外，单位均为百万美元）

下列表格所示的为未审计的季度财务信息(以百万美元为单位)。

年度终结	第1季度	第2季度	第3季度	第4季度
1997年2月1日				
净销售	$1 645.5	$1 736.4	$1 883.0	$4 667.5
销售成本	1 124.4	1 177.3	1 280.4	3 310.4
其他费用	—	55.0	—	4.5
净收益（亏损）	18.7	(7.5)	33.3	382.9
每股收益（亏损）	$0.07	$(0.03)	$0.12	$1.37
1996年2月3日				
净销售	$1 493.0	$1 614.2	$1 714.5	$4 605.2
销售成本	1 017.3	1 104.5	1 168.5	3 302.0
其他费用	—	—	—	396.6
净收益（亏损）	18.4	15.8	20.9	93.0
每股收益（亏损）	$0.07	$0.06	$0.08	$0.34

A.8.2 市场信息

公司的普通股在纽约证券交易所上市。下列表格反映了从1995年1月28日起，纽约证券交易所交易的最高价和最低价（进位到1/8）。

公司的董事会每年都要讨论此方针，但公司还没有支付过任何现金股利。

公司在1997年3月11日有大约32 300股东登记在册。

		最高	最低
1995年	第1季度	30 7/8	23 3/4
	第2季度	29 1/2	24 1/4
	第3季度	28 3/4	21 5/8
	第4季度	24 3/8	20 1/2
1996年	第1季度	29 7/8	21 7/8
	第2季度	30 7/8	23 3/4
	第3季度	34 1/16	25 7/8
	第4季度	37 5/8	24 3/8

A.9 公司资料

A.9.1 年度大会

“R”Us玩具公司的年度股东大会将在1997年6月4日（星期三）上午10时正召开，地点为

"Somerset Hill"饭店，200 Liberty Corner Road, 'at exit 33 off I-78, Warren, NJ07059。

A.9.2 公司办公机构所在地

461 From Road Paramus, New Jersey 07652
电话：201-262-7800

A.9.3 总顾问

Schulte Roth & Zabel, LLP
900 Third Avenue
New York, New York 10022

A.9.4 独立审计师

恩斯特·杨，LLP
787 Seventh Avenue
New York, New York 10019

A.9.5 股东信息

公司的股东只要向公司的Mr. Louis Lipschitz（地址见上）写信索取，公司将免费提供一套1997年2月1日终结年度的年度10-K报表，该报表已经在证券交易委员会存档。

股东信息包括季度收益和其他公司新闻简报，可打电话800-785-TOYS索取。重大新闻简报预计将有如下内容：

在下列时间后来电	内容
1997年5月19日	第一季度经营成果
1997年8月18日	第二季度经营成果
1997年11月17日	第三季度经营成果
1998年1月8日	圣诞节销售成果
1998年3月11日	1997年成果

A.9.6 普通股上市

纽约证券交易所
代号：TOY

A.9.7 注册和转让代理人

美国股票转让和信托公司
40 Wall Street, New York, New York 10005
电话：718-921-8200
我们的网站是：www.toyrus.com

探索因特网

估计约有3 000万人经常使用因特网。许多人在“网上冲浪”仅仅是为乐趣和娱乐。然而，越来越多的人将因特网作为强大的研究和教育资源。贯穿全书有许多应用因特网的机会，以研究商业问题和了解现实世界的会计论题。我们鼓励读者从尝试这些机会中获益。

准备开始

为了探索因特网，读者将需要一个浏览器，如网景公司的"导航者"或微软公司的"探索者"。读者所在学校的电脑网络也可能使用这些流行软件之一。如果读者正在家中使用个人电脑（或网络电视），你们的因特网供应商将为此装备一个浏览器。现在有许多因特网供应商可供挑选，除了"美国在线America Online (AOL)"、"非凡Prodigy"和"微软网络Microsoft Network (MSN)"等超级供应商外，全美国范围中还有几百个当地的网络服务可用。

有许多种类的搜索引擎（Search engines），读者的浏览器将支持其中的一种，用来对感兴趣的专题仔细研究。读者用键盘键入（或是一个单键专题），而这个搜索引擎会产生出一个因特网网址的清单。这类搜索引擎种类成百上千，如Alta Vista、Excite、Webcrawler，而雅虎(Yahoo)是其中最有名的。我们鼓励读者对这些工具都试验一番，以便从中找出一个最适用的。

B.1 在本书中使用因特网

本书全书中有许多范围广泛的因特网材料。每一章有一节"网络联结（Net Connections）"指明了可能有相关兴趣的网站。在每章章末材料的案例后，还有因特网的练习。这附录包括了一些因特网练习作为每章材料的补充。

本书中使用的每一个因特网网站都有它们自己独有的地址。每个地址都以"www"的前缀为开始。这里使用的前缀www标明了这个地址是"万维网（World Wide Web）"的一部分。而"网（Web）"是指因特网的图形部分，因而是对用户最友好的。在1998年末这个网包括了4 000万页的材料，而且它还在持续以每月100万页的速度在增长。

在"网络联接（Net Connections）"中和练习材料中使用的地址可用下列两种途径去接通：（1）直接在读者的浏览器中键入这个地址；（2）进入我们的主页，在此对每一个提供的地址都有"热门链接（hot links）"。而我们的主页可在读者浏览器中键入下列地址：

www.mhhe.com/meigs

主页上列有一主菜单，有为访问与本教材联接的因特网网站的指令，按此做即可。当读者已确认了所要访问的地址，只要点击它的热键（用蓝色字母表示），这样几秒后，读者就将到此网站。请在读者的浏览器上对我们的主页用"书签（Bookmark）"标明。

B.2 因特网练习材料

（注：这些练习需要在线链接因特网）

B.2.1 第1章

因特网练习1.1已列在第1章中。

1.2 管理会计师协会Institute of Management Accountants (IMA) 是一个职业性组织，其范围严格限于管理会计师和财务专业人员。管理会计师协会用其会员资格，向会计师和财务经理提供新的观点和视角，使他们能不会因一些影响他们职业的重大变革而落伍。

进入管理会计师协会(IMA)主页可使用下列因特网址：

www.rutgers.edu/accounting/raw/ima/ima.htm

请做下列练习：

a. 在这个网站上有什么管理会计师协会的材料（有热键的）可用？

b. 这里确认了哪五个重要的会计职业范围？

c. 管理会计师协会对其会员提供了哪些项目和服务？

1.3 会计职业的历史可倒推至几千年前。要了解此遗产，可访问安达信公司Arthur Andersen & Co.的主页

www.arthurandersen.com

从这主页菜单上，选择“有关安达信的介绍(About Arthur Andersen)”和“会计职业的活动历史(Animated History of the Accounting Profession)”。

对上述的会计职业历史作一简要书面总结，标明一些重大的标志性事件。

1.4 对会计专业的大学毕业生来说，发展机会很多。为能对会计职业的这些机会有更好的了解，请访问一注册会计师Becker CPA的网站，其网址如下：

www.beckercpa.com

a. 在公共服务会计领域中工作的会计师的职务（工作头衔）是什么？他们一般的薪金水平是多少？

b. 在私营行业中工作的会计师的职务（工作头衔）是什么？他们相关的薪金水平是多少？

c. 指明联邦政府中有哪些机构雇佣会计师，他们现在薪金水平是多少？

B.2.2 第2章

因特网练习2.1已列于第2章中。

2.2 电子数据收集、分析和追溯系统(Electronic Data Gathering, Analysis and Retrieval System) (EDGAR)包含了在美国证券交易委员会(U.S. Securities and Exchange Commission) (SEC)存档的公司信息。其主要目的是增加证券市场的效率和公平性，以保障投资者、公司和国民经济的利益。

可通过下列因特网网址进入EDGAR的数据库：

www.sec.gov/cgi-bin/srch-edgar

在键盘搜索框中,键入：“Tyco Toys Inc.” 选择 Tyco最近的“10-K表格”（每年在SEC存档的财务报告）。请使用报告中所找到的信息回答下列问题：

a. 列出公司三种主要产品线。

b. 找出五个国家，在这些国家中公司和公司的子公司生产经营玩具。

c. 考察公司最近的资产负债表。从年初开始，借计现金的总金额是否已经超过了贷计现金的总金额？对此你怎样说明？

2.3 会计软件执行了许多会计循环所涉及的机械性任务，为使你能知晓这些现成软件的类型，请按下列网址进入Altavista、Excite、WebCrawler 和Yahoo雅虎等搜索引擎：

www.altavista.digital.com www.webcrawler.com

www.excite.com www.yahoo.com

到每个网站后，请在所提供的对话框中，执行“会计软件 (accounting software)”关键词搜索，你将能见到对商业可用会计软件资源量的简短评价。

B.2.3 第3章

因特网练习3.1 列于第3章中。

3.2 微软公司(Microsoft Corporation)是一个美国商业最成功的事例。按下列网址访问微软公司的主页：

www.microsoft.com

在主菜单中选择“股东信息(Stockholder Info)”，并再选择“收益消息（earning releases）”。

a. 在过去三年中收入增加或减少了约多少？

b. 损益表中显示的主要成本和费用类别有那些？

c. 图示过去三年的净收益金额。对图上所示公司净收益的增长加以评论。

3.3 访问强生公司(Johnson & Johnson Corporation)，其网址如下：

www.jnj.com

从“新闻和财务(News and Finance)”菜单中，选择“公司年报(company's annual report)”。找出公司最近的世界范围销售金额数。对于这数字，在公司四个主要贸易地域中的每一个又各产生多少收入额？

3.4 商业期刊最常见的是一个公司收益情况的新闻报告。访问“电子新闻(Electronic News)”、《财富》杂志(Fortune Magazine)和《今日美国》(USA Today)等主页，其网址如下：

www.enews.com www.usatoday

www.fortune.com

使用每个网站所提供的关键词搜索功能，寻找关于一家公司收益的新闻报告，并对此文作一简短的小结。

B.2.4 第4章

因特网练习4.1 列于第4章中。

4.2 访问 MCI, Inc.的主页，其网址如下：

www.mci.com

从公司的主页中选择“简介(About Us)”，并再进入“投资者关系(investor relations)”。考察MCI的资产负债表，并回答下列问题：

a. 解释为什么在年末时，公司的“应收账款”账户可能已经做过调整分录？

b. 是否公司的资产负债表报告了任何未赚得的收入？请解释。

c. 在作将成本分配于多个报告期的调整分录时，会涉及那些公司的非流动资产？

4.3 访问福特汽车公司的主页，其网址如下：

www.ford.com

从这主页中选择“财务和货币事项(Financial and Money Matters)”，再选择“股东关系(Stockholder Relations)”的“最新公司年报(company' s most recent annual report)”，再从“年报(annual report)”菜单中选“财务报表注释(notes to the financial statements)”。找出在这些“脚注(footnotes)”中揭示信息的类型。

4.4 财务报告中经常包括揭示对公司的待决法律诉讼，当然大多数公司作了每种可能的努力，以避免卷入法律诉讼。

访问“亨氏食品公司(Hershey Food Corporation)”网站，其网址为：

www.hersheys.com

在主页菜单中选择“法律信息(Legal Info)”，阅读“你与亨氏公司的交流通讯(Your Communications to Hershey)”，并简短地解释为什么亨氏公司要鼓励客户保留他们自己的观点？

B.2.5 第5章

因特网练习5.1 已列于第5章中。

5.2 商业公司（如零售商店）经常会遭受经济周期的上升－下降的影响。为更多地了解这种周期，访问“美国人口调查局(U.S. Census Bureau)”主页，其网址如下：

www.census.gov

在此主页上选择“当前经济指标(Current Economic Indicators)”，请简要地讨论当前零售业部分的发展趋向。

5.3 访问“盖普公司（Gap, Inc.）”的主页，网址为：

www.gap.com

在有公司名称的主菜单中，选择“财务信息(Financial Information)”项。

a. 在过去的四个季度中，公司的季度收益如何？这种收益情况是否反映了周期性？请解释之。

b. 考察公司在过去12个月的月度销售报告。这种收益情况是否反映了周期性？请解释之。

c. 公司股票当前的市价是多少？

B.2.6 第6章

因特网练习6.1已列于第6章中。

6.2 一个营业实体可从几种“法律结构(Legal Structures)”中选择一种。为了解这种可供挑选的选项，请进入下列因特网网站：

www.nolo.com

从主页菜单中选择“小型企业(Small Business)”，再选择“小型企业法律结构(Small Business Legal Structures)”。

a. 请讨论合伙人制的优点和缺点有哪些？

b. 为什么股份公司结构的双重征税惩罚没有用于大部分中小企业？

c. 在采用股份公司时，大约要支付多少注册费用？

6.3 一家小型企业最主要的不利处是，较难筹集足够多的资本用于扩大规模和增长发展。一些小型企业常将风险资本作为筹集资金的来源。访问“21世纪因特网(21st Century Internet)”网站，其网址如下：

www.21vc.com

a. 这个合伙风险资本企业的独特处是什么？

b. 在这“21世纪因特网”合伙企业中大的机构投资者有哪些？

c. 列出“21世纪因特网”合伙企业投资的三家企业。

B.2.7 第7章

因特网练习7.1已列于第7章中。

7.2 请按下列网址进入EDGAR数据库，找出“微软公司(Microsoft)”当前持有的短期投资额：

www.sec.gov/cgi-bin/srch-edgar

a. 使用微软公司最近的10-K报告，确定当前持有的短期投资和带息的债券数。

b. 公司分类为短期投资的绝大多数是否为现成可销售的证券、商贸证券或即将到期的债券？

b. 公司的损益表是否报告了在这些投资上任何的持有收益（或损失）？如果没有报告，

请解释其原因。

7.3 利率在管理财务资产成功与否上起了重要的作用。进入下列几个因特网网站，来学习利率、信贷市场趋势和一般经济条件等更多的知识：

www.stpt.com.busine.html
www.bloomberg.com
www.enews.com
www.cnnfn.com
www.fortune.com
www.ustreas.gov
www.census.gov
www.wsrn.com

根据这些网站提供的信息，当前对定期存款、货币市场基金和美国国库券支付的利率各是多少？在未来几个月中，专家们预计这些利率会上涨还是下降？你认为将来利率的变化趋势怎样？请说明你的理由。

B.2.8 第8章

因特网练习8.1已列于第8章中。

8.2 存货代表了一个公司总流动资产的大部分。对一些公司，有效的存货管理是成功运作的关键。访问“美国生产和存货控制协会(American Production and Inventory Control Society , APICS)”的主页，其网站为：

www.industry.net/apics

这是一个什么机构？它又对其会员提供了哪些服务？

8.3 一家公司的存货周转率是它将存货转换为现金快慢的衡量指标。但是，一个“好”的存货周转率又该考虑些什么呢？是不是麦克唐纳(McDonald) 的较高周转率就意味着公司的存货管理比福特(Ford)公司更有效率呢？请说明一下。

8.4 现在已有很多人重视“适时制 (just-in-time, JIT)”的存货管理理论。为观察适时制方法已经发展到什么程度，请使用一个或多个搜索引擎，如Alta Vista、Excite、WebCrawler 或雅虎(Yahoo)。（读者的浏览器或许有这些搜索引擎的热键，如果没有，它们的网址如下：）

www.altavista.digital.com www.webcrawler.com

www.excite.com www.yahoo.com

使用对话框，键入关键词搜索“适时制存货（just-in-time inventory）”。简要地评论可供企业使用的资源类型。

B.2.9 第9章

因特网练习9.1已在第9章中。

9.2 1986年国会采用了“修订的加速成本回收制度（Modified Accelerated Cost Recovery System）”，简称为MACRS。访问“国内税务署（Internal Revenue Service, IRS）”主页，其网址为：

www.irs.ustreas.gov

从主页菜单上选择“欢迎访问国内税务署（Welcome to the IRS）”，再从下一菜单中选择“搜索（Search）”，在对话框中键入“MACRS”。简要地讨论从此搜索得来信息的类型。

9.3 大多数公开上市公司在财务报告中使用直线法折旧。

这里有一个游戏，可让读者和读者的同学一起操作。首先，进入下列网址的EDGAR 数据库：

www.sec.gov/cgi-bin/srch-edgar

利用10-K和10-Q报告的信息，看看班级中哪一个同学是最先找到一家不使用直线法（或产量法）折旧的公司（使用的折旧方法列于这些报告的脚注中）。

在找到了这些公司后，请按作者电子信箱地址发一信件，也让本书的作者知道是哪些。

9.4 商标是一个词、一个标记或是一种设计，用来将一家公司的产品与其他的区分开。为了能找到更多商标的内容，访问“Nolo Press”的主页，其网址如下：

www.nolo.com

从这主页菜单中选择“法律百科全书（Legal encyclopedia）”，再在下一菜单中选择“专利、版权和商标（Patent, Copyright, Trademark）”，在“商标和商业名称（Trademark and Business Names）”中选择“NOLO的快速事例：商标（Nolo's Fast Facts: Trademark）”。

请解释在常用的两个商标标记 ® 和TM之间有什么差别。

B.2.10 第10章

因特网练习10.1已列于第10章中。

10.2 个人和企业经常需要有结构地安排贷款，以便他们能承受每月的支付额。长期贷款一般意味着每期较小的支付额，但也有较高的利率。Bloomberg的个人主页（Bloomberg's Personal Home Page）提供服务帮助潜在的借款者选择最佳的机会。请访问下列网址：

www.bloomberg.com

一旦读者进入该网站，从菜单上选择“分析（Analysis）”，然后再选择“分期抵押计算（Mortgage Calculator）”。

为说明这个有用的程序，假定读者最近已毕业，并已有好的工作，还准备购买一辆新汽车。读者将要取得一笔汽车贷款，其金额为12 000美元，以每月等额方式还款。在读者面前有两种选择：24月利率为8.5%的贷款，或是48月利率为9%的贷款。

a. 计算两种贷款方式下每月的支付额。

b. 假定读者采用了48月的贷款，而且每月支付金额可再追加额外的200美元。在整个贷款的期限中，这额外的支付是如何节省了利息费用？又使贷款的整个周期缩短了多少月份？

请记住Bloomberg的主页，这可能迟早会有用的。

10.3 财务会计准则委员会（Financial Accounting Standard Board, FASB)所颁发的第106号文告（Statement No. 106）指明了对非养老金的退休后福利等报告的要求。

访问FASB的下列网站：

www.fasb.org

从“汇总／状态（Summaries / Status）”菜单上选择第106号文告的总结。简要地讨论美国财务会计准则委员会的发布该文告的四个目标。

10.4 大约有一百多年了，莫迪的投资者服务（Moody's Investor Service）提供了公司债券的等级评定。访问莫迪的主页：

www.moodys.com

从这主页菜单中选择“经济（Economics）”，再选择“莫迪平均产出指数（Moody's Indexes Yield Averages）”。

a. 当前所有公司债券在期限为20年或更长时，其平均产出为多少？在这些债券中，哪一个的当前产出是被评为最高级别（Aaa）？这些债券若在其信贷级别为Baa（一个较低的级别）时，其当前产出是多少？

b. 解释为什么在上题中债券的当前产出中有Aaa级别的反比有Baa级别的要低？

c. 在下列债券分类中，那一类债券产生较高的平均产出，工业债券还是公用事业债券？

B.2.11 第11章

因特网练习11.1已列于第11章中。

11.2 为了营业的增长，经常需要依靠另外合伙人或外部投资者的资本。这些主张可能是有很大风险的。为了学习营业的扩大，可访问“企业家优势（Entrepreneurial Edge）”主页：

www.edgeonline.com

从主页菜单中选择“公司建设者（Business Builder）”；然后，在“增长你的营业（Growing Your Business）”标题的菜单中，选择“与合伙人和投资者一起扩大你的营业（Expand Your Business with Partners and Investors）”。

扩大一个企业建议哪八个步骤？做好准备，和班级上其他同学讨论每一步骤的细节。

11.3 特定类型股票的市价在每天中是经常变动的。“实时（Real-time）”定价给予投资者有关股票价格及时的信息。为体验实时定价，访问PCQUOTE的主页：

www.pcquote.com

按提供的指令，对你选定公司输入“打钩”的标记（如果需要，可利用随访性能检查你公司的打钩标记）。

a. 你选公司股票的当前市价是多少？在整个一天中经常查看，并记录其市价的任何变动。

b. 你公司股票价格的变动与“道琼斯工业平均指数（Dow Jones Industrial Average，DJIA)”的变动相比又怎样？后者在主页屏幕的上方显示。换句话说，在全天中你的股票和道琼斯指数是否同方向变动？

c. 你的股票在52周中最高和最低值各是多少？它当前的每股收益值（EPS）是多少？价格收益比率（PE）多少？股利率多少？

11.4 股票分割的目的是大幅度降低一个公司股票的市场价格，使之对投资者更有吸引力。从其初始对公众发行普通股股票后，盖普公司已宣布了几次股票分割。访问该公司的网站主页：

www.gap.com

从主页的菜单中选择“投资者常问问题（Investor FAQ）(frequently asked questions)”。

a. 盖普公司股票最初向公众上市的日期是那天？那时的售价又是多少？

b. 盖普公司已经宣布了多少次股票分割？这些分割所定的日期和每次分割的金额是多少？

c. 盖普公司的股东们能用他们在公司普通股上的现金股利直接再投资吗？

B.2.12 第12章

因特网练习12.1已列于第12章中。

12.2 在今天的经营环境中，企业重组活动是经常发生的。请在下列各种企业新闻的因特网网址中搜寻一家最近进行过重组活动的企业，并对其进行研究：

www.stpt.com.busine.html　　　www.usatoday.com

www.enews.com www.cnnfn.com
www.fortune.com www.wsrn.com

在每个网址上执行一次关键词的搜索，可用“企业重组（Restructuring）”、“缩小规模（Downsizing）”和“重组织（Reorganization）”等词项。你们可能找出几个最近涉及这类活动公司的例子，从中选择一个特别的公司，对此编写一简短的报告，概括出环绕公司重组活动细节的要点。

B.2.13 第13章

因特网练习13.1已列于第13章中。

13.2 即便美国财务会计准则委员会（FASB）推荐使用直接法来表述由经营活动产生的现金流量，大多数公司仍选用间接法。其原因之一是直接法加上了一些附加的报告要求。

这里对你和你班上同学有一难题，首先请进入EDGAR：

www.sec.gov/cgi-gin/srch-edgar

使用10-K和10-Q所提供的信息，看哪些公司使用间接法报告经营活动产生净现金流量，而谁是班上第一个找到的？

请让本书的作者也知道你们的发现，请发E-mail通知我们的主页。

13.3 在1975年名叫比尔·盖茨（Bill Gates）和保罗·艾伦（Paul Allen）的二位大学生成立了一家合伙的商业企业，名为“微软”（Microsoft）。在1981年这家公司重组为紧密控制的股份公司，再到1986年公司又上市了。今天，“微软公司（Microsoft Corporation）”已是世界上广为承认的最成功的公司。保罗·艾伦已离开了公司，而比尔·盖茨（Bill Gates）继续经营着公司。作为公司最大的股东，他是一个世界上最富有的个人。

请访问微软公司的主页：

www.microsoft.com

选择“搜索（Search）”，再在显示的框中键入“年报（Annual report）”。将屏幕向下滚动调整，使显示公司最近的年报。从这年报中，再找到公司的现金流量表。

a. 观察微软公司的经营中产生的现金流量，对其变化趋势加以评论。（注：你可以点击右方栏中显示的图标，这样会显示三年来经营中产生的现金流量。）

b. 微软公司是否在过去三年中支付了现金股利？请解释，为什么这样一个盈利的公司实际上没有任何支付股利活动的历史。（提示：在本书结尾部分列示有“索引”，查看其中的“公司收益的双重课税（double taxation of corporate earnings）”。）

c. 微软公司在最近一些年度已经购买了数以十亿美元计的短期投资。在过去三年中到底有多少美元的现金购买了短期投资？请解释，为什么公司会选择将这么大数额的现金投资于有价证券。

B.2.14 第14章

因特网练习14.1已列于第14章中。

14.2 访问“R”Us玩具公司的财务主页，其网址如下：

www.shareholder.com/toy

从主页菜单中选择“证券交易委员会文件(SEC Documents)”，再从“SEC”菜单中搜寻该公司最近的10-K或10-K405报告。

a. 使用公司在SEC（证券交易委员会）的报告所提供的信息，计算在第14章中讨论过的各种财务计量指标。

b. 使用在本书附录A中所示的“R”Us玩具公司的年度报告，计算在第14章中所讨论的各种财务计量指标，并将这些结果与本练习上一部分比较。讨论你的发现。

c. 回到主页菜单，察看关于该公司的最近新闻公告。这些报告是否包含了会影响“R”Us玩具公司的未来的财务业绩？请解释之。

14.3 在计算上述因特网练习14.2时，你们是否需要特殊帮助？也许“加拿大商业开发银行(Business Development Bank of Canada)”的案例可有些启发。请访问下列网站：

www.bdc.ca

可以选择英语版本或法语版本。在主页的底部，置于“直接执行(Go Direct)”选择“工具（Tools）”。使用所提供的这些工具计算时与你手工计算时有什么不同？

B.2.15 第15章

因特网练习15.1已列于第15章中。

15.2 在今天的全球市场中，经理们都要对各种世界性的爆炸性新闻保持警觉。访问下列网站，了解各种国际新闻的来源：

www.accountingnet.com

从主页菜单中选择“新闻（News）”，并将其屏幕滚动以找到“国际新闻（International News）”的热键。你们将能很快发现有遍布世界的100多个新闻服务链接。

察看几个新闻服务的内容。然后，选择一个外国新闻事件，再解释为什么这事件影响了世界这部分的经济运作。准备在班级中讨论你的新闻故事。

15.3 国际性经营必须持久地涉及外币业务。由于外币相对于美元的价值经常会波动，这种业务也会十分复杂。访问下列因特网网站，在“服务（Service）”菜单中置于“功效（Utility）”的货币计算器上：

www.DynaMind-LLC.com

a. 你用100美元能购买多少泰铢？

b. 你用多少美元才能购买100哥伦比亚比索？

c. 如果美元的价值相对于一种外国货币很坚挺，那么，美国出口商品或服务到这个国家是更困难，还是容易些？请解释之。

B.2.16 第16章

因特网练习16.1已列于第16章中。

16.2 管理会计师协会（IMA）是只限于管理会计和财务管理领域中专业人员参加的，领导性职业组织。至今约有80 000名专业人员属于该协会。访组织对其会员的个人和职业性的发展，提供了高层次服务。IMA积极地支持发展学生会员。要了解更多的关于IMA对学生的资助，可访问下列网站

www.imanet.org

a. IMA对学生提供了哪些好处？

b. IMA对其正常会员提供了哪些信息来源？

c. IMA对其正常会员提供了哪些好处？

B.2.17 第17章

因特网练习17.1已列于第17章中。

17.2 ABC Technologies 是一家领先的软件开发和咨询公司，专门从事“作业制成本计算（Activity-Based Costing）”有关业务。访问如下网页该公司的主页：

www.abctech.com

从该主页中选择“工业案例研究（Industry Case Studies）”。从这些列出的行业分类中察看几个案例报告，准备材料在班级上讨论作业制成本计算如何应用的，特别是在这些案例中所强调的。

17.3 Cost Technology 是一家全球性咨询公司，专门从事利润管理。它帮助制造业、服务业和政府组织来寻找改善盈利状况的机会。访问下列该公司的主页：

www.costechnology.com

本书第17章所讨论了成本管理各种内容，该公司对其客户提供了这方面的特殊服务吗？

B.2.18 第18章

因特网练习18.1已列于第18章中。

18.2 Roadmap Technologies 是一家领先的，提供价值链软件应用企业。它的程序建立在一个复杂的数据开发引擎之上。公司的软件已经在200多家公司彻底检验过，这些公司遍布于银行、消费性包装商品、制药、财务服务、制造和公用事业等行业。访问下列的公司主页：

www.roadmap-tech.com

在菜单中选择“价值链应用（Value Chain Applications）”。列出公司的“日内瓦预测系统（Geneva Forecasting System）”用来在一组织中控制成本动因的四种方法。

18.3 安德森咨询公司（Anderson Consulting）是世界上最大的管理咨询公司之一。访问下列的该公司的主页：

www.ac.com/index.html

从主菜单中选择“服务（Service）”。再在此菜单中选择“供应链管理（Supply Chain Management）”。该公司的供应链管理侧重于哪个方面？

B.2.19 第19章

因特网练习19.1已列于第19章中。

19.2 本-量-利分析给经理们提供了一组计划和控制的工具。电子存贮（CyberStore）公司是一家硬盘存贮装置的制造企业，假定有下列的数据：

- 公司每年的固定成本平均为2 000 000美元；
- 公司的贡献毛益率约为65%；
- 公司产品的平均销售单价是800美元；
- 公司的利润目标（税前）是50 000美元。

访问下列以本-量-利计算器为特征的网站：

www.cybersolve.com/breakeven.html

使用“CyberSolve计算器”回答下列问题：

a. 公司在销售金额上的保本点是多少？

b. 公司的销售必须在什么水平上才能达到目标利润额？

c. 察看CyberSolve所提供的本－量－利图形。图中哪两条直线是平行的？为什么？

19.3 “CCH 经营业主（CCH Business Owner’s）”的工具箱（Toolkit）对小型企业的业主们提供了十分有用的信息。访问下列的“工具箱（Toolkit）”：

www.toolkit.cch.com

使用所提供的搜索框，用键盘键入“保本（break-even）”，进行对此的搜索。CCH提供了那些关于保本分析及本-量-利分析的参考书，用来帮助经理们加深理解和学会操作？

B.2.20 第20章

因特网练习20.1已列于第20章中。

20.2 对从事保护全球环境有关活动的国家，已经有三个国际环境条约提供了可用的财务资源。这些资源可用来负担从事这些活动所引起的增量成本。为了进一步了解关于环境保护的增量成本分析，请访问“全球环境机构（Global Environment Facility, GEF）”主页：

www.gefweb.com

从主菜单中选择“PRINCE”，这PRINCE（Program for Measuring Incremental Costs for the Environment）是一个技术研究的程序，可用来对GEF运作的四个领域进行增量成本分析。哪四个领域是GEF运作的，并已经使用了PRINCE程序？

20.3 有时增量分析也可称为“成本－收益分析（Cost-Benefit Analysis）”。为了更多地了解可用来帮助经理们进行成本－收益分析的软件资源，请访问下列网站：

www.constbenefit.com

从主菜单中选择“产品/服务（Products/Services）”，并阅读这些“成本－收益分析工具（Cost-Benefit Analysis Tool）”程序。这些软件还有什么潜在的用途？

B.2.21 第21章

因特网练习21.1已列于第21章中。

21.2 业绩评价是每个经理工作的一个重要方面。访问下列的“业绩评价基础（Foundation for Performance Measurement）”网站：

www.fpm.com

a. 该“基础”的目的报表是什么？

b. 该“基础”参考了什么类型的非财务业绩计量？

c. 该“基础”的成员代表了哪些职业领域？

21.3 “美国培养和发展协会（American Society for Training and Development）”在培养和教育员工方面协助企业。访问下列的该协会

www.astd.org/virtual_community

选择“寻找（Find）”，执行对“业绩评价（Performance evaluation）”的关键词搜索。准备在班上讨论你的搜索结果所列明的一些资源。

B.2.22 第22章

因特网练习22.1已列于第22章中。

22.2 预算编制对个人或企业一样都十分重要。为了提高兴趣和得到可用于个人预算编制的工具，请访问下列的“家庭集市（Home Fair）”网站：

www.homefair.com

假定你是Bucknell 大学的一名四年级学生，该大学位于宾夕法尼亚州刘易斯堡的联合县（Union County）。你得到了两个就业机会。第一个是在纽约市的曼哈顿，第二个是在芝加哥市的市区。使用“工具（Tools）”菜单，回答下列问题：

a. 如果纽约市的工作支付40 000美元，那么，在芝加哥要得到多少才能在财务上达到相等的总数？（使用“工资计算器（Salary Calculator）”来回答这个问题。请小心地执行指令。选择“纽约市”作为你搬迁的出发点，“芝加哥”作为你正要搬迁的地方。）

b. 在比较了上述机会，你决定接受芝加哥的工作。在你从宾夕法尼亚州刘易斯堡搬到芝加哥时大约要花费多少钱？（使用“搬迁计算器（Moving Calculator）”工具来回答这个问题。请小心地执行指令。也请按你所计划需要用的，恰当地填写与房屋相关的家具和居住物品等的信息。）

c. 在你搬迁后不久，你开始作第一个购买房屋的预算。你将能承受多大金额的房屋？（使用“抵押贷款评估器（Mortgage Qualifier）”来回答这个问题。请小心地执行指令。假定每年的工薪为40 000美元。填写关于你的储蓄、当前每月的还债额和当前的抵押贷款利率等信息。）

22.3 编制预算是联邦政府管理的一个重要方面。在管理一个县的财政方面，你想你是否能比当前负责人做得更好一些？让我们来试试看。请访问下列的 “国家预算模拟（National Budget Simulation）”网站。（注意：这个网址并不是以www开始的。）

garnet.berkeley.edu:3333/budget/budget.html

选择“怎样做游戏（How to Play the Game）”，再选择这个游戏的“短版本（Short Version）”，或“长版本（Long Version）”（我们建议读者从“短版本”开始。）你对当前联邦的预算觉得有不否处，请做出调整，并提交你的建议报告。

你具体是怎样做的？列明你增加、减少或取消各种预算项目的原因，做好在班上辩护的准备。

B.2.23 第23章

因特网练习23.1已列于第23章中。

23.2 如果没有计算机技术的支持，在一个大型制造企业中运行一个成本会计系统或许是不可能的。“Prologic 管理系统公司（Prologic Management System Inc.）”是一家软件开发公司，拥有制造、分销、资源计划和资源追溯等方面的专家。为了了解标准成本的软件，访问下列的公司主页：

www.prologic.com

从主菜单中选择“产品（Products）”，并察看“制造的解答（Production Solutions）”。

a. 公司的标准成本软件有什么效能？

b. 公司的标准产品常规软件有什么效能？

c. 公司提供了什么其他的会计软件产品？

B.2.24 第24章

因特网练习24.1已列于第24章中。

24.2 贯穿本书全书，我们都强调了货币时间价值的重要性。在第10章、第24章和附录C中都以这些重要的概念为主线。为了在学习应用货币的时间价值（TVM）中增加兴趣，请访问下列的“财务操作者中心（Financial Players Center）”:（注意：此网址并不以www开始。）

fpc.net66.com

为回顾货币的时间价值（TVM）的基本概念，选择“请教我货币的时间价值（Teach Me about TVM）”，再选择在线财务计算器来计算，（a）货币时间价值的琐事小测验（TVM Trivia quiz）；（b）货币时间价值的小测验（TVM quiz）；（c）财务知识小测验（Financial Knowledge quiz）。

你是怎样做的？对未来可能在这网址中出现的小测验题，请尝试建立和提交你自己的归纳小结。

24.3 军事开支代表了联邦政府资本预算支出的相当大的比重。为了更多地了解这类开支的重要性，请访问下列的“国防信息中心（Center for Defense Information）”主页：

www.cdi.org

在主菜单中选择“军事开支时钟（Military Spending Clock）”，再选择“运行开支时钟（Running Spending Clock）”。

a. 当年军事开支已经花费了多少？

b. 每一秒又花费了多少钱？

c. 按当前的比率，全年的军事开支总共需要多少？

附录C

货币的时间价值：终值和现值

学习目标 (Learning Objectives)

学习本附录后，你应当能够：

1. 解释货币的时间价值意味着什么。
2. 描述现值和终值之间的关系。
3. 解释决策者在使用货币的时间价值的三种方法。
4. 计算终值和需要累计终值的投资。
5. 计算未来现金流量的现值。
6. 讨论现值概念在会计中的应用。

C.1 基本概念

投资的一个最基本，也是最重要的概念就是货币的时间价值。这个概念是根源于这样一个理念，即今天可用的货币金额可安全地投资，以在未来累积到一笔更多的金额。作为其结果，今天的一笔钱可以看成未来更大当量的可用金额。

在我们的讨论中，对应于今天可用的一定金额的钱就视为“现值”。相反，在未来可收回或可支付的一定金额就被视为“终值”。

举例说，假定你存贮500美元于可赚得8%年利率的储蓄账户中。未来四年你储蓄账户的年末余额将例举在图C-1中。

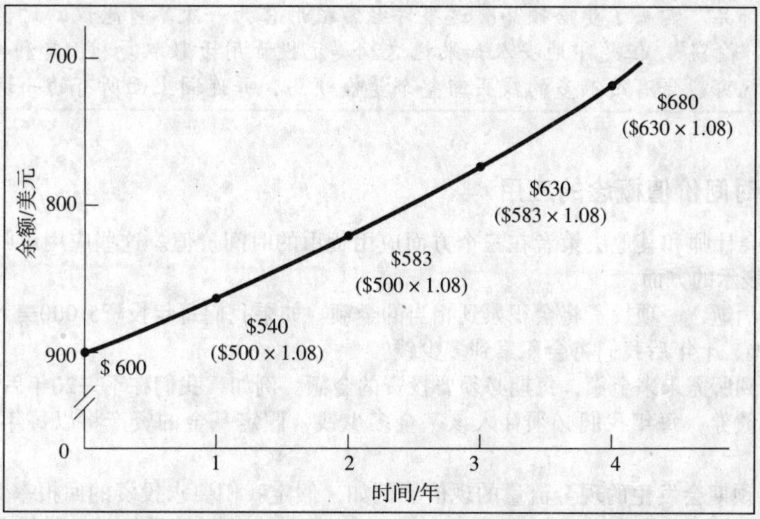

图C-1 “同样余额”的不同时间价值

这些余额表示了你500美元投资的不同的时间价值。在你第一次开设此账户时，你的投资仅有现值500美元。随着时间的消逝，你投资的价值增加到在图中例举出的“终值”。（在本附录中，现值将例示为斜体，终值将例示为黑体。）

C.1.1 现值和终值的关系

现值和终值之间的差额就是“利息”，它包括在终值之中。我们已经观察过跨期间的应计利息。所以，现值和终值间的差额取决于两个因素：（1）利率，现值在按此数额增加；（2）时间的长度，利息按此进行累积。（注意我们的图形，未来日期越久远，终值数额就越大。）

随时间变化的现值 投资的现值逐渐增加，直到其终值。事实上，在一个未来日期到来时，过去曾经是终值的变成了投资的现值。例如在第一年末，这540美元就不再是一终值，它将是你储蓄账户的现值。

基本概念（用几种不同方式表述） 请注意，我们储蓄账户的现值总是小于它的终值。这是货币时间价值内含的基本思想。但是这种思想经常用几种不同方式来表示的，如下所示：

- 一个现值总是小于一个终值。
- 一个终值总是大于一个现值。
- 今天可用的一元钱总是比未来日期可用的一元钱更值钱。
- 未来日期可用的一元钱总是比今天可用的一元钱更不值钱。

请仔细阅读这些表述。所有四种都反映同一思想，即现值是一个未来日期更大数额的“当量”。这就是货币时间价值的意思所在。

C.1.2 复利

现值和终值之间的关系是假定投资所赚得的利息是用于“再投资”。这个要点经常被称为利息的复利计算。复利计算有一个利息效应。利息的再投资造成了每期“投资金额”的增加。继尔，造成在每一后续时期赚得更多的利息。在一个长时期后，一项计算复利的投资将会持续地增加，直至到惊人的金额。

此要点的案例

1626年彼得·米纽特 (PeterMinuit) 从一群印地安人中用价值24美元的“玻璃球、布匹和小装饰品”购买了曼哈顿岛。这事件经常被形容为一次不可思议的讨价还价——甚至是一次“偷窃”。但是印地安人如果把这24美元投资用于赚取复利，其利率若为8%，他们在今天就可能会有足够多的钱买回整个曼哈顿岛，并连同上面所有的一切。

C.1.3 货币时间价值概念的应用

投资者、会计师和其他决策者在三个方面应用货币的时间价值。这些应用可归纳为下列三个用典型实例表示的方面。

1. 随时间消逝，一项投资将会积累到相当的金额。如果我们每年投资5 000美元，且其每年的回报率为10%，十年后我们将会积累到多少钱?

2. 要积累到所需未来金额，每期必须要投资的金额。例如，我们在下一20年后积累到2亿美元的偿债基金债券，每年我们必须存入该基金多少钱，假定基金的资产将以每年8%的比率回报?

3. 在未来预期会发生的现金流量的现值。例如，假定我们要求投资的回报率为15%，并为了在以后10年中每年节省生产成本20 000美元，那么买一台这样所需的新机器最多我们可承受的价格是多少?

我们现在来介绍回答这几个问题的框架。

C.2 未来金额

一项未来金额简单地说，就是一个现值将会在一段时间后积累到的金额数。正如我们已经说过，一个现值和一个相关的终值间的差额依靠于（1）利率额；（2）现值积累所消逝的时间。

从现值开始，我们可能用一系列的乘法来计算终值金额，其例子表示在图C-1中。但这里有更迅速和更方便的方法。例如，许多财务计算器都已有编程，可计算终值，你们需要输入的只是：现值、利率和时期数；再或是可以使用“终值表格”，如所示的表C-1。

C.2.1 “表格法”

终值表格表明了1美元在一段时间后将能积累到的金额数，假定这些金额被投资于赚回所例举比率的回报。我们将称在表格主体中列示的金额为“乘数”，而不称为“金额数”。

为了寻找一个现值大于1美元的终值，简单地将此现值乘以从表格中得到的乘数。用这种方法利用表格的公式是：

终值＝*现值* × 乘数（从表C-1中得）。

让我们用储蓄账户数据来示范这种方法，其具体计算如图C-1。该账户开始是一现值500美元，投资的年利率为8%。这样该账户在以后的四年中每年的终值数额按复利计算如下（计算进位至元数）：

表 C-1

1美元在n期后的终值

期间数 (n)	利率 1%	1.5%	5%	6%	8%	10%	12%	15%	20%
1	1.010	1.015	1.050	1.060	1.080	1.100	1.120	1.150	1.200
2	1.020	1.030	1.103	1.124	1.166	1.210	1.254	1.323	1.440
3	1.030	1.046	1.158	1.191	1.260	1.331	1.405	1.521	1.728
4	1.041	1.061	1.216	1.262	1.360	1.464	1.574	1.749	2.074
5	1.051	1.077	1.276	1.338	1.469	1.611	1.762	2.011	2.488
6	1.062	1.093	1.340	1.419	1.587	1.772	1.974	2.313	2.986
7	1.072	1.110	1.407	1.504	1.714	1.949	2.211	2.660	3.583
8	1.083	1.127	1.477	1.594	1.851	2.144	2.476	3.059	4.300
9	1.094	1.143	1.551	1.689	1.999	2.358	2.773	3.518	5.160
10	1.105	1.161	1.629	1.791	2.159	2.594	3.106	4.046	6.192
20	1.220	1.347	2.653	3.207	4.661	6.728	9.646	16.367	38.338
24	1.270	1.430	3.225	4.049	6.341	9.850	15.179	28.625	79.497
36	1.431	1.709	5.792	8.147	15.968	30.913	59.136	153.152	708.80

年份	终值	计算（利用表C-1）				
1	$ 540	*$500*	×	1.080	=	$540
2	$ 583	*$500*	×	1.166	=	$583
3	$ 630	*$500*	×	1.260	=	$630
4	$ 680	*$500*	×	1.360	=	$680

计算一个终值相对说是容易的。更有兴趣的问题是：为了要积累到一个需要的终值，我们在今天必须投资多少？

计算需要的投资　在公元2001年末，米特罗·瑞赛林(Metro Recycling)同意为其雇员建立一个全额基金资助的退休金计划，期限是五年，到2006年12月31日。估计到2006年12月31日这个全额基金资助的退休金计划需要500万美元。米特罗先生今天（2001年12月21日）必须投资多少钱于该计划，以便到2006年末能积累起所允诺的500万美元，假定对这基金支付的款项将被投资，回报率为8%?

让我们重复用表C-1计算终值中使用过的公式：

终值 = *现值* × 乘数（从表C-1中得）

在这种情况下，我们知道终值是5 000 000美元。我们要求的是现值，对应的是投资于利率为8%时，在五年中积累起这500万美元。为确定这现值，上面的公式可以重新表述为如下：

$$\text{现值} = \frac{\textbf{终值}}{\textbf{乘数 (从表C-1中得)}}$$

参阅表C-1，我们可在“期限五年”和“8%利率”对应处，得一乘数1.469。这样在2001年所需的投资金额将是3 403 676美元（即5 000 000 ÷ 1.469 ）。投资按8%回报率计，这些金额将在五年末积累为所需的500万美元，图例如下（图C-2）：

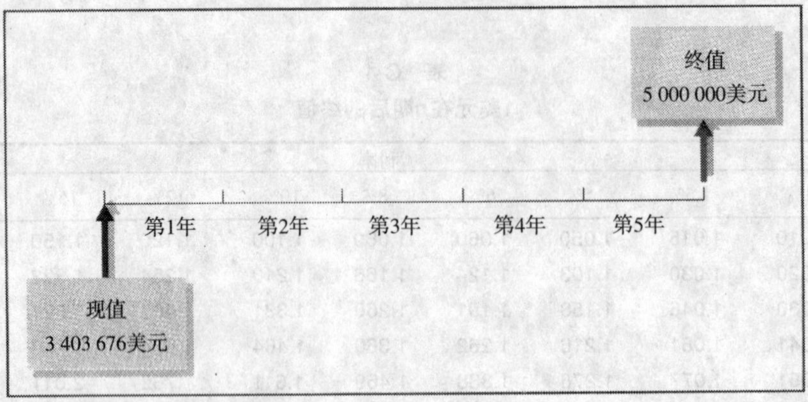

图 C-2

C.2.2 年金的终值

在许多情况下，投资者会有一系列的投资付款，而不只是一次。例如，假定你们计划在下五年的每年年末，投资500美元于你们的储蓄账户。如果账户有每年利率8%，那么在第五年的年末，你们储蓄账户的余额将会是多少呢？诸如表C-2可以用于回答这类问题。**表C-2**列示了1美元常规年金的终值，这是一系列在每年年末支付1美元，支付了一个特定期数后的结果。

为了能得到大于1美元支付的常规年金的终值，只要简单地将表格中显示的乘数值乘以这个定期支付数额即可。其计算如下：

年金终值 = ***定期支付数*** **× 乘数（从表C-2中得）**

在我们这例子中，在表格的“5期”和“8%”利率的交叉处得到乘数为5.867。再将这个乘数乘以定期支付数500美元，我们就可得到储蓄账户在第五年年末的积累余额为2 934美元（500 × 5.867）。所以，如果你们在下五年的每年年末投资500美元于你们的储蓄账户，你们将会在第五年的年末积累起2 934美元。

计算一项投资的终值有时是十分必要的，但许多经营和会计问题需要我们确定的是，为积累起一笔所需的未来数额“每期应该支付数”。

计算所需的每期支付数 假定Ultra Tech公司需要积累起10 000 000美元的债券偿债基金，以偿还从现在起五年中的应付债券。这债券要求公司在下五年的每年年末，向基金支付等额款项。假定基金每年的利率是10%，所需定期支付数是多少呢？为了回答这个问题我们简单地重新安排公式如下，以便计算年金的终值：

年金终值 = ***定期支付数*** **× 乘数（从表C-2中得）**

表 C-2

在*n*期中每期支付1美元的终值

期间数	利率								
(*n*)	1%	1.5%	5%	6%	8%	10%	12%	15%	20%
1	1.000	1.000	1.000	1.000	1.000	1.000	1.000	1.000	1.000
2	2.010	2.015	2.050	2.060	2.080	2.100	2.120	2.150	2.200
3	3.030	3.045	3.152	3.184	3.246	3.310	3.374	3.473	3.640
4	4.060	4.091	4.310	4.375	4.506	4.641	4.779	4.993	5.368
5	5.101	5.152	5.526	5.637	5.867	6.105	6.353	6.742	7.442
6	6.152	6.230	6.802	6.975	7.336	7.716	8.115	8.754	9.930
7	7.214	7.323	8.142	8.394	8.923	9.487	10.089	11.067	12.916

（续）

期间数 (n)	利率 1%	1.5%	5%	6%	8%	10%	12%	15%	20%
8	8.286	8.433	9.549	9.898	10.637	11.436	12.300	13.727	16.499
9	9.369	9.559	11.027	11.491	12.488	13.580	14.776	16.786	20.799
10	10.462	10.703	12.578	13.181	14.487	15.937	17.549	20.304	25.959
20	22.019	23.124	33.066	36.786	45.762	57.275	72.052	102.444	186.688
24	26.974	28.634	44.502	50.816	66.765	88.497	118.155	184.168	392.484
36	43.079	47.276	96.836	119.121	187.102	299.127	484.463	1014.346	3 539.009

在我们的例子中，我们知道Ultra Tech公司需要积累起终值1 000万美元（10 000 000）。现在我们需要知道的是，在每年年金利率为10%，要积累起这样一笔未来金额所需的定期支付金额数。为作这计算，公式可作如下这样调整：

$$\textit{定期支付数} = \frac{\text{年金的终值}}{\text{乘数（从表C-2中得）}}$$

由此可得，每期所需支付数为1 638 000美元(10 000 000÷6.105)。如果在下五年的每年年末支付1 638 000美元，按年金利率10%计算，债券的偿债基金将会积累到10 000 000美元。

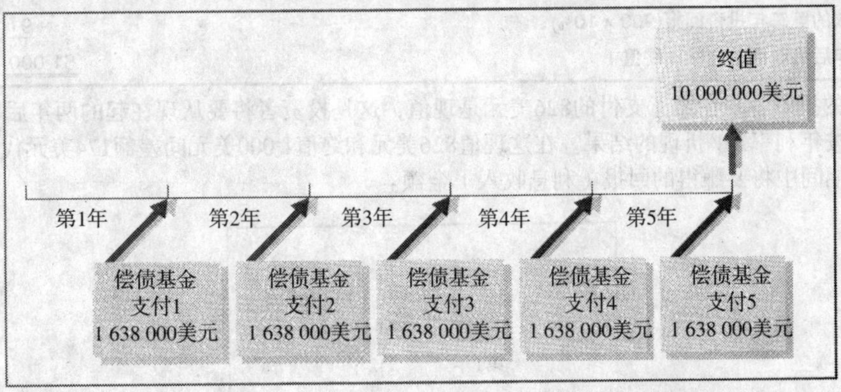

图 C-3

利息期小于一年

在我们终值计算中，都假定利息是付讫的（按复利），或是每年计算利息的。所以在利用表格时，我们用“每年”期间和“每年”利率。投资支付或利息支付可能会按一更频繁的基础进行，例如按月计，按季度计，或按半年计。表C-1和表C-2就会用于这类期限的计算，但是相应的利率必须代表这类期限的利率。

例如，假定作24月每月支付的投资基金，它每年利率是12%。要确定这投资的终值金额，我们将投资月度支付额乘以从表C-2中得到的乘数（查“24期”和“利率1%”的交叉处，这里的1%是将年利率12%除以12个月的月利率）。

C.3 现值

如以前所指出的，现值是将来要收到资金的“今天”价值。现值在经营和会计上有许多应用，联系对投资机会的评价就会很容易地解释这些。从这个角度来说，现值是一个理性投资者为得到预期在未来收到现金的权利，他在今天所付出的金额。现值总是小于终值数额，因为投资者将期望赚得投资的报酬。未来现金收到数超过它的现值数，即代表了投资者的利润。

在一特定投资上的利润取决于两个因素：（1）一个投资者所要求的回报率（也称为“折现率”）；（2）到未来金额收到时止的时间长度。确定一项未来收回现金数现值的过程被称为终值的“折现”。

为举例说明现值的计算，假定投资者预期在一年末收到现金1 000美元，而要求的投资回报率为10%。从我们对现值和终值的讨论中知道，现值和终值间的差额是投资的回报（利息）。在我们例子中，终值将等于原来投资的110%，因为出资者希望100%的原来投资回来，再加上10%的投资回报。这样投资者将愿意对其投资支付909美元(1 000÷1.10)，这计算可用下法来验证（金额进位到个位）：

将要投资的金额(现值)	*$ 909*
要求的投资回报(909×10%)	**91**
一年后将收回的金额（终值）	**$1 000**

如果这1 000美元在两年后收到，这投资者今天将仅愿意支付 826美元（($1 000÷1.10)÷1.10)。这计算可用下法来验证（金额进位到个位）：

将要投资的金额（现值）	*$826*
要求的第一年投资回报($826×10%)	**83**
一年后投资的金额	**$909**
要求的第二年投资回报(909×10%)	**91**
二年后将收回的金额（终值）	**$1 000**

我们的投资者现在愿意支付的826美元是现值，这是投资者将要从现在起的两年后收到1 000美元，并按年利率10%折现的结果。在这现值826美元和终值1 000美元间差额174美元代表 了投资者在二年期间中将要赚得的回报（利息收入）金额。

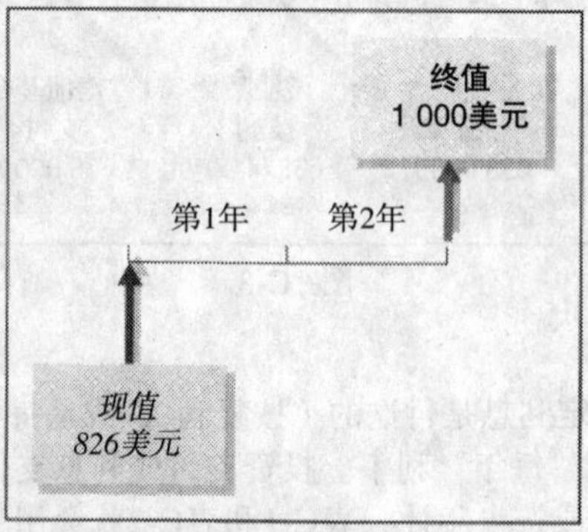

图 C-4

C.3.1 利用现值表格

尽管我们可以用一系列方法计算终值的现值，表格还是其中现成和简单的。我们可以用一现值表格来找到1美元按一特定折现率的现值，再将此值乘以终值的金额即可。其计算可用下列公式表示：

现值 = **终值** × *乘数（从表C-3中得）*

参阅下列的表C-3，我们可以找到一个乘数0.826，位于“二年期”和“10%利率”的交叉处。如果将此数乘以预期的未来现金收入1 000美元，我们可以得到现值826美元(1 000×0.826)，与上面举例中所得数额相同。

表 C-3
在*n*期后支付1美元的现值

期间数 (*n*)	1%	1.5%	5%	6%	8%	10%	12%	15%	20%
1	0.990	0.985	0.952	0.943	0.926	0.909	0.893	0.870	0.833
2	0.980	0.971	0.907	0.890	0.857	0.826	0.797	0.756	0.694
3	0.971	0.956	0.864	0.840	0.794	0.751	0.712	0.658	0.579
4	0.961	0.942	0.823	0.792	0.735	0.683	0.636	0.572	0.482
5	0.951	0.928	0.784	0.747	0.681	0.621	0.567	0.497	0.402
6	0.942	0.915	0.746	0.705	0.630	0.564	0.507	0.432	0.335
7	0.933	0.901	0.711	0.665	0.583	0.513	0.452	0.376	0.279
8	0.923	0.888	0.677	0.627	0.540	0.467	0.404	0.327	0.233
9	0.914	0.875	0.645	0.592	0.510	0.424	0.361	0.284	0.194
10	0.905	0.862	0.614	0.558	0.463	0.386	0.322	0.247	0.162
20	0.820	0.742	0.377	0.312	0.215	0.149	0.104	0.061	0.026
24	0.788	0.700	0.310	0.247	0.158	0.102	0.066	0.035	0.013
36	0.699	0.585	0.173	0.123	0.063	0.032	0.017	0.007	0.001

(表头“折现率”横跨1%至20%各列。)

C.3.2 什么是适当的折现率

如上所说，折现率可能被看做投资者要求的回报率。所有的投资都涉及一定程度的风险，即实际未来现金流量会转为少于预期的数额，投资者将会要求一个确认了风险的回报率。今天的市场条件下，投资者要求每年回报率在5% 与8% 之间，风险也相应较低，如政府债券和定期存款。相对有较高风险的投资如引入一条新产品线，投资者就会要求每年赚回的报酬在15% 或更多些。在用一较高折现率时，投资的现值将会较少。换句话说，投资的风险增加时，其对投资者的价值也减少了。

C.3.3 一项年金的现值

许多投资者期望在一些年份中每年产生现金流量，而不只是单一的未来现金流量。假定Camino 公司正在评价一项投资，该项目在下来三年中每年[1]产生净现金流量 10 000美元。如果Camino 公司期望在这类投资上产生 12% 的投资回报，对这些现金流量的现值计算如下：

年份	预期新现金流量	×	$ 1按12%折现的现值	=	净现金流量的现值
1	$ 10 000		0.893		$8 930
2	$ 10 000		0.797		7 970
3	$ 10 000		0.712		7 120
该投资现值的总和					24 020

这些分析表明了，一项投资产生了预期净现金流量，按年利率12% 折现的净现值是24 020美元。这是个Camino公司所能承受最大的支付额，而这项投资期望赚12%的回报率，其计算还可图示如图C-5：

[1] “每年净现金流量”通常是，发生在整个年份中一系列的现金收入和现金支付的净结果。为了方便起见，我们采用普遍的做法，假设每年全部净现金流量发生在年末。这种假设会造成相对较小的失真，但计算可大大地简化了。

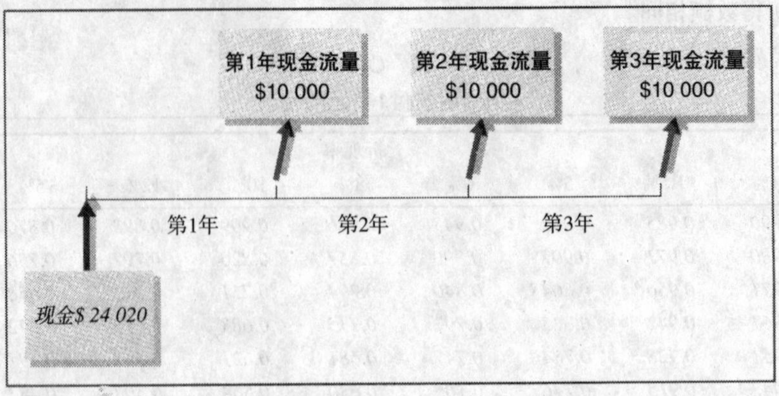

图 C-5

在前面的图示中，我们是分别从表C-3中查找出恰当的乘数，对每期现金流量折现计算投资的现值。只是在各期现金流量变动时，分别对每期现金流量折现才是必须的。因为每期现金流量在我们例子中金额是统一的，这样就有较简便的方法来计算总现值。

许多财务计算器是编程的，可计算一项投资的现值，只要将利率，未来现金流量和期数输入即可。另一方法是使用“现值年金表”，该表展示了“在一指定期数中每期收到1美元的现值”。下面列示的*表C-4*就是这年金表。[1]

为举例说明*表C-4*，让我们回到Camino公司投资的例子。这投资预期在下三年的每年中回收10 000美元，公司的预期回报率是每年 12%。使用表C-4就可用下列公式计算投资的现值。

年金的现值=**期间现金流量**×*乘数（从表C-4中得）*

如表C-4所列示，在下三年的每年的年末收入1美元的现值是2.402美元。如果我们将这2.402乘以预期未来每年现金收入10 000美元，就可得到现值24 020美元，这是与前面一系列计算的结果一致的。

表C-4　在*n* 期中每期收到1美元的现值

期间数	折现率								
(*n*)	1%	1.5%	5%	6%	8%	10%	12%	15%	20%
1	*0.990*	*0.985*	*0.952*	*0.943*	*0.926*	*0.909*	*0.893*	*0.870*	*0.833*
2	*1.970*	*1.956*	*1.859*	*1.833*	*1.783*	*1.736*	*1.690*	*1.626*	*1.528*
3	*2.941*	*2.912*	*2.723*	*2.673*	*2.577*	*2.487*	*2.402*	*2.283*	*2.106*
4	*3.902*	*3.854*	*3.546*	*3.465*	*3.312*	*3.170*	*3.037*	*2.855*	*2.589*
5	*4.853*	*4.783*	*4.329*	*4.212*	*3.993*	*3.791*	*3.605*	*3.352*	*2.991*
6	*5.795*	*5.697*	*5.076*	*4.917*	*4.623*	*4.355*	*4.111*	*3.784*	*3.326*
7	*6.728*	*6.598*	*5.786*	*5.582*	*5.206*	*4.868*	*4.564*	*4.160*	*3.605*
8	*7.652*	*7.486*	*6.463*	*6.210*	*5.747*	*5.335*	*4.968*	*4.487*	*3.837*
9	*8.566*	*8.361*	*7.108*	*6.802*	*6.247*	*5.759*	*5.328*	*4.772*	*4.031*
10	*9.471*	*9.222*	*7.722*	*7.360*	*6.710*	*6.145*	*5.650*	*5.019*	*4.192*
20	*18.046*	*17.169*	*12.462*	*11.470*	*9.818*	*8.514*	*7.469*	*6.259*	*4.870*
24	*21.243*	*20.030*	*13.799*	*12.550*	*10.529*	*8.985*	*7.784*	*6.434*	*4.937*
36	*30.108*	*27.661*	*16.547*	*14.621*	*11.717*	*9.677*	*8.192*	*6.623*	*4.993*

[1] 该表格假定，期间现金流量发生在每期的期末。

C.3.4 折现期小于一年

常规期间现金流量的间隔被称为“折现期”。在前面例子中，我们已经假设现金流量一年一次。而现金流量通常按更频繁基础发生，如月度、季度和半年度。现值表格也可以用于这任意时间长度的折现计算，但是折现率必须与此期间相对应。例如，如果要用表C-4计算一系列的季度现金流量的现值，折现率必须使用“季度率”。

会计中有许多现值概念应用的例子。在下面几页中，我们将讨论其中一些最重要的应用。

C.4 财务工具的评价

会计师使用词汇“财务工具”来描述现金、在其他公司的权益性投资和任何能收入或支付的现金协议。(注意，这词汇应用于所有财务资产，如同大多数负债。事实上，只有那些不赚回收入和递延所得税的普通负债不作为财务工具。)

只要一项财务工具的现值与预期未来现金流量的总和有很大差异时，该工具才在会计记录中按其现值记录，而不是按其未来现金收入或支付额记录。

让我们以一些普通例子来说明。在资产负债表中，现金按其面值显示。这面值是一项现值，这就是现金在今天的价值。

在资产负债表中，有价证券则按其现行市场价值显示。这也是种现值，代表了今天证券可以变换成的现金数额。

在资产负债表中，应收账款和应付账款通常按其预期在不久将来收回或支付的金额表示。技术上说，这些是终值，而不是现值。不过，他们通常是在30或60天中收入或支付的。考虑到涉及的期限很短，这些终值和它们现值间的差异是不重要的。

C.4.1 带息应收和应付项目

在一项财务工具要求有收入或支付利息时，其现值和终值数额的差异变得较重要了。带息的应收和应付项目在会计中，最初记录的是其未来现金流量的现值，这也被称为债务的“本金数”。这现值通常较大地小于预期未来金额总和。

例如，100 000 000美元的30年，9%利率的应付债券按其面值发行。在其发行日期，这种债券的现值是100 000 000美元，即现金收入的数额。但对债券持有者的未来支付数，将预期为370 000 000美元，其计算如下：

未来利息支付($100 000 000 × 9% × 30年)	$270 000 000
债券到期价值（30年后到期）	100 000 000
未来现金支付总和	$370 000 000

这样100 000 000美元的发生价格代表了未来现金支付370 000 000美元的现值，当然这是在为期30年中发生的。

基本上，带息的财务工具“自动”地按面值记录的，因为对应收项目或负债的原始计价时，未来的利息费用是不包括在内的。

C.4.2 “不带息”票据

偶然地，公司可能发生或接受的票据不涉及利息，或是其标明的利息出奇地低。如果这样的票据和它的面值间的差额是很大的，这票据开始时就要以其面值记录。

例如，假定在2001年1月1日Elron公司从美国发展公司（U.S. Development Co.）购买土地。作为这块地的全额价款，Elron公司出具了300 000美元的分期应付票据，从2001年12月31日起，三年分期每年支付100 000美元。该票据并未提及利息费用。

很清楚，每年分期支付的100 000美元并不是今天可用300 000美元的当量。Elron应该利用这票据的现值（而不是面值）来确定土地的成本和报告其债务。

假定土地融资三年期现实的利率通常每年是10% 。按这10%折现，Elron 公司分期付款票据的现值是248 700美元 (三年年金100 000 × 2.487，见表C-4)。Elron公司应该将这248 700美元看做为分期付款票据的“本金数额”。其余的51 300美元(300 000 – 248 700)代表了包括在分期付款的“利息费用”。

Elron公司应该将这土地购买和票据的发行记录如下：[1]

（美国发展公司应该作相似的计算，来确定该土地的销售价格，并对其应收票据计价。）

土地	*248 700*	
应付票据		*248 700*
购买土地，发行3年期分期支付的应付票据，其面值为*248 700*美元。		

Elron公司也应该编制一张“摊销表”，在利息费用和这债务本金金额减少间分配每次分期支付的金额。这张表根据了原始的“未付额”248 700美元，三次每次支付100 000美元，还有每年利率10% 编制，其过程如下：

摊 销 表

（3年期，300 000分期付款应付票据，按10%利率折现）（单位：美元）

利息期	支付日期	每次支付	利息费用（最后未付余额的10%计）	未付余额的减少	未付余额
发行日	2001/ 1/1				*248 700*
1	2001/12/31	100 000	4 870	75 130	173 570
2	2002/12/31	100 000	7 357	82 643	9 0927
3	2003/12/31	100 000	9 073①	90 927	-0-

① 在这最后一期，利息费用等于最后一次支付数减去剩余未付余额。这补偿了使用的现值表格乘数只有3位小数的误差。

在2001年12月31日，每次分期支付将按下方式记录：

利息费用	24 870	
应付票据	75 130	
现金		100 000
对美国发展公司的分期应付票据作每年的支付。		

C.4.3 债券的市场价格

债券的市场价格可以看作为，对债券持有者未来本金和利息支付的现值。例如，假定一公司发行了1 000 000美元面值，十年期，利率9%的债券，当时市场的流行利率是10%。因为债券的利率半年支付一次，我们必须在现值计算中将债券的寿命期限看为“20个半年期”，半年的利率则是5%。这债券预期的发行价格计算如下：

[1] 一种替代的记录法是，使用称为“应付票据折现”账户。该法产生相同的结果，并将在后面会计课程中解释。

（单位：美元）

未来本金支付的现值：	
1 000 000美元在20个半年期后到期，按5%折现：	
1 000 000美元 × 0.377（从表C-3中得来）	377 000
未来利息支付的现值：	
在20个半年期中每期为45 000美元($1 000 000 × 9% × 1/2)，按5%折现，	
45 000 × 12.462（从表C-4中得来）	560 790
预期的债券发行价格	937 790

C.4.4 融资租赁

我们在第10章中简要地讨论过融资租赁，但并结合会计讨论这种工具。我们将利用附录的机会来详细地探讨此题目。

融资租赁可看为租出人将租赁的资产销售给租入人。在这销售日期，租出人承认的收入等于未来应收租赁支付款项，按现实的利率折现的现值。租入人也利用未来支付额的现值确定租入资产的成本，并对相应的债务计价。

例如，假定在12月1日Pace Tractor公司作了一次融资租赁，来资助其对Kelly Grading公司的一辆拖拉机的销售。这拖拉机在Pace Tractor公司永续盘存制的账上为15 000美元。对Kelly Grading公司租赁的条款要求作24次的每月支付，从12月31日起每次1 000美元。这种支付额包括每月1%的利息费用。在这24月租赁结束时，拖拉机的主权将转移到Kelly Grading公司，并且不再追加费用。

租出人的会计处理（Pace Tractor公司）

表C-4表明了，24个月每月收入1美元，每月的折现率为1%的现值是21.243。所以，24次未来租赁支付的现值是1 000 × 21.243 ，即21 243美元。Pace Tractor公司应该记录这次融资租赁为拖拉机的销售，其价格等于租赁支付的现值，计算如下：

应收租赁款项（净值）	21 243	
销售		21 243
对Kelly Grading 公司销售拖拉机。利用融资租赁，每月1 000美元付款，24次，包括1%的利息费用。		
销售成本	15 000	
存货		15 000
在融资租赁下记录拖拉机的销售成本。		

注意拖拉机的销售价格仅为21 243美元，即便是从Kelly Grading公司收到的全部金额也是24 000美元(1 000 × 24次支付)。两者的差额是2 757美元，Pace Tractor公司在整个租赁期中将承认为利息收入。

为说明这利息收入的承认，以12月31日第一笔每月租赁付款的分录（进位到个位）为例分析如下：

现金		1 000	
利息收入			212
应收租赁款项（净值）			788
收到Kelly Grading公司第一次租赁款项：			
应收租赁款项	$1 000		
利息收入($21 243 × 1%)	(212)		
应收租赁款项的减少	$788		

在第一次租赁款项收到后，应收租赁款项余额就减少到20 455美元(21 243美元的原值减去788美元)。所以在第二个月租赁期，利息收入就将是205美元(20 455 × 1%)。[1]

对租入人的会计处理（Kelly Grading Co.）

Kelly Grading公司也应该用租赁款项的现值来确定拖拉机的成本和相应债务的金额，其计算如下：

租赁设备		*21 243*	
租赁款项债务			*21 243*
从Pace Tractor公司购买拖拉机。利用融资租赁，每月$1 000付款，24次，包括1%的利息费用。			

以12月31日第一笔每月租赁付款的分录（进位到个位）为例分析如下：

利息费用		212	
租赁款项债务		788	
现金			1 000
对Pace Tractor公司第一次租赁款项：			
支付租赁款项	$1 000		
利息费用($21 243 × 1%)	(212)		
租赁款项债务的减少	$788		

C.4.5 退休后福利的债务

在第10章中我们解释过，任何非基金债务的退休后福利，在资产负债表中都对预期对退休职工的未来现金支付折现，以其现值列示。这种现值计算十分复杂，以至于要由职业精算师来做。但这种债务的现值通常远小于预期的未来支付额，因为现金支付将发生在未来的许多年中。

每一年，非基金债务的退休后福利将会增加，因为未来支付日期变得越来越近。这种非基金债务的退休后福利的现值稳定的“增长”，是被承认为公司退休后福利费用的一部分。（有人可能会说，这种负债的增长实际代表了“利息费用”。不管怎样说，这债务现值的增长是因支付日期接近之故。）

C.4.6 揭示最新的现值信息

财务工具原来在会计记录中是以它们的现值（或近似的）记载的。但现值代表了未来现金流量按当前利率折现的结果。这样在利率变动时，许多财务工具的现值也同样会变动。（作为这讨论的补充，我们将由当前市场条件下确定的现值称为“现行价值”。）

现金、有价证券投资和退休后福利等在财务报表中按现行价值显示。对大多数短期证券来说，现行价值依然很接近其原始的持有价值。但对长期财务工具，如应付债券，其现行价值可能与原始记录金额有较大的差异。

美国财务会计准则委员会（FASB）要求各公司，只要财务工具的价值与记录金额有较大差异，就揭示它们的现行价值。这种揭示最可能影响的是长期应收和应付票据（包括应付债券），以及长期租赁债务。

在计算现行价值时，现行利率作为折现率。这样在利率上升时，现行价值下降；在利率下降时，现行价值上升。对那些未来现金流量是固定的长期财务工具，因为不能调整以反映利率

[1] Pace Tractor公司和Kelly Grading公司都要编制摊销表，显示每期租凭支付在利息和到期的本金间的分配。

的变动，从而影响的金额最大。

揭示现行价值能阐明公司过去的投资和财务活动。例如，假定公司的长期债务的现行价值已经大大低于它们在资产负债表上的持有价值。这意味着，自公司安排了这债务后，利率已经增高。这样明显地表示，公司要在一个低利率期中安排它的长期融资，这是一个好的转变。

C.4.7 递延所得税

惟一不按预期未来支付额的现值表述的长期债务是递延所得税。递延税款被另外处理是因为它们不涉及一项未来支付的“协议”。递延税款的未来支付（如果有）取决于公司在未来期间的应税所得额，以及未来年份中的公司所得税法律。

许多会计师相信，递延所得税应该按估计的未来支出的现值展示。然而，这不太会发生，因为其计算将会麻烦到极点。

归纳言之，递延所得税债务是长期负债中惟一不报告为现值的。所以，人们可以说这些债务按“今天货币”数的当量计算时，是被“高计”了。

C.5 资本预算：现值的另一个应用

资本预算是对资本支出项目的计划和评价过程，这种支出如厂场资产的购置或引入新的产品线。在资本支出项目评价中最广泛使用的方法也许就是，将预期未来现金流量折现为现值。

假定，Globe Mfg.公司正在考虑购置新设备的提议，以便生产新产品。这设备成本400 000美元，估计使用年限为10年，预计的残值为50 000美元。Globe Mfg.公司估计新产品的生产和销售将在下一个10年中，增加公司每年净现金流量约100 000美元。如果Globe Mfg.公司要求在这类投资上有每年15%的回报率，这些现金流量的现值可以以下列方式计算：

预期每年净现金流入量$100 000，为期10年，按15%利率折现：	
$100 000 × *5.019* (*由表C–4中得*)	*$501 900*
在第十年中收回的估计残值其现值：	
$50 000 × *0.247* (*由表C–3中得*)	*12 350*
预计的未来现金流量的现值	*$514 250*
减：将要投资的数额（已为现值）	*400 000*
提议的净现值	*$114 250*

这分析表明了根据这投资中预计净现金流量，按年利率15%计算的现值是514 250美元。这是Globe公司可在这个投资项目上最高的负担额，也是期望能赚得每年15%的回报率。这个项目的成本仅是400 000美元，Globe公司预期能赚得超过15%的回报。

一个项目的净现值是未来净现金流量现值和投资成本的差额。当净现值等于零时，投资提供的回报率恰好等于使用的现金流量折现率。一个正的净现值意味着，投资提供的回报率大于折现率；而一个负的净现值则意味着，投资产生的回报率小于折现率。

因为折现率通常是投资者所要求的最小回报率，有正净现值的方案是可以接受的，而有负净现值的方案则被看为不可接受的。

资本预算方法将在本书后部第24章中讨论。

作业

讨论题

1. 请解释“货币的时间价值”意味着什么。
2. 请解释为什么一项未来金额的现值总是小于终值。

3. 找出确定一项投资现值和终值的差额的两个因素。

4. 描述货币时间价值概念的三个基本投资应用。

5. 简单地解释现值和下者的关系：①到未来现金流量发生时的时间长度；② 确定现值时用的折现率。

6. 请对“财务工具”下定义。解释用在最初财务报表上记录财务工具的计价概念。

7. 通常的应收账款和应付账款是财务工具吗？这些项目在资产负债表上是按现值表示的吗？解释一下。

8. 找出三种财务工具，它们在资产负债表上的反映现值与它们预期未来现金收入或支付总和相差较大。

9. 哪个长期负债项目在财务报表上是惟一不按现值反映的？什么是与“今天的货币”有关系的？

10. 假定预期的现金流量金额无变动，什么因素可能造成一个财务工具现值的变动？

11. 请对资本预算下定义。简要地解释现值概念怎样与资本预算相关。

问题

问题C.1　使用终值表格

使用终值表格，确定下列投资的终值：

a. 20 000美元投资期10年，按6%年利息，复利计算。

b. 100 000美元将在从今天起的五年后收回，按10%年利率复利计算。

c. 在下来10年中的每年年末，将10 000美元投资于一项基金，8%利率，复利计算。

d. 50 000美元作为最初投资，以后在下三年的每年年末再加投资5 000美元，按12%利率复利计算。

问题C.2　偿债基金债券

按一债券条款规定，Tilman公司需要在下20年中每年年末对一偿债基金支付等额款项。这偿债基金将赚取8%的利息，在第20年年末将积累到500 000美元。

要求：

a. 计算每年支付的金额。

b. 计算这基金在20年期间中所赚得的利息总数。

c. 编制总账分录，记录在第20年年末该债券的赎回，假定偿债基金在Tilman会计记录上为500 000美元，而应付债券也记录为同样的金额。

d. 增加所要求每年支付的回报率，其影响将是什么？请解释。

问题C.3　使用现值表格

使用现值表格，确定下列现金流量的现值；

a. 在10年中每年将支付15 000美元，按年利率6%折现。支付将发生在每年年末。

b. 今天（此时间可能有误——译者注）收到9 200美元，假定这钱将投资在一项二年期，年利率8%的定期存款上。

c. 每月支付300美元，期限为36个月，再加上在这36个月结束时支付的“结尾大付款”12 000美元，按1.5%月利率折现。这第一次支付将在今天之后的一个月后。

d. 在第一个三年中，每年收到25 000美元；在下一个两年中，每年收到15 000美元（整个收款期是五年），按年利率8%折现。假定收款都在年末。

问题C.4　现值表格和债券价格

在今年的6月30日，郊区燃气和电力公司(Rural Gas & Electric Co.)发行了面值50 000 000美元，10年期，9%利率的应付债券，其计息日期是12月31日和6月30日。债券按折价发行，实际半年利率是5%。

要求：

a. 按实际半年利率5%计算债券的发行价格。（提示：将利息支付和到期值都按20个半年期折现。）

b. 编制记账分录，记录要求a中你计算出的债券发行价格。

c. 解释为什么债券要按折价发行。

问题C.5 应付票据计价

在12月31日，Showcase Interiors 公司从Colonial House公司购买了一批家具，支付了现金10 500美元，并出具了面值为28 800美元的应付分期票据。该票据将在24个月中分期，以每次1 200 美元支付。尽管这票据并没有提及利息费用，但对Showcase Interiors公司在这类业务中加计的利息是每月1.5%。

要求：

a. 计算应付票据的现值，用每月1.5%利率折现。

b. 在Showcase Interiors 公司账中编制分录

1. 12月1日，记录家具的购买（借计存货）。

2. 12月31日，记录对票据的第一次每月支付1 200美元，并用实际利率法来承认一个月的利息费用（利息费用进位到个位）。

c. 在12月31日的资产负债表中这张票据负债是怎样显示的。（假定这票据被分类为流动负债。）

问题C.6 融资租赁：一个综合问题

Custom Truck Builder公司经常利用长期租赁协议来对其载货汽车销售融资。在2001年11月1日，该公司对Interstate Van Lines公司租出一辆载货汽车，其账面价值是33 520美元(永续盘存制)。租赁条款要求Interstate Van Lines公司，从2001年11月30日开始，作36次每次1 400美元月度支付。考虑了内含的利息费用是每月1%，这些支付的现值等于卡车的正常价格，42 150美元。在36个月租赁期末，卡车的主权将转移给Interstate Van Lines 公司。

要求：

a. 为Custom Truck Builder公司编制2001年中的会计分录：

1. 11月1日记录这通过租赁融资的销售，以及相关的销售成本。（借计“应收租赁支付”42 150美元，即未来租赁支付额的现值。）

2. 11月30日记录收到第一次月度支付1 400美元。（编制一复杂会计分录，将现金收入在“利息收入”和“应收租赁支付减少”间分配。每月支付的部份被承认为利息收入，是等于“应收租赁支付”余额即这月开始时的1%。利息计算可进位到元。）

3. 12月31日记录收到第二次的每月支付。

b. 为Interstate Van Lines公司编制2001年中的会计分录：

1. 11月1日记录这租赁载货汽车的购置。

2. 11月30日记录第一次月度支付。（以与要求a. 相平行的方式，确定支付中代表利息费用的那部分。）

3. 12月31日记录第二次的每月支付。

4. 12月31日记录租赁的载货汽车在年末所承认的折旧。计算折旧费用用直线法，10年寿命期和预计残值为6 150美元。

c. 计算租赁载货汽车在Interstate Van Lines 公司2001年12月31日资产负债表中的持有价值。

d. 计算2001年12月31日Interstate Van Lines公司租赁支付债务的金额。

问题C.7　出其意料低利率的应收票据的计价

在12月31日，Richland Farms公司出售一片土地，其成本为930 000美元，购买者为Skyline Developers，以现金150 000美元和五年期，4%利率的应收票据900 000美元来交换。该票据的利息是每年应付的，本金金额在五年后到期。Richland Farms 公司的会计师并没有注意到这票据的利率是出其意料低，而在12月31日作了下列的分录来记录这次销售：

（单位：美元）

现金	150 000	
应收票据	900 000	
土地		930 000
土地销售利得		120 000
出售土地给Skyline Developers以交换现金和一张五年期每年计息的票据。		

要求：

a. 从Skyline Developers角度计算应收票据在销售日期的现值，假定这类业务的现实利率是12%。（提示：同时考虑每年利息支付和票据的到期价值。）

b. 编制12月31日的分录，正确记录土地的销售。显示销售利得或损失的计算过程。

c. 解释Richland Farms公司会计师所作失误对下列的影响：(1)销售年度的净收益；(2)以下五年的综合净收益，不考虑所得税。